中央实施马克思主义理论研究和建设工程课题
国家社会科学基金重大课题
国家出版基金资助项目
国家重点图书出版规划项目
教育部哲学社会科学研究重大课题攻关项目
教育部人文社会科学研究项目

马克思主义哲学教学体系：
历史与现状（下册）

MAKESI ZHUYI ZHEXUE JIAOXUE TIXI LISHI YU XIANZHUANG

※主　编　袁贵仁　杨　耕　吴向东

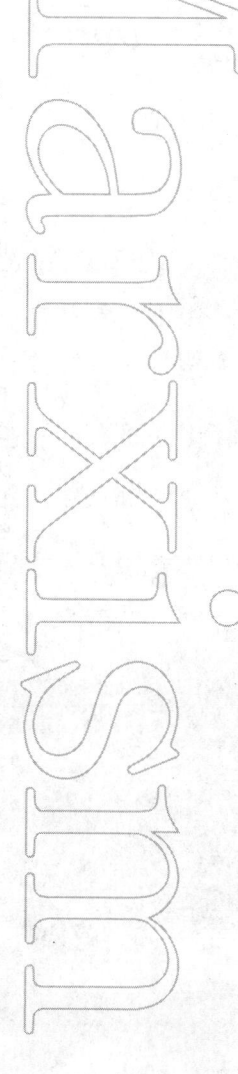

北京师范大学出版集团
BEIJING NORMAL UNIVERSITY PUBLISHING GROUP
北京师范大学出版社

图书在版编目(CIP) 数据

马克思主义哲学教学体系：历史与现状／袁贵仁，杨耕，吴向东主编．—北京：北京师范大学出版社，2011.9
　ISBN 978-7-303-10849-7

　Ⅰ．①马… Ⅱ．①袁…②杨…③吴… Ⅲ．①马克思主义哲学－哲学史－教学研究－高等学校 Ⅳ．① B0-0

中国版本图书馆 CIP 数据核字(2010)第 037552 号

营销中心电话 010-58802181 58808006
北师大出版社高等教育分社网 http://gaojiao.bnup.com.cn
电子信箱 beishida168@126.com

出版发行：北京师范大学出版社 www.bnup.com.cn
　　　　　北京新街口外大街19号
　　　　　邮政编码：100875

印　　刷：北京盛通印刷股份有限公司
经　　销：全国新华书店
开　　本：155 mm × 235 mm
印　　张：49.5
字　　数：760千字
版　　次：2011年9月第1版
印　　次：2011年9月第1次印刷
定　　价：88.00元（全二册）

策划编辑：饶　涛　　责任编辑：祁传华
美术编辑：高　霞　　装帧设计：高　霞
责任校对：李　菌　　责任印制：李　啸　孙文凯

版权所有　侵权必究
反盗版、侵权举报电话：010-58800697
北京读者服务部电话：010-58808104
外埠邮购电话：010-58808083
本书如有印装质量问题，请与印制管理部联系调换。
印制管理部电话：010-58800825

目录

下 篇

社会哲学概论 / 瞿秋白 …………………………………… (287)
  总 论：哲学中之唯心唯物论及唯物哲学与社会现象的关系
  ………………………………………………………………… (287)
   一、唯物主义互辩律哲学是社会科学方法论 ………… (287)
   二、唯物哲学之历史观和剩余价值论使社会主义
     从空想转变为科学 ………………………………… (289)
  总体框架 ……………………………………………………… (292)

现代社会学 / 瞿秋白 ……………………………………… (294)
总　论：社会学之对象及其与其他科学的关系 ………… (294)
　　一、社会学是研究人类社会及其变迁之公律的科学 …… (294)
　　二、社会学与理化科学 ………………………………… (297)
　　三、社会学与心理学 …………………………………… (300)
　　四、社会学与社会科学 ………………………………… (302)
总体框架 ……………………………………………………… (304)

社会学大纲 / 李　达 ……………………………………… (306)
总　论：唯物辩证法的生成及其与历史唯物论的关系 … (306)
　　一、马克思和恩格斯思想的演进与唯物辩证法的
　　　　理论来源 ………………………………………… (306)
　　二、唯物辩证法的生成 ………………………………… (311)
　　三、辩证唯物论与历史唯物论的关系 ………………… (316)
总体框架 ……………………………………………………… (319)

唯物辩证法大纲 / 李　达 ……………………………… (331)
总　论：唯物辩证法的对象及其一般特征 ……………… (331)
　　一、唯物辩证法的对象 ………………………………… (331)
　　二、唯物辩证法的一般特征 …………………………… (335)
　　三、唯物辩证法创立的过程 …………………………… (341)
总体框架 ……………………………………………………… (348)

科学的哲学 / 葛名中 …………………………………… (354)
总　论：唯物辩证法的任务及其与科学的关系 ………… (354)
　　一、唯物辩证法的史的发展 …………………………… (354)
　　二、唯物辩证法与自然科学 …………………………… (359)
　　三、唯物辩证法与社会科学 …………………………… (362)
总体框架 ……………………………………………………… (364)

新哲学研究纲要 / 哲学研究社 ………………………… (367)
总　论：辩证法唯物论是无产阶级革命的世界观 ……… (367)
　　一、辩证法唯物论是革命的科学的世界观 …………… (367)

二、辩证法唯物论的思想来源 …………………………（368）
　　三、辩证法唯物论的中国化 …………………………（370）
　　四、历史唯物论：马克思列宁主义关于社会的学说 ……（371）
　总体框架 ………………………………………………（371）

辩证唯物主义　历史唯物主义/艾思奇 ……………（374）
　总　论：马克思主义哲学是辩证唯物主义和历史唯物主义
　　　　　 ………………………………………………（374）
　　一、马克思主义哲学：辩证唯物主义和历史唯物主义 …（374）
　　二、历史唯物主义：辩证唯物主义在社会领域中的推广
　　　 …………………………………………………（380）
　总体框架 ………………………………………………（390）

辩证唯物主义和历史唯物主义/孙叔平　冯　契　郑奇芳
　 ……………………………………………………（393）
　总　论：马克思主义哲学是无产阶级世界观 …………（393）
　　一、马克思主义哲学的完整体系：辩证唯物主义和
　　　 历史唯物主义 ……………………………………（393）
　　二、马克思主义哲学的显著特点：阶级性和实践性 ……（394）
　总体框架 ………………………………………………（396）

辩证唯物主义原理(第1版)/肖　前　李秀林　汪永祥
　 ……………………………………………………（399）
　总　论：马克思主义哲学是科学的世界观和方法论 ……（399）
　　一、完整严密的科学体系 ……………………………（399）
　　二、自然、社会和思维发展的普遍规律的科学 ………（403）
　　三、实践基础上的科学性和革命性的统一 …………（409）
　总体框架 ………………………………………………（412）

历史唯物主义原理(第1版)/肖　前　李秀林　汪永祥
　 ……………………………………………………（418）
　总　论：历史唯物主义是科学的历史观 ………………（418）
　　一、辩证唯物主义和历史唯物主义的形成

　　　　是统一的过程 …………………………………………… (418)
　　二、辩证唯物主义和历史唯物主义在理论上
　　　　是相互贯通的 ………………………………………… (421)
　　三、辩证唯物主义和历史唯物主义在社会作用上
　　　　是相辅相成的 ………………………………………… (423)
　　四、历史唯物主义是关于社会发展一般规律的科学 …… (426)
　　五、历史唯物主义是社会有机体普遍本质的理论再现 … (433)
　总体框架 …………………………………………………… (436)

辩证唯物主义原理(修订版)／肖　前　李秀林　汪永祥
　　　………………………………………………………… **(440)**
　总　论：马克思主义哲学是关于外部世界
　　　　　和人类思维运动一般规律的科学 ………………… (440)
　　一、马克思主义哲学的产生和发展 ……………………… (440)
　　二、完整、严密的世界观和方法论体系 ………………… (445)
　　三、实践基础上的科学性和革命性的统一 ……………… (448)
　总体框架 …………………………………………………… (452)

历史唯物主义原理(修订版)／肖　前　李秀林　汪永祥
　　　………………………………………………………… **(457)**
　总　论：历史唯物主义是关于社会发展一般规律的科学 … (457)
　　一、历史唯物主义与辩证唯物主义的关系 ……………… (457)
　　二、历史唯物主义的研究对象：社会发展的一般规律 … (462)
　　三、历史唯物主义的方法论意义 ………………………… (468)
　总体框架 …………………………………………………… (472)

辩证唯物主义和历史唯物主义
原理(第1版)／李秀林　王　于　李淮春 ……………… **(476)**
　总　论：马克思主义哲学是科学的世界观和方法论 ……… (476)
　　一、完整严密的科学体系 ………………………………… (476)
　　二、关于自然、社会和思维发展普遍规律的科学 ……… (478)
　　三、以实践为基础的科学性和革命性的统一 …………… (480)
　　四、历史唯物主义在历史观上的根本变革 ……………… (482)

五、历史唯物主义是社会发展一般规律的科学 …………（484）
　总体框架 ……………………………………………………（486）

辩证唯物主义和历史唯物主义
原理（第4版）/ 李秀林　王　于　李淮春 …………（493）
　总　论：马克思主义哲学是实践、辩证、历史的唯物主义
　　　　　………………………………………………………（493）
　　一、哲学史上的革命变革 …………………………………（493）
　　二、马克思主义哲学首要的和基本的观点 ………………（495）
　　三、辩证唯物主义和历史唯物主义的统一 ………………（498）
　　四、批判、开放和不断发展的学说 ………………………（501）
　总体框架 ……………………………………………………（503）

辩证唯物主义和历史唯物主义
原理（第5版）/ 李秀林　王　于　李淮春 …………（509）
　总　论：马克思主义哲学是以科学实践观为基础的
　　　　　辩证唯物主义和历史唯物主义的统一 ……………（509）
　　一、时代课题的哲学解答 …………………………………（509）
　　二、以科学的实践观为基础的辩证唯物主义和
　　　　历史唯物主义的统一 …………………………………（515）
　　三、以彻底的批判性为标志的科学性和革命性的统一 …（520）
　　四、"第五版"的特色 ………………………………………（524）
　总体框架 ……………………………………………………（526）

马克思主义哲学纲要 / 韩树英 ………………………（532）
　总　论：辩证唯物主义和历史唯物主义构成了
　　　　　马克思主义哲学的完整世界观 ……………………（532）
　　一、马克思主义哲学是科学的世界观和方法论 …………（532）
　　二、历史唯物主义是马克思主义哲学的组成部分 ………（534）
　总体框架 ……………………………………………………（537）

马克思主义哲学基础 / 高清海 ………………………（544）
　总　论：马克思主义哲学是辩证唯物主义 …………………（544）

一、马克思主义哲学：辩证唯物主义 …………………… (544)
　　二、辩证唯物主义与历史唯物主义的关系 ……………… (549)
　　三、马克思主义哲学是科学性与革命性高度统一的理论
　　　　………………………………………………………… (551)
　　四、马克思主义哲学是理论与实践内在统一的理论 …… (554)
　总体框架 ……………………………………………………… (559)

马克思主义哲学导论 / 辛敬良 ……………………………… **(572)**
　总　论：马克思主义哲学是实践的唯物主义 ……………… (572)
　　一、马克思主义哲学：实践的唯物主义 ………………… (572)
　　二、马克思主义哲学的核心：唯物史观 ………………… (577)
　　三、实践唯物主义的本性和功能 ………………………… (581)
　总体框架 ……………………………………………………… (585)

马克思主义哲学原理 / 肖　前　黄楠森　陈晏清 ……… **(589)**
　总　论：马克思主义哲学是以实践范畴为核心的
　　　　　完整的理论体系 ………………………………… (589)
　　一、实践的观点是马克思主义哲学的首要的基本的观点
　　　　………………………………………………………… (589)
　　二、马克思主义哲学是革命的批判的哲学 ……………… (595)
　　三、马克思主义哲学是完整严密的科学的理论体系 …… (597)
　总体框架 ……………………………………………………… (599)

马克思主义哲学高级教程 / 陈晏清　王南湜　李淑梅
　………………………………………………………………… **(607)**
　总　论：传统哲学教科书的根本缺陷
　　　　　与马克思哲学的基本特征 ……………………… (607)
　　一、传统哲学教科书的根本缺陷：主体性维度的缺失 … (607)
　　二、马克思的哲学理念：哲学是人类对自身活动的反思
　　　　………………………………………………………… (610)
　　三、马克思走向新哲学的历程 …………………………… (615)
　　四、马克思哲学变革的意义 ……………………………… (625)
　总体框架 ……………………………………………………… (633)

附 录

哲学导论 / 张世英 ……………………………………… (639)
  序　言：什么是哲学 ………………………………… (639)
    一、哲学史上对哲学的界定 ………………………… (641)
    二、哲学是关于人对世界的态度或人生境界之学 …… (646)
    三、哲学的分类 ……………………………………… (649)
  总体框架 ……………………………………………… (652)

哲学导论 / 孙正聿 ……………………………………… (666)
  序　言：哲学是什么 ………………………………… (666)
    一、作为世界观理论的哲学 ………………………… (667)
    二、世界观理论与哲学基本问题 …………………… (670)
    三、世界观与人和世界的关系 ……………………… (676)
    四、世界观与认识论 ………………………………… (678)
    五、世界观与历史观 ………………………………… (681)
    六、世界观与价值论 ………………………………… (683)
  总体框架 ……………………………………………… (685)

哲学概论 / 唐君毅 ……………………………………… (689)
  序　言：哲学之意义 ………………………………… (689)
    一、哲学，爱智及智之名之原义 …………………… (689)
    二、如何了解哲学之意义 …………………………… (692)
    三、广义之学问及以行为主之学问 ………………… (693)
    四、以知为主之学问 ………………………………… (695)
    五、哲学在学问中之地位与意义之初步的了解 …… (696)
    六、哲学问题举例 …………………………………… (698)
  总体框架 ……………………………………………… (701)

哲　学 / [俄]布奇罗　丘马科夫 …………………… (715)
  序　言：哲学的对象与社会功能 …………………… (715)
    一、初次接触时的哲学 ……………………………… (715)

二、作为世界观形式的哲学 …………………………（716）
　　三、关于哲学基本问题 ………………………………（719）
　　四、哲学的基本功能 …………………………………（721）
　　五、哲学与科学 ………………………………………（722）
　　六、现代世界中的哲学 ………………………………（723）
　总体框架 ………………………………………………（724）

哲学导论／[美]索西奥 ……………………………（**728**）
　序　言：哲学和追寻智慧 ……………………………（728）
　　一、哲学的领域 ………………………………………（730）
　　二、哲学的范型 ………………………………………（731）
　　三、哲学和寻求真理 …………………………………（733）
　总体框架 ………………………………………………（737）

哲学主题导引／[英]格雷林 ………………………（**741**）
　序　言：西方哲学的主题及其领域 …………………（741）
　　一、作为探究和反思的哲学 …………………………（741）
　　二、认识论探究知识的性质和获得知识的方式 ……（743）
　　三、哲学逻辑帮助人们有效地表达思想 ……………（744）
　　四、形而上学是对实在的终极性质的研究 …………（745）
　　五、心灵哲学是对常识心理学性质的辩护 …………（746）
　　六、古希腊哲学是西方哲学的源头 …………………（749）
　　七、近代哲学是理性主义者与经验主义者的较量 …（750）
　　八、伦理与道德的区分在于个人与社会之间的
　　　　不同利益关系 ……………………………………（752）
　　九、美学是对审美体验和判断性质的统一性追求 …（754）
　总体框架 ………………………………………………（756）

后　记 ………………………………………………（**765**）

下 篇

社会哲学概论

瞿秋白

上海书店 1924 年出版

**总　论：哲学中之唯心唯物论及唯物哲学
与社会现象的关系***

一、唯物主义互辩律哲学是社会科学方法论

　　哲学的目的究竟何在？何以古代初民思想之中，已经能有所谓高深玄妙的哲学呢？实际上哲学并没有什么高深，最初不过是一切智识的总称。随后智识渐渐分类、综合、组织而各成系统，就发生种种科学，——从哲学之中分出；至今所剩的仅仅是方法论和认识论。于是初民的常识一变而成"深奥微妙"的玄谈，——这也不过

---

*　本章内容选自《社会哲学概论》绪言和总论，并作了删节。文中标题由编者所加。

表面上看来是如此。科学分工的结果，使哲学渐渐能成为综合一贯的智识，有统率精神物质各方面的智识而求得一整个儿的宇宙观之倾向；更因科学进步而智识系统日益严密，于是哲学——所谓"求宇宙根底的功夫"愈益得以深入。然而初民哲学和现代哲学仍旧同样是人对宇宙的认识，——譬如樵夫看山景和诗人游山水，一样的要认一认山和水，——是人生当然的对于智识的态度："要知道宇宙的根底，要认识宇宙的总体。"赤列尔（Zeller）说："哲学的职任在于探求'认识'和'实质'的最后根底，依此根底而得一切现实。"这是不错的。然而立刻就发生新问题：能不能当这"认识之根底"是离那"实质之根底"而独立的东西？答复这一问题便是绪言的目的。我们的"我"是与外界"非我"相对待的，然而同时"我"能觉着与"非我"的关系。所以人若想哲学问题，——就是他想组合一更稳固的"宇宙念"（Contemplation de Monde）——他立刻就遇见难题："我"与"非我"的关系，"认识"与"实质"以及"灵魂"与"自然"的关系。固然不错，有时哲学中并无此等问题发生。那是希腊哲学史的最初一期。譬如泰利史（Thales）只说水是一切的物的原始，一切物自水出，一切物复归于水。他并没有问：究竟人的意识对于这一原始物的关系怎样？其他，如以空气为原始物的安纳克西美尼（Anaximenes）亦没有问。然而后来却已重开一时代，那时的希腊哲学家便无论如何逃不过"我"与"非我"、"意识"与"实质"的问题了。直到如今，这一问题还是哲学中的根本问题。

各种哲学学派对于这一问题当然各有不相同的答案。然而假使细细考察各答案，却可以发见这些答案并不十分差异得复杂而繁多，——那不过是表面上看来罢了。大致这些答案可以分为两方面。

一方面的思想家，都以客观为出发点，或者是所谓实质、自然。此等思想家随后就各自解释：怎样于客观之上加以主观，实质之上加以意识，自然之上加以灵魂。因为他们的解释不相同，所以虽然出发点一致而此派哲学系统不尽相同。

他一方面的思想家，却以主观为出发点，或者是所谓意识、灵魂。当然此等思想家亦应当解释：怎样于主观之上加以客观，意识之上加以实质，灵魂之上加以自然。他们亦各有解释，而各自创造哲学系统。

凡以客观为出发的，——只要他是一贯的思想家，有这勇气一直推究下去，——他必成唯物论中之一派。而以主观为出发的，——便是唯心论中之一派。

总之，人对于宇宙的总概念必须先认明一切现象的根本，然后能明白研究这些现象。若是以唯心论为根本观念，我们的研究便无从校正，——因为"心"既是一切现象之源，而心却仅只是不可捉摸的抽象的"观念"。若是以折衷派为根本观念，我们的研究便只能走到半路上：一半是有系统有因果可寻的，那一半却是绝对自由的；——其结果有因果的现象也都紊乱了。所以必须就我们所能知道的所能感觉的物质去研究，一切结论可以得而校正；以物质基础的考察，实际状况的调查，来与我们的理论相较，是非正误立刻便可以明白。——因为精神现象发生于物质现象，而物质是可以实际去按察的。——这就是唯物主义。研究社会现象的时候，尤其应当细细地考察这唯物主义的，互辩律的（Dialectique）哲学，——它是一切社会科学的方法论。

二、唯物哲学之历史观和剩余价值论使社会主义从空想转变为科学

现代社会里显然有阶级的矛盾："有者"与"无者"之间，受雇的工人与雇者的资本家之间，阶级利益的矛盾日益激厉，这种倾向是很明显的；再则，现代的生产制度里一切现象都是无政府的。——对于这种现状的考察便造成现代的科学的社会主义。所以社会主义是研究社会现象的结论。然而理论方面，社会主义乃是18世纪法国启蒙派哲学之更进一步的、更一贯的学说。社会主义的理论，虽然根据于经济的事实，却亦与其他的新理论一样，最初必先渗入当时的思想界，——社会的思想亦是一种社会现象，所以社会理论往往能代表"时代精神"；因此对于社会的新理论必须先彻底重新审定旧时代之"精神"，就是创造新的哲学，新的宇宙观，——如此，方能确立：——根本的观念不变，对于枝节问题的答案，始终出不得旧思想的范围。

法国启蒙学派于思想上是大革命的先声，他们自己便是革命者。他们不承认一切"威信"。宗教、宇宙观、社会观、国家观，——一切都受他们严刻的批评；一切都应当合于所谓理性，不然，便不应当存在。理性因此便成一切的准则。那时，正是黑智尔所谓"全宇宙放在头里"的时代。——这最初的意义本来是说：人的智力及其所发见的理想应当做一切人类事业及社会制度的基础；后来便更进

一步说：现实生活若与此等理想相矛盾便应当消灭。从前的一切社会、国家的形式既然是非理性的，便都束之高阁；——以前的都是些谬见。过去的事只值得叹息而已。现在方才有些光明；从此一切迷信、特权、冤屈、压迫都应当消灭，而代之以永久的真理、永久的正义，根据于自然律的平等，不可侵犯的人权。直到现代（二十世纪），我们才明白那理性世界不过是理想化的资产阶级社会：永久的正义变成了资产阶级的法律；平等只是人人在法律之前的平等；最高贵的人权便是资产阶级的财产权；最理性的国家原来是资产阶级的民主共和国。十八世纪的思想家，也和以前的学者一样，跳不出当时社会的时代范围。

法国大革命之后，实现了那理性的社会，设立了那理性国家里的新机关，无论怎样比以前的好，——却始终还远不及真正的"理性世界"。贫富之间的矛盾，不但不消灭，反而更加厉害了。根据于资本主义而发达的工业，使劳动群众的贫苦变成现代社会制度的常态。商业愈益变成投机垄断的性质。革命时代的"博爱"实际上变成商业竞争里的妒忌欺骗。强暴的压迫代以卑污的贿买。武士的剑代以老板的钱。诸侯的"第一夜权"转移于工业家。娼妓的淫风披靡天下。婚姻制度仍旧是"正式的合法的蓄妓"。一言以蔽之，启蒙学派所预允的人道正义丝毫没有实现，引起社会的大失望。综合这种"社会的失望"的，——便是十九世纪的乌托邦派。

那时资本主义的生产方法及资产与无产两阶级间之矛盾，还没有十分发展。无产阶级刚刚从贫苦群众分出而渐成一新阶级之中心，还没有独立为政治行动之能力。我们既是受压迫的，又是所谓"弱者"，必需有外来的自上而下的辅助。这种历史环境便影响到伟大的社会主义创始家。不成熟的资本主义发展及不成熟的阶级意识便生出那不成熟的理论。那些社会问题，还没有十分明晰，——因为经济关系的不成熟，所以解决的方法便专在理论中去求。于是发明新的社会秩序，要想自外而入，强行之于现实社会，或者用宣传的方法，或者简直设立模范社会。这种新社会理想就是所谓乌托邦主义；乌托邦的社会主义愈细密的计划，愈显得是纯粹的理想。

乌托邦派之所以成其为乌托邦派，正因为当时资本主义的发展还很弱，除理想以外不能见实际行动的可能。欧文、圣西门、傅立叶不得不以自己的主观想象创新社会之说，因为当时旧社会里所能组成新制度的成分还没显现得很明切。乌托邦派既然自己想象新建筑的图样，亦就和启蒙派一样，要确定那永久的正义和理性的世界。

然而他们的理想世界比较起启蒙派来，真正不啻天渊之隔……他的意见，以为资产阶级的社会是不正义的，非理性的；与以前的封建制度同样的应当消灭。理性与正义之所以至今不能实现，仅仅因为大家还不曾正确的知道，——正因为没有伟大的贤智，不知道真理；现在乌托邦派便以此自任。社会现象的大变——社会主义之实现，并非历史发展的结果，必不可免的事实，而是人类之幸运的偶然。假使早五百年"生此圣哲"，人类便能免五百年之斗争和苦难。既然绝对的真理无关于时间空间及人类的发展，那社会主义的发明岂非全赖时机！乌托邦派否定资产阶级的社会，以为是非理性的不正义的，然而他们不能解释他，不能发现真正的动力足以毁灭此社会而创造新制度的。他们只批评旧的而想象新的；那想象的理性虚构—地上的大国，如此而已。

宇宙观及社会观的总概念虽然因社会的突变而移易方向，然而哲学理论之确切与否却是研究社会现象的方法论里的根本问题。启蒙派和乌托邦派固然能彻底摧折旧时代精神，却因不能切实于客观社会生活而失败，——只知道社会"应当"如此，却不知道社会研究"是"怎样发展的，当然更不知道从"是如此的社会"怎样进于那"应当如彼的社会"。所以不但应当变更社会观，并且应当变更研究此社会的方法。乌托邦之所以仅有空想，正因为他不变社会哲学的方法。

法国哲学之后，有德国的新哲学，——黑智儿集其大成。此种哲学方才认宇宙是永久的动变、改造、发展之过程，同时竭力研求此动与发展之"内的关系"。于是过去的人类历史已非无意义的强暴现象杂乱堆砌而成，——而现在等绝对的哲学理性来审判罪名，使可立刻置之此地；历史已成人类发展之现实过程，——思想家的责任就在于研究出人类发展的自然途径，而且在貌似的偶然里寻出一切过程的"合律性"。然而黑智儿是唯心论派。"思想"对于他，并非实在事物之反映，却说事物及其过程乃是思想之反映于现实者。他所谓"思想"是先天地而生的。因此，一切因果都是倒置，所得现象间之联系乃不切实际。可是汽机的发明引起进步的新阶级，——受雇的工人阶级；而剧烈的阶级斗争，——欧洲各先进国里资产阶级和无产阶级之间的斗争实现，——那时对于历史的观念方才得到彻底变更的可能。那些从前的经济学家以为劳资的利益是相同的，劳资之间有谐和的可能，自由竞争可以得全国的共同福利等等观念，都受事实的驳诘，暴露他们的虚妄。大工业使潜存于资本主义生产方法内的阶级矛盾发展到极点，——这种生产方法的破灭已成必不可免的事实。

于是宇宙及社会的变易观便不能不以能"动"能"变"的主体归之于物质：——物质如此流变，所以思想亦反映而流变。历史是阶级斗争的历史；相斗的阶级都是生产和交易之关系的产物。历史的流变有了现实的物质基础。社会的经济关系，经济结构是历史的现实基础（Labase），法律、政治、宗教、哲学以及其他思想只是社会的筑物（La surèlêvation），他们的变迁是随着经济结构而变迁的。于是唯心论便从他最后的"避地"，——社会科学里逐出；并且得着解释"人的意识发源于实质"之方法，不像从前专以意识来解释实质的来源了。

旧时的乌托邦主义，虽然批评资本主义社会，然而不能解释明白他，所以亦没有办法可以颠覆他；他们只能一味的否认资本主义，说他不好。新的宇宙观却给了科学的确定的结论：资本制度与以前的种种经济阶段一样，仅仅是一期间的现象，——生产力的发展及进步的阶级斗争必定能使他败灭。资本制度的秘密发露了剩余价值论，——那是他经济结构里的根基；从此现存制度的"所以不好"，便得有根本上的分析解释。证明了：那"占有不付值之劳动"是资本主义生产的基础，亦就是剥削工人制度的基础；而且剩余价值之最后的归纳地，便是增加积累资本的有产阶级之所谓"社会生产"。如此转辗不已的资本制度生产的过程，已经研究明白，——一切社会现象的枢机本在于此。因有此等伟人的发见：——唯物哲学之历史观与现存资本主义社会的秘密之解析，——所以社会主义，将来社会进展的动象之理论，便能从乌托邦一变而成科学，——此后还当逐步研究证实他呢。

因此，社会哲学——现代的社会之综观及将来的社会之推究，应当：（一）先从哲学上之宇宙根本问题研究起；（二）继之社会现象的秘密之分析；（三）再进于社会主义之解说。

总 体 框 架

绪　言　哲学中之唯物唯心论
总　论
　　第　一　哲　学

一、宇宙之源起
二、生命之发展
三、细胞——生命之历程
四、实质与意识
五、永久的真理——善与恶
六、平　等
七、自由与必然
八、互变律
九、数与质——否定之否定

第二　经　济
一、社会的物质——经济
二、原始的共产主义及私产之起源
三、阶级之发生及发展
四、分　工
五、价值的理论
六、简单的与复杂的劳动
七、资本及余剩价值

马克思主义哲学教学体系：历史与现状

现代社会学

瞿秋白

上海书店 1924 年出版

总　论：社会学之对象及其与其他科学的关系[*]

一、社会学是研究人类社会及其变迁之公律的科学

　　社会学的定义，至今每一个社会学家各有自己的解释，普通人也不懂得究竟社会学是什么。因此，我们若要研究社会学，首先便应当确定社会学之"对象"，就是社会学所研究的东西；不但如此，尤其要明析社会学的范围。不然，就很有危险，——社会学家往往可以因此劳而无功：研究了半生，结果所研究的仅仅是社会学的一部分，或者简直不是社会学，甚至于写来写去只是几篇通俗的社论，

[*] 本章内容选自《现代社会学》第一章。文中标题由编者作了适当调整。

新闻记者的通信稿。这是因为社会现象异常复杂，近代科学方法还很少和他接触，再则，自然科学的对象纯粹是客观的，而社会科学的对象却就是人自己，所谓——

　　不识庐山真面目，
　　只缘身在此山中。

　　社会学原是很幼稚的科学。号称社会学最盛的美国，有一个美国社会学会，在一九一五年时他居然已经存在了五十年，他做这五十岁生日的时候，举行一次"征求答覆案"，发行纪念特号；结果全美所有的大社会学家对于社会学的定义不同得很；社会学还仅在搜集材料时期，于此格外的明白表显出来了。[看斯摩尔的《美国五十年来的社会学》Amer. Journal of Sociology May 1919，Small：Fifty Years of Sociology in the United Stats. (1865—1915)]

　　那时所谓社会学还是："因为他是新科学，于是凡在别处找不到容身之所的问题都拥到他这里来，新发见的地方都是爱尔多拉多（'Eldorado'福地之意，西班牙语），无家可归，无地容身的人都来了：他那最初一期不可免的性质及范围之不确定，使人人都可以来寻他们的避难地。"（见齐美尔之《社会学》——Simmel：Soziologie. 1908.）

　　社会学处于如此窘境，难道已经加得上"科学"的头衔？实际上却不尽然。从孔德以来，社会学跟着近世人类发展而起，他是现代社会（资本主义的）的产儿。人类共同生活的形式及内容已经非常复杂，于是就发生研究他的需要：社会之中问题，一天一天的难解决起来，所以不能单用头痛医头，脚痛医脚的方法，非有一纪律完整的科学从根本上研究不可。况且人类能制造工具之后，渐渐从脱离"自然"的束缚而想进于脱离社会的束缚；社会不好，也想改造他。然而所谓"不好"，因人而异：有人在这社会里只受"时时恐惧失去已得者"的危险，有人却处于"一无所有，无可再失"的地位。因此，那前一种人只想怎么可以敷衍过去，——所以到处去找弥补办法；他们这样的去研究社会学，实际上当然只能得着社会学的材料于其他科学之中，只多也有社会问题：不是走入歧路，就是琐琐屑屑。因此，他们决不能创造真正的科学，而社会学的定义也找不定，使社会学如此之受苦，变成了：七零八刽的破皮统子，胡投乱塞的百宝箱儿。那后一种人呢,却迫得非追求"不好"的根源(公律)不可,非彻底拆造这所破屋不可;他们这样的研究社会学,因此能洞见底蕴——最初不过只得大纲,而后来自然就能进于精细详密——如此才能得到真正的科学。于是"现代的社会学"才渐渐的成就。

这是从社会学的目的及来源上而论,我们书里自当更加逐步详释上述的理由,现在且从普通论述学术的方法下手,——在这第一章绪言里先说明这"现代社会学"的定义及范围。

第一,社会学若是科学,他必定研究宇宙间各种现象中某一部分;第二,要证明这一部分现象的确应该有一特别的科学来研究他;第三,要确定社会学对于其他科学的关系——各种社会科学当然亦在其内。

社会学所研究的对象,必定是其他科学所不能研究的,否则社会学无以异于其他科学,就是没有自己的科学领土。其次,社会学所研究的对象,亦许其他科学亦在研究;然而别种科学决包含不了社会学的对象。

社会学所研究的究竟是什么呢?

社会学应当答复的问题是:什么是社会?社会的发展或衰灭之根本原因在哪里?各种社会现象相互的关系如何?此等现象的发展之原因在哪里等等。最应当注意的就是社会学所研究的乃是整个的社会及一切社会现象;其次,就是社会学所研究的乃是人类的社会。所以社会学的定义当是:"社会学乃是研究人类社会及其一切现象,并研究社会形式的变迁,各种社会现象相互间的关系,及其变迁之公律的科学。"

可见,研究社会现象而偏于某一种的,便不是社会学。又可见,无机体界、动植物界的现象就不是社会学所研究的。社会学只研究人类社会,即使亦有时涉及动植物界,也仅只是为社会学而研究的。这两点首先应当注意。

再进便可以论述社会学与其他科学的关系,——同时亦就是对于社会学对象作更详尽的解释。

社会学的对象,上一节已经略略规定;的确有一定的范围,有一种现象是社会学所研究的。——然而研究"一种"现象的,还未必是科学。要看:这种现象是否特殊的,是否用得着特立一科学来研究？——因为研究一种现象亦可以仅仅是一种学说。所以若特立一社会学，亦许违背了学术界的"以最少劳力得最大结果"的原则。假使社会现象，如政治、法律、道德等等各有各的科学公律，研究社会时可以持此等公律分各方面去研究便能了事，那时社会学的存在就没根据。社会现象的确是宇宙间各种现象中之一，用分类的方法可以承认这也是一类，然而譬如说竹子或禾本科植物亦是一类，何以又没有禾本科学呢？

所以又有一个问题了："有没有充分的理由，特别设立一科学来研究人类社会及其现象呢？"

要解决这一问题只要先答复下列三层疑义：一、这一种现象本身是否有此等重要的程度；二、是否是 Sui generis（自成其为一种），有他种现象所无的特征；三、是否已有别一科学研究？假使此种现象已有别一科学研究，或为别一科学的对象所包含而并无特别的特征，那社会学就简直是多余的。

社会现象就是人与人之间相互关系，及其相互行动，当然是非常之重要。人类当然要想知道此等现象的因果，首先就是实用方面有迫切的需要，近代社会问题式或社会政策式的社会学之发现便是"物证"。科学是生存竞争的工具，而社会学正是适用于人类相互行动方面的工具。因此，社会学的实用上的重要是无可疑的。

至于理论方面的重要与否，却与上述第二第三两疑义大有关系。假使"人类之相互行动"确是自成其为一种的现象，有其他"相互行动"所无的特征，那么，社会学之成立已经有充分的理由。若再发现这一种现象是其他科学所不能研究的，那社会学的存在就有确实的根据了。

二、社会学与理化科学

"人类的互动"是否是自成其为一种的，有以异于有机界及无机界互动的现象呢？很可以说，将来科学的进步，也许能把宇宙间一切现象纳入理化科学和生物科学里去。然而现代科学界里还并没充分的证据能证明这种真理。现时社会学中往往有应用物理化学公律的尝试，却仅证明人类的互动与理化的过程不尽相同。

此等尝试的成绩很有限。况且，就算人类社会现象能完全与理化过程相比，然而人类社会现象还是自成其为一种的，与普通无机界的理化过程相异。

譬如莎勒维（Solvay）及伏洛诺夫（Voronoff）就有这种尝试。他们以社会现象比理化的现象，而往往用理化上的术语来称述。"一切协作是'力之组合'；社会斗争是'力之较量'；社会组织是'力之均势'。"（莎勒维之《"物理心理社会学"的力学初步之公式说明》——Note sur les formules d'introduction àL'énergétigue physio-et-psychosociologie.）

然而知道了这样的对比方法，我们在社会现象方面得着多少成绩呢？实在没有什么。此等公式好呢，本来是"显然的真理"（Truisme）；不好呢，是穿凿的比喻，反而使概念模糊。

再则如哈兰德（Haret）及罢尔谢洛（Antonio Portuendoy Barcelo），他们更以社会现象比机械。譬如哈兰德说："个性的总力在他的地盘内，虽经一切形式改换而终是不变的。"（L'énergie total de l'individu dans son champse conserve constante à travers toutes ses modifications.）——这是他以个性为物质点，而以环境为"力之地盘"（Chemp de force）的说法（哈兰德之《社会机械学》Mecanique Sociale）。他们的总意在于：既然机械学的一切原理及公律能适用于一切"力"，则社会力当然不是例外，此种意思，葛腊谢黎（R. de la Grasserie）亦有的——稍微不同。葛氏想应当有一"宇宙社会学"（Cosmo-Sociologie），而人类社会学（Homo-Sociologie）仅是隶属于这宇宙社会学的一支。

"这样去研究社会现象并非研究'人之社会的共同生活'，而仅仅是拿人当作物理学上的'体'来研究"（莎勒经Sarokin之《罪与罚和功与赏》）。人不但是物理学上的"体"，而且还是生物；人不但是生物，而且还有思想心理意识，——而且还能自动的做共同工作，经营共同生活。

无论此等学派怎样证明人及其相互关系完全等于电力，他们始终不能证明人是不是人。物体与物体之关系及其"力"之变更趋向等等可以物理学公律来归纳，而人却除此类公律以外，还有一部分特别的变化及关系，——不是物理公律所包含的。

社会现象与物理学所研究的现象截然不同。他确应有一特别科学——社会学；社会学是独立的。所谓"独立"，当然不是形而上的，不是绝对的；亦和物理、化学、天文、地质、生物等科学一样。社会学不但不应当和物理学相混，并且也不能和生物学相混。

近年以来，生物科学中有新科学发生，——就是动物学、植物学之研究动植物各个体间之互动的科学：叫做生物社会学（écologie），或者叫动物社会学（Zoo-sociologie）及植物社会学（Phyto Sociologie），虽然有这个新科学的发现，然而社会学的独立仍旧没有动摇。为什么呢？因为：一、"生物社会学"并没有想把人类的互动当作单纯动物机体的互动；二、动物间的互动与植物间的互动两方面都有如此之大的区别，竟能建立成两个不同的科学：动物社会学与植物社会学，那么人类社会学当然更可以存在了；三，社会学中之生物学派的尝试没有成功；四、那想把社会学归入生物学的学派自己，如华克斯威莱（Waxweiler）等，亦不得不将人类间的互动另外分成一类，而创造一特立科学——社会学。（看华克斯威莱之《社会学草案》——Esquisse d'une sociologie。）

生物社会学，照海凯尔（Haeckel）的定义研究：一、有机体对于无机体环境的关系；二、有机体对于有机体环境的关系（即有机体相互之间的关系）。（见海凯尔之《有机体形态学总论》Generelle Morphologie der Organismen。）如此说来，似乎那两种生物社会学所研究的对象恰恰与社会学相似。生物社会学及社会学都是研究有机体之互动过程的，——人类本来亦是一种有机体。虽然如此，始终不能说"人等于其他一切生物，毫无异点"。因此社会学的独立反而更加稳固。

至于生物学，更不能代替社会学研究人类的互动关系。除非是社会学中之有机体说成功了。有机体说以为"社会是一种有机体"，所以人类社会现象和有机体内部的过程相同。然而这种学说早已不能成立。一八九七年社会学第三次世界大会上就已否认这一学派。塔尔德（Tarde）说："社会学的成就及进步，事实上得之于较量考察各种人类社会，却并未受以社会与有机体相比拟的丝毫供献。"（见《社会之有机体说》——La théorie organique des sociétés。）

总上所论：可见一、人类互动的现象还没有能归入纯粹的生物学的过程；二、即使归入，亦仍旧是"自成其为一种的"现象，因为无论怎样分析始终不能证明人等于蚁；三、因此，研究此等现象应当有一特别科学；四、生物学并非这种科学；五、这种科学是社会学，或所谓人类社会学。

社会学家可以并且应当在自然科学方面建筑其基础于生物学上；然而若要在动植物社会学与人类社会学之间划一个等号，却就大错特错。

三、社会学与心理学

心理学有个人心理学与群众心理学之分。现在先说个人心理学。因为社会现象——人与人之间的相互行动，表面上看来是心理的居多，所以（一）有人以为社会学应当完全依据于心理学，（二）或者说社会学就是集体的心理学（Psychologie collective）。这两种意思是否正当？且先论第一种。

社会学的对象显然与心理学的不同。心理学不研究"人际的"（Intermental）现象，而只研究个体（人）的心理或意识之过程、结构、组织等。照社会学中之心理学派来论也只能说：心理学对于社会学之关系，恰好与动物生理学、形态学、解剖学对于动物社会学之关系相等。然而这还不对。社会现象并不尽是心理的，甚至于心理的现象还待社会学来帮着研究。

譬如痴病是一种心理学上及生物学上的现象，心理学家研究痴病，考察他的心理状态，拿他与常态的人比较。生物学家亦可以研究生物的痴病，他却已经与心理学家不同，他只管痴病在生物学上的意义——遗传等等。

至于社会学家却认痴病为一种社会现象，又从另一方面来研究：第一、社会认何种征相为痴病的；第二、痴病对于社会的损失怎样；第三、痴病的社会的原因又怎样。这末一层尤其重要。痴病的原因，往往除生理或医理的以外，还有社会的。

可见一切社会现象不但不尽是心理的；而且以生物学的结论来说，生物心理的"由简而复"乃由于生存竞争，——切言之，机体愈进步而有复杂的组织，神经系方愈完备，——社会关系愈复杂，社会现象亦愈复杂，那时的社会心理方随之而起复杂的变化。所以说社会现象是心理的，有这一点倒因为果的弊病。

可见：一、社会学是研究人与人之间的关系和互动，心理学却不然；二、社会学所研究的对象不尽是心理学可以说明的；三、社会学反而可以研究社会关系的结果供献于心理学，——社会关系足以规定心理,而并非心理足以包括社会现象。

至于集体心理学与社会学之关系,则首先说明什么是集体心理学,——社会心理学或者称为民众心理学(Volkerpsychologie)。西祁匀(Sigele)的定义说:"集体心理学研究人类的互动现象,以'非同类的'而少带有机体式的关系的团体做单位"(街市群众,剧院听众,会议,偶然的集会等)。他以为社会学所研究的是普通"同类"的(即各份子不自觉其为份子的)社会。葛腊谢黎却又以为研究无组织的偶然的群众间之现象的,是集体心理学(群众心理学);而研究有组织的群众间(如党会等)之现象的,另外有社会心理学。照黎朋(Le Bon)的意见,集体心理学却是研究"民族精神"的。意大利的社会学家亦大半予集体心理学及社会学外别立一社会心理学。他们以为:集体心理学研究"偶然的"群众;社会心理学研究"民族或国民精神"(较稳固的团体);社会学却是两者之间总其成的科学,研究社会的互动,先是自动的无意识的互动,再渐进于有意识的。(罗西之《集体心理学》——P. Rossi:psycologia。)

若是如此,社会心理学仅仅是社会学之一章,而且是不必要的一章,不过社会学原理讲明之后再加以心理学方面的解释而已。

塔尔德呢,又以为当立一"人际心理学"或"交互心理学"(Interpsychologie)以代替社会学;他是心理学派,所以亦以为"一切社会生活,——一群人能成一个社会的道理,全靠心理上的元素"(爱华德语)。爱华德呢,比较的让一步说,"心理学为社会学所由取得解释原则的主要先行科学(Antecedent seiences)"(《社会心理学》汉译本第八页)。凡是心理学派都喜欢用"授意"、"模依"、"同情"、"同类意识"等为社会生活构成的主要部分(?)。实际上心理作用之成为社会的(同情等)尚且是社会环境变化的结果。难道人群的集合是先由脑子里长了一"同类意识"的神经,然后再发生的吗?原始共产社会里的种种习惯,如共同渔猎,平均分配的道德等,却是合群的生存竞争(经济的关系)所养成的人生观,并非先自觉的信仰了共产主义,——先到十九世纪来听了社会主义学说,再回到古代去组织共产社会的。心理作用并非社会之主要元素,而是社会关系所能左右的。应当再找社会关系背后的主要动力。

爱华德自己说:"个体既经团结,群众生活中取一致之活动力,或因社会合作失败或破裂,发生争斗,亦属常有之事,盖环境变而习惯亦随之变……"这样讲社会心理学，却又说心理学作用是社会的主要元素。为什么不能使习惯变更环境呢？又为甚么单用"或因"两个字来解释，而不说社会合作之所以破裂都是由于心理作用，或是心理作用为其主要动力呢？（所引见《社会心理学》汉译本八十一页）只觉是一个万世疑谜了。

总之，两种集体心理学都不能夺社会学的地位。集体心理学若是偶然的群众之心理学，那就只能做社会学的一章。集体心理学若是稳固的团体（民族或国家）之心理学，那更是在社会学中分属于家庭、国家、民族、政党的各章里的一节。这两种或者都可以做社会学论文的很有趣味的题目，并且可以值得去单独研究，长篇巨著的题作"群众心理""革命心理""社会心理学"等等；但是不成其为特立的科学，至于以集体心理学代理社会学的学说，根本不能成立，——因为不但社会现象不全属于心理的，而且社会心理现象有时是某一社会关系的结果。科学是研究现象的因果律的，当然不能以倒因为果的算科学。所以亦不能照爱华德的说法，认社会心理是社会学的主要先行科学。

四、社会学与社会科学

社会学与其他社会科学的关系有好几种学说。第一种以为社会学仅只是一切社会科学的总体（Corpus），是经济、政治等科学的总数而已。——譬如杜尔该（Durkheim）初年，在所著《社会学及社会科学》（Sociologie et scences sociales）的时候，还是如此见解，后来他才改掉的。因为这种见解，无异乎奉社会学的虚名，而实际取消他。第二种是以为社会学是有一种特别的社会现象研究的，其他社会科学不研究这种现象。实际上就是使社会学与政治学等并肩而立，不成其为综合的科学。譬如齐美尔，他以为社会学是专研究社会形式的，而社会的内容（政治、经济、法律等）都不是他的职任。然而照此说来社会学只能与生物学中的形态学相比拟，不成其为独立的科学。第三种意见以为社会学是综合其他社会科学而研究社会全体总现象的科学。科学愈分工，愈严格类别，愈要一综贯科学连合他们。

人类社会是非常之复杂的东西；社会现象亦复杂，变化得很厉害。社会之中有经济现象、经济结构、国家组织、家庭关系、道德、宗教、艺术、科学、哲学等等。自然，要明白了解这样复杂的社会生活，可以从各方面下手研究，可以分社会科学成多少种。

一种是研究社会中之经济生活的（如经济学——L'économie），甚至于有专门研究资本主义的经济公律的（如政治经济学——L'économie politique）；又一种是研究法律和国家的（法律学），法学之下，又分成民法、刑法、国法学等；第三种是研究宗教的……

此等科学，每一种都可以分成两类：——一、研究某地某时所曾有的现象，这是历史的研究。譬如法学：可以研究国家及法律怎样发生的，经过怎样的变迁，这是法律史。二、却亦可以研究关于法律的总问题：甚么是法，法在某种条件之下便能发生，在某种条件之下便能消灭，他的各种形式之根据何在：这是法理学，——所谓理论的研究。

社会科学之中却有两种科学，并不是仅仅研究社会现象的某一部分，却是研究社会总体的一切现象；此种科学不以社会间某一类的现象为目标（或经济，或法律，或宗教），而以社会生活之全体为目标，而且研究各种现象之关系。这种科学：第一便是历史，第二便是社会学。据我们上一节所论，已经很可以明白这两种科学的关系和分别了。历史的职任是研究并叙述某一时代、某一地域的社会生活怎样的经过的。

譬如研究中国三千年前或俄国十八世纪、德国普法之战后的政治、经济、法律、道德、科学、艺术等现象，便是某某时期的史。每一种这样的研究，可以给我们一个关于那时代那地域的社会生活的总概念。

社会学的职任，却在于综合的问题：什么是社会？社会的发展和崩坏的原因何在？各种社会现象（经济、法律、科学等）之间的关系如何？社会学是社会科学中最综合（抽象）的科学。

俄国学者在十九世纪时往往称社会学为"历史哲学"（Philocophya istorii），或者称为"历史进程论"（Theorya istoritcheskogo processa）。可见历史和社会学的密切关系了。

社会学和历史的关系是如此。因为社会学能解释人类发展之公律，所以他可以做研究历史的方法。假使社会学研究的结果，知道国家的形式和经济的形式大有关系；那么，历史家便应当在每一时期找出这种关系来，并且与以具体的记载。历史对于社会学却亦能替他收集材料，以便社会学的综合归纳，——因为社会学的一切结论不是头脑里所空想出来的，而要有历史的事实证明的。所以总括起来："历史便是社会学的材料，社会学是历史的方法。"

现在我们已经将社会学对其他一切科学——理化、生物、心理、社会，以及历史等——的关系和区别说明了。没有一种科学足以代社会学研究总体的社会现象，亦没有一种科学足以直接运用自己的原理来解释社会现象，——因此，可以断定必须有一种科学来特别研究那解释社会现象的原理，并且综合一切分论法的社会科学所研究的对象间之关系，——就是社会学。

总 体 框 架

第一章　社会学之对象及其与其他科学的关系
　　第一节　社会学之对象
　　第二节　社会学存在之根据
第二章　社会科学之原因论与目的论
　　第一节　一切现象之规律性
　　第二节　规律性之性质及设问之方法
　　第三节　目的论及其批评内在的目的论
　　第四节　社会科学中之目的论
　　第五节　原因论科学的解释是原因的解释
第三章　有定论与无定论
　　第一节　意志自由之问题
　　第二节　无组织的社会中个性的意志之结聚
　　第三节　有组织的社会中个性的意志之结聚
　　第四节　偶然性之剖析
　　第五节　历史的偶然性
　　第六节　历史的必然
　　第七节　社会科学预言之可能
第四章　社会现象之互变律
　　第一节　物观的问题
　　第二节　社会科学中之唯物论

第三节　一切现象间的关系之动力观
　　第四节　社会科学中之历史主义
　　第五节　矛盾观与历史的矛盾性
　　第六节　社会科学中之突变论与渐变论
第五章　社　会
　　第一节　总和之定义——逻辑的与现实的总和
　　第二节　社会为现实的总和
　　第三节　社会联系之性质
　　第四节　社会与个人
　　第五节　社会之形成

社会学大纲

李 达

笔耕堂书店 1937 年出版

总 论：唯物辩证法的生成及其与历史唯物论的关系[*]

一、马克思和恩格斯思想的演进与唯物辩证法的理论来源

马克思和恩格斯，原是黑格尔的门生，他们最初的哲学思想，是唯心辩证法的思想。在社会的实践方面，他们是当时德国资产阶级的急进派的代表。截至 1841 年为止，他们政治的立场是民主主义者，哲学的立场是黑格尔左派（马克思在 1841 年所著的学位论文还

---

[*] 本章内容选自《社会学大纲》第一篇第一章第二节和第二篇第一章第一节，并略有删节。文中标题由编者所加。

是唯心论的见解）。

1842年，马克思充任《莱茵新闻》的记者，开始了激进的民主主义政论家的活动。但他在大学所专攻的学科，是哲学和历史，附带地研究了法律学，所以他做《莱茵新闻》记者，因为"参加关于所谓物质的利益的论争"时，很感到知识的缺乏，他才开始研究经济问题；同时又因为感到"法国社会主义"认识的不充分，所以他退出《莱茵新闻》，开始研究这一方面的东西。

当时德国对于基督教的斗争，逐渐展开，反宗教斗争的结果，必然转到唯物论的方向。1841年出现的费尔巴哈的《基督教的本质》一书，早已宣言了唯物论、无神论。1843年，费尔巴哈又发表了《哲学改革的暂定论纲》及《将来哲学的根本问题》，表明了严正的唯物论的立场。同时，马克思在费尔巴哈的影响之下，也逐渐由唯心论转向于唯物论，到了1843年发表《黑格尔法律哲学批判》时，他已经决定的完全变为唯物论者了。在这个时候，他研究了德英法美等国的历史，研究了政治问题，特别是法国革命问题，研究了卢梭、孟德斯鸠及马凯维利的著作。他又考察了当时里昂的工人暴动、英国工人的宪章运动等，认定这类无产阶级运动，是理解近代社会的秘密的关键。阐明了这种见解的著作，是1844年在《德法年鉴》上发表的《犹太人问题》与《黑格尔法律哲学批判·序论》。这两种著作，表示着他已由急进的民主主义者转变为无产阶级思想家了。在《犹太人问题》中，指出了"人类的解放"不是资产阶级的民主主义的实现所能成就的；并且又指出了"政治的国家"之"自然的基础"是市民社会，说起了社会的经济基础及其上层建筑的关系。如《经济学批判》序文中所说，他在《德法年鉴》时代研究的结果，早已到达了下述的结论，即法律及国家的现实基础是市民社会即社会的经济构造，而"市民社会的解剖的研究应求之于经济学"。在《黑格尔法律哲学批判·序论》中，指出了无产阶级是实现人类解放的主体，并力说理论与实践的统一。他说："哲学没有无产阶级的扬弃，不能实现；无产阶级，没有哲学的实现，不能扬弃自己"，又说："正如哲学在无产阶级之中看出物质的武器一样，无产阶级在哲学之中看出精神的武器。"在这种著作中，已经充分明确地表现了当作实践的唯物论看的唯物辩证法及哲学的党派性了。

其次，恩格斯也循着同样的路径，到达于唯物辩证法的思想。恩格斯也属于黑格尔左派。1842年，他在费尔巴哈的影响之下，用假名发表了《谢林与启示》的著作，又在《德法年鉴》上发表了《经济学批判大纲》和《英吉利状态》。他从1842年起，住在英国，观察了当时英国的劳动运动和英国的社会，早已指出了经济的契机是现代社会的决定的历史的动力，是现在阶级矛盾发生的基础（他是在1844年才和马克思订交的）。他研究了当时的经济问题和劳动问题的结果，除了上述论文之外，完全用历史唯物论的见解写成的著作，是1845年所写的《英国劳动阶级状态》。照这样，恩格斯也是和马克思由相同的路径而到达于唯物辩证法的（但恩格斯自己却很谦逊地说明唯物辩证法与历史唯物论创造的大功绩，属于马克思，他自己只有一小部分）。

从上面所说的看来，马克思和恩格斯，在1844至1845年，已经创立了唯物辩证法。这是可以从《经济学的—哲学的草稿》(1844)、《神圣家族》(1845)、《费尔巴哈论纲》(1845)以及《德意志意识形态》(1845—1846)诸书去理解的。

基于前面的说明，我们必须注意的事情，就是：唯物辩证法，并不是费尔巴哈唯物论与黑格尔辩证法之机械的综合。辩证法的唯物论，是克服了从来一切形而上学的唯物论，特别是费尔巴哈唯物论的缺陷，并由自然领域扩张于历史领域的唯物论；唯物论的辩证法，是批判地摄取了从来一切哲学中的辩证法，特别是黑格尔辩证法的成果，并综合了现代社会科学与自然科学的诸结论的辩证法。所以费尔巴哈唯物论与黑格尔辩证法虽是唯物辩证法之哲学的直接的先导，而唯物辩证法却并不是两者之机械的综合。为要说明这一层理由，我们不能不进而说明唯物辩证法克服费尔巴哈唯物论与黑格尔辩证法的过程。

创始者们之由唯心论倾向转到唯物论倾向，无疑地是受了费尔巴哈的影响。恩格斯自己也说，"感激是一般的：我们一时都是费尔巴哈主义者"。但是，创始者们之受费尔巴哈所影响，只是暂时的，大约在1842至1844年之间，到了1845年《费尔巴哈论纲》写成时，他们已超越费尔巴哈而迈进，而费尔巴哈就终止于1843年所达到的境界而停步不前了。

但是创始者们之超越费尔巴哈而前进的那种成就，是在1842年至1844年之间演进的。换句话说，创始者们之克服费尔巴哈的唯物论的工作，是在他们受着费尔巴哈的影响的时期进行的。我们在上面已经说过，费尔巴哈唯物论有三个基本的缺陷，即是机械论的性质、形而上学的性质及历史观领域中的唯心论的性质。所谓费尔巴哈唯物论之克服，主要的就在于填补上述三个基本的缺陷。而创始者们之填补上述三个根本缺陷的工作，在他们的1842至1844年间的著作中，已经表现了出来，往后1845年《费尔巴哈论纲》中才作出有系统的批判。

马克思最初接受费尔巴哈的影响，大体上是费尔巴哈的唯物论的认识论及反宗教的无神论，但他对于费尔巴哈的著作，却做着批判的研究。例如他在1842年3月20日写给鲁克的信札中，这样说着："在这篇论文〔宗教的艺术〕中，我必然要论及宗教的本质。在这里，我多少要与费尔巴哈起冲突，可是这种冲突，不是关于原理，而是关于这原理的理解。"他又在1843年3月13日写给鲁克的信札中，这样写着："费尔巴哈的箴言，有一点我认为不正确，即他关于自然说得太多，而关于政治却说得太少。但这是今日的哲学所以成为真理的唯一线索。"在这种处所，马克思已经指出费尔巴哈对于宗教的理解缺乏了社会的—历史的根据。

马克思和当时隐居于德国农村的费尔巴哈不同，他是当时德国的政治的分派的领导者。他在接受了费尔巴哈的影响，决定的成为唯物论者以后，其注意的中心问题，是政治的问题，是政治的批判。所以他首先把费尔巴哈所理解的、只是自然主义的抽象的人类的本质，当作社会的历史的范畴去把握。他在1844年的《黑格尔法律哲学批判·序论》中，这样说着："人类就是人的世界，是国家，是社会。这国家、这社会，是一个倒错的世界，所以产出倒错的世界意识的宗教"，又说："天国的批判转化为地上的批判；宗教的批判转化为法的批判；神学的批判转化为政治的批判。"在这种处所，他已经表明政治的批判要与无产阶级相结合，而站在社会主义的立场，使唯物论改变为实践的唯物论了。

恩格斯在1844年（与马克思开始通信的那一年）以前，也独立的由社会问题的研究到达于经济的契机之决定的作用的理解，即是历史唯物论的理解，这是前面已经提起了的。

创始者们不但暴露了费尔巴哈的缺陷（如《费尔巴哈论纲》中所展开的），研究了费尔巴哈所不能理解的问题，同时他们又在唯物论的基础上改造了黑格尔的辩证法。费尔巴哈用唯物论否定黑格尔的唯心论，同时抛弃了黑格尔的辩证法。而创始者们在这一方面却自始没有附和于费尔巴哈，早就剥去了黑格尔辩证法之神秘的外被，把它引入唯物论之中，补充了费尔巴哈唯物论的缺陷。这样的理论工作，现在可以在《黑格尔法律哲学批判》及《经济学的—哲学的草稿》诸著作中看出来。他们批判的摄取了黑格尔哲学中有价值的辩证法，加以改造，来充实唯物论的内容，因而建立了辩证法的唯物论。

现在再说到创始者们批判的摄取黑格尔的辩证法并在唯物论基础上实行改造的过程。

我们已经知道，黑格尔的庞大的哲学体系，是以丰富的哲学史的知识做背景，并企图把当时自然科学与社会科学的成果概括于其中的伟大的唯心论的辩证法。但是黑格尔的辩证法为什么是唯心论的？为什么不能转变为唯物辩证法？这种问题的说明，是理解关于黑格尔辩证法的扬弃的前提。

黑格尔的哲学所以是唯心辩证法的主要理由，第一是与当时德国社会状况相关联的。如前段中所述，黑格尔时代的德国的资本主义，比较落后，德国资产阶级的势力比较薄弱。当时英法诸国所已实现的资产阶级的秩序，在德国资产阶级心目中，还是将来应当实现的理想。所以哲学家黑格尔不能不在唯心的世界中，思辨的追想先进的资产阶级的历史。这种事实，对于黑格尔唯心辩证法的生成，给了决定的影响，所以他把历史看作客观的精神的表现，因而他的辩证法变成精神的发展的理论。

第二，黑格尔的时代，社会科学的知识还不发达，特别是关于近代社会的解剖的研究，异常缺乏。在这个时候，近代社会还没有开始它的自我批判。黑格尔把资产阶级社会看作人类史上最成熟最高级的阶段，并不曾展望资产阶级社会的前途。这种社会的根源，是黑格尔唯心论的基础。所以他的绝对的唯心论，站在精神发展的完结的立场、认识的辩证法的停滞的立场。

第三，黑格尔时代的自然科学的发展水准，还供给着唯心辩证法的地盘。当时自然科学的特征，就是不曾把发展的观念综合为自然的一般原理。当时的天文学、地质学、胎生学、动植物的生理学及有机化学虽已形成，进化论的天才的预见虽已出现，但因为他把发展作为精神的原理，所以还不能正确的在哲学上概括自然科学的诸成果，而只是透过唯心论的外被去窥视自然世界的客观辩证法。实际上，当时的自然科学，还没有完全驱逐形而上学的神学的学说。这一点就替黑格尔哲学留下了"自然在时间上没有发展"的那种思想的余地。

基于上述的理由，黑格尔就在头脑中构想着当时科学所没有阐明的世界之现实的关联，把由理念所导出的思辨的公式嵌入于现实世界，把现实世界弄成神秘的东西。因此他把他的体系，独断为理念的实现、为绝对真理的总体，演出体系与方法的矛盾。

黑格尔的体系与方法的矛盾之科学的解决，就是打破那非科学的体系，救出那有积极意义的方法。这种工作，是马克思和恩格斯所完成的。

黑格尔辩证法之唯物论的改造工作，大概可以分为下述三项：第一，黑格尔哲学把存在与思维视为同一，因此抛弃存在而只把思维夸张为绝对者。现在，这个哲学所颠倒了的存在与思维的关系，是必须使它再颠倒过来，即是要把存在看作本源，把思维看作存在的映象。第二，这个哲学，正因为是唯心论的，所以在精神界去探求万物发展的辩证法的根源，这是用头向下倒立的。现在，要把它颠倒过来，使它用脚向下竖立，要在物质过程中去探求万物发展的辩证法的根源。第三，唯心论体系因绝对真理之发展而终结世界的发展，这完全是与辩证法相矛盾的。世界之辩证法的发展，突破了黑格尔的绝对真理，证明了黑格尔体系的终结。所以辩证唯物论的创始者们，从黑格尔哲学继承了辩证法，依据上述的原理把它改造为唯物辩证法。

创始者们对于黑格尔辩证法之唯物论的改造，表现于1842至1845年的诸著作之中。关于黑格尔辩证法的批判之展开，首先是1843年的《黑格尔法律哲学批判》，其次是1844年的《黑格尔法律哲学批判·序论》和《经济学的—哲学的草稿》，以及1845年的《神圣家族》。如亚多拉次基所说，马克思在《经济学的—哲学的草稿》中，已经出现为"完全的辩证法的唯物论者"了。至于1845至1846年发表的创始者们合著的《德意志意识形态》，已经完全地展开了唯物辩证法。

唯物辩证法的生成，不仅是费尔巴哈唯物论与黑格尔辩证法之批判的摄取，还概括了新的丰富的内容。关于这点，下段再作详细的说明。

二、唯物辩证法的生成

辩证法的唯物论是费尔巴哈唯物论的克服，并不是费尔巴哈唯物论的原形；同样，唯物论的辩证法是黑格尔辩证法的改造，并不是黑格尔的辩证法的原形。崭新的科学的哲学——唯物辩证法，具有其新的质、新的生命、新的内容和新的历史使命。唯物辩证法是科学的历史观与科学的自然观的统一，而两者统一的基础，是社会的一生产的实践。我们在前段的说明中，可以看出创始者们之哲学的实践的活动，首先是从社会的一历史的领域，即政治的一实践的领域中开始的。我们可以说，创始者们首先阐明了历史领域中的辩证法，其次由历史的辩证法进到自然辩证法，而在社会的实践上统一两者以创出科学的世界观的唯物辩证法。在这种处所，我们可以理解新哲学的新生命、新内容和新的历史使命。以下我们就创始者们初期的哲学的著作，来说明唯物辩证法的生成过程。

马克思从《莱茵新闻》时代决定的成为唯物论者以后，就在唯物论的基础上应用辩证的方法研究政治问题、经济问题及各种历史事实，特别是关于当时法国的劳动者运动与英国劳动者的宪章运动。这些研究的结果，归着于下述的结论："法律关系与国家形态"，以社会的经济构造为基础。这是科学的历史观——历史唯物论的重要思想。这个重要思想之更深刻更具体的开展，便是经济学的研究。

经济学的研究，大约是 1843 年 11 月间开始的。这种研究的成果，是 1844 年的《经济学的一哲学的草稿》（以下简称《草稿》）。这部《草稿》中，阐明了劳动者与资本家、地主的阶级关系，提起了货币、资本、工资、地租等的分析的经济问题，并且批判了黑格尔的辩证法。其中最根本的契机，是黑格尔辩证法中实践的概念之批判的展开。黑格尔辩证法最伟大的特色，是人类的劳动、活动、实践的意义的重视。但黑格尔是唯心论者，只把劳动当作抽象的精神的劳动去理解。马克思把黑格尔辩证法中这个生动的实践的概念，拿来放在唯物论的基础上展开出来，引入于唯物论之中，给唯物论以新的内容、新的性质。他从人类与自然的关系去说明劳动，这与从来的唯物论和唯心论关于劳动的理解，是完全不同的。唯心论把人类从自然分离出来，使人类转化为自我意识；旧唯物论把自然从人类分离出来，使人类转化为生物学的范畴。因此，这样的劳动、实践的概念，变为抽象的东西，不能正确地说明人类的社会。在马克思看来，劳动是人类与自然的结合。在劳动过程中，人类与自然相结合，自然对于人类发生具体的联系。因而劳动是当作社会的人类看的人类的本质。只有社会的人类的这种劳动——实践能够指导自然的认识，才是认识的基础。

马克思基于劳动——实践的意义之正确理解，所以超出旧唯物论的界限，建立了实践的唯物论。正因为劳动是人与自然相结合的媒介，所以由于劳动的概念之唯物论的把捉，就能够理解人类社会所依以树立的物质的基础，理解基础与上层建筑的关系，因而建立历史观之唯物论的根据。基于这种理解，唯物论就从自然的领域扩张于历史的领域，从下方完成到上方，建立彻底的唯物论、统一的世界观。

马克思的彻底的哲学唯物论，在《经济学的—哲学的草稿》中，已经完成了它的基础。在这部《草稿》之中，我们可以看出下列三大特征。

第一个特征，是历史，特别是法国革命史的研究。由于这种研究，阐明了社会的基础与上层建筑、"市民的社会"与"政治的国家"的关系，指出了阶级颉颃的作用与无产阶级的历史使命。并且，《草稿》的著者已由急进的民主主义者变为社会主义者了。

第二个特征，是经济学的研究。由于这种研究，准备了《资本论》的雏形，同时给予了把历史唯物论当作哲学唯物论的一构成部分确立的可能性。而历史唯物论的基础，是由劳动的概念所成就的。这劳动的概念，不是精神的劳动、自我意识的抽象的行为，而是物质的生产的劳动，是当作经济学的范畴看的劳动。

第三个特征，是法国劳动运动与法国社会主义的研究。这种研究的结果，在《草稿》以后所写的《神圣家族》中，表现了积极的意义。

所以马克思的哲学的唯物论之形成，与历史学、经济学、社会主义等的研究，有不可分离的关系。由于这类的研究，暴露了历史的发展法则，预见了资产阶级社会的发生发展及消灭的倾向，指示了否定这种社会的主体是无产阶级。换句话说，历史唯物论——科学的历史观之树立，是唯物辩证法这种哲学的一个最重要的契机。

如上面所述，唯物辩证法生成的社会的基础，是资产阶级社会的自我批判的开始与无产阶级的生长，而其意识形态的条件是先行的哲学与社会科学。但唯物辩证法，除了唯物辩证的历史观以外，还有一个方面，这就是唯物辩证法的自然观。所以唯物辩证法的生成，与当时的自然科学的水准有深刻的关系，这是不容忽视的。

自然是辩证法的证明。自然是社会的前提。自然在认识论上，是意识、思维的本源，是辩证法之唯物论的探究的基础。所以自然领域中的唯物辩证法的理解，是唯物辩证法的基础。唯物辩证法，必须从历史—社会的领域贯彻于历史—社会的基础之自然领域，它才成为统一的世界观，成为一般的方法论。所以唯物辩证法必须是唯物辩证法的历史观与自然观的综合。

前面已经说过，在黑格尔的时代，自然科学上的发展的观点，随处都是暴露着。黑格尔对于辩证法的研究，不但从历史科学的领域，并从自然科学的领域，采取了很多的材料。他常常从唯心论的外被窥视了自然世界的客观的辩证法。但因为当时自然科学的知识还不充分，而他的哲学又是唯心论的，所以他只能在头脑中构想那为当时自然科学所不曾阐明的世界之现实的关联，因而演出他的体系与方法的矛盾。但到了创始者们的时代，自然科学就发展到比较高级的水准了。先就天文学的领域来说，康德在1775年发表了《天体的一般史与一般理论》，建立了太阳系由星云状态演进的假说，指出了宇宙的发展是物质变动的过程。其次，地质学证明了地球中互相继起而层叠的地层的存在，并且在这类地层中发现了原始动植物的遗物。这些动植物的遗物的研究，变为古生物学的端绪。于是科学逐渐接近于关于生物界发展之历史的观点。于是生物学、生理学、胎生学等科学都发展起来了。

自然科学上许多伟大的发见，或在唯物辩证法的创立以前出现，或者同时出现。第一个发见，是细胞——动植物从它发展起来的生动有机体最简单的构成部分——的发见。第二个发见，是能力转换的法则的发见。这个发见，说明了力学的力、热、光、辐射热、电气、磁气、化学的能力等等，并不是各自孤立、互相分离而存在的东西，而是单一的普遍运动的种种形式，是互相推移转变的运动形式。这个法则的发见，表示了自然界的一切运动都由一种运动形态转变为他种运动形态。第三个发见，是达尔文的理论。这个理论，证明了地上存在的有机体是从少数最简单有机体的长期发展过程的结果。

以上那些发见以及19世纪中叶以来的自然科学的发展，使人们能够到达于自然世界之唯物辩证法的理解。所以马克思与恩格斯，能够把自然科学的诸成果普遍化，建立唯物辩证法的自然观，扬弃了自然科学的思辨的概括之自然哲学，克服了机械唯物论的自然观。因而为唯物辩证法造出由历史贯彻于自然的可能性。

唯物辩证法是唯物辩证法的历史观与自然观的统一，两者统一的基础是社会的实践。如上面所见，辩证法的唯物论，以劳动的概念为媒介，由自然认识的领域扩张于历史认识的领域，使唯物论发生了本质的变化，变成了实践的唯物论。当作劳动、物质的生产和社会斗争看的实践，规定着表象、概念等等之精神的生产。在这种见解之下，实践不单是社会科学的范畴，并且是哲学的认识论的范畴。要懂得实践优于理论的见解，就必须理解实践是认识的出发点和源泉，是认识的真理性的规准。所以实践的唯物论，由于把实践的契机导入于唯物论，使从来的哲学的内容起了本质的变革。

从来形而上学唯物论的认识论，只知道认识是客观实在在我们头脑中的反映，却不能理解认识的发生发展过程中的实践的契机。因此，这种旧唯物论，不知道实践是认识的发展的原动力，所以不能说明认识的发展、认识的相对性与绝对的客观的真理的关系，即不能理解认识发展的辩证法。至于实践的唯物论，把实践作为认识的发展的杠杆，解释为历史上发展的物质的生产及社会斗争，并主张实践是认识的源泉、认识发展的契机和真理性的规准，阐明了认识过程的辩证法，因而克服了旧唯物论的缺陷。所以实践唯物论的认识论，实是辩证唯物论的认识论。

其次，实践唯物论，由于在唯物论的基础上展开了实践的契机，又克服了唯心论的弱点。唯心论展开了旧唯物论所忽视的实践的契机，很注重实践的概念。但唯心论把实践解释为抽象的精神的东西，不知道实践原是社会的—历史的范畴。例如康德，虽提倡"实践理性的优位"，却分离"实践理性"与"理论理性"，不承认实践是认识的源泉和真理性的规准。黑格尔虽然主张实践是认识过程的契机和推动力，但他把实践解释为意识的劳动或活动，这纯粹是唯心论的。至于实践唯物论，把实践当作历史的—社会的范畴，解释为感性的现实的人类的活动，并把它作为认识论的契机，所以能够在其与社会生活的关联上去理解人类认识的全部发展史，因而克服唯心论哲学的抽象性与思辨性，而到达于唯物辩证法。

唯物辩证法，当作哲学的科学看，原是认识论，它的更进的具体化，是唯物辩证法的历史观与自然观。反起来说，当作认识论看的唯物辩证法的内容，又是唯物辩证法的历史观与自然观之普遍化的概括。所以唯物辩证法是关于发展的最深刻的学说。

三、辩证唯物论与历史唯物论的关系

唯物辩证法的大体的内容，在前篇之中已经说明了。从本章起，我们着手研究历史唯物论。但在研究历史唯物论的各种根本问题以前，我们先要解明下面三个问题。即：（一）辩证唯物论与历史唯物论的关系的问题，（二）历史唯物论的对象的问题，（三）关于形而上学及唯心论的社会学说或历史理论的批判的问题。本节先说明辩证唯物论与历史唯物论的关系的问题。

根据前篇的研究，我们已经知道，辩证唯物论是世界观与方法的统一、理论与实践的统一。这个哲学的对象，是自然、社会及人类思维的一般发展法则。而在唯物论的认识论上，思维的一般发展法则是自然与社会的一般发展法则之反映，两者在其内容上是一致的。所以在认识论或论理学上研究的思维的一般发展法则，是自然诸科学与社会诸科学的成果之普遍化的概括。因而辩证唯物论是"从人类的历史的发展之考察抽象出来的最一般的诸结论之概括"，是人类一切知识的历史之总计、总和与结论。

当作世界观看的唯物辩证法，当作自然科学与社会科学的成果之普遍化的概括看的唯物辩证法，其中包含着两个部分，两个领域，即唯物论的自然观（自然辩证法）与唯物论的历史观（历史辩证法）。唯物论的自然观，以自然现象的发展法则为对象，因而它是自然诸科学的成果的概括；唯物论的历史观，以社会现象的发展法则为对象，因而它是社会诸科学的成果的概括。在这种意义上，唯物论的自然观与唯物论的历史观，是唯物辩证法与自然诸科学及社会诸科学之间的媒介的环。所以唯物辩证法之与唯物论的自然观及唯物论的社会观，具有密切的不可分离的关联。德波林说："如没有唯物论的自然观及唯物论的社会观，就没有辩证法；如没有辩证法就没有近代的科学的唯物论。"这句话是很正确的（这句话与他的哲学的偏向无关）。所以，历史唯物论与自然辩证法，同是唯物辩证法之必然的构成部分。

当作认识方法看的唯物辩证法，其一般的法则、原理和范畴，都是从一切个别科学抽象出来的东西，都具有极普遍的性质，所以它不但适合于任何特殊现象的领域，并且适合于一切现象的领域。唯物辩证法在自然领域中具体的适用起来，就成为自然辩证法；在历史领域中具体的适用起来，就成为历史唯物论。所以唯物辩证法，是一切科学的方法论。一切科学只有依据唯物辩证法，才能正确地把握客观的真理。

基于上述的见解，辩证唯物论与历史唯物论之间，具有极密切的关联。历史唯物论如没有辩证唯物论，它本身就不能成立；辩证唯物论如没有历史唯物论，也不能成为统一的世界观。

所谓辩证唯物论与历史唯物论的关联，这句话的本来的意义，就是彻底地把辩证唯物论应用并扩张于历史的领域。只有彻底地把辩证唯物论扩张于人类社会或历史的领域，才能使辩证唯物论更趋于深化和发展，人们才能在世界变动的过程中去认识世界，改造世界。

"历史唯物论是科学的思想之最大的收获。"它给予进步的阶级以正确的历史观—社会观，以理论斗争的武器，使他们能够积极的担负起改造社会的使命。

历史唯物论之积极的意义，"只有阐明在辩证唯物论与历史唯物论之间的内在的不可分的联系与统一"，才能得到正确的理解。从前，一切形而上学的唯物论者（连费尔巴哈包括在内），根本上不知道唯物辩证法与历史唯物论，也不知道两者之间的关联和统一；他们的唯物论，只是自然科学的唯物论，不知道把唯物论扩张到历史的领域，反而在历史领域中变成唯心论的俘虏。

恩格斯说："费尔巴哈说，单纯的自然科学的唯物论，'确是人类知识建筑的基础，不是建筑物的本身'，这句话完全是正确的。因为我们不单是生活于自然之中，并且生活于人类社会之中，后者也具有不亚于前者的自己特有的发展史和科学。所以，最重要的事情，是要使社会科学，即所谓历史哲学的科学总体，与唯物论的基础相调和，并在这个基础上重新建筑。但这件事情，不能期望于费尔巴哈，因为他在这方面尽管具有基础，却依然被束缚在传统的唯心论的圈子里。这种事实，他自己也承认，他说：'退后说，我与唯物论者一致，但向前说，却不与他一致'。"

这段说明，是指出费尔巴哈的唯物论的缺陷，及其在历史领域中的唯心论的性质，同时主张把唯物论彻底的扩张于历史领域的重要性。所以，辩证唯物论创始者们当时最大的注意，是向着历史的唯物论，在他们的著作中，"特别强调的是辩证唯物主义，而不是辩证唯物主义，特别坚持的是历史唯物主义，而不是历史唯物主义"。

历史唯物论是进步的阶级的实践的理论斗争的武器，同时又是资产阶级的最大的敌人，所以资产阶级不能不集中注意去攻击历史唯物论。他们或者在认识论的领域中，赤裸裸地站在唯心论的立场，从根本上去否认辩证唯物论，因而否认历史唯物论；或者用唯心论的哲学去修正历史唯物论，把它改造为历史唯心论。这种修正主义的策略，在战斗的唯物论者看来，比较从根本上否认历史唯物论的倾向更为险恶，而必须与它做无假借的斗争。例如修正主义柏伦斯泰因一派，否认辩证唯物论的意义，而用新康德主义来修正历史唯物论。他极力主张历史过程中的精神的契机的意义，否定了历史唯物论所主张的"历史的发展之物质的规定性"；用逐渐的和平的进化的理论，代替历史的飞跃的辩证法。

又如波格达诺夫，自称是历史唯物论的信徒，却用马哈主义代替辩证唯物论，因而毁坏历史唯物论。玛克时亚德拉也自称是历史唯物论的信徒，却用新康德主义代替辩证唯物论，因而修正历史唯物论。

还有，被称为"现代社会法西斯的罗马法皇"的考茨基，也努力表示着拥护哲学的唯物论与历史唯物论，承认"历史唯物论是适用于历史领域的唯物论"。可是他把哲学的唯物论当作认识的方法，因而"从哲学的世界观切离历史认识的方法"，而到达于"唯物史观与唯物论哲学无关"的结论。这种结论，引导他站立在分离世界观与方法、分离理论与实践的机会主义的立场。

现代机械唯物论者们，也不能理解辩证唯物论与历史唯物论的统一。他们主张用自然科学代替辩证唯物论的哲学，并用自然科学的法则和范畴，来解释历史，造出了社会的自然生长性的历史理论。

上述唯心论者与机械唯物论者对于历史唯物论的曲解修正，是拥护历史唯物论的人们的攻击的目标。

历史唯物论是把辩证唯物论适用于社会的认识的理论，这在上文已经说明了。辩证唯物论怎样地适用于社会的认识呢？关于这一层，列宁这样说明着："唯物论一般承认离人类的意识、感觉、经验及其他而独立的客观的实在的存在（物质）。历史唯物论承认离人类之社会的意识而独立的社会的存在。意识无论在哪一方面，只是存在的反映，至多也只是存在之近似的忠实的（适应的、观念上正确的）反映。"他又说："唯物论总是由存在说明意识的东西。如果不是相反，那么，在人类的社会生活的应用上，唯物论要求由社会的存在说明社会的意识。"列宁这几句话，是简单的解释"社会的存在规定社会意识"这个论纲的。这个论纲，是历史唯物论的根本论纲，历史唯物论的全部内容，都是这个根本论纲的说明。

所谓社会的存在，是人类社会的现实的生活过程，是人与人在生活资料的生产过程中发生的相互关系。简单点说，社会的存在，即是社会经济的构造。所谓社会的意识，是一定的社会、阶级或职业等集团所具有的、非组织的、或稍稍组织化了的感情、情绪、思想或学说。简单点说，社会意识即是在意识中被反映了的社会的存在。

所谓社会的存在规定社会的意识，就是说：我们人类生活在社会之中，第一件重要的事情，是取得物质的生活资料来维持自身的存在。所以人们在从事政治生活及其他各种精神生活之前，必要先满足衣食住等项的需要。这类生活资料的生产，以及一个时代的经济发展的阶段，就形成了社会的基础。其他国家机关、法律见解、艺术及宗教表象等，都是在这个基础之上发展起来的上层建筑。这些上层建筑都是要受那个基础所规定，所说明的。

总体框架

第一篇　唯物辩证法

第一章　当作人类认识史的综合看的唯物辩证法
第一节　唯物辩证法的前史
一、原始时代的人类的认识
本书的根本论纲之提起　原始的思维　原始的宗教的世界观

二、古代自然哲学中的辩证法
古代哲学发生的历史根据　塔列斯与赫拉克里图的自然哲学中的辩证法　德谟克里特的唯物论

三、古代观念论哲学中的辩证法
苏格拉底与柏拉图的哲学中的论理学　亚里士多德的论理学

四、中世纪哲学中积极的成分
中世纪阿拉伯哲学中的唯物论　唯名论与二重真理论的积极的意义

五、近代初期的唯物论
  近代初期唯物论的历史根据　十六—十七世纪英国的
  唯物论　十七世纪大陆各国的哲学　十八世纪法国唯物论
六、德国古典哲学中的辩证法
  德国古典哲学的历史根据　康德哲学中的辩证法　黑格尔
  哲学中的辩证法

第二节　唯物辩证法的生成及发展

一、唯物辩证法的历史根据
  十九世纪前半期资本主义经济上的矛盾　十九世纪前半
  期资本主义社会的、政治上的矛盾　十九世纪前半期
  意识形态上的矛盾
二、费尔巴哈唯物论与黑格尔辩证法之批判的摄取
  黑格尔学派的崩溃与费尔巴哈唯物论的出现　创始者们
  思想的演进与社会的实践　费尔巴哈唯物论的克服
  黑格尔辩证法之批判的摄取
三、唯物辩证法的生成
  唯物辩证法的历史观　唯物辩证法的自然观　当作实践
  的唯物论看的唯物辩证法
四、唯物辩证法的发展
  理论斗争中哲学的锻炼　伊里奇的阶段　伊里奇的唯物
  辩证法　哲学的现阶段　人类知识史的综合

第二章　当作哲学的科学看的唯物辩证法
第一节　辩证唯物论的一般特征

一、哲学的根本问题之解决
  哲学上根本问题　唯物论的根本论纲　观念论的根本
  论纲　折衷论或二元论　哲学的阶级性
二、观念论的克服与辩证唯物论
  观念论之社会的根源　观念论之认识论的根源　观念论
  与宗教的关系　观念论之扬弃与现代唯物论　辩证唯物论
  与旧唯物论的差异
三、物质的概念
  物质　运动　时间与空间

第二节　唯物辩证法的对象

一、当作世界观与方法的统一看的唯物辩证法

　　　　　当作世界观看的唯物辩证法　当作方法看的唯物辩证法
　　二、辩证法、认识论与论理学的同一性
　　　　　三者的同一性问题之提起
　　　　　创始者们对于这一问题的解决　伊里奇对于这一问题的
　　　　　展开这一问题的概括
　第三节　世界的发展及世界认识史的概观
　　一、世界的统一及其发展
　　　　　物质的构造的领域之研究　物质世界的统一　太阳系
　　　　　生成的原理　地球生成的原理　生命生成的原理
　　二、世界认识史的概观
　　　　　世界认识的发展　世界认识史之直观的阶段　世界认识
　　　　　史之形而上学的阶段　世界认识史之辩证法的阶段

第三章　唯物辩证法的诸法则
　第一节　对立统一的法则
　　一、对立物的统一及斗争
　　　　　形而上学的发展观与辩证法的发展观　当作自己运动的
　　　　　源泉看的对立物的统一及斗争　对立物的同一或互相
　　　　　渗透　矛盾与敌对
　　二、当作辩证法的核心看的对立统一的法则
　　　　　对立统一的法则是辩证法的根本法则　对立统一法则
　　　　　应用的范例
　第二节　由量到质及由质到量的转变的法则
　　一、质、量、质量
　　　　　质　质的相对性与事物的一般联系　质与属性　量
　　　　　质量
　　二、由量到质及由质到量的转变
　　　　　由量到质的转变　由质到量的推移
　　三、飞跃论
　　　　　飞跃的辩证法　关于飞跃论的各种曲解
　第三节　否定之否定的法则
　　一、否定之否定的法则的意义
　　　　　这个法则的意义实例
　　二、否定与否定之否定
　　　　　否定之本质　否定之否定的本质

三、关于这个法则的曲解
　　黑格尔的三段法　机械论者与形式论者的曲解

第四节　本质与现象、内容与形式

一、本质与现象
　　从现象到本质的认识之推进　哲学史上关于本质与现象的范畴的理解之演进　现象与本质的辩证法　本质与假象的关系

二、根据与条件
　　根据与条件的辩证法　关于根据与条件的范畴的曲解

三、内容与形式
　　内容与形式的辩证法　分离内容与形式的形式主义与机械论

第五节　必然性与偶然性、现实性与可能性、法则与因果性

一、必然性与偶然性
　　哲学史上关于必然性与偶然性的理解之演进　必然性与偶然性的辩证法　现代机械论与少数派观念论关于必然与偶然的问题之曲解

二、法则与因果性
　　法则　法则与因果性　目的的概念之科学的说明

三、可能性与现实性
　　可能性与现实性的两个概念的意义　可能性转变为现实性的三个契机——对象、条件与运动

第四章　当作认识论和论理学看的唯物辩证法

第一节　认识过程考察的根据、意识的生成

一、当作反映论看的认识论
　　认识过程展开的论纲　认识主体与认识客体的统一之基础

二、意识与人类肉体的关系
　　精神活动与神经系统的关系　精神活动与脑髓及分泌腺

三、动物的意识的生成过程
　　下等动物的反作用　高等动物的意识、无条件的反射运动与条件的反射运动

四、人类的意识的生成过程
　　条件的反射运动与人类的精神活动　人类意识高出于

动物意识的特征　意识的生成之概括
第二节　感　觉
　一、当作认识的源泉看的感觉
　　　感觉的形成　感觉的发展与实践　当作认识的出发点看
　　　的感觉　关于反映论的曲解之批判
　二、感觉与思维
　　　感觉与思维的关系　由感觉到思维的推移及其与实践的
　　　关系　关于感性与思维的关系的问题的许多异论
第三节　概　念
　一、表　象
　　　表象的意义　表象之形成与实践
　二、概　念
　　　概念的意义　概念的构成过程　概念之发展与实践
第四节　判断与推理、分析与综合、归纳与演绎
　一、判　断
　　　黑格尔判断论的评价　恩格斯的判断论　判断论的概要
　二、推　理
　　　推理形式的检讨　推理论的概要
　三、分析与综合、归纳与演绎
　　　分析与综合的统一　归纳与演绎的统一　认识之圆运动
　　　的发展
第五节　形式论理学的批判
　一、形式论理学的总批判
　　　形式论理学的思维原理　形式论理学的总批判
　二、关于形式论理学的批判的问题
　　　辩证法论理学扬弃形式论理学的解释　形式论理学只是
　　　抽象的思维的论理学　普列哈诺夫调停两种论理学的错
　　　误　分离理论与实践而调停两种论理学的错误　形式论
　　　理学所能适用的范围

第二篇　当作科学看的历史唯物论

第一章　历史唯物论序说
　第一节　历史唯物论的对象
　　一、辩证唯物论与历史唯物论的关系

323

辩证唯物论与历史唯物论的关系　关于分离辩证唯物论与历史唯物论的见解之批判　社会的存在与社会的意识之关系

二、社会的基础

生产力　生产关系　生产方法与生产关系　社会的经济构造

三、社会的上层建筑

政治的法律的上层建筑　意识形态的上层建筑　上层建筑对于基础的作用

四、社会的发展法则

社会的构成形态及其发展　社会发展的意义　特定社会内部发展法则的特殊性　社会形态由低级到高级的转变法则的特殊性　历史唯物论的对象之规定

第二节　当作历史观与方法、理论与实践的统一看的历史唯物论

一、历史唯物论是社会发展理论与社会认识方法之统一

机械论者主张历史唯物论是社会及其发展法则一般的学说　形式论者主张历史唯物论是社会的方法论　上述两种见解的异同　科学的理论与科学的方法之统一

二、历史唯物论是社会的理论与社会的实践之统一

理论与实践的统一　由历史的必然到历史的自由　当作理论、方法及实践指导看的历史唯物论

第二章　布尔乔亚社会学及历史哲学之批判

第一节　布尔乔亚社会学之批判

一、布尔乔亚社会学之先驱

社会契约说的社会观　地理学的唯物论的社会观　旧派机械唯物论的社会观　空想主义的社会观

二、布尔乔亚社会学及其变迁的趋势

实证主义社会学　生物学主义的社会学　心理学的社会学与形式社会学　知识社会学与文化社会学　布尔乔亚社会学的总批判

第二节　布尔乔亚历史哲学的批判

康德与黑格尔的历史哲学

康德的历史哲学　黑格尔的历史哲学　新康德主义的历史哲学　新黑格尔主义的历史哲学

第三篇　社会的经济构造

第一章　生产力与生产关系
第一节　劳动过程　自然与社会
一、劳　动

劳动是人类与自然间的物质代谢过程　劳动过程是社会与自然之对立的统一

二、劳动过程的三个要素

有意识的劳动　劳动手段　劳动对象

三、劳动过程之社会性

纯抽象的劳动过程　劳动过程之自然的方面与社会的方面　劳动过程的社会方面之积极性

四、社会发展法则必须在社会内部去探求

社会与自然之差异　自然环境对于人类社会的意义　社会发展的原因存在于社会之中

五、各派社会学说对于自然与社会的关系之谬论及其批判

旧派社会学的谬见及其批判　新派社会学说的见解及其批判

第二节　生产力
一、当作社会发展的原动力看的生产力

生产　单纯的再生产　扩大的再生产　社会发展的原动力——生产力　生产力不能离开生产关系去考察

二、生产力的社会性

生产力与生产诸力的意义　生产的生产力的两个方面　劳动手段的社会劳动　对象的社会性　劳动力的社会性　劳动力与生产手段之关系

三、生产力发展过程中技术与科学的作用

技术对于生产力的发达的作用　技术是历史的范畴　科学对于生产力发展上的作用　科学与技术之关系　科学与技术的成果对于社会的关系

第三节　生产诸关系
一、生产诸关系之形成

生产关系　分配关系　消费关系　交换关系　生产诸关系与生产关系

二、生产诸关系的物质性与社会性
    生产诸关系的物质性　生产诸关系的社会性
三、生产关系与生产方法
    生产力与生产方法　生产方法是生产诸关系的基础　生产关系之历史的形态　生产关系与阶级关系

第四节　生产力与生产关系的统一
一、生产力是生产关系运动的内容
    当作内容与形式的统一看的生产力与生产关系的统一　生产力是生产关系的内容　生产关系适应于生产力的发展
二、生产关系是生产力发展的形式
    生产关系促进生产力的发展　生产关系也阻碍生产力的发展　特定生产关系的能动性与特定生产方法的内容
三、生产力与生产关系的矛盾与经济构造的变革
    生产力与生产关系的矛盾是社会发展的原动力　现代社会的生产力与生产关系的冲突　关于经济构造变革的普遍性与特殊性

第二章　经济构造之历史的形态
第一节　现代社会以前的各种社会的经济构造
一、先阶级社会的经济构造
    研究经济构造的历史形态的重要性　先氏族社会的经济构造　氏族社会的经济构造　原始社会之崩坏
二、奴隶制社会的经济构造
    阶级社会之共通的特性　奴隶制的经济构造之发生及发展　奴隶制的经济构造之崩溃
三、封建社会的经济构造
    封建的生产关系之根本特征　封建的手工业、商业与商业资本　农奴制与封建制的同一，变相的封建的生产方法——"亚细亚的生产方法"封建的经济构造之崩溃

第二节　资本主义的经济体系
一、资本主义的成立及发展的过程
    工场手工业时期　机械的大工业　机械之资本主义的使用与劳动者阶级　当作生产关系看的资本占据支配地位

二、资本主义的内在矛盾及其发展倾向
资本主义的基本矛盾　普罗列达里亚与布尔乔亚的对立　工场的有计划组织与生产的无政府状态　都市与农村的对立　恐慌的必然性
三、帝国主义
生产的集积与独占　银行的新作用与金融资本　资本之输出　国际的独占与世界分割　生产力与生产关系冲突的尖锐化

第三节　社会主义的经济体系
一、过渡期经济的特征
过渡期经济的一般特征　过渡期经济的根本法则　资本主义经济的范畴不适用于过渡期经济　过渡期的扩大再生产的意义
二、过渡期经济的发展
战时共产主义　新经济政策时代——复兴期　第一个五年计划——改造期
三、苏联经济的现阶段
社会主义经济基础的建设之完成　社会主义经济建设的前提条件　第二个五年计划的任务　社会主义经济的将来

第四篇　社会的政治建筑

第一章　阶　级
第一节　科学的阶级观
一、阶级的概念
当作生产力与生产关系的矛盾的表现看的阶级对立　阶级的定义　关于阶级的错误观点之辩正
二、阶级的发生及其发展
阶级的发生　奴隶制社会的阶级　封建社会的阶级
第二节　现代社会的各阶级
一、现代社会的主要阶级及其历史的发展
两个主要阶级的发生　两个主要阶级的发展
二、现代社会中的过渡阶级
大地主，小所有者阶级，农民的分化　知识分子——及

其他社会集团　过渡期社会的诸阶级
　　三、现代社会中的阶级颉颃
　　　　经济斗争　政治斗争　理论斗争

第二章　国　家

第一节　国家的理论
　　一、科学的国家观
　　　　当作社会发展产物看的国家　当作社会上层建筑看的国家　当作阶级统治机关看的国家　当作公权力的组织看的国家
　　二、超越的国家观的批判
　　　　布尔乔亚的超越的国家观之批判　关于科学的国家观的曲解之批判

第二节　国家之起源及其发展
　　一、国家之起源
　　　　无国家社会的氏族组织　氏族组织之崩溃与国家之发生　国家发生的几个实例
　　二、奴隶制社会的国家与封建国家
　　　　奴隶所有者的国家　封建国家

第三节　近代国家
　　一、由绝对主义国家到近代国家的转变过程
　　　　近代国家之先驱——绝对主义国家　绝对主义国家之历史的使命　发展了的布尔乔亚的利益与绝对主义国家之矛盾
　　二、近代国家构成的原理
　　　　布尔乔亚革命　布尔乔亚的民主主义
　　三、近代国家机关的构造
　　　　近代国家的国家机关与政府形态　议会制与普通选举
　　四、布尔乔亚国家的法西斯化
　　　　布尔乔亚国家与法西斯主义　法西斯主义形态的两个方面　从民主主义到法西斯主义独裁

第四节　过渡期的国家
　　一、过渡期国家的本质——普罗列达里亚专政
　　　　过渡期国家的特征　苏维埃政权的民主性　社会主义建设期的苏维埃政权

二、普罗列达里亚专政的任务
　　镇压布尔乔亚的反抗　　领导农民大众走上社会主义的道路　　消灭榨取与阶级差别以建设社会主义
三、过渡期国家制度的特征
　　苏联宪法的特征　　过渡期国家机构的特征
四、国家死灭的过程
　　过渡期国家死灭的前提条件　　国家死灭过程的两个阶段

第五篇　社会的意识形态

第一章　意识形态的一般概念
第一节　当作上部构造看的意识形态
一、意识形态的形成
　　个人意识与社会意识　　社会心理与社会意识
二、社会意识与社会的存在
　　社会的存在离社会意识而独立　　社会意识依存于社会的存在　　社会意识是社会存在的反映　　社会意识对于社会的存在之作用
第二节　意识形态的一般特性
一、意识形态的相对的独立性
　　意识形态的相对的独立性　　阶级社会中意识形态的歪曲性
二、意识形态的阶级性
　　意识形态的阶级性是阶级社会的反映　　意识形态的斗争性

第二章　意识形态的发展
第一节　先资本主义社会的意识形态
一、原始社会的意识形态
　　言语的发生　　原始的思维　　宗教的起源及其形态　　原始社会的艺术
二、奴隶制社会的意识形态
　　古代宗教的特征及基督教的起源　　古代的哲学思潮及科学的发达　　古代的艺术和文学
三、封建社会的意识形态
　　封建时代的哲学、科学与基督教　　封建时代的文学和艺术
第二节　资本主义社会的意识形态

一、资本主义社会意识形态的一般特征
　　布尔乔亚的个人主义　布尔乔亚意识形态的拜物教
二、资本主义社会的诸意识形态
　　布尔乔亚的科学　布尔乔亚的法律和道德　布尔乔亚的艺术和文学　近代哲学思潮的发展　宗教在现代社会中的作用

第三节　社会主义社会的意识形态

一、文化革命
　　文化革命的意义　文化革命与社会主义建设
二、新文化的创造与反宗教运动
　　新文化的基本特征　社会主义建设与宗教的斗争

唯物辩证法大纲

李　达

人民出版社 1978 年出版

总　论：唯物辩证法的对象及其一般特征[*]

一、唯物辩证法的对象

哲学的对象

每一门科学都有自己特有的研究对象。唯物辩证法是一门哲学科学，它也有自己特有的研究对象。在阐明唯物辩证法的内容之前，先应当阐明它的研究对象。

唯物辩证法是哲学和科学长期发展、无产阶级同资产阶级长期

---

[*] 本章内容选自《唯物辩证法大纲》第一篇第四章第一、二节和第二篇第二章第二节。文中标题由编者所加。

斗争的产物。在这个过程中，哲学的对象经历了很大的变化。为了说明唯物辩证法的对象，还需要简略地回顾唯物辩证法产生以前哲学对象的演变过程。

产生于古代的最早的哲学，是当时一切知识的总汇。在古代，由于在个别领域中没有积累足够的经验材料，还不可能产生独立的专门科学。当时的一切知识都是哲学的组成部分。哲学的对象不仅包括了世界观问题，而且还包括了那些应当由后来产生的专门科学来研究的问题。这样的哲学，按其实质来说，是尚未分化为各种专门科学的一般科学，是关于整个世界及其个别部分的一切知识、思辨和臆测的汇集。

随着生产斗争和阶级斗争的发展，产生了对世界的个别部分进行详细研究的必要和可能，于是各种专门科学就开始从哲学中分化出来。这对于哲学和科学来说，都是一种重大的进步。这种分化是按照一定的秩序进行的。各门科学从哲学中分化出来的先后，取决于它们的研究对象的复杂程度。最先成为独立的专门科学的是天文学、力学、数学，然后是物理学、化学、生物学，最后是社会科学。这个分化过程远在古代就已开始，但是，就西欧来说，主要地是从十五世纪后半期开始的。到了十七世纪，由于资本主义生产的迅速发展对于各种专门科学的迫切需要，这个过程大大加速了。到了十八世纪，差不多研究一切基本运动形态的专门科学都从哲学中分化了出来，哲学的对象日益缩小了。

不过，从十五世纪后半期到十八世纪末的大约三百年中，先后从哲学中分化出来的各种专门科学主要地还是搜集材料的科学，即研究既成事物的科学，它们还不能阐明自己所研究的对象在世界总联系中所占的地位。在这种情况下，哲学就以所谓"科学的科学"的身份出现，想要凌驾于各门科学之上，把各门科学的成果组成一个统一的整体，以说明各门科学之间的联系以及整个世界的一般联系。但是，当时的专门科学并没有为说明这样的联系提供足够的材料。于是哲学就只得用幻想的联系来代替当时还不知道的真实的联系，用逻辑的论断来填补实际材料上的空白。当时的"自然哲学"、"历史哲学"等等，都是通过这样的途径构造起来的。

但是，到了十九世纪，专门科学从搜集材料的阶段进入了整理材料的阶段，从研究既成事物的科学转变成了研究发展过程的科学。它们不仅揭示了自己所研究的专门领域中的各种过程之间的联系，而且还表明了自己所研究的对象在整个世界的一般联系中所占的地位。这时,不需要依靠主观的思辨和臆想,而只要依靠各门科学所提供的材料,就可以对整个世界的总图景作出系统的说明。在这种情况下,那种凌驾于一切科学之上的、僭称为"科学的科学"的哲学就没有存在的余地了。在全部以往的哲学中,除了关于思维的学说(形式逻辑和辩证法,其中形式逻辑不是哲学)还保存着独立的意义以外,其余一切关于自然和社会的学说都归属于各门实证科学之中了。

那么,从此以后,哲学是不是失去了自己的研究对象,因而无事可做了呢?

不是的。由于科学的发展而变得无事可做的,只是那种僭称为"科学的科学"的旧哲学,即依靠主观思辨和臆测来构成体系的非科学的哲学。至于科学的哲学,即沿着概括各门科学成果的道路来说明世界的总联系的哲学,却正是在这个时候才诞生的。就这个意义来说,科学的发展不是使哲学失去了自己的研究对象,而是使哲学真正确立了自己所特有的研究对象。各种专门科学都是研究特殊领域中的特殊规律的,任何一门专门科学都不研究整个世界的最一般的规律。这种最一般的规律,正是哲学的研究对象。

唯物辩证法的对象

十九世纪的德国资产阶级哲学家黑格尔曾经在唯心论的基础上对世界的一般规律作了系统的阐明。这些规律就是对立统一规律、质量互变规律、否定之否定规律。但是,在黑格尔那里,这些规律是被歪曲了的、极其神秘的东西,如恩格斯所说,"是作为思维规律强加于自然界和历史的,而不是从它们当中抽引出来的"[①]。与其说黑格尔发现了这些规律,不如说他猜到了这些规律。唯物辩证法同黑格尔的唯心辩证法恰恰相反,它是把世界当作独立于人们意识之外、具有客观发展规律的物质统一体来研究的。它所阐明的辩证法规律,不是从头脑中幻想出来然后强加给自然界的,而是"从自然界和人类社会的历史中抽象出来的"[②],它们首先是物质世界的发展规律。至于思维的发展规律,不过是"现实世界的辩证运动的自觉的反映"[③]。因此,正如恩格斯所指出的,"辩证法就归结为关于外

---

① 恩格斯:《自然辩证法》,46页,北京,人民出版社,1971。
② 同上书,46页。
③ 《马克思恩格斯选集》,1版,第4卷,239页,北京,人民出版社,1972。

部世界和人类思维的运动的一般规律的科学"①。这就是关于唯物辩证法的研究对象的经典的说明。

把唯物辩证法应用于考察自然界，从而发现唯物辩证法的一般规律在自然界所特有的表现，这就是自然辩证法；把唯物辩证法应用于考察社会历史，从而发现唯物辩证法的一般规律在社会历史领域中所特有的表现，这就是历史辩证法（即唯物史观）。自然辩证法和唯物史观同唯物辩证法是不可分割的。如果唯物辩证法不在自然和社会领域中得到具体的贯彻和发挥，唯物辩证法就不能把唯心论和形而上学从一切方面驱逐出去，就不能确立自己的科学地位。其中，唯物史观的意义尤其重大。这是因为：第一，马克思主义以前的唯物论，即使是比较彻底的唯物论，也只是自然领域中的唯物论，一到了社会历史领域，就都通过这样或那样的途径陷入了唯心论的泥潭。因此，历史领域就成了唯心论的避难所，而旧唯物论则因为不能正确地解释这个领域中的问题而不能成为完整的科学的世界观。只有唯物史观的发现才打开了这个"禁地"，把唯心论从它的最后避难所里驱逐了出去，宣布了唯心论的破产，从而使唯物论在一切领域中树立了自己的权威，赢得了最终的胜利。正如列宁所说，唯物史观的发现是"科学思想中的最大成果"②。没有唯物史观，就没有真正彻底的唯物论，就没有唯物辩证法。第二，马克思主义以前的唯物论，由于在社会历史领域中都陷入了唯心论，因而都不可能科学地说明人类社会发展的客观规律，不能给被压迫被剥削的群众指出一条消灭剥削、消灭压迫的现实道路，只有唯物史观才做到了这一点，才把社会主义从空想变成了科学。因此，对无产阶级和一切劳动群众的解放斗争关系最密切、意义最重大的是唯物史观。恩格斯把唯物史观叫做"我所主张的观点的一个核心问题"③，正是因为唯物史观对于革命实践具有这种最直接的意义。我们有时把马克思主义哲学叫做唯物辩证法（或辩证唯物论），有时又把马克思主义哲学叫做唯物辩证法和唯物史观（或辩证唯物论和历史唯物论），这两种提法都是正确的。

对于唯物辩证法的研究对象的上述规定，是唯一科学的规定。这个规定告诉我们：第一，唯物辩证法也和别的科学一样，有它自

---

① 《马克思恩格斯选集》，1版，第4卷，239页，北京，人民出版社，1972。
② 《列宁全集》，中文1版，第19卷，5页，北京，人民出版社，1959。
③ 《马克思恩格斯选集》，1版，第3卷，50页，北京，人民出版社，1972。

己的研究对象；并且这个研究对象是物质的现实的世界（包括自然、社会以及作为二者之反映的人类思维），并不是空想的神秘的王国。第二，唯物辩证法又与别的科学不同，它所研究的不是世界的某个部分的特殊发展规律，而是整个世界的最一般发展规律；它同别的科学是不能互相代替的。第三，唯物辩证法与各门自然科学和社会科学具有不可分离的联系，它从各门科学的成果中概括出自己的原理原则，它是人类认识史的总计、总和与结论。

主观唯心论的一切流派都否认物质世界的存在，因而在它们看来，哲学的对象不过是感觉之间的次序和联系；在客观唯心论者看来，哲学的对象是"绝对观念"的发展规律。形形色色的实证论（主观唯心论的现代流派）者更把从来哲学史上所研究的问题都宣布为"虚假问题"，而主张哲学的任务只在于对各门科学的成果作逻辑分析，这实际上等于取消了哲学。这些关于哲学对象的说法都是谬说。

二、唯物辩证法的一般特征

唯物论和辩证法的统一

唯物辩证法是崭新的哲学。它具有本质上不同于以往任何一种哲学的特征。

唯物辩证法的第一个特征，是唯物论和辩证法的统一。在马克思主义以前的哲学中，除了古代的朴素唯物论同自发的辩证法有一定程度的结合以外，总的说来，旧唯物论的基本缺陷就在于缺乏辩证法。因此，以往的唯物论基本上是形而上学的唯物论，以往的辩证法基本上是唯心论的辩证法，二者都是不彻底的。只有马克思主义的唯物辩证法才在科学的基础上把唯物论和辩证法统一为一个有机的整体。

在唯物辩证法这个完整的哲学体系中，唯物论和辩证法所处理的问题的方面是有差别的。唯物论回答哲学的基本问题，即阐明世界的物质性以及物质和意识的关系问题；辩证法阐明物质世界和人类思维的发展规律问题。但是，如前面所说，唯物论和辩证法在这个体系中又是不可分离地结合着的：唯物论是辩证法的唯物论，而不是形而上学的唯物论，这种唯物论在解决哲学的基本问题的时候是贯穿着辩证法的。例如，它把物质世界看作一个相互联系的统一整体和无限发展的过程，它把意识当作物质世界长期发展的产物，它把意识对存在的反映看作一个充满矛盾的辩证过程，它把实践在认识过程中的意义提到首要的地位，它充分肯定了人的主观能动作用，等等，这都是与形而上学的唯物论根本不同的。同样，辩证法又是唯物论的辩证法，而不是唯心论的辩证法。它在阐明世界发展的最一般的规律的时候是从唯物论的原则出发的。例如，它把辩证法的规律首先当作物质世界（即自然界和人类社会）所固有的规律，而把思维的规律当作外部世界的规律在人们头脑中的反映，它认为辩证法的规律应当从现实中抽引出来，而不应当从头脑中臆想出来，等等，这都是与唯心论的辩证法根本不同的。正因为这样，唯物辩证法才既是科学的唯物论，又是科学的辩证法，才成为正确反映世界最一般发展规律的科学的哲学。

科学的世界观和科学的方法论的统一

任何哲学都是世界观和方法论的统一体。无论什么哲学，总是关于世界的某种理论说明，关于世界的某种看法，因此都是世界观；然而，当人们拿着这个理论去观察问题和处理问题的时候，它又是方法论。不管一个哲学家自己对这个问题的解释如何，他的哲学实际上总是世界观和方法论的统一。例如，主观唯心论把事物看作自己的感觉的集合，这是一种极其荒谬的世界观。具有这种世界观的人在观察问题和处理问题的时候，就必然是从主观愿望出发，而不是从客观实际出发，这就是错误的方法论了。

唯物辩证法当然也是世界观和方法论的统一。但是唯物辩证法不是随便一种世界观，而是唯一科学的世界观。它是通过概括各门科学的成果而得出来的关于自然、社会和人类思维的最一般规律的客观知识，是一种正确反映客观实际的科学理论。唯物辩证法所揭示的规律，是"放之四海而皆准"的。例如，无论在什么领域中，物质的东西总是第一性的，意识的东西总是第二性的，意识的东西总是物质的东西的反映；无论在什么领域中，矛盾总是客观存在的，总是事物发展的动力。因此，唯物辩证法的世界观，必然反过来成为在任何领域中观察问题和处理问题的唯一科学的方法。这样，科学的世界观和科学的方法论就成为唯物辩证法区别于以往任何一种哲学的特征之一。一个革命者无论从事革命斗争还是科学研究，随时都要把唯物辩证法拿在手里，作为观察问题和处理问题的武器。

就革命斗争方面看，无产阶级政党要引导革命群众取得斗争的胜利，就必须以唯物辩证法的世界观作为指导方法，科学地分析客观形势，估计阶级力量的对比，从而决定自己在一定时期中的纲领、路线、战略、策略。正如列宁所说："马克思是严格根据他的辩证唯物主义世界观的一切前提确定无产阶级策略的基本任务的。"① 在中国革命的过程中，毛泽东同志严格地依据唯物辩证法的原则，考察了各个不同历史时期的具体情况，制定了正确的路线和策略，引导中国的革命和建设不断地取得胜利。他经常教导革命队伍中的一切人员，要学会唯物辩证法的工作方法。他在指出某些同志路线上、策略上或工作方法上的错误时，总是进一步指出他们在理论上怎样离开了唯物辩证法，以便使全党同志在思想上提高一步。这些都是把唯物辩证法的世界观作为指导革命实践的方法的范例。

从科学研究方面说，任何研究工作都必然要采取一定的方法，而一定的方法是由一定的世界观所决定的。问题只是在于决定科学研究的指导方法的是什么世界观：是科学的世界观还是非科学的世界观。如果自然科学家采取了非科学的世界观作为指导方法，他就不可能得出正确的结论。有些具有错误世界观的自然科学家之所以能够在某些专门领域中作出一些成绩，甚至作出很有价值的贡献，那恰恰不是由于他们贯彻了错误的世界观，而是由于他们在研究这些专门问题时违反了他们的错误的世界观，被迫地、不自觉地站到了唯物论和辩证法的立场上的缘故。当他们对研究的成果作出理论解释时，他们就要陷于严重的错误了。至于社会科学，由于它的研究对象具有特殊的复杂性，而研究的结论又涉及阶级利益，就更加离不开唯物辩证法的指导。马克思以前的社会历史理论之所以不能成为真正的科学，就是因为没有唯物辩证法的指导；而"用唯物辩证法从根本上来改造全部政治经济学，把唯物辩证法应用于历史、自然科学、哲学以及工人阶级的政策和策略——这就是马克思和恩格斯最为注意的事情，这就是他们做了最重要最新颖的贡献的地方，这就是他们在革命思想史上英明地迈进的一步"②。

理论和实践的统一

唯物辩证法的又一本质特征，是理论和实践的统一。

首先，唯物辩证法是从实践中产生的。唯物辩证法是在人类社会进入了资本主义高度发展的历史时期，适应着无产阶级反对资产阶级的实践需要而被创造出来的，即是说，是在革命实践的推动之

---

① 《列宁全集》，中文1版，第21卷，55页，北京，人民出版社，1959。
② 《列宁全集》，中文1版，第19卷，558页，北京，人民出版社，1959。

下产生的。唯物辩证法是各门自然科学与社会科学的概括和总结，而各门自然科学和社会科学又是生产斗争和阶级斗争的实践经验的结晶，即是说，唯物辩证法是通过各门具体科学而从实践中概括出自己的原理原则的。由此可见，无论从产生的动力看，从理论的内容和源泉看，唯物辩证法的出现都不能离开实践。没有无产阶级反对资产阶级的实践需要，没有作为实践经验之结晶的各门自然科学和社会科学，就不可能有唯物辩证法。

其次，唯物辩证法是为实践服务的。它不是书斋里的空谈，不是少数人的玩物，而是无产阶级革命的精神武器和科学研究的工具。它一旦产生出来，就要指导无产阶级的革命斗争和各门科学研究，成为改造世界的巨大力量。

再次，唯物辩证法的正确性是在实践中得到检验的。唯物辩证法产生以后的一百多年来，阶级斗争的进程和各门科学的成果都已经灿烂地证实了而且还在继续不断地证实着它的客观真理性。正如毛泽东同志所说："辩证唯物论之所以为普遍真理，在于经过无论什么人的实践都不能逃出它的范围。"[1]

最后，唯物辩证法是在实践中不断发展的。唯物辩证法是从革命实践的经验和科学研究的成果中汲取自己的内容的。因此，当革命实践和科学研究日益深入，不断地揭示出世界的新的侧面、属性和规律的时候，唯物辩证法的内容也必然日趋丰富。唯物辩证法自从产生以来，一直不断地发展着：马克思和恩格斯不但创立了唯物辩证法，而且在半个世纪中不断地发展了唯物辩证法；列宁在帝国主义和无产阶级革命时代总结了阶级斗争的经验和自然科学的成果，继续发展了唯物辩证法，把它提到了新的阶段；毛泽东同志又在马克思、恩格斯和列宁所做工作的基础上，综合了中国革命和国际共产主义运动的经验，大大发展了唯物辩证法，把它推到了一个新的阶段。唯物辩证法是永远同实践密切联系着的创造性的科学。世界上一切真正的马克思列宁主义政党和真正的马克思列宁主义者，对于唯物辩证法的发展都在作出自己的贡献。

唯物辩证法以至整个马克思列宁主义是需要不断地发展，并且正在不断地发展着的。但是，第一，唯物辩证法和整个马克思主义的基本原理是反映整个世界和人类社会的一般发展规律的东西，是

---

[1] 《毛泽东选集》第 1 卷，293 页，北京，人民出版社，1991。

不能推翻的（当然它的内容可以而且应当不断地加以充实）；第二，马克思主义的个别原理以及根据这些原理所得出的个别结论当然必须随着历史条件的变化而变化，但是这种变化也必须以社会实践和科学研究的实际经验为依据，并受到实践的检验。只有严格地遵循理论与实践统一的原则，才谈得上发展马克思主义。离开理论与实践统一的原则而谈"发展"，只能是对马克思主义的篡改。

阶级性与科学性的统一

如上所述，唯物辩证法是为了无产阶级革命需要而被创造出来并为无产阶级服务的，因而它具有阶级性；另一方面，它又是各门科学成果的总结和概括，因而它又具有科学性。那么，这两方面的关系怎样呢？

在有阶级的社会里，一切哲学都是一定阶级的根本利益的理论表现，都有阶级性。不具有阶级性的哲学是没有的。但是，阶级性的具体内容是各不相同的：有革命阶级的阶级性，有反动阶级的阶级性。一般说来，历史上处在进步地位的阶级、要求革命的阶级，由于本身的利益同社会发展的客观趋势有不同程度的一致性，对正确地认识客观现实有所关心，因而表现它们的根本利益的哲学也就具有不同程度的科学性。但是，除了无产阶级以外，所有曾经在历史上代表过进步的生产方式的阶级都是剥削阶级，它们即令在最进步的时候，也不得不努力论证剥削的合理性和阶级社会的永恒性（虽然它们可以猛烈地攻击某一种具体的剥削形式和具体的阶级关系），因而至少在这一点上它们就不敢揭示客观真理。这就决定了：马克思主义以前一切代表进步阶级利益的哲学至多只能在某些方面具有某种程度的科学性，而决不可能成为完全科学的哲学。至于历史上的反动阶级，由于本身的利益同社会发展的客观趋势根本抵触，它们害怕真理，不敢对科学成果和事实材料作出科学的概括，这就决定了代表它们的利益的哲学必然是反科学的谬论。这两种情况都表明，对于马克思主义以前的哲学说来，阶级性和科学性之间确实是存在着无法解决的矛盾的。

但是，对于唯物辩证法说来，却完全是另外一回事。

从唯物辩证法的阶级性方面看，它是无产阶级的世界观，是无产阶级的根本利益的理论表现。但是，无产阶级不是任何别的阶级，而是人类历史上从来没有过的最进步最革命的阶级。它的社会地位决定了它只有消灭一切剥削制度才能解放自己；它在斗争中只会失去一副锁链,而得到的却是整个世界;它的根本利益同社会发展的客观趋势完全一致,同广大劳动人民的利益根本一致;它要彻底地改造世界,就必须正确地认识世界。这就决定了它不仅不需要隐瞒任何事实真相,而且恰恰必须彻底揭示客观真理。因此,作为无产阶级根本利益之表现的唯物辩证法,必然要正确地概括各门科学成就,以便使自己能够正确地反映客观世界的规律性,否则它就不能充当革命斗争中的精神武器。可见,无产阶级的阶级性(即彻底的革命性)不但没有妨碍唯物辩证法的科学性,而且恰恰是使唯物辩证法具有高度科学性的根本保证。

从唯物辩证法的科学性方面看,它是各门科学成果的概括和总结,它正确地反映了世界发展的最一般的规律。然而这些规律所表明的不是别的,正是世界发展的革命进程。正如恩格斯所说:"这种辩证哲学推翻了一切关于最终的绝对真理和与之相应的人类绝对状态的想法。在它面前,不存在任何最终的、绝对的、神圣的东西;它指出所有一切事物的暂时性;在它面前,除了发生和消灭、无止境地由低级上升到高级的不断的过程,什么都不存在。"① "历史上依次更替的一切社会制度都只是人类社会由低级到高级的无穷发展进程中的一些暂时阶段。"② 或者如马克思所说:辩证法"在对现存事物的肯定的理解中同时包含对现存事物的否定的理解,即对现存事物的必然灭亡的理解;辩证法对每一种既成的形式都是从不断的运动中,因而也是从它的暂时性方面去理解;辩证法不崇拜任何东西,按其本质来说,它是批判的和革命的"③。因此,唯物辩证法的科学性,正好决定了它具有彻底革命的内容。

由此可见,正因为唯物辩证法是具有彻底革命性的无产阶级的哲学(而不是任何别的阶级的哲学),所以它才能够具有高度的科学性;同样,也正因为唯物辩证法是正确反映世界最一般发展规律的科学的哲学(而不是歪曲世界本来面貌的非科学的哲学),所以它才能够具有彻底的革命性。在唯物辩证法中,阶级性和科学性是完全统一的。正如列宁所说:"这一理论对世界各国的社会主义者之所以具有不可遏止的吸引力,就在于它把严格的和高度的科学性……和革命性结合起来,并且不是偶然地结合起来(即不仅因为学说的创

---

① 《马克思恩格斯选集》,1版,第4卷,213页,北京,人民出版社,1972。
② 同上书,212~213页。
③ 马克思:《资本论》第1卷,24页,北京,人民出版社,1975。

始人兼有学者和革命家的品质），而是把二者内在地和不可分割地结合在这个理论本身中。"①

三、唯物辩证法创立的过程

辩证的唯物的自然观的形成

马克思和恩格斯最初是当时德国政治革命的领导者，他们的哲学实践的活动，首先是从政治实践的领域、社会历史的领域中开始的，就是说，他们的哲学活动和政治活动是结合在一起的。他们的哲学活动的路线，可以从他们在1842年以后若干年的著作中看出来。但是他们是以什么哲学观点和方法进行活动的呢？这是应当加以说明的。

根据恩格斯所写的《反杜林论》、《路德维希·费尔巴哈和德国古典哲学的终结》、《自然辩证法》以及其他许多著作看来，马克思和恩格斯自从接受了费尔巴哈的唯物论的影响成为唯物论者以后，他们的唯物论是辩证法的。因为费尔巴哈否认黑格尔的唯心论，就连他的辩证法也完全抛弃了，为了倒脏水把婴儿也倒掉了。在这一方面，马克思和恩格斯从来没有同意过费尔巴哈那种简单的、粗陋的否定一切的做法，他们救出了黑格尔的辩证法。恩格斯在1885年追述这段历史时指出："马克思和我，可以说是从德国唯心主义哲学中拯救了自觉的辩证法并且把它转为唯物主义的自然观和历史观的唯一的人。"② 由此可见，恩格斯所说的"唯物主义的自然观"是辩证法的，即是辩证的唯物的自然观。

在马克思主义以前，所有的唯物论和唯心论的自然观都是形而上学的。根据恩格斯的说明，十八世纪的法国唯物论主要是机械唯物论，它含有两个局限性：第一，在当时的自然科学中，只有固体力学达到了比较完善的地步；化学还在比较幼稚的状态，还信奉燃素说；生物学还处在襁褓之中，对于动植物的有机体还只作过极粗浅的研究，当时人们还用纯粹的机械的因素加以解释。这样，十八世纪唯物论者就专用力学的尺度来说明自然界中的化学和有机体的过程，这就构成了这种唯物论在当时不可避免的局限性。第二，十八世纪唯物论者不能把世界理解为一种过程，理解为不断发展中的物质。这是跟当时的自然科学水平以及与自然科学相联系的形而上

---

① 《列宁全集》，中文1版，第1卷，305页，北京，人民出版社，1955。
② 《马克思恩格斯选集》，1版，第3卷，51页，北京，人民出版社，1972。

学思维方法相一致的。他们当时也曾知道自然界是处在永久的运动之中,但是他们却把这种运动理解为永远停留在同一水平、导致同一的结果的循环运动。这就是形而上学的发展观。十八世纪法国唯物论的这种局限性在当时是不可避免的。①

自然观方面的这种局限性甚至在辩证法家黑格尔那里也是有的。因为黑格尔把自然界看作是观念的外化,认为自然界在时间上没有发展,只是在空间上展开自己的多样性,这种自然观仍然是形而上学的。

19世纪40年代前后,费尔巴哈在反对黑格尔的思辨哲学的斗争中,发表了唯物论的自然观。但是这种自然观仍然是形而上学的,因为他长期隐居在穷乡僻壤,不能够摄取当时自然科学所提供的关于自然界辩证法的丰富资料,来充实他的唯物论的内容,仍然因袭了法国唯物论者关于自然的见解,不能在十八世纪法国唯物论的基础上前进一步。这正是费尔巴哈唯物论的严重缺陷。

在自然科学发展的历史上,从18世纪后半期到19世纪40年代,自然科学已经由搜集材料的阶段进到整理材料的阶段,建立了一些以研究发展过程为特点的实证的自然科学,如地质学、胚胎学、动植物生理学与有机化学等,并且细胞学说(1839—1840)与能量守恒和转化定律(1842)也已被发现了。这些自然科学提供了非常丰富的并且与日俱增的材料,证明自然界中的一切事物都是辩证式地发展着,而不是按照形而上学式地发展着的。所以恩格斯说:"现代唯物主义概括了自然科学的最新成就,从这些成就看来,自然界也有自己的时间上的历史,天体和在适宜条件下存在于天体上的有机物种一样是有生有灭的;至于循环,即使它能够存在,也具有无限加大的规模。在这两种情况下,现代唯物主义都是本质上辩证的,而且不再需要任何凌驾于其他科学之上的哲学了。"② 由此可见,根据恩格斯的追述,马克思和恩格斯在1842—1846年创立唯物辩证法的过程中,根据当时自然科学提供的资料,首先形成了辩证的唯物的自然观。这种辩证的唯物自然观的形成就表明着自然观的革命变革的开始。但是恩格斯接着说:"当自然观的这种变革只能随着研究工作提供相应的实证的认识材料而实现的时候,一些在历史观上引

---

① 《马克思恩格斯选集》,1版,第4卷,224页,北京,人民出版社,1972。
② 《马克思恩格斯选集》,1版,第3卷,65页,北京,人民出版社,1972。

起决定性转变的历史事实已经老早就发生了。"① 这就是说，自然观方面的革命的开始虽然先于历史观方面的革命，但自然观方面的革命的完成却在历史观方面的革命之后。为什么会这样呢？就是因为要完成一个辩证唯物的自然观的严密体系，需要大量的实证科学的材料，而这种材料只是在后来才逐步地充实起来的。到恩格斯在马克思的支持下写作《自然辩证法》的时候，唯物辩证法的自然观的体系才最终完成。

列宁说："马克思认识到旧唯物主义的不彻底性、不完备性和片面性，因此确信必须'使社会科学适合于唯物主义的基础，并根据这个基础加以改造'。"② 又说："马克思加深和发展了哲学唯物主义，使它成为完备的唯物主义哲学，把唯物主义对自然界的认识推广到对人类社会的认识。马克思的历史唯物主义是科学思想中的最大成果。"③

以下，我们说明马克思和恩格斯创立唯物史观的过程。

唯物史观创立的过程

马克思和恩格斯在订交合作（1844年8月）以前，他们的哲学活动是沿着政治活动的方向前进的。他们所采取的途径虽然不同，而所得的结论却是一致的。

1842年马克思在《德法年鉴》和《莱茵报》上所发表的各种政治论文，主要的是反对普鲁士和整个德国的那种精神上、政治上和经济上的反动统治。例如，在《评普鲁士最近的书报检查令》和《"莱比锡总汇报"的查封》等论文中，马克思反对专制的书报检查法，反对反动派对于人民的言论自由和思想自由的压迫；在《第六届莱茵省议会关于出版自由和公布等级会议记录的辩论》一文中，他分析了德国社会的阶级结构以及普鲁士专制国家的作用，揭露了反动的省议会的等级局限性和它对封建贵族的屈从态度；在《关于林木盗窃法》和《摩塞尔记者的辩护》等论文中，马克思研究了所谓"林木盗窃法"和摩塞尔河地区农民的情况，站在政治上、经济上受压迫的贫苦群众的立场，为他们的物质利益进行辩护。

马克思在《莱茵报》期间，感到对于经济问题和社会主义问题研究的迫切需要，所以在1843年3月被迫退出《莱茵报》以后，就到布鲁塞尔和巴黎着手研究政治经济学、空想社会主义和法国革命

---

① 《马克思恩格斯选集》，1版，第3卷，65页，北京，人民出版社，1972。
② 《列宁全集》，中文1版，第21卷，36页，北京，人民出版社，1959。
③ 《列宁全集》，中文1版，第19卷，5页，北京，人民出版社，1959。

史等。同时，他和法国的民主主义者、社会主义者、德国秘密团体"正义者同盟"的领导人以及许多法国工人秘密组织的领袖们建立了联系，经常出席德法两国工人和手工业者的集会，并和当时的许多进步人士结识，就许多理论问题和政治问题与他们交换了意见。马克思根据这一段期间理论研究的收获和实践活动的经验，写成了《论犹太人问题》、《〈黑格尔法哲学批判〉导言》，发表在他所主编的《德法年鉴》上。在《论犹太人问题》中，提出了"政治解放"和"人类解放"的根本区别，"政治解放"是指资产阶级民主主义革命，而"人类解放"则是指推翻人类所受的一切社会压迫和政治压迫的社会主义革命。在《〈黑格尔法哲学批判〉导言》中，指出了无产阶级是实现人类解放的主要社会力量，并强调理论与实践的统一。他说："哲学不消灭无产阶级，就不能成为现实；无产阶级不把哲学变成现实，就不可能消灭自己。"① 又说："哲学把无产阶级当作自己的物质武器，同样地，无产阶级也把哲学当作自己的精神武器。"② "批判的武器当然不能代替武器的批判，物质力量只能用物质力量来摧毁；但是理论一经掌握群众，也会变成物质力量。"③ 从上面这些论文来看，马克思在这个时候已经是无产阶级的革命理论家了。特别值得我们着重注意的是马克思在《德法年鉴》时代初步发现了唯物史观，并描绘出这一历史观的轮廓。他追述研究黑格尔的法哲学和写作《黑格尔法哲学批判》这一著作的情况时说："我的研究得出这样一个结果：法的关系正像国家的形式一样，既不能从它们本身来理解，也不能从所谓人类精神的一般发展来理解，相反，它们根源于物质的生活关系，这种物质的生活关系的总和，黑格尔按照十八世纪的英国人和法国人的先例，称之为'市民社会'，而对市民社会的解剖应该到政治经济学中去寻求。"④

恩格斯在同一期间，沿着和马克思不同的途径也达到了和马克思上述的结论相同的结论，这可以从恩格斯发表的一系列的政治论文中看出来。他最初发表的两篇论文是《乌培河谷来信》和《普鲁士国王弗里德里希—威廉四世》。前者揭露了德国资产阶级和僧侣的蒙昧和伪善，揭露了工人和手工业者惨遭剥削的贫困生活；后者展开了对反动的普鲁士国家制度的斗争，同时还尖锐地抨击了国王弗

---

① 《马克思恩格斯全集》，中文1版，第1卷，467页，北京，人民出版社，1956。
② 同上书，467页。
③ 同上书，460页。
④ 《马克思恩格斯选集》，1版，第2卷，82页，北京，人民出版社，1972。

里德里希—威廉四世所鼓吹的"基督教德意志国家"的思想。1843年11月,他到当时资本主义最发达的英国的曼彻斯特以后,一方面研究古典的政治经济学和空想的社会主义,同时又通过访问工厂和工人区,参加各种群众大会和工人集会,了解工人的生活条件和劳动条件,了解工人的斗争和宪章运动,从而也了解了英国的社会关系和政治关系,并结识了宪章运动的革命活动家;在伦敦时,还与"正义者同盟"的领袖建立了联系。这些实践活动和理论研究的成果,表现在那个时期的许多著作中。在《国内危机》、《各个政党的立场》等文中,他评述了英国的政治斗争,揭露了各个政党的阶级性。在《英国工人阶级状况》一文中,他分析了大工业的发展愈益使工人陷于贫困,分析了工人在社会生活中的地位,指出工人阶级的宪章运动能够获得成功。在《伦敦来信》中,他分析了英国复杂的阶级斗争的情况,描写了工人的斗争以及英国的宪章派和社会主义者的活动,指出无产阶级不仅是贫穷受苦的阶级,而且是最进步最有前途的阶级。在《政治经济学批判大纲》这一经济学著作中,恩格斯以社会主义的观点,批判地研究了资本主义社会的经济制度和资产阶级政治经济学的基本范畴,奠定了批判资产阶级政治经济学的基础,同时也奠定了从被剥削被压迫群众的立场批判资本主义社会的基础。在几篇关于英国状况的文章中,恩格斯分析了英国的产业革命及其所引起的社会变化和政治变化,批判了英国的政治制度,揭露了英国宪法的虚伪性和资产阶级民主制的阶级本质。恩格斯后来在谈到他研究英国经济和英国阶级斗争对于他的观点的形成的影响时说:"我在曼彻斯特时异常清晰地观察到,迄今为止在历史著作中根本不起作用或者只起极小作用的经济事实,至少在现代世界中是一个决定性的历史力量;这些经济事实形成了现代阶级对立所由产生的基础;这些阶级对立,在他们因大工业而得到充分发展的国家里,因而特别是在英国,又是政党形成的基础,党派斗争的基础,因而也是全部政治历史的基础。"①

恩格斯的这一段话和马克思在《德法年鉴》时代作的结论大体上是一致的。但是恩格斯十分谦逊,他把唯物史观的发现归功于马克思,而认为他自己只作了很少的贡献。

马克思和恩格斯订交合作以后,两人在1845年写了《神圣家族》一书。在这部书中,已提到生产方式在社会发展中的决定性作用,提到了人民群众是人类历史的真正创造者,提到了在资本主

---

① 《马克思恩格斯选集》,1版,第4卷,192页,北京,人民出版社,1972。

制度下无产阶级能够而且必须自己解放自己。这些都是历史唯物论的最基本的原理。

马克思和恩格斯对唯物史观学说的展开，详见于他们合著的《德意志意识形态》之中。在这部著作中，他们提出了并论证了人们的社会存在决定人们的社会意识的原理；指出了生产方式在人们的社会生活中的决定作用；阐述了生产力和生产关系发展的最一般的客观规律，并简要地分析了顺次转变的各个时代的社会经济形态的基本特点。在分析历史发展最一般的规律时，阐明了各个时代的政治的思想的上层建筑由各该时代的经济基础所规定的原理，揭露了国家是经济上占统治地位的阶级的权力工具，因而指出阶级斗争是历史发展的原动力。在这部著作中，他们着重地论证了无产阶级革命必须夺取政权，在这些论证中已经包含了无产阶级专政学说的萌芽，并且他们还指出了无产阶级革命和从前一切革命的根本差别：从前的一切革命都是用新的剥削制度代替旧的剥削制度，而无产阶级革命是要根绝一切剥削制度，并且消灭无产阶级本身。他们在论证无产阶级革命的必要性时着重指出："革命之所以必需，不仅是因为没有任何其他的办法能推翻统治阶级，而且还因为推翻统治阶级的那个阶级，只有在革命中才能抛掉自己身上的一切陈旧的肮脏东西，才能建立社会的新基础。"①

从以上的简述来看，我们可以知道关于唯物史观的基本内容，已经在《德意志意识形态》中完全展开了，至于在《〈政治经济学批判〉序言》中所论述的唯物史观的一般原理，可说是马克思和恩格斯在《德意志意识形态》中及其以后的许多著作中所表述的关于历史理论的总结论。

以上，我们叙述了唯物史观创立的过程。唯物史观的创立，开辟了历史科学的新纪元，它是人类科学思想中的最伟大的成果。

唯物史观的创立和哲学革命的实现

在马克思主义以前的历史科学领域中，存在着两个主要的缺点：第一，从前的一切历史理论，只是从人们的思想动机来考察历史的动力，不能认识社会的物质生产的发展程度是它的根源，也不能掌握社会发展的客观规律性。第二，从前的一切历史理论，把历史的动力归因于伟大人物的伟大意志、伟大精神，因此把历史描写为帝王将相、英雄豪杰的历史，而与广大的人民群众全无关系。因此，它们至多只是搜集了片断的未加分析的事实，描述了历史过程的个

---

① 《马克思恩格斯全集》，中文1版，第3卷，78页，北京，人民出版社，1960。

别方面，但总起来说，这种理论把历史现象看作是极端复杂混乱的东西，一切都由偶然性支配着，没有什么联系，没有什么必然性和规律性。因此在马克思主义以前，没有真正的历史科学。只有到了十九世纪上半期，大工业的生产发展了起来，资本主义社会暴露了它本身的矛盾（主要是劳资矛盾）的时候，马克思和恩格斯坚决地站在无产阶级的立场，考察了历史领域中的新事变，创立了科学的历史观——唯物史观的时候，情况才起了根本的变化。唯物史观的创立，第一次使我们能以自然历史的精确性去考察群众生活的社会条件和这些条件的变更，指出了对各种社会经济形态的产生、发展和衰落过程进行全面而周密的研究的途径，即将一切社会矛盾归结为社会各阶级的生活和生产条件，揭示了物质生产力的状况是一切思想和趋向的根源。唯物史观也指出了历史是人民群众自己所创造的，并揭示了以科学态度来研究历史的途径，即把历史当作一个虽然复杂矛盾但是有规律的统一过程来研究的途径。这样一来，就把唯心论从它最后的隐藏所——社会历史领域中驱逐出去了。唯物史观的创立，实现了社会历史研究领域中的革命变革。

唯物史观的创立，揭示了历史的辩证法，建立了科学的历史观。科学的自然观和科学的历史观的统一，就形成了唯物辩证法的世界观，因而实现了哲学领域中的革命变革。

唯物史观阐明了历史发展的最一般规律、阶级斗争的规律、由一种社会形态顺次转变到比较高级的社会形态的规律。马克思应用唯物史观的原理分析了资本主义的经济形态，发现了剩余价值（初次发表于《雇佣劳动与资本》一书中），揭露了资本主义社会必然为社会主义、共产主义所代替的规律。由于有了唯物史观和剩余价值两大发现，社会主义便由空想变成了科学。由于哲学（唯物辩证法与唯物史观）、政治经济学和科学社会主义这三个部分的有机统一，便形成了伟大的、划时代的、完整的马克思主义，它为世界无产阶级革命提供了行动的指南。

总体框架

第一篇　马克思主义哲学是无产阶级革命的精神武器

前　言　马克思主义哲学是唯一科学和彻底革命的哲学

第一章　哲学的基本问题的第一方面

　　第一节　唯物论和唯心论的对立

　　　　　　划分哲学上两大党派的唯一标准　唯物论的根本论纲
　　　　　　唯心论的根本论纲二元论和折衷论

　　第二节　唯物论与唯心论两军对战的社会阶级根源和认识论根源

　　　　　　唯物论与唯心论对立的社会阶级的根源　唯物论与
　　　　　　唯心论对立的认识论的根源　唯物论与科学联盟
　　　　　　唯心论与宗教联盟

第二章　哲学的基本问题的第二方面

　　第一节　可知论与不可知论的对立。可知论的基本观点

　　　　　　可知论和不可知论对立同唯物论和唯心论对立的关系
　　　　　　　绝对唯心论的可知论　旧唯物论的可知论和辩证
　　　　　　唯物论的可知论的区别

　　第二节　不可知论的基本观点

　　　　　　休谟和康德的不可知论　帝国主义时代资产阶级哲学
　　　　　　的不可知论

第三章　辩证法与形而上学的对立

　　第一节　两种对立的发展观

　　　　　　关于发展的两种见解　两种发展观互相对立的焦点

　　第二节　两种发展观的斗争

　　　　　　两种发展观斗争的历史　根据唯物辩证法与现代形而
　　　　　　上学的斗争　发展观与哲学基本问题的关系

第四章　唯物辩证法的对象及其一般特征

　　第一节　唯物辩证法的对象

　　　　　　哲学的对象　唯物辩证法的对象

　　第二节　唯物辩证法的一般特征

　　　　　　唯物论和辩证法的统一　科学的世界观和科学的方法
　　　　　　论的统一　理论和实践的统一　阶级性与科学性的
　　　　　　统一

第二篇　马克思主义哲学是人类认识史的唯物的辩证的综合

前　言　马克思主义哲学是人类认识史的积极成果的批判的总结

第一章　唯物辩证法的前史
第一节　原始时代的人类认识
原始的思维　原始的宗教的世界观
第二节　古代哲学中的辩证法和唯物论
古代自然哲学发生的历史根据　泰勒斯与赫拉克利特的自然哲学中的辩证法　德谟克利特和伊壁鸠鲁的唯物论　古代自然哲学的积极意义　苏格拉底和柏拉图哲学中的逻辑学　亚里士多德的逻辑学
第三节　中世纪哲学中积极的成分
中世纪阿拉伯哲学中的唯物论　唯名论与二重真理论的积极意义
第四节　西欧资产阶级革命时期资产阶级哲学中的积极成分
十六—十七世纪英国的唯物论　十七世纪西欧大陆各国的哲学　十八世纪法国唯物论
第五节　德国古典哲学中的辩证法和唯物论
德国古典哲学的历史根据　康德哲学中的辩证法　黑格尔哲学中的辩证法　黑格尔学派的分裂和费尔巴哈唯物论的出现

第二章　唯物辩证法的创立和发展
第一节　唯物辩证法创立的历史根据
十九世纪前半期资本主义社会经济上的矛盾　十九世纪前半期资本主义社会政治上的矛盾　十九世纪前半期意识形态上的矛盾
第二节　唯物辩证法创立的过程
费尔巴哈唯物论的缺陷的克服　黑格尔唯心辩证法的改造　辩证的唯物的自然观的形成　唯物史观创立的过程　唯物史观的创立和哲学革命的实现
第三节　唯物辩证法的发展
马克思和恩格斯对唯物辩证法的发展　列宁对唯物辩证法的发展　毛泽东同志对唯物辩证法的发展

第三篇　世界是物质统一体的无限发展过程

前　言　唯物辩证法是彻底的物质一元论
第一章　物质、运动、空间与时间
　　第一节　物质
　　　　　　物质的范畴　物质范畴同物质结构观念的区别和联系
　　　　　　物质同物质形态的区别和联系
　　第二节　运动
　　　　　　物质和运动的不可分割性　运动的绝对性和静止的相
　　　　　　对性　运动的基本形式及其相互关系　运动的守恒性
　　第三节　空间与时间
　　　　　　空间和时间是运动着的物质的存在形式　空间和时间
　　　　　　的客观性　空间和时间的无限性　空间的三维性和
　　　　　　时间的一维性
第二章　世界的物质的统一性和发展的无限性
　　第一节　世界是物质的统一体
　　　　　　世界的物质统一性原理的意义　自然界的物质统一性
　　　　　　人类社会是物质世界的高级发展阶段
　　第二节　世界是无限发展的过程
　　　　　　世界无限发展原理的意义　从地球的产生到人类社会
　　　　　　的出现
　　第三节　意识是物质世界发展到一定阶段的产物
　　　　　　由低级的反映形式到高级的反映形式的发展　意识是
　　　　　　人脑的机能　意识对物质世界的反作用

第四篇　唯物辩证法的规律和范畴

前　言　唯物辩证法的规律是自然、社会和思维发展
　　　　的普遍规律
第一章　对立统一规律
　　第一节　对立统一规律是辩证法的核心
　　　　　　唯物辩证法的根本规律　两种发展观根本分歧的焦点
　　　　　　理解辩证法的钥匙　学习唯物辩证法的目的
　　第二节　矛盾的普遍性和特殊性
　　　　　　矛盾的普遍性　矛盾的特殊性　矛盾的普遍性和矛盾
　　　　　　的特殊性的关系

第三节　主要的矛盾和主要的矛盾方面
主要矛盾和非主要矛盾　主要的矛盾方面和非主要的矛盾方面

第四节　矛盾双方的同一性和斗争性
矛盾双方的同一性　矛盾双方的斗争性　同一性和斗争性的关系

第五节　对抗性矛盾和非对抗性矛盾
对抗性矛盾和非对抗性矛盾及其解决方法　矛盾性质的转化

第二章　量变质变规律
第一节　质、量、度
质　量　度

第二节　量变和质变
量变和质变是事物运动的两种状态　由量变到质变　由质变到量变　量变过程中的部分质变　质变过程中的量的扩张　量变和质变的辩证关系

第三节　飞跃的形式
飞跃的形式取决于事物的性质和条件　飞跃是一个过程

第三章　肯定否定规律
第一节　肯定和否定
事物内部的肯定因素和否定因素　唯物辩证法的否定观　唯物辩证法否定观的实践意义

第二节　由肯定到否定，由否定到肯定
波浪式的前进运动　对曲解这一规律的若干论点的批判　这一规律的实践意义

第三节　新生事物的不可战胜性
新生事物的概念　新生事物的不可战胜性　这一原理的实践意义

第四章　唯物辩证法的诸成对范畴
第一节　本质与现象
唯物辩证法的诸成对范畴是对立统一规律的具体化形态　本质与现象　本质与现象的辩证关系

第二节 内容与形式
　　内容与形式的辩证关系　这一原理的实践意义
第三节 原因与结果
　　因果联系的普遍性和客观性　因果联系的辩证法　因果性原理的实践意义
第四节 必然性与偶然性
　　必然性与偶然性的根据　必然性与偶然性的关系　必然性和偶然性在事物发展过程中的作用　关于必然性与偶然性的反唯物辩证法的见解　必然性与偶然性原理的实践意义
第五节 可能与现实
　　可能与现实的一般含义　由可能性向现实的转化

第五篇　当作认识论和逻辑学看的唯物辩证法

前　言　辩证法、认识论和逻辑学的同一性
第一章　唯物辩证法的认识论是科学的革命的认识论
　第一节　反映论
　　认识的唯一源泉是物质世界认识能够提供客观世界的正确映象
　第二节　能动的革命的反映论
　　实践观点　辩证观点
第二章　认识对实践的依赖关系
　第一节　实践的概念
　　马克思主义以前哲学中的实践概念　唯物辩证法的实践概念
　第二节　认识依赖于实践
　　实践是认识的动力　实践决定认识的内容　实践是检验认识的标准
第三章　认识的低级阶段——感性认识
　第一节　感性认识的形式
　　感觉　知觉　表象
　第二节　感性认识的地位和作用
　　感性认识的重要性　感性认识的局限性
第四章　认识的高级阶段——理性认识

第一节　理性认识的形式
　　　　概念　判断　推理
第二节　思维方法
　　　　归纳和演绎　分析和综合　历史的方法和逻辑的方法

第五章　认识的检验和发展
　第一节　由认识到实践
　　　　认识世界的目的在于改造世界　认识只有通过实践才能得到检验和发展
　第二节　认识的无限发展过程
　　　　对于一个具体事物的认识过程　认识的无限发展过程　马克思主义认识论与群众路线

第六章　真理论
　第一节　真理的客观性
　　　　真理是符合客观实际的认识　对真理的客观性的歪曲
　第二节　绝对真理和相对真理
　　　　绝对真理和相对真理的关系　对绝对真理和相对真理的关系的歪曲
　第三节　真理的具体性和普遍性
　　　　真理的具体性　真理的普遍性
　第四节　真理在斗争中发展
　　　　真理发展的规律　百花齐放百家争鸣的方针

科学的哲学

葛名中

生活书店 1947 年出版

总　论：唯物辩证法的任务及其与科学的关系[*]

一、唯物辩证法的史的发展

　　唯物辩证法的任务。唯物辩证法是探讨运动着的物质的存在、运动、变化和发展的一般法则的学问。物质具有复杂的机构和多种多样的结合，物质的运动亦有无数不同的形态；但是它们具有存在和发展的一般法则。旧哲学中之经验论者和不可知论者被物质运动的多样性和复杂性所压倒，认为事物的本质不可知，一般法则不存在。新哲学——唯物辩证法——在与一切反科学的哲学的争斗中，

---

[*] 本章内容选自《科学的哲学》第一章，并作了删节。文中标题由编者所加。

发育成长起来，开辟了认识客观存在的自然和社会的运动发展的光明大道，它从物质和运动的极端复杂的现象中，抽取它们的本质，指示它们的变化和发展的一般法则，藉此说明它们的过去和现在，指示将来发展的道路和人类社会活动的实践步骤。

唯物辩证法的范围。唯物辩证法指示了自然发展的一般法则。人类社会也是自然的一部分，人类社会活动亦是物质运动的一种，所以自然发展的一般法则，唯物辩证法的法则，——亦完全适用于人类社会的存在、运动、变化和发展。所以一方面近代自然科学家自觉地或不自觉地应用了唯物辩证法的思维方法，使自然科学有了伟大的进展，并且指示了自然科学将来发展的道路；社会科学方面，在唯物辩证法的指示下，无论在理论方面或实践方面，亦都有了空前伟大的成就，同时，在一切自然科学和社会科学方面的新的丰富的成果，亦都反过来证明了唯物辩证法的观点和法则的正确性，并且大大地充实了唯物辩证法的内容。

人类的思维，是人类认识客观现实的一种运动，是物质的运动的一种。所以这种认识运动及其本身的历史发展，亦不能不是遵循着辩证法的。认识是客观现实的反映。唯物辩证法的法则，是客观存在的自然和社会发展的一般法则，我们必须遵循唯物辩证法的观点和法则，才能有正确的认识；我们的思维，才能正确地反映客观现实。所以唯物辩证法又是唯一的方法论。

唯物辩证法的定义。因此，恩格斯对于唯物辩证法下了一个定义，确定它是"关于自然、人类社会及思维的一般运动法则的科学"。它是最新的世界观和社会观，同时亦是最正确的认识论、论理学和方法论。

唯物辩证法的历史发展。这一个伟大的综合的科学的哲学——唯物辩证法——不是一天发生的，它有它成长和发展的历史，并且有它成长和发展的历史背景。它是在普罗列塔里亚的战斗的历史背景中成长起来的。它指导了这战斗，同时它亦有自己的战斗历史。它扬弃了旧哲学，但是它从旧哲学中吸取了一切进步的材料，加以改造整理，利用这些材料做基础，建筑了崭新的伟大的新哲学——唯物辩证法和辩证法的唯物论。所以我们要了解这新哲学的发展史，必须从古代哲学说起。

在原始共产的氏族社会时代，因为生产力的低下，大自然对人类具有强大的支配力。在自然支配下的人类，在意识上便把自然物质都神圣化了，传统的拜物教和神话便成为氏族社会的观念支柱。旧氏族社会崩溃后，奴隶的生产形态代之而起。奴隶制度使农业和工业得到广泛的分业的可能。所以这制度的初期是进步的，它促进了生产诸力的发达；连带着也把人类思维，从传统的宗教和神话中解放出来，促进了哲学和科学的发展。西欧古代希腊的文明，便正是这时期的代表。

人类对自然的最初认识，是见到一切事物的运动、变化生成和消灭，以及一切事物的相互关联，相互作用。这种观点，正是辩证法的物质观点轮廓的素描，在本质上是很正确的。

希腊哲学中的唯物论与辩证法。希腊唯物论哲学家，赫拉克立特（Heraclitus）曾发表下述有名的意见，"万物存在着，同时又不存在着，因为万物皆在流动，万物皆在求恒的变更中，皆在不断的转变，不断的生灭的过程中"。他曾提出了物质的内在矛盾和对立的观念，以及土、火、空气等相互转变的学说。古希腊最伟大的唯物论者德谟克里特（Democritus）并且首先提出有极大科学和哲学价值的原子论。这些古希腊哲学中的素朴辩证法和唯物论观点，在中国的易经和阴阳五行学说的哲学观点中，亦可以找到很多相似点。

中世纪哲学。奴隶社会崩溃，封建社会代兴。奴隶社会的贫困的自由民阶级，不是升为封建领主的家臣，便是降为封建农奴。古代辩证唯物论的社会背景消灭了。封建阶级所要求的是支持阶级社会的宗教和卑视物质，卑视生产劳动的观念论，于是原始的唯物论被宗教剿灭了。哲学成为宗教的"侍婢"，科学被视为邪说，造成中世纪的"黑暗时代"。哲学和科学的发展都受了极大的阻碍。

资本主义发展初期的旧唯物论。资本主义的生产关系在封建社会内生长起来，从内部腐蚀了封建社会。腐烂了的封建社会与新兴生产力的矛盾到了不可调和的地步时，便爆发了尖锐的斗争。随着阶级斗争的进展，哲学便摆脱了宗教侍婢的地位，举起反抗的旗帜，成为历史上著名的文艺复兴运动的先驱。

资本主义首先在英国与荷兰克服了封建势力，而得到顺利发展的条件。与宗教和旧哲学对抗的唯物论，亦首先在这两个资本主义先进国家发展。英国的培根（Francis Bacon）、霍布士（Hobbes）、托兰（Joan Toland）及荷兰的斯宾诺莎（Benedict Spinosa），便是他们最好的代表。

在18世纪末年，法国的新兴势力对封建势力的斗争，采取了最尖锐的方式。反映社会斗争的哲学斗争，也采取了更彻底的态度。十八世纪法国的唯物论比较英国、荷兰十七世纪的唯物论更彻底，更进步。他们对一切观念论的神学学说作坚决顽强的斗争。把宗教看成人类无知的结果。他们探讨到生物的起源，把人类的生命认为是物质的机械作用。他们的代表者是洛宾（Robin）、拉美特利（La Metrie）、狄德洛（Diderot）等。

德国的观念论辩证法。德国的资产阶级与法国不同。他们很软弱，不能和法国一样，和封建势力作坚决斗争。所以德国的布尔乔亚哲学的发展也走了另一方面，它发展了观念论的领域。他们在观念论的领域中高度地发展了革命的辩证法。德国布尔乔亚的软弱和妥协倾向，表现于他们的观念论，物心二元论和不可知论；同时在辩证法的观点中却表现了他们进步的倾向。康德（I. Kant）的太阳系是由稀薄气体发生的学说，说明了太阳系的发生，又预想到它的没落，这观点是唯物辩证法的重要根据之一。但是他的"物自体"不可知论，他的调和唯物论和观念论的物心二元论，反映了德国布尔乔亚对封建势力斗争的不彻底性。黑格尔（G. Hegel）批评了康德的二元论与不可知论，他完全站在客观观念论的立场，把辩证法发展到以前未有的高度，这是资产阶级观念论哲学的最高峰。

费尔巴哈对黑格尔的批判。费尔巴哈（Fuerbach）站在唯物论的立场上批判了黑格尔的观念论，但是他却同时否定了他的辩证法，这使他的唯物论重陷于十七八世纪机械唯物论的泥沼。但是费尔巴哈把机械唯物论发展到最高阶段，他是布尔乔亚唯物论者的最高峰。

到了十九世纪，无产阶级的力量一天一天抬头，无产阶级与资产阶级的对立也一天比一天尖锐。从发展过程渐渐转向没落过程的资产阶级，他们积极的进步的一方面便渐渐萎缩，反动的另一方面却一天天成长起来。他们给战败了的宗教医治创伤，把它重新迎上宝座，藉以欺骗群众，维持自己的统治。他们害怕暴露现实，用尽无力的诡辩和卑鄙的手段去反抗新兴社会科学的发展。在自然科学的领域，布尔乔亚反动的本质，也表现得十足。观念论、二元论和神秘主义在自然科学界又活跃起来。伟大的发现都被曲解，甚至常遭敌视。所以他们甚至阻止禁止进化论的传播；并且用十分快乐的心情去欢迎自然科学中的"新不可知论"，同时资本家为了减轻损失，常常故意阻滞最新科学发明的应用。

现代资产阶级哲学的反动倾向。在哲学的领域，布尔乔亚学者的这种堕落倾向更其显著。黑格尔哲学中进步的部分，他的辩证法，甚至在大学中禁止讲授。而他的反动的部分，观念论，却被视为宝贵的遗产，加以粉饰，从事广播。现代新黑格尔主义正是阉割了辩证法的观念论。近代自然科学的进展，早已充分说明唯物论与观念论的不可调和性。但是费尔巴哈以后的布尔乔亚唯物论者们，如毕喜内（Büchner）等，却在努力使唯物论庸俗化，使他与观念论调和。同时现代正统的布尔乔亚哲学家们，甚至连含有反动本质的机械唯物论和庸俗唯物论亦不敢接受。例如风靡一时的新康德主义，马哈主义，即经验批判论——直观主义等，都否定了康德哲学的唯物论成分，抛开了"物自体"；复活了主观观念论和不可知论。实用主义者甚至抛弃了真理的客观标准，认为真理决定于主观的效用。资本主义的深刻恐慌亦充分表现于哲学领域里。五花八门的学说被提出来，没有两个布尔乔亚哲学家能有相同的真理标准和相同的意见。这使现代布尔乔亚哲学界成为"疯人的走廊"。但是有一点他们是一致的。他们一致地阉割了前代布尔乔亚哲学宗师们的进步观点，发展他们的反动趋向。充分反映了没落时期的资产阶级的意识形态。

只有未来世界的主人，普罗列塔里亚特，无条件地欢迎着推动着社会向前发展，因为社会的发展必然地促进着资本主义的死灭。他们不怕暴露现实，无条件地欢迎着推动着真理的发展与发现，因为一切哲学的、科学的以及社会科学的真理，都必然的要成为帮助普罗列塔里亚特斗争的武器。所以资产阶级学者虽然给新哲学准备了必须的材料，但是他们不能向前更进一步。新哲学——唯物辩证法——的形成和发展，不能不由普罗列塔里亚特的伟大斗士们去担负。

唯物辩证法的形成。马克思和恩格斯一方面扬弃了黑格尔的观念论，同时批判地吸取了他内含的辩证法。他们也扬弃了费尔巴哈的机械唯物论，同时批判地吸取了他的唯物论的要素。他们批判地综合并发展了旧哲学的这两部分宝贵的遗产，在旧哲学的废墟上建立了伟大的新哲学——唯物辩证法和辩证法的唯物论。

马克思运用这个伟大的哲学武器，暴露了资本主义社会的本质，完成了他的不朽的名著——《资本论》，在人类历史的领域提出了"历史的唯物论"，说明了人类历史的真相；同时运用这伟大的哲学武器，展开了科学社会主义的理论和斗争。他不但使普罗列塔里亚特的斗争开辟了一个新阶段，并且指示了一切被压迫阶级和被压迫民族的斗争的方向。

科学社会主义运动的发展，使阶级斗争改变了阵容。资产阶级不能坐着舒服地统治了，他们必须采取种种方法来稳固自己的统治。在劳动阶级中出现了资产阶级影响下的劳动贵族，资产阶级的代理人，说教者和暗探，装着无产阶级的神气为资产阶级说教。这种情形，亦反映于哲学领域的斗争中。正统的资产阶级哲学家固然在努力宣扬他们的观念论哲学，同时更有无数伪装马克思主义者出现，在辩证唯物论者的名义下，偷偷地向斗争的普罗列塔里亚特输送观念论和机械唯物论。辩证唯物论在与这些歪曲理论的斗争中，内容格外丰富了，同时自然科学的许多伟大进步，以及一世纪来被压迫阶级革命斗争的经验，尤其是社会主义苏联的成立和发展，一切都证明了唯物辩证法的正确性，并且充实了他的内容。唯物辩证法不但综合了旧哲学的正确部分，它并且综合了一切自然科学优越的成果，和人类社会一切斗争的经验。它已经成为任何革命斗士不能缺少的武器了。

二、唯物辩证法与自然科学

古典哲学与自然科学的矛盾关系。自然科学是在古典哲学的胞胎中孕育起来的。在中世纪封建时代，哲学成为宗教侍婢的时期，哲学对自然科学采取了对立的态度。十七—十八世纪的唯物论哲学，对宗教和封建哲学采取了进攻的态度，它领导了自然科学的发展。但是资产阶级的统治一经确定，资产阶级的正统哲学又走向烦琐哲学的道路，只是在反动的观念论和变相的观念论中打圈子，同时坚持着僵硬的形式逻辑。他们不是被自然科学和社会科学的最新发现迷惑得手足无措，便是死硬地与这些最新发现作绝望的斗争。

唯物辩证法与自然科学的关系。唯物辩证法是在十九世纪初期自然科学伟大进展的影响下成长起来的。没有这些伟大的科学成果，唯物辩证法的建立是不能想象的。唯物辩证法的创立者，马克思和恩格斯都是有很好的自然科学基础的，"马克思是根基极深的数学家"，恩格斯为了准备唯物辩证法的探讨，曾特别花了八年的时间，大部分用于数学和自然科学的研究上。

在马克思、恩格斯完成他们的唯物辩证法前，自然科学方面有许多重要的发现，与旧的观念论和形而上学的哲学不相容；为唯物辩证法担任了清除道路的工作。恩格斯在他的《自然辩证法》和

《反杜林论》中，对于这些发现都予以特殊重视，可见这些自然科学的重大发现，对于新哲学的产生和发展的重大意义。下面的几个是比较最重要的：

为新哲学清道的几个重要科学发现。

（一）运动和矛盾观念在数学中的引用——微积分的发明和发展。

（二）康德的太阳系自稀薄气体发生学说。

（三）魏勒（Wohler）氏自无机化合物氰酸铵（Ammonium Cyanate）制造有机化合物尿质（Urea），打破了无机物和有机物的鸿沟，打破了有机物质的"生命力"学说。（1828年）

（四）1842—1843年，迈叶尔（Mayer）和朱尔（Joule）能力转换法则的发现，这使一切运动形态的统一得着确实的证明。

（五）1838—1839年，斯旺（Schwann）和斯莱登（Schleiden）有机体细胞的发现。

（六）1859年达尔文（Darwin）的发表进化论，给予宗教与观念论以莫大的打击。

唯物辩证法与现代科学的新发展。新哲学的创立和发展，是依据十九世纪前期自然科学的伟大进步。同时她却又反过来指示了自然科学发展的新方向，克服了阻碍自然科学发展的旧哲学观点，在方法论上开辟了自然科学新的研究途径，克服了形式论理学的方法论。十九世纪末叶和二十世纪的一切自然科学的伟大发明，如：放射性元素的发现，元素蜕变的发现，人工破坏元素的发现，相对论（Theory of Relativity）的发现，物质与能力的统一，量子论（Quantum Theory）的发现，电子、质子、中子、正子的发现，电子结构的复杂性的发现，生物界物种变革的飞跃的突变（Mutation）的发现，人工变种的发现，有生命现象的蛋白质的发现等，这些伟大的科学进步，每一个都证实了唯物辩证法的正确性。同时这些伟大的科学发现，离开了唯物辩证法的观点，是不可想象的。

虽然许多伟大的自然科学者还没有公然提出反对形式论理学和形而上学，但是他们的研究方法，却早已无意识地接受了唯物辩证法的研究和思考方法：如对于推动物质运动和发展的内在矛盾的注意；从现象的分析，到本质的把握；对于事物的关联的具体考察；用活的考察和对运动与发展的具体把握，代替过去死的固定的考察方式等等。这些唯物辩证法的思维方法的采用，是现在自然科学伟大进步的最重要的原动力。无论在物理、化学、生物学、生理学、数学或心理学等一切领域，我们都可以找到新的研究方法——唯物辩证法的思维和实验方法——的决定的影响。

现代自然科学领域中的资产阶级哲学观点。但是资产阶级的哲学观念，并没有从自然科学的领域中宣布退却。恰巧相反，反映着资本主义本身的垂死挣扎，它在自然科学中，亦在垂死挣扎着。这成为资产阶级自然科学的分水岭，成为无数伟大的布尔乔亚自然科学家的绊脚石。哲学中陈腐的观念论、不可知论、怀疑论、物心二元论等等，都像小丑似的在自然科学家面前活跃着，在每一个科学进步前面布上疑阵，宣布"前路不通"，劝阻着自然科学家们的更进一步。自然科学家要在这荆棘丛中更向前进，唯物辩证法这个哲学武器的具体把握是不可缺少的。

资产阶级的烦琐哲学，使许多自然科学家闻之头痛，见之却步。但是很少例外，自然科学家在哲学观念上却大多成为旧哲学的俘虏。因为在哲学战场上，正和在其他战场上一样，愈是对哲学无知，愈是不经心的人，愈容易成为歪曲哲学的俘虏。过去的自然科学史和哲学史，已经充分证明，科学的发展，对哲学有很大的作用；哲学的发展，对于自然科学的进步更有决定的影响。到了科学和哲学发展的现阶段，科学和哲学已经发生了不可分割的联系。许多先进的自然科学已经成为哲学的科学，而唯物辩证法亦已事实上成为科学的哲学。现代自然科学家不注意哲学的武器，那就只能成为黑暗的阶梯上的摸索者，爬行者，不容易有明确的认识，更不易有伟大的创造。他们就是要对于自然科学既得的成果，作正确的认识和说明，亦往往办不到。柏兰克（Planck）在发现了伟大的"量子论"后，倒反跌入了不可知论。物理学的新发展，使艾丁顿（Eddinton）之流更深一层陷入主观观念论和神秘主义，这都是明显的例子，所以德国著名物理学家黎铿巴氏（H. Reichenbach）说道："所以现代物理学的发展，于此处所遇到的问题，在哲学上常属于玄想的一类。不过对于这一类的问题，以前不能求其在理想上有严正的解答。虽然如此，仍只有对这些问题在哲学方面加以思考，方可求得解答。我们的确不相信坚持着哲学思想所因袭的旧方法可获得更进一步的结果，这些问题已在算理科学的手中，接受了更为确切的定式，所以它们根本须要哲学研究的新方法……与现代科学的概念及研究，以及科学概念的形成，接触得最密，因而把知识问题从根本上再发展一次者,这必是新的自然哲学。"

唯物辩证法对于自然科学的重要性,现代科学和哲学的密切关系,以及"新的自然哲学"对于现代科学的重要性,都在这段话中表示出来了。

三、唯物辩证法与社会科学

唯物辩证法是在社会斗争中生长起来的。新哲学的发生,离开了资本主义社会的矛盾的发展,及19世纪普罗列塔里亚特的国际运动,是不能想象的。

马克思和恩格斯的一生,是正当西欧社会关系急剧转变、劳动阶级的斗争、从自发的经济斗争转到自觉的政治斗争的时期。18世纪末年的法国革命、十九世纪初期的劳动阶级对资产阶级的斗争、1831及1833年里昂劳动者的暴动、1830—1840年英国的大宪章运动都给予二氏深刻的影响。在十九世纪前半期,德国是经济落后的国家。在资本主义和封建势力二重压迫下的德国普罗列塔里亚特表现了高度的政治自觉,劳动阶级的斗争,很快地从经济的斗争进展到政治的斗争,从地方的运动进到全国的联合,更进到国际的联合行动,形成1848年的革命。唯物辩证法便是在这些普罗列塔里亚特的斗争环境中生长起来的。

1871年3月18日法国无产阶级巴黎公社的建立,不但对于科学的社会主义和劳动阶级的革命运动有莫大的意义,它对于唯物辩证法的基本观点和法则,亦提出了确切的证明。恩格斯的哲学名著《反杜林论》正是在1877—1878年出现,这决不是偶然的。

唯物辩证法对于革命运动的指导作用。唯物辩证法在劳动运动的影响下成长发展起来,它对于普罗列塔里亚特的革命运动和理论的发展,反过来又给予伟大的指导作用。马克思曾再三指出,唯物辩证法在社会发展——经济当然也包含在这里面——的真正的科学研究上是不可缺少,恩格斯在他的论文集《从空想到科学》的英文版序文中也说,如果没有辩证法,科学的社会主义是不可能的。这充分指明,马克思、恩格斯对于唯物辩证法与社会科学的研究和社会主义的发展的密切关系,给予多大的重视。

在一切被压迫阶级革命的斗争中,尤其是在普罗列塔里亚特的革命斗争中,唯物辩证法的运用,对于革命斗争的前途起着决定的作用。唯物辩证法对于革命的实践,是普罗列塔里亚特手中无敌的武器。一切资产阶级学者，要为资本主义说教，把资本主义的社会，说成永久的理想王国，就不能不远避辩证唯物论，而采取观念论或者藏头露面的观念论哲学。但是他们主要的弱点正是在这地方，因为一切自然科学的现象，一切社会科学的问题，都是他们的反动哲学观点的死对头。铁的事实把这些资产阶级的说教者们弄得狼狈不堪，使他们不能不飞到天上去找资本主义周期恐慌的原因。他们有时力说着资本主义周期的恐慌，不是由于资本主义本身的矛盾，而是因为太阳的黑子变动的缘故。他们有时从性交中去找劳动阶级失业和饥饿的原因，认为是生育过多的缘故，认为节制生育是唯一的出路，认为生育超过了劳动生产是"社会病象"的唯一原因。可是事实正相反，资产阶级都在高呼"生产过剩"，努力限制生产，成千成万吨的麦子棉花被烧毁，成千成万包咖啡抛到海里去，为了这工作并且特别造了轻便铁路。旧中国农民因丰收成灾。这一切现象都把资产阶级学者们的脸打肿了，同时成为唯物辩证法的铁证。

曲解唯物辩证法的人们的客观背景。随着革命运动的进展，资产阶级在劳动阶级的阵营中，便不能不派遣代理人或暗探，穿着革命的外衣，传布反动的理论。同时在革命的阵营中，必然的有一些落后的阶层。代表落后阶级的意识的歪曲理论，亦必然要在革命斗争中随时出现。不克服这些理论，革命便不能前进一步。一切这些反动理论，没有例外地是以对唯物辩证法的背叛、修正、曲解，或者实行偷天换日做出发点。而唯物辩证法亦正是这一切歪曲理论的试金石和照妖镜。在1917年俄国大革命爆发前的准备时期，列宁曾以最大的努力，彻底暴露了背叛、修正和曲解唯物辩证法的伪装马克思主义者的真面目，揭穿了他们的理论的反动的本质，——例如对于马赫（E. Mach）主义者以及考茨基和普列哈诺夫等的彻底批判——这对于苏联革命的成功是有很重大的意义的。在苏联经济复兴时期及社会主义建设的阶段，他们的前奏曲是对左右机会主义者的理论的清算。在这个理论斗争中，使左右机会主义最狼狈不堪的，便是他们反唯物辩证法的哲学观点的暴露。"左倾"机会主义者的观念论的特征和右倾机会主义者机械论的特征的暴露，使他们花哨的理论都显明地成为无力的诡辩。

同时，在苏联的革命和建设中，唯物辩证法的正确运用，给我们无数宝贵的教训。苏联革命的经验铁一样地证明了唯物辩证法的正确性，大大地丰富了唯物辩证法的内容，而唯物辩证法的运用于革命实践，亦正是苏联革命成功的主要原因。恩格斯说："如果没有唯物辩证法，科学的社会主义是不可能的。"那我们可以同样正确地说："如果没有唯物辩证法，苏联的成立和发展亦是不可能的。"

新哲学与民族解放斗争。在中国的革命中，唯物辩证法亦已经表演了重大的任务。唯物辩证法的正确运用，对于中国革命的胜利和向前发展，可以说是个决定因素，这已被历史所证明了。在个人的努力方面，唯物辩证法的运用——无论是自觉的或不自觉的——亦是工作成败的标准。所以我们不能不要求每一个中国青年，深深地了解这个哲学武器的重要，以最大的努力来用它武装自己的头脑。

总体框架

第一章　绪　论
　　第一节　唯物辩证法的史的发展
　　第二节　唯物辩证法与自然科学
　　第三节　唯物辩证法与社会科学
第二章　辩证唯物论的基本观点
　　第一节　独立存在于意识以外的物质世界
　　第二节　存在决定意识
　　第三节　认识与实践
　　第四节　认识与实践——目的论与不可知论的批判
　　　　一、目的论
　　　　　　1. 先验范畴论
　　　　　　2. 物活论
　　　　　　3. 生机论
　　　　二、可知论
　　　　　　1. 不可知论与观念论
　　　　　　2. 现代物理学者中的不可知论
　　第五节　物质与运动
　　　　一、物质的运动和发展
　　　　二、物质运动的相互关联
　　第六节　哲学的党派性
　　　　一、阶级社会中意识形态的阶级性

二、哲学的党派性
　　三、哲学的党派性与客观真理
第三章　唯物辩证法的基本法则
　第一节　对立统一法则
　　一、事物内在矛盾的统一与斗争
　　二、主导的矛盾和矛盾的主导方面
　　三、事物的矛盾的发展及其相互渗透
　　四、旧矛盾的解决和新事物的产生
　第二节　质量转化法则
　　一、事物发展的质的规定性
　　二、事物发展的量的规定性
　　三、从量到质从质到量的转化
　第三节　否定的否定法则
　　一、否定的否定法则的普遍性
　　二、否定的否定法则的特征
　　三、否定的否定法则与图式主义
第四章　唯物辩证法与哲学思维诸重要范畴
　第一节　本质与现象
　　一、本质与现象的矛盾和统一
　　二、本质和现象的发展
　第二节　形式与内容
　第三节　根据和条件·可能性与现实性
　　一、事物发展的根据和条件
　　二、根据的运动——可能性转化为现实性
　　三、链与环
　第四节　法则与因果·必然性与偶然性
　　一、因果关系的客观存在
　　二、辩证法的因果观与机械论的因果观
　　三、高级的法则和低级的法则
　　四、必然性与偶然性
第五章　唯物辩证法与形式逻辑
　第一节　形式逻辑的基本观点与法则
　第二节　个别·特殊·一般
　第三节　辩证法的思维与形式逻辑的思维
　　一、感觉·表象·概念

二、判断与推理
　　　1. 形式逻辑的判断与推理
　　　　A. 归纳法
　　　　B. 演绎法与类比法
　　　2. 唯物辩证法的判断与推理
第四节　形式逻辑的扬弃
　　一、形式逻辑的历史任务和内在矛盾
　　二、形式逻辑的思维技术的改造与吸收
　　　1. 抽　象
　　　2. 分析与综合
　　　3. 归纳与演绎
　　　4. 类比法
　　　5. 统计方法
　　三、形式逻辑的存废问题

第六章　唯物辩证法与中华民族全民抗战
　第一节　对日抗战的革命本质
　　一、抗战的革命本质
　　二、抗战的全民性质
　　三、抗战的国际意义
　第二节　抗战建国的根据和主要条件
　　一、抗战胜利的根据和主要条件
　　二、抗战建国的根据和主要条件
　第三节　抗战的持久性
　第四节　形而上的思维方法与全民抗战

新哲学研究纲要

哲学研究社　编著

实践出版社 1948 年增订版

总　论：辩证法唯物论是无产阶级革命的世界观[*]

一、辩证法唯物论是革命的科学的世界观

为什么无产阶级是最革命的阶级？因为：1. 它是在经济上剥夺了一切的所有，所以能最无顾忌地进行革命斗争；2. 它与大生产结合，大生产的不断地向前发展和大生产的组织性，使无产阶级的力量能够不断增大起来，使它有力量能够完成革命；3. 无产阶级革命的目标是要推翻一切人剥削人的制度，而不是以一种剥削制度代替

---

[*] 本章内容选自《新哲学研究纲要》第一章第一节和第四章第一节。文中标题由编者所加。

另一种。

为什么无产阶级革命要求掌握辩证法唯物论？因为无产阶级的革命事业不是盲目的乱撞可以完成，而必须要以认识客观规律的科学理论，即马克思主义理论作为指导。而马克思主义，就是以辩证法唯物论作为哲学基础，就是以这一种革命的科学的世界观作为基础的。

无产阶级的革命事业，首先要在一个革命政党即布尔塞维克党的领导之下才能完成，而这一个政党，就是要能够掌握马列主义，掌握辩证法唯物论的世界观，才能成为布尔塞维克的党。所以辩证法唯物论又是马克思列宁主义政党的世界观。

为什么辩证法唯物论能是革命的科学的世界观呢？因为辩证法唯物论的研究事物的方法是辩证法的，它对于事物的了解是唯物论的。

辩证法的研究方法，就是革命的研究方法，因为它把一切事物看作发生、发展、没落的过程，因为它对任何事物都不从保守的观点去观察。

唯物论的理解，就是对事物的科学的理解，就是把一切我们所要求研究的规律看作客观物质的规律，就是要实事求是地去研究这些客观规律，而不要任何主观杜撰的东西，这正是科学的态度。

辩证法唯物论是不是直接从无产阶级中间产生出来？不能，辩证法唯物论只能从思想家的科学研究中产生出来。为什么辩证法唯物论必须从科学研究中产生出来，因为辩证法唯物论是人类思想发展的最高成果，它的建立，必须要吸收人类历史斗争的一切经验及综合人类科学发展的一切成果才能够做得到，这就不是那在剥削压迫之下而没有从事科学研究之条件的无产阶级的个人所能做到的。

那么辩证法唯物论的发生来源和无产阶级是不是没有关系了？不，从社会的基础来说，辩证法唯物论和无产阶级的革命运动是分不开的，辩证法唯物论的创始，首先就有马克思恩格斯能站在无产阶级革命事业的立场上进行斗争，因为只有站在这最革命的立场上斗争，才有可能掌握科学的、革命的辩证法唯物论世界观。不过，从思想本身的来源说，辩证法唯物论就不是直接与无产阶级相关联，而是继承了过去人类思想发展的结果。

二、辩证法唯物论的思想来源

辩证法唯物论的思想来源是怎样的？马克思主义有三个组成部

分和三个来源：经济学部分是直接继承和发展了英国古典经济学；社会主义部分是直接继承和发展了法国的（空想的）社会主义思想；哲学即辩证法唯物论，是把德国古典唯心论哲学加以改造发展的结果。

什么是德国古典唯心论哲学？是指十八世纪末到十九世纪初从康德到黑格尔的哲学。这哲学的一般特点就是唯心论的理论和辩证法的方法结合，它反映当时德国资产阶级的两重性。辩证法反映它的革命要求，唯心论反映它的在实践革命行动上的无力，反映它的保守性、妥协性。黑格尔代表德国古典哲学的最高峰，他综合了当时人类历史及思想史发展的一切成果，有意识地有系统地阐明了辩证法的规律。然而，因为他的理论体系是唯心论的，所以这辩证法仍是不切实际的、神秘化了的东西。它成了黑格尔建立固定的体系的标杆或公式，而不是彻底实事求是地研究客观事物发展规律的方法。

马克思、恩格斯怎样继承和发展了黑格尔的哲学？马克思不是简单接受黑格尔的辩证法，马克思在无产阶级革命的立场上，依据自己时代科学发展的水平，从黑格尔的哲学汇总取出它的辩证法的"合理内核"，抛弃了唯心论的外壳，在唯物论的立场上把这辩证法加以发展。使它成为彻底的、能掌握一切事物的运动发展规律的完备方法。马克思使辩证法和唯物论结合起来。这样，才救出了黑格尔的辩证法，因为只有唯物论的辩证法，才是活的彻底的辩证法。

马克思从德国古典哲学中仅仅继承和发展了辩证法吗？不，黑格尔以后德国古典哲学发展的结果，最后产生了费尔巴哈的唯物论哲学，马克思在唯物论方面，也会从费尔巴哈那里受到影响。

费尔巴哈哲学的特点是怎样的？费尔巴哈的斗争目标是旧宗教，为了要反对宗教，费尔巴哈认为也要反对唯心论，因为唯心论与宗教是有密切关联的，因此他就批判了黑格尔的唯心论，建立了唯物论的哲学，但他不但抛弃黑格尔的唯心论，就连辩证法也抛弃了。因此他的唯物论也是不完全的不彻底的，还带着许多宗教的伦理赘疣。

马克思怎样发展了费尔巴哈的唯物论？马克思不是简单地接受了费尔巴哈的唯物论，而只是摘取了费尔巴哈唯物论中的"基本的内核"，抛弃了它的唯心论的宗教伦理的赘疣成分，在辩证法的方法上加以改造发展，使它成为科学的、辩证唯物论的理论，唯物论只有和辩证法统一起来，才是科学的最完全的唯物论，才能够成为正确理解客观事物的理论。因为如果不是从发展变化的、辩证的方法上来研究事物，就不能够真正如实地理解客观事物的真面目。

三、辩证法唯物论的中国化

辩证法唯物论在中国是怎样发生的？辩证法唯物论在中国，也是以无产阶级的革命运动为基础的。它的出现是在"五四"以后，这时中国已有了无产阶级和无产阶级的斗争了。所以它决不是不适合于中国国情。相反地，它在中国出现正是中国社会发展的必然结果。

辩证法唯物论的思想本身，也是中国内部自己产生的吗？单就思想本身来说，辩证法唯物论在中国最初是外来的。中国的无产阶级先进战士从先进国家里把马克思主义介绍到中国来，同时也就把辩证法唯物论也介绍进来。

辩证法唯物论与中国旧的思想完全没有关系吗？辩证法唯物论不是从中国的旧的思想中批判发展而来的？虽然在产生的时候没有直接联系，但中国旧的许多优秀思想中，包括着不少的辩证法和唯物论的因素。辩证法唯物论在中国的发展过程中，必须要、必然要继承和发展这些因素。

辩证法唯物论为什么不直接由中国本身产生？因为中国还是半封建国家，资本主义不很发展，中国资产阶级没有能力在文化上、科学上建立足够的业绩足以给无产阶级革命思想家直接发展成一部分，世界革命的先进理论必然要成为中国革命战士所接受的思想。

辩证法唯物论既是外来的，是不是还要"中国化"？什么叫中国化？自然要中国化，但所谓中国化，不外是把辩证法唯物论革命的科学的世界观，具体应用于中国的社会环境，使它能够成为指导中国革命实践斗争的世界观，真正能正确把握辩证法唯物论的人，就自然能够使它中国化。所以"中国化"并不是要把辩证法唯物论加以改变，使它变成中国特有的另外的世界观。把辩证法唯物论正确应用到中国来，并不因此就改变了它的基本面目，相反地，倒是依据中国的革命实践而使辩证法唯物论更发展，更具体化。

辩证法唯物论在中国革命运动中的意义。中国革命是新民主主义革命，是以无产阶级为领导，以广大人民为基础的资产阶级性的民主革命。正如无产阶级在这里是最先进的领导力量一样，无产阶级革命的世界观，辩证法唯物论，也是中国革命的指导的世界观。

四、历史唯物论：马克思列宁主义关于社会的学说

马克思主义以前（法国的唯物论，空想社会主义，黑格尔，费尔巴哈）论社会的学说。马克思与恩格斯改造各种社会史观点的历史意义及其实质。历史唯物论——是发扬辩证唯物的法则研究社会生活，应用这些法则研究社会的历史。由空想社会主义转变到科学的社会主义。历史唯物主义的基本的法则。应用历史唯物论到工人阶级政党的实际行动中去。

总体框架

辩证法唯物论研究提纲

第一章 什么是哲学
一、哲学是研究世界的一般规律的学问
二、哲学是有党派性的学问
三、辩证法唯物论是马克思列宁主义政党的世界观，是无产阶级革命的世界观

第二章 什么是辩证法
一、辩证法是与形而上学相反的学说和方法
二、辩证法的第一个基本特征：事物是在相互联系中存在，首先要从联系的观点来研究事物
三、辩证法的第二个基本特征：事物是在运动发展中存在，因此要从运动变化发展的观点上来研究事物
四、辩证法的第三个基本特征：运动发展变化过程是由量变到质变，由低级到高级的升涨运动
五、辩证法的第四个基本特征：是从对立统一的观点上来研究事物的变化发展

第三章 什么是唯物论
一、唯物论是与唯心论相反的理论观点
二、唯物论的第一个基本特征：承认世界本质上是物质的
三、唯物论的第二个基本特征：物质是第一性的，精神是第二性的

四、唯物论的第三个基本特征：物质的发展过程是可以认识的

辩证唯物论与历史唯物论研究提纲

第一章　马列主义哲学的形成
一、辩证唯物论——马克思列宁党的世界观
二、唯物论与唯心论
三、马克思主义以前的哲学家（黑格尔、费尔巴哈）
四、马克思和恩格斯哲学观点的形成
五、论恩格斯的作品《费尔巴哈与德国古典派哲学的终结》
六、十九世纪俄国唯物派哲学的发展

第二章　唯物辩证法诸法则与诸范畴
一、在自然界与社会中一切现象的一般的联系及相互依赖性
二、论运动、变动与发展的学说
三、发展即是量的变化到根本的变化质的变化的过程
四、发展即是矛盾对立的斗争
五、唯物辩证法的范畴
六、论恩格斯的著作《反杜林论》

第三章　唯物辩证法的认识论
一、世界的物质性及其发展的规律性
二、物质是第一性的，认识是第二性的
三、世界的可知性及其规律性
四、论真理
五、辩证逻辑与形式逻辑
六、关于列宁的著作《唯物论与经验批判论》
七、马列主义论科学的预测
八、辩证唯物论与马克思列宁党的战略与策略

第四章　历史唯物论（上）
一、历史唯物论——马克思、列宁主义关于社会的学说
二、社会物质生活的条件
三、生产力的发展与生产关系的基本形式·物质生产的特性
四、阶级与阶级斗争
五、关于恩格斯的作品《家族、私有财产与国家的起源》
六、国家与革命·无产阶级专政
七、群众与个人在历史中的作用

第五章　历史唯物论（下）
一、思想在社会发展中的作用

二、社会意识的形态
　　三、论共产主义的道德
　　四、马列主义宗教及其克服
　　五、社会主义与共产主义
第六章　列宁、斯大林对马恩学说的发展
　　一、列宁对马克思主义哲学的发展
　　二、斯大林对马克思、列宁主义哲学更进一步的发展

辩证唯物主义 历史唯物主义

艾思奇

人民出版社 1961 年出版

总　论：马克思主义哲学是辩证唯物主义和历史唯物主义[*]

一、马克思主义哲学：辩证唯物主义和历史唯物主义

辩证唯物主义和历史唯物主义是马克思主义哲学，是马克思主义的全部学说的哲学基础，是革命的工人阶级的世界观。马克思主义及其哲学产生在十九世纪中叶。由于当时欧洲许多国家的社会经济情况进到了资本主义高度发展的阶段，生产力、阶级斗争和科学

---

[*] 本章内容选自《辩证唯物主义　历史唯物主义》第一章第三节和第十章，并作了删节。文中标题由编者所加。

技术都达到了过去历史上未曾有过的水平，工业无产阶级作为历史发展的最伟大的动力在政治舞台上出现了。辩证唯物主义和历史唯物主义就是产生在这样的历史基础上的。

在欧洲，十九世纪初期，由英国开始的工业革命，使机器大工业在各国发展起来，而无产阶级也就随之成长起来。从19世纪30年代起，欧洲一些国家的无产阶级，已经在政治上表现了独立的行动，如法国的里昂工人起义、英国的宪章运动、德国的西里西亚纺织工人的起义等等。在这个无产阶级和资产阶级的阶级斗争愈益尖锐的历史时代，革命中心从法国转移到了德国。在德国的资产阶级革命运动中，德国的无产阶级开始作为独立的政治力量而发挥其创造历史的巨大作用。在这样的历史条件之下，德国成了马克思主义的故乡，无产阶级的领袖马克思和恩格斯成了马克思主义及其哲学的创始人。

从十九世纪初期开始，由于资本主义机器大工业的发展，自然科学也得到了巨大的发展。这时不只力学和数学，其他许多重要部门，如物理学、化学、生物学等，都有了很大的发展，在自然科学的发展上以搜集材料为主的阶段已经结束，人们已经发现了自然界各种运动形态的许多重要规律，其中最重要的是三个伟大的科学发现——细胞学说、能量守恒和转化定律、达尔文的进化论。这些发现，使人们对自然界一切现象之间的辩证联系和对自然界的发展规律的认识有了大踏步的前进，使宗教迷信、唯心主义和形而上学观点受到了最严重的打击，而为辩证唯物主义的世界观的产生提供了牢固的科学基础。

马克思和恩格斯在总结了工人运动的斗争经验，总结了自然科学发展的全部成果，特别是十九世纪上半期自然科学的巨大成就的基础上，创立了辩证唯物主义和历史唯物主义这个无产阶级的世界观。无产阶级阶级斗争的需要和科学发展的推动，就是马克思主义及其哲学必然产生的两个根本条件。

马克思主义并不是在当时的历史条件下从无产阶级的阶级斗争中自发地产生出来的。马克思主义作为一个完整的科学，作为人类思想发展的一个新的阶段，是综合以前人类的一切优秀思想成就并加以发展而建立起来的。马克思主义哲学继承和发展了哲学史上唯物主义的传统和辩证法的传统。马克思和恩格斯直接继承了十九世纪德国古典哲学的优秀成果。他们抛弃了黑格尔的唯心主义体系，批判地采取了他的辩证法的"合理内核";抛弃了费尔巴哈哲学中唯心主义的和宗教的伦理的杂质,批判地采取了他的唯物主义思想。

马克思主义哲学的产生,是哲学史上的一个革命的变革。马克思主义哲学不仅是过去一切哲学中的优秀传统的继承和发展,它和过去的哲学比较起来,在性质上也有根本的不同,它使人类哲学思想的发展进入了一个完全新的更高的阶段。

马克思主义哲学和以前哲学的不同,首先在于它使哲学获得了真正科学的性质,使它成为科学的世界观和方法论。以前的哲学,是产生在科学发展比较低级的阶段。自然科学还不能阐明自然界现象各方面的相互联系,至于社会科学,最多也只是处于萌芽状态。因此,那时科学的全部成就,还远不能给世界发展的全貌提供出一幅完整的图画。以认识世界的总体作为自己的任务的哲学,即使是唯物主义哲学,在那时虽然也力图利用每一个时代科学的最大成就,但终究不能完全依靠科学的成果来完成它的任务。为着描绘世界的全体,那时哲学家就必须在许多方面,凭借自己的逻辑方法来进行推演,以补科学所提供的材料之不足。这些哲学家往往企图站在科学之上,独立地创造一套包罗万象的知识体系。他们中间有的人就把这种哲学叫做"科学的科学",他们认为在自己的哲学体系中应该,而且已经穷尽了世界的一切知识,他们往往把自己的体系看作是人类认识发展的顶峰。实际上,这样的体系,虽然也对当时的科学成就有所概括,但都包含着大量的主观臆测的成分,其中虽然也有许多有价值的天才的臆测,对于人类思想的发展和科学的发展有过重大的贡献,但同样也包含着许多不明确、不合理的,甚至于荒谬可笑的东西。总的来说,这样的哲学体系,终究经不起科学和实践的进一步发展的考验,它本身并不具有真正科学的性质。这是马克思主义以前一切哲学思想在不同程度上存在的共同弱点。

马克思主义哲学产生在人类科学发展的完全新的阶段。自然科学的成就,已经开始能够用确实可靠的知识来为人们描画出关于自然界发展的全貌。由于资本主义工业生产的发展引起的整个社会的迅速变化,无产阶级反对资产阶级斗争的开展,以及社会历史研究领域里材料的积累,在社会生活领域里也像在自然领域里一样,已有可能发现真实的联系,排除臆造的、人为的联系。由于这些原因,以前那种大部分要依靠主观的逻辑推演来构成包罗万象的体系的哲学,那种所谓"科学的科学",就没有存在的余地了。这时哲学的任务，只需要对已获得的全部科学知识及历史材料加以概括和总结，这样就能够对世界上一切事物的运动发展的基本过程和基本规律获得一个全面的了解，就能够建立一个不同于过去任何哲学体系的崭新的科学的世界观。

马克思主义哲学——辩证唯物主义和历史唯物主义，就是在这样的条件下产生出来的真正科学的世界观。它是完全从科学的研究成果中概括出来的，因此它反过来又成为指导科学研究和实践的普遍原理，成为科学的方法论。以前的哲学只是代表不同阶级的哲学家们用自己的方式来对世界给予各种各样说明的思想体系，而马克思主义哲学则是科学的世界观和方法论。

马克思主义哲学和以前哲学的不同，还在于它是革命的无产阶级的世界观，是无产阶级用来领导广大人民群众为改造旧世界和建立社会主义社会、共产主义社会而斗争的精神武器。马克思主义以前的哲学，绝大部分是属于剥削阶级的世界观，个别的哲学学说表现着同情劳动人民的倾向，甚至在某种程度上代表劳动人民的利益，但它们都不能指导人民来为根本改变旧世界而进行坚持不懈的斗争，使人民得到真正的彻底的解放。马克思主义哲学则把变革世界作为自己的主要任务。马克思说："哲学家们只是用不同的方式解释世界，而问题在于改变世界。"①

马克思主义以前的哲学家都不承认自己的哲学思想的阶级性，把它说成是代表全人类的。在实际上他们的哲学思想绝大多数都只是反映着少数剥削者的利益，并从属于这个阶级的政治任务，真正人民群众的思想要求和这些哲学是不相干的。马克思主义哲学则公然地承认自己的阶级性和党性，公开宣布辩证唯物主义和历史唯物主义哲学要为无产阶级的政治服务，为广大人民的解放事业服务，为反对人剥削人和人压迫人的罪恶制度服务。马克思主义者坚决反对在阶级剥削制度还存在的情形下，硬把某一种哲学思想说成是全人类的思想。马克思主义认为，隐蔽自己的哲学的阶级性，不但违背了客观事实，而且会模糊无产阶级哲学的实践任务，因此是非常有害的。马克思说："哲学把无产阶级当作自己的物质武器，同样地，无产阶级也把哲学当作自己的精神武器。"② 马克思主义者要求把自己的哲学和无产阶级的革命斗争的实践密切结合起来，和广大

---

① 《马克思恩格斯选集》，1版，第1卷，19页，北京，人民出版社，1972。
② 同上书，15页。

人民群众的解放事业密切结合起来。马克思主义者决不空谈什么全人类的哲学，但无产阶级的哲学的确是从来未有过的真正广大人民群众的哲学。这也正是马克思主义哲学在人类哲学历史上所实现的一个革命的变革。

马克思主义的哲学既有高度的革命性，又有严格的科学性。列宁指出："这一理论对世界各国的社会主义者之所以具有不可遏止的吸引力，就在于它把严格的和高度的科学性（它是社会科学的最新成就）和革命性结合起来，并且不是偶然地结合起来（即不仅因为学说的创始人本人兼有学者和革命家的品质），而是把二者内在地和不可分割地结合在这个理论本身中。"①

上述这些特点，使马克思主义哲学成为唯物主义哲学发展的最高形式，成为最彻底的唯物主义。马克思主义哲学把唯物主义的观点和辩证法密切地结合起来，克服了形而上学唯物主义的不彻底性。它把唯物主义观点贯彻到一切知识领域，特别是社会历史研究的领域。在社会历史领域里，以前的唯物主义都不曾真正解决如何坚持唯物主义观点的问题，只是由于马克思主义哲学创立了历史唯物主义理论之后，才彻底解决了这个问题。马克思主义哲学成为指导人们对一切事物进行科学研究的思想工具，成为无产阶级和广大人民群众的革命行动的指南。

马克思主义哲学的创立，完成了哲学上的革命变革，但它并没有结束哲学的发展，相反地，它是在更高的基础上为哲学的发展开辟了广阔的道路。马克思主义哲学不像以前的哲学那样把自己看成包罗万象的绝对完成的知识体系，它是科学的哲学，它的思想体系的建立，是严格地依据着各种科学成就，依据着人类的历史斗争经验和无产阶级改造世界的斗争经验的。因此，随着科学的发展，随着无产阶级阶级斗争的发展，随着社会主义建设的发展，马克思主义哲学本身也要不断地丰富起来，不断地向前发展。

马克思和恩格斯不但创立了马克思主义及其哲学，而且在他们战斗的一生中，使马克思主义及其哲学在越来越广泛的范围内和工人运动相结合。马克思主义及其哲学本身是在斗争中发展的。马克思和恩格斯在同各种唯心主义和形而上学观点进行的斗争中，在同各色各样的机会主义思想进行的斗争中，不断地概括了当时的科学

---

① 《列宁选集》，2版，第1卷，81页，北京，人民出版社，1972。

成就和工人运动的经验,从各方面阐发了他们的理论,从而使马克思主义及其哲学在工人阶级中得到了广泛的传播,逐渐在工人运动中取得了统治的地位。

列宁在帝国主义和无产阶级革命时代的新的历史条件下,在和第二国际机会主义以及它在俄国的变种(经济派、孟什维克等)的斗争中,恢复了被第二国际机会主义者所阉割了的马克思主义的革命内容,并且根据新的历史经验和自然科学的新成就,全面地发展了马克思主义,把马克思主义及其哲学推向了新的阶段——列宁主义阶段。列宁在哲学上和帝国主义时期资产阶级的最腐朽的哲学潮流——以马赫主义为主的主观唯心主义潮流进行了不可调和的斗争,并且深刻地批判了工人运动内部机会主义者、修正主义者的唯心主义和形而上学观点。列宁写了许多哲学著作(如《唯物主义和经验批判主义》、《哲学笔记》等),对马克思主义的理论基础——辩证唯物主义和历史唯物主义,作了天才的论述和创造性的发展。列宁的所有著作都深刻地发挥了辩证唯物主义和历史唯物主义思想。列宁的全部思想是同国际的和俄国的工人运动相结合的。俄国工人阶级在列宁所创立的新型的马克思主义政党——共产党的领导下,取得了十月革命的伟大胜利,建立了世界上第一个社会主义国家。列宁主义的伟大思想,给全世界的无产阶级和一切被压迫人民,照亮了争取解放的道路。

列宁逝世以后,列宁主义的思想继续在世界工人运动的实践中向前发展。马克思列宁主义者斯大林,在捍卫和发展马克思列宁主义哲学方面,作出了重大的贡献。

中国人民找到马克思列宁主义这个思想武器,是十月革命以后的事情。毛泽东同志指出:"十月革命一声炮响,给我们送来了马克思列宁主义。十月革命帮助了全世界的也帮助了中国的先进分子,用无产阶级的宇宙观作为观察国家命运的工具,重新考虑自己的问题。走俄国人的路——这就是结论。"[①]

中国共产党在领导我国人民进行长期的革命斗争和社会主义建设的活动中,遵循着毛泽东同志所提出的马克思列宁主义普遍真理和中国革命具体实践相结合的原则。毛泽东同志从这个原则出发,进行了反对各种右倾和"左"倾机会主义的斗争,制定了中国革命

[①] 《毛泽东选集》第4卷,1360页,北京,人民出版社,1966。

和建设的正确路线、方针和政策,创造性地运用并发展了马克思列宁主义。毛泽东同志的《实践论》、《矛盾论》、《关于正确处理人民内部矛盾的问题》等哲学著作,概括了新的历史经验,使马克思列宁主义哲学得到进一步的发展。毛泽东同志的全部著作,运用辩证唯物主义和历史唯物主义解决了我国革命和建设中的一系列问题。

毛泽东同志是当代最伟大的马克思列宁主义者。毛泽东同志把马克思列宁主义的普遍真理和革命的具体实践相结合,在反对帝国主义和国内反动阶级的斗争中,在反对党内右的和"左"的机会主义路线的斗争中,在反对国际现代修正主义的斗争中,继承、捍卫和发展了马克思列宁主义。毛泽东思想是中国人民进行新民主主义革命、社会主义革命和社会主义建设的指针,是反对帝国主义的强大的思想武器,是反对修正主义,反对教条主义和经验主义的强大的思想武器。在毛泽东思想的旗帜下,在中国共产党的领导下,中国人民已经取得了民主革命的彻底的胜利、社会主义革命和社会主义建设的伟大胜利,这是马克思列宁主义发展史上的大事。

通过一百多年来的国际共产主义运动的实践,证明马克思列宁主义哲学是工人阶级手中战无不胜的理论武器。全世界工人阶级在这个思想的指导下,为团结一切进步力量,最后彻底埋葬资本帝国主义制度,实现共产主义的伟大理想而斗争。新的历史实践必将越来越证明马克思列宁主义及其哲学的正确性,并将使它得到更大的发展。

二、历史唯物主义:辩证唯物主义在社会领域中的推广

马克思和恩格斯把辩证唯物主义推广到对人类社会的认识,从而把唯心主义从社会历史领域中驱逐出去,建立了完备的、彻底的唯物主义哲学。

马克思主义的历史唯物主义为社会科学提供了唯一正确的理论和方法,使得社会历史的研究第一次有可能克服人们过去对于历史和政治所持的混乱和武断的见解,而成为真正的科学。

历史唯物主义是马克思主义哲学中不可缺少的一部分,历史唯物主义和辩证唯物主义是不可分割的有机统一的整体。列宁指出:"在这个由一整块钢铁铸成的马克思主义哲学中,决不可去掉任何一个基本前提、任何一个重要部分,不然就会离开客观真理,就会落入资产阶级反动谬论的怀抱。"[①]

[①] 《列宁选集》,2版,第2卷,332~333页,北京,人民出版社,1972。

意识和存在的关系问题是哲学的根本问题。意识和存在何者是第一性的问题，是划分唯物主义哲学和唯心主义哲学的唯一标准。社会意识和社会存在何者是第一性的问题，是划分历史唯物主义和历史唯心主义的唯一标准。历史唯物主义和历史唯心主义的根本对立，归根到底就在于对这个问题给予了不同的解答。历史唯物主义坚持社会存在决定社会意识的原则，历史唯心主义则认为社会意识决定社会存在。

在本书的前面各章，阐明了辩证唯物主义各方面的基本原理。这些原理告诉我们，世界是物质的世界，这个物质世界，是按照辩证法的规律，由低级到高级，由简单到复杂，曲折地向前发展的永无止境的客观过程。马克思列宁主义哲学指出，这个过程不仅仅存在于自然界，而且也存在于人类社会。这就是说，不论对自然界或对人类社会，都应该用唯物主义的原理来加以理解。自然界是不依赖人的主观意识为转移的客观存在，同样，人类社会历史也是不依赖人的主观意志为转移的、按照本身所固有的必然规律而发展的客观过程。

列宁指出，在马克思以前，一切历史理论有两个主要缺点。"第一，以往的历史理论，至多是考察了人们历史活动的思想动机，而没有考究产生这些动机的原因，没有摸到社会关系体系发展的客观规律性，没有看出物质生产发展程度是这种关系的根源；第二，过去的历史理论恰恰没有说明人民群众的活动，只有历史唯物主义才第一次使我们能以自然史的精确性去考察群众生活的社会条件以及这些条件的变更。"[①] 列宁的这段话深刻地说明了历史唯心主义观点的致命的弱点。

许多抱着历史唯心主义观点的理论家都把社会发展的原因归结为人们的思想动机，归结为个别英雄人物的思想动机。他们不能发现物质生产的发展是决定社会发展的最终原因，抹杀或忽视物质生活资料的生产者——广大的劳动群众在社会历史上的决定作用；他们不能揭示社会发展的客观规律，把社会发展看成是一些偶然事件的杂乱的堆积。按照这种理论，生活在黑暗中的人们，只能等待某一杰出人物的偶然的出现，等待他头脑中偶然迸发的明亮的思想火花照亮黑暗的大地。这些理论对人民群众是精神的桎梏，叫他们安

---

① 《列宁选集》，2版，第2卷，586页，北京，人民出版社，1972。

于困苦不堪的生活，最好也只是叫人们把希望寄托在幸运的偶然性上。

历史上各个时期的进步思想家，曾经在对社会历史问题的解释上提出了某些有价值的论点和推测，有些唯物主义者力图用唯物主义的观点来解释某些社会历史现象，但他们的社会历史观在整体上仍然是唯心主义的。

在中国，例如春秋时代的管仲提出了"仓廪实则知礼节，衣食足则知荣辱"[①]的观点。东汉的王充发挥了管仲的这个观点。王充认为，人们的善恶行为，并不在于人的性质，而在于人们的物质生活，在于农业生产的丰歉，而农业生产的丰歉则由于自然界的原因（风调雨顺或水旱成灾）。由此，王充得出结论说："世之治乱，在时不在政。国之安危，在数不在教。"[②] 王充把社会治乱的原因归结到自然条件是错误的，但是他的观点在反对主观唯心主义的历史观方面是有一定意义的，在运用唯物主义对社会历史的探索上也是一个有价值的尝试。明末清初的王船山认为，社会是进化的，并肯定社会发展有其自身的因果联系，他否定意志决定论，认为人们的思想意识和行为是由其生活环境所决定的。

在欧洲，例如希腊的唯物主义哲学家德谟克利特曾对于社会生活的起源和发展提出下面的看法，他认为，原始社会的人过着群居生活，他们没有住所、衣服和工具，他们以偶然获得的食料充饥。他们"受到需要的教训"，逐渐改变自己的生活方式。在需要的影响下，"双手、智慧、机灵"就引导他们走向文明的生活。十八世纪的法国唯物主义者，对于社会历史，提出了"环境决定意见"的观点。例如爱尔维修认为，不良的社会风气是恶劣环境的结果，因此要改变这种风气就必须改变环境。但是，他们在提出这种观点的同时，又提出了"意见支配世界"这个公式。这两个观点是直接对立的。这些法国唯物主义者就使自己陷入了不可解决的矛盾循环，他们仍然不得不把历史进步的希望寄托在某些能够以自己的意见代表理性和真理的先知先觉的人物的身上。

客观唯心主义者黑格尔认为社会历史是绝对精神发展的高级阶段，但他曾试图把人类历史说成是具有某种必然性的过程。列宁曾认为在黑格尔的某些关于历史的见解中具有历史唯物主义的萌芽。

---

① 《管子·牧民》。
② 《论衡·治期篇》。

在马克思以前，对自然界的解释曾出现过很多的唯物主义派别；而在关于社会历史的理论领域内，唯心主义却占着完全统治的地位，因而不能产生真正的历史科学，这不是偶然的。

毛泽东同志说："在很长的历史时期内，大家对于社会的历史只能限于片面的了解，这一方面是由于剥削阶级的偏见经常歪曲社会的历史，另一方面，则由于生产规模的狭小，限制了人们的眼界。人们能够对于社会历史的发展作全面的历史的了解，把对于社会的认识变成了科学，这只是到了伴随巨大生产力——大工业而出现近代无产阶级的时候，这就是马克思主义的科学。"[①]

关于社会历史的解释直接同各阶级的利害有关，它不能不更多地受到剥削阶级偏见的歪曲。在任何剥削者占统治地位的社会中，剥削者拥有从事精神劳动的特权，被剥削者承担从事体力劳动的沉重义务。一切剥削者总是夸大精神的作用，贬低物质生产的意义。不同的剥削阶级以及同一剥削阶级在不同的历史时期，情况虽然各不相同，但是，它们总是或多或少地抹杀被剥削者——劳动群众在历史上的作用。剥削阶级为了维护其剥削的特权，总是把某种剥削制度说成是永恒的，把这种制度看成是神的意志或某种永恒的正义、人类的理性所决定的，而否认社会现象的暂时性、历史性。因此，剥削阶级总是竭力在社会历史问题上坚持唯心主义的阵地。只有现代无产阶级这个彻底革命的阶级才能够摆脱剥削阶级的一切偏见，只有这个阶级的思想家才能够创立真正科学的社会历史的理论。

历史唯物主义的理论在19世纪40年代以前不可能产生，还有其社会历史的原因。只有发达的资本主义社会和大机器生产才提供了科学地理解社会历史及其发展规律的可能。恩格斯说："在以前的各个时期，对历史的这些动因的探究几乎是不可能的，因为它们和自己的结果的联系是混乱而隐蔽的，在我们今天这个时期，这种联系已经非常简单化了，因而人们有可能揭开这个谜了。从采用大工业以来，就是说，至少从1815年签订欧洲和约以来，在英国，谁都知道，土地贵族和资产阶级这两个阶级争夺统治的要求，是英国全部政治斗争的中心。在法国，随着波旁王室的返国，同样的事实也被人们意识到了……而从1830年起，在这两个国家里，工人阶级即无产阶级，已被承认是为争夺统治而斗争的第三个战士。当时关系

[①] 《毛泽东选集》第1卷，260页，北京，人民出版社，1966。

已经非常简单化，只有故意闭起眼睛的人才看不见，这三大阶级的斗争和它们的利益冲突是现代历史的动力，至少是这两个最先进国家的现代历史的动力。但是这些阶级是怎样产生的呢？初看起来，从前大规模的封建土地占有制的起源，还可以（至少首先是）归于政治原因，归于暴力掠夺，但是这对于资产阶级和无产阶级来说就不行了。在这里，显而易见，这两个大阶级的起源和发展是由于纯粹经济的原因。而同样明显的是，土地占有制和资产阶级之间的斗争，正如资产阶级和无产阶级之间的斗争一样，首先是为了经济利益而进行的，政治权力不过是用来实现经济利益的手段。"① 这就是说，资本主义的发生和发展使得社会阶级关系简单化，明朗化，把社会发展的经济根源明显地暴露了出来。而且资本主义的大机器生产打破了地方和民族的闭塞状态，扩大了人们的眼界，使人们有可能把各国各民族联系起来加以比较研究，发现其共同性、重复性，从中找出一般的规律。

马克思以前的思想家所以不能够在根本上摆脱历史唯心主义的观点，建立历史唯物主义的理论，除了阶级立场和社会历史条件的限制外，还因为历史唯心主义观点有它的特殊的认识根源。

人类社会历史发展过程和自然界的发展过程有一个根本不同之点：在自然界中起作用的是各种盲目的、不自觉的力量。天体运动和微粒子的运动，声、光、热、电，化学变化，以至于生物的生存演变等等，这些物质的运动变化，都没有自觉的预期要达到的目的，只是由于它们相互作用的结果，而表现为一定的有规律的客观过程。社会历史的情况却不同，在这里起作用的是人，"全是具有意识的、经过思虑或凭激情行动的、追求某种目的的人；任何事情的发生都不是没有自觉的意图，没有预期的目的的"②。这是人类社会历史发展的特殊形式。这个特殊的形式很容易使人产生迷惑：如果人们只看事情的表面现象，而不深入研究事情的本质，就会以为社会历史的发展似乎是决定于人的主观意识，而不是遵循着历史的客观规律。历史唯心主义者就是利用了和片面夸大了这个表面现象，把人的思想、人的主观意志说成是社会历史发展的决定力量，特别是把英雄人物个人的思想和意志说成是历史发展的主要决定力量。社会历史是通过具体历史人物所参与的具体历史事件所构成的。每个具体历

---

① 《马克思恩格斯选集》，1版，第4卷，245～246页，北京，人民出版社，1972。
② 同上书，243页。

史人物的性格、才智、意志都各不相同。由于不同的人物和许多其他复杂条件的影响，各个历史事件的具体状况是不会完全同样地重复出现的。被这种现象所迷惑的人，就会否认在社会历史领域中存在着规律性，把社会历史看成是由个人意志所支配的一些偶然事件的堆积。

为了确立历史唯物主义的观点，就必须冲破笼罩在对社会历史的认识上的这种迷雾。

在社会历史领域里，一切人的一切活动固然都有其自觉的意图和预期的目的，但各个人的意图和目的，并不是一样的，而是多种多样的，它们常常是互相冲突、互相矛盾的。这些互相矛盾、互相冲突的意图和目的，在实际生活中并不都能够成为现实。历史上，在人们还没有认识社会历史发展规律，并应用这样的认识来指导自己的行动的情形下，人们的主观意向，在大多数的场合下所引起的结果，都不是所预期的，甚至是和预期相反的；只在很少的场合下，人们的期望能够如愿以偿。资产阶级的革命家曾经在"自由、平等、博爱"的口号下进行反封建的斗争，他们声称这个口号将引导人们去建立起永远合理的社会制度，但在实际上所得到的结果，只是一个人剥削人的资本主义制度。这里就有两个问题必须解答：第一，为什么同一个社会里，人们的主观意向会有种种不同甚至于互相矛盾、冲突？是什么原因使得人们中间发生这样的矛盾？第二，为什么各种不同的主观意向，有的能够得到实现，有的不能实现，有的似乎实现了，但实际的结果和所预期的并不一样？很明显，这些问题，决不是在人的主观意识本身中可以找到解答的。认为"意见支配世界"的唯心主义观点，把社会历史发展的根本原因归结于人们的思想动机和主观意图，结果就只能在对社会历史的认识上陷入一团混乱。如果不能弄清楚隐藏在人们的思想动机背后的动力是什么，就不能科学地说明社会历史。

唯心主义者黑格尔曾经试图有系统地答复这个问题。他认为，历史人物所标榜的动机以及真实的动力，都根本不是历史事变的最终原因，认为这些动机后面还有别的动力，而这种动力是应当加以研究的。黑格尔的这个思想无疑是深刻的，但是他不能正确地回答这个问题。黑格尔虽然批判了"意见支配世界"的观点，但他不是从历史本身去寻找这种动力，而是从历史外面，从自己的哲学思想体系里把这种动力输入到历史中去。在他看来，支配人类历史的

"民族精神"无非就是支配整个宇宙的神秘的"绝对精神"的一个发展阶段。

只有马克思主义的历史唯物主义才真正揭示了历史发展的最终原因。

恩格斯指出,在研究历史人物的动机背后的动力、研究历史发展的真正的动力的时候,所应注意的,与其说是个别杰出人物的动机,不如说是推动整个阶级、整个民族行动起来的动机。马克思主义证明了,人类全部历史(指阶级社会),是阶级斗争的历史,阶级斗争的根源是各阶级之间经济利益的冲突,阶级的产生和发展是物质生产发展的结果。物质生活资料生产发展的状况决定整个社会的面貌和社会意识,这是存在决定意识这个唯物主义根本原则在社会历史领域内的贯彻。人类的历史,归根到底是社会物质生活资料的生产发展的历史,是物质生活资料生产者——劳动人民的历史。

恩格斯对历史唯物主义的根本观点做了一个经典的说明:"一切历史现象都可以用最简单的方法来说明,而每一历史时期的观念和思想也同样可以极其简单地由这一时期的生活的经济条件以及由这些条件决定的社会关系和政治关系来说明。历史破天荒第一次被安置在它的真正基础上;一个很明显而以前完全被人忽略的事实,即人们首先必须吃、喝、住、穿,就是说首先必须劳动,然后才能争取统治,从事政治、宗教和哲学等等。"[①]

社会存在决定社会意识的原理,提供了客观地研究社会历史发展规律的基础,它可以使我们不为形形色色的复杂的、偶然的社会现象所迷惑,从社会历史发展过程中找出它的最深刻的根源。因而它就完全打破了以往某些历史家否认社会历史领域中存在着任何重复性的观点。的确,社会现象的完全重复是没有的,但是在不同的社会现象中却存在着共同的本质,这里就表现着社会发展规律的重复性。列宁指出:当人们"还局限于思想的社会关系(即通过人们的意识而形成的关系)时,始终不能发现各国社会现象中的重复性和常规性"[②]。因为这样就不能区分社会中哪些现象是本质的、重要的,哪些现象是非本质的、次要的。"一分析物质的社会关系……立刻就有可能看出重复性和常规性,就有可能把各国制度概括为一个基本概念,即社会形态。只有这种概括才使我们有可能从记载社会

---

① 《马克思恩格斯选集》,1版,第3卷,41页,北京,人民出版社,1972。
② 《列宁选集》,2版,第1卷,8页,北京,人民出版社,1972。

现象（和从理想的观点来估计社会现象）进而极科学地分析社会现象。"①

社会历史告诉我们，尽管各个民族具有不同的历史，但从根本上说来，除了由于特殊的历史原因之外，一般都经过原始社会、奴隶制社会、封建社会和资本主义社会四种历史形态。凡是奴隶制社会，不管其民族特点如何不同，都充满着奴隶和奴隶主的斗争。无论是东方或西方的封建社会，它的基本矛盾都是农民和地主的矛盾。一切资本主义国家的基本矛盾都是无产阶级和资产阶级的矛盾。这说明社会中各种现象之间存在着必然的、普遍的和不断重复的联系。

马克思主义坚持社会存在决定社会意识的原理，但它决不像资产阶级学者所污蔑的那样，似乎低估和轻视社会意识在社会历史中的作用。马克思主义科学地说明了社会意识是社会存在的反映。同时，又同样科学地指出了社会意识对社会存在的重大影响。这种影响就在于：腐朽反动的社会意识如果支配了人们的头脑，它就能够对社会历史的发展起阻碍的作用，新的进步的社会意识如果得到广泛的传播，并掌握了群众时，它就能够对于社会历史的发展起极大的推动作用。在一定的条件下，进步的社会意识甚至成为推动社会前进的决定因素。毛泽东同志说："我们承认总的历史发展中是物质的东西决定精神的东西，是社会的存在决定社会的意识；但是同时又承认而且必须承认精神的东西的反作用，社会意识对于社会存在的反作用……"他又指出："当着如同列宁所说'没有革命的理论，就不会有革命的运动'的时候，革命理论的创立和提倡就起了主要的决定的作用。当着某一件事情（任何事情都是一样）要做，但是还没有方针、方法、计划或政策的时候，确定方针、方法、计划或政策，也就是主要的决定的东西。当着政治文化等等上层建筑阻碍着经济基础的发展的时候，对于政治上和文化上的革新就成为主要的决定的东西了。"②

社会意识的重大作用是必须充分估计到的，但是，它不是社会历史发展的最后决定的原因。因为，当着它成为某一历史事变的原因之前，它的产生是另一更深刻的原因的结果。这一更深刻的、更根本的原因就是社会存在，社会存在最基本的是物质资料的生产方式，而社会意识本身只是这个社会存在的反映。进步的社会意识，

---

① 《列宁选集》，2版，第1卷，8页，北京，人民出版社，1972。
② 《毛泽东选集》第1卷，300页，北京，人民出版社，1966。

是社会中的新生的进步势力的要求的反映；腐朽反动的社会意识，是社会中腐朽落后的势力的要求的反映。例如中国革命没有马克思列宁主义的指导是不能取得胜利的，就这一点来说它有着某种决定的意义；但是引起中国革命的根本原因是中国社会的矛盾。马克思主义之所以成为中国革命胜利的思想武器，只是由于它适合于中国人民进行革命斗争的客观需要，由于它反映了中国无产阶级和广大劳动人民的需要。

对社会存在和社会意识关系问题的正确解决，宣告了历史唯心主义的彻底破产。恩格斯说："人们的意识决定于人们的存在而不是相反，这个原理看来很简单，但是仔细考察一下也会立即发现，这个原理的最初结论就给一切唯心主义，甚至给最隐蔽的唯心主义当头一棒。关于一切历史性的东西的全部传统的和习惯的观点都被这个原理否定了。政治论证的全部传统方式崩溃了。"①

反动的现代资产阶级社会学都以反对马克思主义、反对历史唯物主义、反对共产主义作为自己的首要任务。如果说，在资本主义上升时期，资产阶级思想家还能够提出一些有价值的思想，那么，到了腐朽的帝国主义时代，资产阶级社会学家对社会历史就只能提出极其反动的解释。他们或者用新的形式重复那些早已破产了的历史唯心主义的老调，按照生物机体的结构来解释社会现象，把自然规律和社会规律混为一谈。他们或者只注意社会生活中的枝节问题，回避对社会发展中本质问题的研究。而根本否认历史过程的客观规律性，用各种形式宣扬非理性主义，则是现代资产阶级社会学的主要倾向。大多数资产阶级社会学家热衷于研究个人的心理状态，企图从心理状态方面对社会生活做主观的任意解释，所有这些都是为粉饰资本主义日益混乱的秩序，为医治资本主义的不可解救的痼疾提供药方。

唯物主义的历史观对社会主义由空想到科学的发展，有极为重要的意义。这种历史观自然而合理地解释了以往历史中阶级统治、阶级剥削的存在是和生产力发展的一定水平相适应的，从而说明了，阶级统治、阶级剥削的现象在生产得到巨大发展以后必然会逐步消灭，生产资料私有制必然为社会主义的生产资料公有制代替。马克思、恩格斯根据唯物史观研究了资本主义社会，指出，阶级斗争必

---

① 《马克思恩格斯选集》，1版，第2卷，117～118页，北京，人民出版社，1972。

然引导到无产阶级专政,而这个专政本身是进到消灭任何阶级和进到无阶级社会的过渡,从而建立了科学的社会主义的理论。在今天,社会主义已不再单纯是一个科学的理想,在各个社会主义国家已成为光辉的现实。这一事实是对唯物主义历史观的科学性的无可辩驳的证明。

历史唯物主义的创立,使研究社会生活方面的各门学问能够成为科学。社会科学的各部门,如经济学、政治学、美学、伦理学等,分别地研究人类社会生活各个方面的发展过程的具体规律。历史唯物主义和各个部门的社会科学有所不同,它所研究的是全部人类社会历史发展的最基本的过程和最一般的规律,而不是社会生活各个方面的具体规律。历史唯物主义所揭示的社会发展的基本过程和一般的规律,是在社会生活各个方面都起作用的,因此历史唯物主义的理论能适用于社会科学各部门,为这些科学部门提供方法论和理论基础。但是历史唯物主义和辩证唯物主义一样,并不是科学之科学,它不能代替各门具体的科学,不能把它作为标签硬贴在实际社会生活之上。19世纪90年代德国曾出现过把历史唯物主义庸俗化的现象,恩格斯在批判这种现象时写道:"无论如何,对德国的许多青年作家来说,'唯物主义的'这个词只是一个套语,他们把这个套语当作标签贴到各种事物上去,再不作进一步的研究,就是说,他们一把这个标签贴上去,就以为问题已经解决了。但是我们的历史观首先是进行研究工作的指南,并不是按照黑格尔学派的方式构造体系的方法。必须重新研究全部历史,必须详细研究各种社会形态存在的条件,然后设法从这些条件中找出相应的政治、私法、美学、哲学、宗教等等的观点。"①

在历史唯物主义理论指导下,人类社会的全部历史都成为完全可以用科学的方法透彻地理解的事情。依靠这种科学的认识,人们不但能够了解今天发生的事情,而且能够获得关于社会发展趋势的科学预见。历史唯物主义使一切为争取解放而斗争,为建设社会主义和共产主义而斗争的人民看出了明确的前途,增强了胜利的信心,并且能够有把握地进行自己的活动。历史唯物主义是领导人民创造自己的历史的共产党的可靠的理论武器。

---

① 《马克思恩格斯选集》,1版,第4卷,475页,北京,人民出版社,1972。

总体框架

第一章 绪论
一、唯物主义和唯心主义
二、哲学史上的两军对战
三、马克思主义哲学的产生是哲学上的革命变革
四、学习马克思主义哲学的目的和方法

上篇 辩证唯物主义

第二章 世界的物质性
一、世界是物质的世界
二、运动是物质的根本属性
三、空间和时间是运动着的物质的存在形式
四、物质运动有它自己的规律性

第三章 物质和意识
一、意识是物质高度发展的产物
二、意识是存在的反映
三、意识对存在的反作用

第四章 对立统一规律
一、唯物辩证法是关于普遍联系的科学
二、两种发展观
三、矛盾的普遍性和特殊性
四、主要的矛盾和主要的矛盾方面
五、矛盾诸方面的同一性和斗争性
六、对抗性矛盾和非对抗性矛盾

第五章 质量互变规律
一、质和量
二、量变和质变
三、总的量变过程中的部分质变
四、飞跃形式的多样性

第六章 否定之否定规律
一、辩证的否定是发展的环节
二、否定之否定,发展的螺旋式或波浪式运动

三、新事物是不可战胜的

第七章　唯物辩证法的基本范畴
一、本质和现象
二、形式和内容
三、原因和结果
四、必然性和偶然性
五、可能性和现实性

第八章　认识和实践
一、马克思主义的认识论是能动的革命的反映论
二、实践是认识的基础
三、认识的辩证过程

第九章　真　理
一、客观真理
二、真理发展的辩证过程
三、实践是真理的标准
四、认识世界和改造世界

下　篇　历史唯物主义

第十章　历史唯物主义和历史唯心主义的根本对立
第十一章　生产力和生产关系
一、生产方式是社会发展的决定力量
二、生产力和生产关系的矛盾运动
三、从原始社会到资本主义社会的生产力和生产关系
四、社会主义社会的生产力和生产关系

第十二章　经济基础和上层建筑
一、社会形态是经济基础和上层建筑的统一
二、经济基础和上层建筑的辩证关系
三、社会主义社会的经济基础和上层建筑
四、家庭、民族

第十三章　阶级和国家
一、阶级斗争是阶级社会发展的动力
二、国家是阶级统治的工具
三、资本主义社会中无产阶级反对资产阶级的斗争
四、阶级的消灭和国家的消亡

第十四章 社会革命
一、社会形态的更替必须通过革命的变革
二、民主主义革命
三、社会主义革命和无产阶级专政
四、革命发展阶段论和不断革命论

第十五章 社会意识及其形式
一、社会意识的一般特点
二、社会意识的各种形式
　（一）政治思想和法权思想
　（二）道　德
　（三）科学和哲学
　（四）艺　术
　（五）宗　教

第十六章 人民群众和个人在历史上的作用
一、人民群众是历史的创造者
二、杰出人物在历史上的作用
三、无产阶级政党领导下的群众运动和党的群众路线

辩证唯物主义和历史唯物主义

孙叔平　冯契　郑奇芳

上海人民出版社 1961 年出版

总　论：马克思主义哲学是无产阶级世界观[*]

一、马克思主义哲学的完整体系：辩证唯物主义和历史唯物主义

马克思主义哲学是无产阶级的世界观。马克思和他的战友恩格斯所以能在 19 世纪中叶创立这个哲学，是由于当时有了创立新哲学的需要，也有了创立新哲学的条件。

在 19 世纪 40 年代，西欧资本主义大工业已经有了很大发展。

---

[*] 本章内容选自《辩证唯物主义和历史唯物主义》绪论第三节。文中标题由编者所加。

随着大工业的发展，无产阶级日益壮大起来了，它同资产阶级的斗争也日益发展起来了。无产阶级需要有一种理论来说明自己受苦难的根源，指出自己争取解放的道路。无产阶级需要建立自己的世界观。

现代大工业的发展促进了自然科学的发展。从十九世纪中叶开始，自然科学中发生了伟大的革命，其主要成就是细胞、能量守恒和转化、物种起源三大发现。这三大发现打破了长期统治着自然科学的形而上学观念，说明自然界各种事物的普遍联系和发展，引起了自然观的革命，这就为建立新世界观准备了科学条件。

此外，到了十九世纪中叶，欧洲哲学、政治经济学、社会主义思想的发展也有了重大成就。哲学，有德国的古典哲学，特别是黑格尔的辩证法和费尔巴哈的唯物主义。政治经济学，有英国的古典政治经济学，特别是亚当·斯密和李嘉图的劳动价值论。社会主义理论，有法国的圣西门、傅立叶和英国的欧文的空想社会主义。所有这些构成了马克思主义的思想来源，为新世界观的建立准备了思想前提。

马克思、恩格斯担负了创立新的世界观的历史任务，他们亲身领导了无产阶级革命运动，总结了历史上的阶级斗争特别是无产阶级的阶级斗争的经验，吸取了当时自然科学的最高成就，批判地继承了过去哲学的优秀成果，特别是批判地继承了费尔巴哈的唯物主义和黑格尔的辩证法中的合理内核，抛弃了他们的形而上学和唯心主义的杂质，这样就把唯物主义和辩证法有机地结合起来，创立了唯一科学的哲学——辩证唯物主义。他们又应用辩证唯物主义去研究人类社会，阐明了历史发展的客观规律，创立了历史唯物主义。这样，就形成了世界历史上最完整的哲学体系——马克思主义的辩证唯物主义和历史唯物主义。这个哲学体系是辩证法和唯物主义的统一，是辩证唯物主义的自然观和辩证唯物主义的历史观的统一，它阐明了自然界、人类社会和思维发展的一般规律。

马克思主义哲学的产生是哲学历史上的大革命，它划出了哲学发展的新时代。

二、马克思主义哲学的显著特点：阶级性和实践性

马克思主义哲学有两个最显著的特点：阶级性和实践性。

毛泽东同志指出："马克思主义的哲学辩证唯物论有两个最显著

的特点：一个是它的阶级性，公然申明辩证唯物论是为无产阶级服务的；再一个是它的实践性，强调理论对于实践的依赖关系，理论的基础是实践，又转过来为实践服务。"① 这两点正是马克思主义哲学的革命的和科学的品质。

在阶级社会，一切哲学都是有阶级性的，都是和一定阶级的利益相联系的。但是，剥削阶级向来不敢承认自己的哲学的阶级性，而且还要以超阶级、超党派的谎言来掩盖自己的哲学的阶级性。只有马克思主义哲学才公开申明自己的阶级性，因为马克思主义哲学是科学的真理，是无产阶级的世界观，是无产阶级改造世界、解放自己的思想武器，它体现着无产阶级、劳动人民和进步人类的根本利益。马克思主义哲学不需要掩盖自己的阶级性，它必须高高举起无产阶级的旗帜。

在阶级社会，一切哲学都是为自己的阶级的需要服务的。在这个意义上，可以说它们都有自己的实践目的。"为哲学而哲学"的哲学，正像"为艺术而艺术"的艺术一样，是不存在的。正因为如此，那些脱离人民、反对人民的反动阶级的哲学就不能不和人民的实践相背驰。而且，越是相背驰，它们就越是宣扬超阶级的哲学，越是讳言自己的哲学的实践目的。只有马克思主义哲学才公开申明自己是无产阶级的战斗武器。它从无产阶级的战斗实践中来，又回到无产阶级的战斗实践中去。这正是马克思所说的："哲学把无产阶级当作自己的物质武器，同样地，无产阶级也把哲学当作自己的精神武器。"②

"哲学家们只是用不同的方式解释世界，而问题在于改变世界。"③ 马克思主义哲学不但科学地说明了世界，而且指导人们去革命地改造世界。它既是革命的、科学的世界观，又是革命的、科学的方法论，它体现着高度的革命性和高度的科学性的统一。

马克思主义哲学既然有鲜明的阶级性和实践性，既然有高度的革命性和科学性，它就必然随着无产阶级的革命实践的发展而发展。马克思、恩格斯逝世以后，以列宁为代表的苏联共产党人在帝国主义和无产阶级革命时代发展了马克思主义，发展了马克思主义哲学。

---

① 《毛泽东选集》第1卷，261页，北京，人民出版社，1966。
② 《马克思恩格斯选集》，1版，第1卷，15页，北京，人民出版社，1972。
③ 同上书，19页。

列宁总结了俄国和国际无产阶级革命的丰富经验，总结了十九世纪末叶和二十世纪初叶自然科学最新的成就，批判了第二国际的修正主义思潮，发展了辩证唯物主义和历史唯物主义的一系列的原理。俄国十月社会主义革命的胜利，列宁主义在全世界的胜利行进，使马克思主义哲学成了全世界亿万无产者、劳动人民的战斗武器。

十月革命以后，中国共产党把马克思列宁主义的普遍真理和中国革命的具体实践结合起来，领导中国人民进行了长期的、艰苦的革命斗争，克服了"左"、右倾机会主义的错误思想，取得了民主革命的胜利。现在，又领导全国人民胜利地进行着社会主义革命和社会主义建设。就在和人民群众的共同奋斗中，以毛泽东同志等为代表的中国共产党人深刻地分析了中国的历史和现实情况，总结了中国革命和建设的丰富经验，发展了马克思列宁主义，发展了马克思主义哲学。在中国人民的革命和建设的实际斗争中，马克思主义哲学正发挥着越来越强大的威力。

总 体 框 架

绪　论

第一篇　辩证法的唯物主义

第一章　世界是物质运动的无限过程

　　一、物质是世界的本源

　　二、运动是物质的根本属性

　　三、时间空间是运动着的物质的存在形式

　　四、统一的物质世界是一个无限的发展过程

第二章　意识的起源和本质

　　一、意识是物质发展的最高产物

　　二、意识是对存在的能动反映

第三章　认识和实践

　　一、实践是认识的源泉

　　二、认识发展的辩证过程

　　三、真理和错误

第四章　客观规律性和主观能动性
一、客观世界有自己的运动规律
二、人对客观世界的能动作用
三、客观规律性和主观能动性的辩证关系

第二篇　唯物主义的辩证法

第五章　对立统一的规律
一、事物内部的矛盾性是事物发展的根本原因
二、矛盾的普遍性和特殊性
三、主要的矛盾和主要的矛盾方面
四、矛盾诸方面的同一性和斗争性
五、对抗性矛盾和非对抗性矛盾

第六章　质量互变的规律
一、事物的质和量
二、量和质的互相转化
三、渐进和飞跃、进化和革命

第七章　否定之否定的规律
一、肯定和否定
二、否定之否定
三、发展的前进性和曲折性

第八章　唯物辩证法的一些范畴
一、一般和个别
二、全局和局部
三、本质和现象
四、内容和形式
五、原因和结果
六、根据和条件
七、可能和现实
八、必然和偶然
九、必然和自由

第三篇　历史唯物主义

第九章　历史发展的基本规律
一、社会存在和社会意识

二、生产力和生产关系的矛盾运动
　　三、经济基础和上层建筑的矛盾运动
　　四、社会主义社会基本矛盾的运动
第十章　阶级斗争和社会革命
　　一、阶级斗争是阶级社会发展的动力
　　二、革命的根本问题是国家政权问题
　　三、阶级斗争必然要引导到无产阶级专政
　　四、无产阶级专政是阶级斗争在新形式中的继续
第十一章　人民群众和个人在历史上的作用
　　一、人民群众是历史的创造者
　　二、无产阶级政党及其领袖在历史上的作用
　　三、党的领导和群众路线
第十二章　社会意识形态
　　一、社会意识形态的共同特点
　　二、各种意识形态的具体特点
　　三、意识形态领域中的斗争

辩证唯物主义原理
（第1版）

肖　前　李秀林　汪永祥

人民出版社1981年出版

总　论：马克思主义哲学是科学的世界观和方法论[*]

一、完整严密的科学体系

　　从马克思主义哲学的产生和发展中可以看到，它在人类认识史、哲学史上所实现的革命变革，主要表现为相互联系的三个方面：以唯物主义和辩证法高度统一、唯物辩证的自然观和历史观高度统一的完整严密的理论体系，代替了唯心主义和形而上学；以关于自然、社会和思维发展普遍规律的科学，代替了那些企图包罗万象的所谓

[*] 本章内容选自《辩证唯物主义原理》（第1版）第一章第四节。文中标题由编者所加。

"科学之科学";以建立在实践基础上的科学性和革命性相统一的无产阶级哲学,否定了剥削阶级的旧哲学。这些,也就是马克思主义哲学在内容、对象、作用方面区别于一切其他哲学的本质特征,就是这一科学世界观和方法论的主要优点。

列宁曾把马克思主义哲学比作一块整钢。他说:"在这个由一整块钢铁铸成的马克思主义哲学中,决不可去掉任何一个基本前提、任何一个重要部分,不然就会离开客观真理,就会落入资产阶级反动谬论的怀抱。"① 这块整钢,体现着多方面的统一,而唯物主义和辩证法的统一、自然观和历史观的统一,则是这个统一的基本内容。

如前所述,在古代曾经有过唯物主义和辩证法的朴素的结合。往后,朴素的唯物主义被形而上学唯物主义所代替;朴素的辩证法演变为唯心主义辩证法。由前者向后者的发展,无疑是哲学思想史的重大进步,然而这个进步是以牺牲唯物主义和辩证法的统一为代价的。由于社会阶级的和科学水平的局限,在形而上学唯物主义和唯心主义辩证法哲学中,唯物主义和辩证法的分离和矛盾,曾经达到了相当尖锐的程度。形而上学限制着唯物主义,唯心主义窒息着辩证法,使得唯物主义和辩证法都得不到彻底的贯彻,都不能具有真正的科学形态。哲学发展的内在逻辑,要求克服这个矛盾。

正是马克思主义哲学克服了这个矛盾,把唯物主义和辩证法有机地、高度地统一起来,建立了既唯物又辩证的科学世界观。

唯物主义和辩证法的统一贯穿于马克思主义哲学的整个体系之中,体现在对于客观世界、对于主观世界、对于二者关系的理解之中。在马克思主义哲学看来,现实世界是物质的世界,同时它又处在相互联系、运动发展之中;人的思想、认识是高度复杂的物质——人脑的机能和客观存在的反映,又是一个矛盾的、发展的过程;客观决定着主观,主观又具有能动的反作用。对所有这些问题的理解,都是既唯物又辩证的。

唯物主义和辩证法的统一,表现为唯物主义、辩证法本身的相互渗透、彼此贯通。马克思主义的唯物主义,在解决世界本质的问题时就内在地包含着辩证法:它把物质世界的统一看作相互联系和无限发展的多样性的统一;把意识看作物质世界长期发展的派生物,把意识对存在的反映看作是在实践基础上主观和客观之间矛盾不断产生又不断克服的、万古常新的辩证过程。马克思主义辩证法,在

---

① 《列宁选集》,2版,第2卷,332~333页,北京,人民出版社,1972。

解释世界状况"怎么样"的问题时又始终贯穿着唯物主义：它把辩证法的规律看作客观世界所固有的规律；把主观辩证法看作客观辩证法在思维中的反映；把"观察的客观性（不是实例，不是枝节之论，而是自在之物本身）"①，看作是辩证法的首要的要素。马克思主义唯物主义，是辩证的唯物主义；马克思主义辩证法，是唯物的辩证法。在马克思主义哲学中，唯物主义和辩证法，水乳交融，血肉相连。

唯物主义和辩证法的统一，体现在马克思主义哲学的每一项原理之中。不仅马克思主义哲学的整个"机体"要靠唯物主义和辩证法的统一来维系，而且它的每一个"细胞"都是由唯物主义和辩证法这两个"元素"化合而成的。可以说，马克思主义哲学的任何一个前提、任何一个部分、任何一项原理、任何一个论断、任何一个命题，都不可能只有唯物主义或者只有辩证法（当然这并不妨碍它侧重于某一方面）；如果只有一面，那就可以断定，它不是或不完全是马克思主义的。

既然，唯物主义和辩证法的统一是一个普遍的原则，那么它就既是马克思主义的一般宇宙观、世界观，也是它的自然观、历史观和思维观。同旧哲学相比较，其中唯物辩证的自然观和唯物辩证的历史观的统一，具有特殊的意义。

把唯物辩证的自然观和唯物辩证的历史观统一起来，是马克思主义哲学的独创。在马克思主义以前的哲学史上，不少思想家在社会历史观上具有一定程度的辩证法的观点和唯物主义因素，但对社会作系统的唯物的解释的哲学是根本没有的。唯心主义者当然不可能做到这一点，就是旧唯物主义者也没有做到。有的唯物主义者曾经企图唯物地解释某些社会现象，提出了一些有价值的思想。例如中国明末清初的王船山，就认为人们的思想和行动是由生活环境决定的。法国十八世纪唯物主义者以及继承了他们唯物主义学说的一些空想社会主义者，更是反复论证和宣传了这种观点。他们反对关于人的思想和行为由上帝和命运来主宰的神秘主义和宿命论，认为人是环境和教育的产物，而改变了的人则是另一种环境和改变了的教育的产物。他们看到环境（教育也是一种环境）对人的作用，这是应当肯定的。但是，环境又是由什么决定的呢？他们回答说：是

---

① 《列宁全集》，中文1版，第38卷，238页，北京，人民出版社，1959。

由人决定的。于是，他们就陷于环境决定人、人又决定环境的循环之中。为了摆脱这个困境，他们又提出人们先天固有的理性决定了环境，而最初懂得按理性而行动的只是少数先知先觉的人物，由他们来启发理性受了蒙蔽的多数人，来教育后知后觉、不知不觉的"群氓"，所以，他们主张要开展一场启蒙运动。历史上的启蒙运动，在冲破封建的、宗教的黑暗统治的斗争中，曾经起过进步的作用，但是用来指导这场运动的社会历史观点却是唯心主义的。法国十八世纪唯物主义者的观点很具有典型意义，它使我们看到，一种在自然观上相当坚定（当然也不是很彻底）的唯物主义，一旦进入社会领域，是怎样不可避免地背叛了自己，陷入了唯心主义。

为什么旧的社会历史观从总体上看都是唯心主义的呢？这同社会现象具有不同于自然现象的特点有着密切的联系。很明显，无须人的参与，太阳照样发光，地球照样转动，就是说，离开人和人的活动，自然界照样存在，自然规律照样发生作用。社会历史则不同。社会是由人组成的，历史是人的活动的结果，离开人和人的活动，也就无所谓社会和社会历史的发展；而人则是有思想的，人的活动是由思想支配的。这种浮在历史表面的现象，长期地掩盖着历史的本质，使得在社会历史领域坚持唯物主义较之自然领域更加困难。唯心主义在社会领域的独占统治，除了认识上的原因而外，还有历史的局限和阶级的根源。正如毛泽东所说："在很长的历史时期内，大家对于社会的历史只能限于片面的了解，这一方面是由于剥削阶级的偏见经常歪曲社会的历史，另一方面，则由于生产规模的狭小，限制了人们的眼界。"①

既然社会历史是人活动的结果，而人的思想、目的、动机等等又是人们行动的精神动力，那么关键的问题在于找出人们思想动机背后的客观的物质的动因，也就是恩格斯所说的"动力的动力"②，这是发现在"历史中起支配作用的规律的唯一途径"③。寻找这种动因必须超出人的思想领域之外，不然仍旧摆脱不了用精神解释历史的桎梏；同时又必须在社会领域之内来寻找，否则仍然说明不了人类社会本身的客观性。这个动因终于被马克思和恩格斯发现了，这就是社会的物质生产方式。社会物质生产方式虽然同人的有意识的

---

① 《毛泽东选集》第1卷，260页，北京，人民出版社，1966。
② 《马克思恩格斯选集》，1版，第4卷，244页，北京，人民出版社，1972。
③ 同上书，245页。

活动相联系，但它本身却是一种物质的活动和在物质活动过程中所结成的物质的（经济的）关系，它是不以人的意识为转移的客观的社会存在，是一个自然历史过程，有着自己所固有的客观规律。把社会物质生产方式作为整个社会历史存在和发展的基础，就克服了用精神的原因来解释社会历史的唯心主义观点，同时也排除了用社会以外的原因来解释社会历史的形而上学主张。由于这个伟大的发现，才破天荒第一次把唯物主义一般世界观彻底贯彻于社会历史领域，这就是历史唯物主义。这个唯物主义历史观，是对社会发展的一般辩证规律的科学概括，因而它也是彻底地辩证的。

总之，在马克思主义哲学这一完整严密的、彻底一元论的理论体系中，唯物主义和辩证法，自然观和社会历史观，是紧密结合，高度统一，珠联璧合，相得益彰的。

二、自然、社会和思维发展的普遍规律的科学

马克思主义哲学把唯物主义辩证法或辩证唯物主义"归结为关于外部世界和人类思维的运动的一般规律的科学"[①]，正确解决了哲学的对象、哲学和具体科学的关系问题。

在马克思主义看来，哲学和具体科学之间是既相联系又相区别的。这种同中有异的关系，可从它们对实践经验的概括和对客观规律的反映两个方面来说明。

哲学和其他科学一样，都是实践经验的总结，离开实践的基础，就不可能有正确的哲学知识和其他科学知识。这是它们的共同点。然而，在总结实践经验的基础上所建立的知识体系，又具有复杂的层次。人们在实践中所获得的关于自然、社会和思维的各种知识，经过加工整理，归入不同层次的各门具体科学。这些知识又成为哲学加工制作的材料，哲学思想、哲学理论正是依靠这些材料作进一步的抽象概括而得出的最一般的结论。所以，就具体科学和哲学这两个大的知识层次（其中还有一系列复杂的层次）来看，相对地说，在它们同实践的关系上，前者比较直接、具体，后者比较间接、概括。这就是它们的同中之异。

奠基于社会实践的科学认识的任务在于，透过现象揭示本质，从外部的联系深入到内部的联系，从偶然性中发现必然的规律。科

---

① 《马克思恩格斯选集》，1版，第4卷，239页，北京，人民出版社，1972。

学是主观随意性的敌人。不以客观事物所固有的规律为对象、为内容的理论和学说，算不得真正的科学。马克思主义哲学作为一门科学，同其他科学一样，都是客观规律的正确反映，都是关于客观规律的科学。这是它们的共同点。然而，任何一个科学领域中的矛盾及其规律，不但包含了特殊性，而且包含了普遍性，都是普遍和特殊、共性和个性的对立统一。揭示贯穿在自然、社会和思维的一切领域中的最普遍的规律，就是哲学这门科学的任务。所以，哲学和其他科学虽然同样是研究事物的规律，但它们的对象和内容则有普遍和特殊之别，这又是它们之间的同中之异。

从对哲学和具体科学的既同又异、同中有异的分析中，可以进一步认识到它们之间的相互作用。

个别和一般的对立统一，既是客观事物的辩证关系，也是人们的认识规律。毛泽东指出：就人类认识的秩序说来，总是由认识个别的和特殊的事物开始，这是"我们认识事物的基础的东西"。只有认识了许多事物的特殊的本质，才能从中概括出它们的共同的本质。然后，又以"这种共同的认识为指导，继续地向着尚未研究过的或者尚未深入地研究过的各种具体的事物进行研究，找出其特殊的本质，这样才可以补充、丰富和发展这种共同的本质的认识"①。如此循环往复，使人类的认识不断提高，不断深化。具体科学和哲学科学的发展也是遵循着这一认识规律的。前者是后者的基础，后者是前者的指导，它们互相作用，互相促进，汇合成人类认识真理的长河。

在哲学和其他科学的相互关系中，首先是哲学依赖于科学，是科学的进步推动了哲学。这个关系是不能颠倒的。从我们对马克思主义哲学的产生和发展的历史考察中可以看到，这一宏伟的哲学大厦，从基础到整个建筑，它的一砖一石，都是由科学的材料铸炼而成的，这也是它之所以颠扑不破、坚不可摧的原因所在。列宁说过："在马克思和恩格斯看来，哲学没有任何的单独存在的权利，它的材料分布在实证科学的各种不同的部门中间。"② 马克思主义哲学是科学的哲学，它的生命力就在于它根植于科学的土壤，尊重科学的事实，总结科学的成果，用以丰富自己。离开具体科学，马克思主义哲学既不可能产生，也不可能发展；就成为无源之水，无本之木，

---

① 《毛泽东选集》第1卷，285页，北京，人民出版社，1966。
② 《列宁全集》，中文1版，第1卷，396页，北京，人民出版社，1955。

就会干涸和枯萎下去。

同时，以具体科学为基础的哲学科学，反过来又给予具体科学以世界观和一般方法论的指导。马克思主义哲学对现代自然科学的指导意义在于，它以关于客观世界和人类思维的一般规律的知识，为科学的研究提供了正确的思维方法和研究方法。

马克思主义哲学所揭示的一般规律和基本范畴，是从各门具体科学所提供的大量知识材料中总结出来的，它普遍地存在于各门具体科学的特殊规律和范畴之中，贯穿于和支配着一切科学的领域，因而就为各门科学的研究提供了可靠的理论指南。譬如，辩证唯物主义关于世界的统一性在于它的物质性，物质和运动不可分割，世界上的各种事物、现象都是程度不同的复杂的矛盾体系，主观和客观、理论和实践的具体的历史的统一，实践是检验真理的标准，真理发展过程中相对性和绝对性的辩证统一等原理，作为一般方法论，对于任何科学的研究，对于科学研究的每一个环节和步骤，从搜集材料到整理材料，从提出假设到进行检证，从引出结论到实际运用，都是绝对必需的。

人类认识史表明，自然科学的产生和发展，主要由社会实践，特别是生产实践所推动，同时也受着哲学思想的深刻影响。历史上许多有重大成就的科学家都比较重视哲学的理论思维，自觉地思考认识论以至宇宙观的问题。普列斯特列、达尔文、巴斯德、麦克斯韦、门得列耶夫、普朗克、爱因斯坦等，就是这种科学家的代表。普朗克明确指出："研究人员的世界观将永远决定着他的工作方向。"爱因斯坦则说："认识论要是不同科学接触，就会成为一个空架子。科学要是没有认识论——要是这真是可以设想的——就是原始的混乱的东西。"不可否认，过去和现在都有不少这样的科学家，他们并不是辩证唯物主义者，但却能在科学上作出自己的贡献。这个事实，并不说明唯物主义和辩证法在他们的科学中不起作用；恰恰相反，凡是他们作出成就的地方都是自发地遵循了唯物主义和辩证法，并且是对唯物主义和辩证法的新的验证。自发的唯物主义和辩证法是自然科学研究本身所固有的。古往今来一切有所创造发明的科学家虽然各有自己的特色，或不畏宗教迫害，或敢于向权威挑战，或勇于探索可能危及生命的领域，或敏于想象和分析，但共同的一点是刻苦勤奋和实事求是。科学发明家是老实人，他们即或没有读过哲学专著，也可以通过自己脚踏实地的钻研得出合乎唯物主义的结论。

由于现代科学实验日益揭示出各个物质运动形式之间的转化和物质的各个层次之间的联系,科学家要认真研究自然,就不能不用理论思维去综合地把握这种联系,不能不考虑到各门科学之间的渗透和结合,因而迫使他们自发地倾向于辩证法。因此我们有理由说,在任何有成果的科学思维中,根本不存在唯物主义和辩证法的有无问题,存在的只是自觉和不自觉、彻底和不彻底的区别。

现代科学的发展,一方面,分工愈来愈细;同时,与此相辅而行的是,各门科学之间的结合和渗透的趋势,即所谓整体化的趋势,也在加强。科学整体化趋势的重要表现是,控制论、信息论、系统论等等综合性科学的建立和发展。科学发展的这种新特点,决不是如有的人所设想的那样,意味着哲学的存在已无必要,可以由这些综合性科学来代替。事实恰恰相反。早在一百年前恩格斯就说过:"恰好辩证法对今天的自然科学来说是最重要的思维形式,因为只有它才能为自然界中所发生的发展过程,为自然界中的普遍联系,为从一个研究领域到另一个研究领域的过渡提供类比,并从而提供说明方法。"[①] 在现代,在从一个研究领域到另一个研究领域过渡的趋势以空前的规模、速度向前发展的情况下,不是更加显示出科学的理论思维和方法论指导的重要性和迫切性吗?

马克思主义哲学对自然科学作用的另一个表现在于,它是排除唯心主义和形而上学对科学事业干扰的武器,是端正科学发展方向的罗盘。全部科学史证明,在科学的领域从来就存在唯物主义和唯心主义、辩证法和形而上学的斗争。在当代,两种世界观的斗争更是渗透在一切科学部门和几乎一切重大的研究领域。现代自然科学的各个领域,已经和正在发生着深刻的革命变革,一方面发展很快,另一方面也遇到很多新的困难。辩证唯物主义者应当从新的科学成就中作出新的哲学概括,并指出尚未解决的困难问题和进一步解决它们的方向;而现代资产阶级哲学则从科学成就和困难问题中作出唯心主义、不可知主义和神秘主义的结论。这种情况,在天体物理、生命的起源和本质、思维的模拟等领域中,就表现得相当明显而尖锐。越是在这样的情况下,自然科学越是要自觉地接受辩证唯物主义世界观的指导。单靠自发的唯物主义和辩证法是摆脱不了唯心主义和形而上学的束缚和干扰的。正如列宁所指出的,任何自然科学,

---

[①] 《马克思恩格斯选集》,1版,第3卷,466页,北京,人民出版社,1972。

"如果没有充分可靠的哲学论据,是无法对资产阶级思想的侵袭和资产阶级世界观的复辟坚持斗争的。为了坚持这个斗争,为了把它进行到底并取得完全胜利,自然科学家就应该做一个现代的唯物主义者,做一个以马克思为代表的唯物主义的自觉拥护者,也就是说应当做一个辩证唯物主义者。"[1]

要坚持哲学对具体科学的正确指导,就必须批判歪曲哲学和具体科学相互关系的种种错误观点。

现代西方哲学中有许多流派公开把哲学看成是凌驾于自然科学之上的东西。例如现象学就认为,自然科学是一种低级知识,是包含错误的相对知识,而哲学则是一种高级知识,并只有现象学才配称这样的哲学。现象学的创始人胡塞尔认为,只有追求"永久性哲学理想"的现象学才是"严格的科学",其他的哲学,首先是唯物主义哲学,经验自然科学,都不是严格的科学,不是真正的科学。因此,哲学不能以自然科学为依据,自然科学无权干预和批评哲学;相反,自然科学却应以哲学为基础,哲学是驱使人们"超越其特殊的周围世界而朝向无限世界的内心冲动"。这种主张,显然是十分荒唐的。这种"严格科学"宣扬"现象学就是对意识的研究",必须抛弃对"事实存在"的关切而去分析意识本身,只有在主观意识中才有绝对的客观性。这样,它就既不严格更不科学,而是彻头彻尾反科学的主观唯心主义。这样颠倒哲学和科学的关系,既是为着抗拒自然科学对唯心主义的打击,又会把自然科学的发展引向唯心主义的邪路。再如新托马斯主义的最主要代表马利坦认为,哲学"有权对每一门其他科学作出判断,把与它自己的结论相抵触的任何科学假设都斥之为错误"。这实际上就意味着要科学服从神学。可见,现象学、新托马斯主义等流派的出现是一种哲学上和科学上的倒退和反动。

类似这种开倒车的行为,我国在"四人帮"横行期间也表现得特别猖狂。"四人帮"抛出过一个臭名昭著的"代替论",鼓吹"马克思主义哲学"、"自然辩证法"就是自然科学的基础理论。因此,哲学就可以包罗、包办、代替自然科学的研究。在这种"代替论"盛行之时,哲学套语、政治口号成了判断科学是非的最高标准;大话、空话、假话代替了资料积累、刻苦研究和科学实验。在所谓

---

[1] 《列宁选集》,2版,第4卷,608~609页,北京,人民出版社,1972。

"马克思主义哲学指导作用"的旗号下，唯心主义横行，形而上学猖獗，使我国的科学事业遭受了一场空前的浩劫。事实证明，"四人帮"的"代替论"既是取消科学研究、摧毁科学事业的大棒，又是扼杀马克思主义哲学、否定哲学指导作用的诡计。为了摆正哲学和具体科学的相互关系，必须彻底批判这种谬论，不断肃清它的流毒和影响。

现代唯心主义哲学歪曲哲学和具体科学的另一种形式，是从科学的发展中得出取消哲学的结论。在这方面，那些打着科学招牌的哲学流派，特别是逻辑实证主义者表现得非常露骨。他们认为，现代科学的发展证明以研究思维和存在、意识和物质关系的传统哲学已经失去意义。逻辑实证主义者卡尔纳普说，"哲学研究的新的、科学的方法"，就是"对经验科学的命题和概念进行逻辑分析"，哲学的作用仅仅"在于使经验科学的命题明晰"。逻辑实证主义者莱辛巴赫说："哲学家的道路是由科学家的道路指出来的：哲学家所能够做的一切便是分析科学的成果，注释这些成果的意义和标出它们的正确性的界限。认识论就是科学的分析。"在他看来，现代自然科学为哲学问题提供了答案，无须求助于哲学；而哲学中的世界观问题则是虚构的，无法证实的，毫无科学价值的。按照他们这种观点，哲学除了作科学的注脚外，已无独立存在的价值。这种哲学"无用论"、"取消论"的悲观论调，不仅是毫无根据的，而且是极端虚伪的。如前所述，任何科学研究都离不开抽象思维，要思维就必须有一定的思维方法，它或者是正确的即唯物的辩证的，或者是错误的即唯心的形而上学的，或者是二者的混杂，不受任何哲学观点支配是根本不可能的。恩格斯尖锐地指出，那些相信只有忽视或侮辱哲学才能使科学从哲学的束缚中解放出来的人，"遗憾的是大多数都作了最坏的哲学的奴隶，而那些侮辱哲学最厉害的恰好是最坏哲学的最坏、最庸俗的残余的奴隶"[①]。上述谬论，就属于最坏的哲学之列。"取消哲学"的鼓吹者们，自己并没有真的取消了哲学，而是在贩卖着他们的唯心主义和形而上学的哲学。所以，他们的那种宣传，完全是一种自相矛盾的欺骗宣传。以此为戒，在我们的科学研究和实际工作中，任何忽视马克思主义及其哲学指导作用的倾向，都是应当注意防止和努力克服的。

[①] 《马克思恩格斯选集》，1版，第3卷，533页，北京，人民出版社，1972。

从哲学和具体科学相互关系的原理中应当得出的一个主要实践结论，就是要努力贯彻列宁的哲学遗嘱，使马克思主义哲学同具体科学、哲学家同科学家结成联盟，使哲学和科学在相互学习、密切合作中，共同地发展和繁荣起来。

三、实践基础上的科学性和革命性的统一

马克思主义以前的一切哲学理论，总的来说不懂得实践，特别是人民群众的革命实践的意义。马克思说：以往的"哲学家们只是用不同的方式**解释**世界，而问题在于**改变**世界"①。当然这决不是说，旧的哲学在社会实践中不发生什么作用，任何哲学，都是适应一定的实践任务而产生的，它一经产生，必定会在实践中发挥自己的作用；在阶级社会中，哲学总是一定阶级的哲学，总要为本阶级的利益服务。但是，旧哲学在理论上否认客观实践是认识的基础，把实践排斥在哲学之外，因此也就提不出用实践，特别是广大群众的革命实践去改造世界的哲学主张。例如，十八世纪法国的唯物主义者就是这样。他们当然是要用自己的世界观去改造封建社会、建立资本主义社会的，但是他们公开宣称的哲学主张则认为，达到这一目的的途径只在于对封建制度进行理性的批判，对"愚昧"的群众进行"启蒙"，即把封建的神学的黑暗统治加在人们思想上的蒙蔽物"启"开，使人们恢复天然的"理性"，这样资本主义的"理性王国"就会到来，这实际上是把改造世界的任务归结为对世界的说明。黑格尔的哲学也是如此。虽然在黑格尔哲学中有许多关于实践及其同认识关系的深刻论述，但他把实践看作"绝对观念"的体现，也就只能在思辨王国里翱翔，终究没有超出只限于解释世界的窠臼。只有马克思主义的奠基人才第一次把科学的实践观点引入哲学，当作全部认识论的基础。实践性是马克思主义哲学区别于其他一切哲学的最主要、最显著的特征。

马克思主义哲学的实践性，包含相互联系的两层意思：第一，它在理论上全面地、科学地论证了实践，论证了实践在认识中的决定作用和在哲学中的基础地位，把实践的观点看作马克思主义认识论的首要的、基本的观点。第二，马克思主义哲学的全部理论都要付诸实践，指导实践，变为群众的行动，化作改造世界的物质力量。

---

① 《马克思恩格斯选集》，1版，第1卷，19页，北京，人民出版社，1972。

马克思主义哲学消除了千百年来哲学同实践特别是同劳动群众实践的对立，打破了把哲学封闭在少数思想家书斋和讲坛里的局面，找到了哲学通向生活，"从哲学家的圈子走到广大人民群众中间去"①的现实道路。在马克思主义看来，哲学理论之所以重要，正是，也仅仅是因为它能够指导实践。如果它同实践割断了联系，就不能保持它的正确，推动它的发展，更不能发挥它的力量。脱离实践的思想理论，根本实现不了什么东西，只能空谈一阵了事。马克思有句名言："批判的武器当然不能代替武器的批判，物质力量只能用物质力量来摧毁；但是理论一经掌握群众，也会变成物质力量。"② 这是对马克思主义哲学实践性的最好的说明。

马克思关于"问题在于改变世界"的主张，并不意味着反对用不同方式解释世界，它丝毫也不否认科学地解释世界的必要性和重要性；相反地却认为正是这种科学的解释，才为改造世界提供了思想武器和理论指南。不是别人，正是马克思和恩格斯，为了革命地改造世界，在科学地解释世界即建立马克思主义及其哲学的工作中，贡献了自己毕生的精力，从而"把伟大的认识工具给了人类，特别是给了工人阶级"③。

马克思主义哲学正由于它具有实践性的鲜明特点，因而它才具有严格的科学性。如前所述，马克思主义哲学是唯物主义和辩证法、自然观和历史观相统一的完整体系，是自然、社会和思维发展普遍规律的正确反映，都说明了它的科学性，而这一切都是以实践为基础的。马克思主义哲学的实践性表明，它是同那些脱离实践的抽象教条截然不同的哲学，是在实践中产生又经过实践检验并随着实践的发展而发展的科学真理。马克思主义的创始人和继承者，从来都把自己的哲学当作科学。马克思把自己的战斗生涯看作是在永无止境的科学的道路上攀登，恩格斯把马克思称为"科学巨匠"，列宁多次强调马克思和恩格斯的著作是"科学著作"，斯大林和毛泽东都直接讲到马克思主义及其哲学就是科学，是老老实实的学问。有了实践性就必然具有科学性。科学性是马克思主义及其哲学的本性和灵魂。离开科学性就没有马克思主义及其哲学，不管在什么名义和旗号下，违背了科学就是违背了唯物主义和辩证法。

---

① 《毛泽东选集》第5卷，498页，北京，人民出版社，1977。
② 《马克思恩格斯选集》，1版，第1卷，9页，北京，人民出版社，1972。
③ 《列宁选集》，2版，第2卷，443页，北京，人民出版社，1972。

马克思主义哲学正因为它具有实践性的鲜明特点，它也就具有彻底的革命性。它不是抽象的教条而是实践的指南，不是供人赏玩的古董而是人们用以"改变世界"的武器，因而它决不像美酒佳肴那样可以为站在任何阶级立场、抱有任何政治倾向的人所享用。而只有不囿于私利、具有彻底革命精神的阶级即无产阶级才能够掌握和运用它。正如马克思所说："哲学把无产阶级当作自己的**物质**武器，同样地，无产阶级也把哲学当作自己的**精神**武器。"① 马克思主义以外的其他哲学，多数属于剥削阶级的意识形态，代表少数剥削者的利益，为剥削制度作论证，这就决定了它的程度不同的狭隘性和虚伪性。它把本来只是为一个阶级的利益服务的哲学标榜为"全民"的哲学。与此相反，马克思主义哲学则公开宣布自己代表无产阶级从而也代表全体劳动人民的根本利益，是为消灭资本主义和一切剥削制度、建设社会主义和共产主义这一最革命、最进步的事业提供理论武器。马克思主义哲学越是广泛地掌握无产阶级和劳动群众，越是化为广大群众的革命实践，就越是呈现出它的彻底的革命性。

马克思主义的公开敌人经常攻击说，坚持了革命性就不能有科学性。林彪、"四人帮"之流则更加狡猾地打着革命性的旗号，肆意扼杀、败坏马克思主义哲学的科学性。这种把马克思主义哲学的革命性同科学性、阶级性同客观性对立起来的论点，是根本站不住脚的。

马克思主义哲学之所以具有彻底的革命性，正因为它是正确地揭示了自然、社会和人类思维的一般规律的科学真理。所谓马克思主义哲学的革命性，就在于，它不把任何现存的事物看成是永恒的、神圣不可侵犯的东西，不同唯心主义和形而上学世界观作任何妥协，不同一切迷信和谬误作任何妥协；就在于，它要把自己的理论彻底地付诸人民群众改造世界的革命实践。显然，只有具备严格科学性的哲学，具备理论的彻底性的哲学，才能具备这样的性质。反过来说，马克思主义哲学也正因为它是具有彻底革命性的哲学，是不同一切迷信和谬误妥协的哲学，也才能真正体现出它的科学性。在马克思主义哲学中，科学性和革命性是完全统一的。正如列宁所深刻指出的：马克思主义的"理论对世界各国的社会主义者之所以具有不可遏止的吸引力，就在于它把严格的和高度的科学性（它是社会

---

① 《马克思恩格斯选集》，1版，第1卷，15页，北京，人民出版社，1972。

科学的最新成就）和革命性结合起来，并且不是偶然地结合起来（即不仅因为学说的创始人本人兼有学者和革命家的品质），而是把二者内在地和不可分割地结合在这个理论本身中。"[1]

总起来说，马克思主义哲学最显著的特点就是它的实践性。正因为它不脱离实践这个坚实的基础，它才具有科学性和革命性的高度统一。

总体框架

第一章　绪　论
　第一节　哲学的对象
　　一、哲学是理论化、系统化的世界观
　　二、哲学是自然、社会和思维知识的概括和总结
　　三、哲学在社会生活中的地位
　第二节　哲学的基本问题
　　一、物质和意识的关系问题是哲学的基本问题
　　二、唯物主义和唯心主义
　　三、辩证法和形而上学的斗争同哲学基本问题的关系
　第三节　唯物主义、辩证法思想的历史发展
　　一、马克思主义哲学的前史
　　二、马克思主义哲学的产生和发展
　第四节　马克思主义哲学是科学的世界观和方法论
　　一、完整严密的科学体系
　　二、自然、社会和思维发展的普遍规律的科学
　　三、实践基础上的科学性和革命性的统一
　　四、学习马克思主义哲学的意义和方法
第二章　世界的物质性
　第一节　物　质
　　一、哲学物质观念的历史发展
　　二、辩证唯物主义的物质范畴
　　三、物质范畴在现代科学中的深化

---

[1] 《列宁选集》，2版，第1卷，81页，北京，人民出版社，1972。

第二节 运 动
一、运动是物质的根本属性
二、静止是运动的特殊状态
第三节 时间和空间
一、时间和空间是运动着的物质的存在形式
二、时间和空间存在的绝对性和它们具体形态、特性的相对性
三、时间和空间的无限性
第四节 世界的物质统一性
一、彻底的唯物主义一元论
二、世界物质统一性的科学证明
三、世界物质统一性的哲学论证

第三章 意识的起源、本质和作用
第一节 意识的起源
一、物质的反应特性
二、生物的反应形式及其发展
三、人类意识的产生
第二节 意识的本质
一、人脑是高度严密复杂的物质体系
二、意识是人脑的机能
三、意识是客观存在的反映
四、意识和思维模拟
第三节 意识的作用
一、物质的决定性和意识的能动性
二、意识能动性的表现
三、实现意识能动作用的途径

第四章 唯物辩证法是关于联系和发展的科学
第一节 唯物辩证法是关于普遍联系的科学
一、事物、现象的普遍联系
二、联系的多样性
三、辩证联系与科学的发展
第二节 唯物辩证法是关于发展的科学
一、相互联系、相互作用构成运动
二、运动形式的多样性
三、发展是新事物的产生和旧事物的灭亡

第三节　唯物辩证法是一系列普遍规律和范畴的科学体系
一、规律是事物发展的本质联系和必然趋势
二、唯物辩证法的规律和范畴
三、对立统一学说是唯物辩证法的实质和核心

第五章　质量互变规律
第一节　质、量、度
一、质
二、量
三、度
第二节　量变、质变、新的量变
一、量变和质变及其辩证关系
二、质量互变的客观普遍性
第三节　量变、质变的复杂性
一、量变的复杂性
二、质变的复杂性

第六章　对立统一规律
第一节　矛盾的同一性和斗争性
一、矛盾的同一性
二、矛盾的斗争性
三、矛盾的同一性和斗争性的相互联结
四、矛盾的客观性和普遍性
第二节　发展是对立面的同一和斗争
一、同一性在事物发展中的作用
二、斗争性在事物发展中的作用
三、对立面同一的相对性和斗争的绝对性
第三节　矛盾的特殊性及其解决形式的多样性
一、矛盾的复杂性
二、矛盾发展的不平衡性
三、矛盾解决形式的多样性

第七章　否定之否定规律
第一节　辩证的否定
一、肯定和否定的对立统一
二、否定的辩证含义
第二节　否定之否定
一、事物自己发展自己

二、事物发展的前进性和曲折性
第三节　螺旋式发展的普遍性和特殊性
一、螺旋式发展的普遍性
二、螺旋式发展的特殊性
第八章　唯物辩证法诸范畴
第一节　原因和结果
一、原因和结果及其辩证关系
二、因果联系的客观普遍性和多样性
第二节　必然性和偶然性
一、必然性和偶然性及其在事物发展中的作用
二、必然性和偶然性的辩证关系
第三节　可能性和现实性
一、可能性和现实性的含义
二、可能性和现实性的辩证关系
第四节　形式和内容
一、形式和内容是统一事物的两个侧面
二、形式和内容的辩证关系
第五节　现象和本质
一、现象和本质及其辩证关系
二、科学认识的任务是透过现象抓住本质
第九章　实践及其在认识中的作用
第一节　辩证唯物主义的认识论是能动的反映论
一、世界是可以认识的
二、形而上学唯物主义反映论的根本缺陷
三、能动的反映论的基本观点
第二节　实践的特点和形式
一、科学的实践概念
二、实践的主要特征
三、实践的基本形式
第三节　实践是认识的基础
一、认识产生于实践的需要
二、实践提供了认识的可能
第十章　认识的辩证运动
第一节　感性认识到理性认识
一、认识的感性形式和理性形式

二、感性认识和理性认识的辩证关系
三、由感性认识到理性认识的飞跃
第二节 理性认识到实践
一、理性认识向实践飞跃的必要性
二、理性认识向实践飞跃的前提
三、理性认识向实践飞跃的途径
第三节 认识的全过程
一、实践、认识、再实践、再认识
二、认识和实践的具体的历史的统一
第十一章 真 理
第一节 客观真理
一、真理是客观的
二、对唯心主义真理观的批判
第二节 绝对真理和相对真理
一、真理的绝对性和相对性
二、绝对真理和相对真理的关系
三、对绝对主义和相对主义的批判
第三节 真理和谬误
一、真理和谬误的对立
二、真理和谬误的相互转化
第四节 实践在检验真理中的作用
一、实践是检验认识的真理性的唯一标准
二、实践标准的确定和不确定
三、实践检验和逻辑证明
第十二章 辩证思维的形式和方法
第一节 辩证逻辑的对象
一、客观辩证法和主观辩证法
二、形式逻辑和辩证逻辑
第二节 思维形式的辩证法
一、概　念
二、判　断
三、推　理
四、假　说
第三节 辩证思维的方法
一、归纳和演绎

二、分析和综合
三、从抽象到具体
第四节　逻辑和历史的辩证统一
一、历史是逻辑的基础
二、逻辑和人类认识发展历史的统一
三、逻辑和客观实在发展历史的统一
四、逻辑的东西是"修正过"的历史的东西
第五节　辩证法、认识论、逻辑学的一致
一、辩证法、认识论、逻辑学统一的基础
二、辩证法和认识论的一致
三、辩证法和逻辑学的一致
四、认识论和逻辑学的一致

历史唯物主义原理
（第1版）

肖　前　李秀林　汪永祥

人民出版社1983年出版

总　论：历史唯物主义是科学的历史观[*]

一、辩证唯物主义和历史唯物主义的形成是统一的过程

马克思主义哲学的重大成就，不仅在于它实现了唯物主义和辩证法的结合，而且还在于它把这种结合贯彻到了包括社会历史在内的一切领域之中。历史唯物主义就是在社会历史领域中运用唯物主义和辩证法探讨社会发展的一般规律的科学理论。它是马克思主义

---

[*] 本章内容选自《历史唯物主义原理》（第1版）第一章第一、三节。文中标题由编者所加。

的独创,是研究社会历史的唯一科学的观点和方法。恩格斯认为,历史唯物主义和剩余价值学说,是马克思一生中的两项最重大的发现。

一切较为完整的哲学,在其一般宇宙观中,都包含着自己的历史观。不过,在马克思以前的旧哲学中,历史观和宇宙观始终不曾得到过科学的统一:或者两者统一于精神,这就是纯粹的唯心主义的宇宙观;或者对自然的唯物主义观点和对社会的唯心主义观点相混合,在宇宙观上呈现出矛盾的状况,因而不能形成彻底唯物主义的宇宙观。马克思主义哲学则不同。马克思主义哲学是辩证唯物主义和历史唯物主义,前者是它的一般宇宙观,后者是它的社会历史观。二者相互贯通、紧密结合,第一次实现了一般宇宙观和社会历史观在唯物主义基础上的统一。

辩证唯物主义和历史唯物主义的统一,首先表现在它们的产生和形成经历了一个统一的过程。

马克思主义哲学分成辩证唯物主义和历史唯物主义,这只是反映了它对整个世界和世界的一个组成部分——人类社会的唯物主义观点,而决不意味着这两个部分在历史上有着先后之分。马克思主义哲学发展史表明,马克思、恩格斯在创立他们的哲学的时候,并不是先创立了辩证唯物主义的一般宇宙观,再把它推广到社会历史领域中去,进而创立社会历史观的。这样做实际上也不可能。因为辩证唯物主义是关于自然、社会和思维的普遍规律的科学,它本身就内在地包含着对社会历史问题的唯物主义观点。因而辩证唯物主义的创立,也就意味着唯物史观的形成。

当马克思和恩格斯还属于青年黑格尔派的时候,他们在世界观上是唯心主义的,在政治上则是革命的民主主义者。但是,当他们在政治实践中发现旧哲学脱离社会现实和过于思辨的弊病时,便决心同它决裂,并且把自己的注意力转向现实,终于逐渐完成了从唯心主义到唯物主义、从革命民主主义到共产主义的转变。在这个转变过程中,马克思、恩格斯对国家政治生活和社会经济生活的研究起了决定的作用。

另一方面,马克思、恩格斯的学说又是从批判地吸收费尔巴哈的人本学唯物主义中产生出来的。由于费尔巴哈"下半截是唯物主义者,上半截是唯心主义者",他的自然观是唯物主义的,而社会历史观则是唯心主义的,所以马克思和恩格斯在自己的哲学研究中,特别注意的是使唯物主义的哲学向上发展，依据确凿的社会历史事实，特别是经济事实，创立了"从下到上"的彻底的唯物主义。

按照列宁的意见，马克思和恩格斯世界观的彻底转变是以1843—1844年间的主要哲学著作为标志的。1843年夏，马克思在《黑格尔法哲学批判》中，最早得出这样的结论：要获得人类历史发展过程的钥匙，不应当到被黑格尔描绘成"整个大厦的栋梁"的国家中去寻找，而应当到被黑格尔所轻蔑的"市民社会"（即社会的经济基础）中去寻找。在马克思世界观的转变中占有重要地位的《1844年经济学—哲学手稿》一书，不仅研究了经济关系，揭示了生产在整个社会生活中的决定作用；而且剖析了异化劳动，肯定了劳动是人的本质。这无论对历史唯物主义的形成，还是对辩证唯物主义认识论的建立，都是有重要意义的。因为只有确立生产在社会生活中的地位，把实践引入认识论才获得了充分的根据；只有深刻地把握了人的本质，认识的主体才能得到科学的说明。可见，在马克思主义哲学中，一般宇宙观和社会历史观的形成过程确实是相互渗透、相互促进的。

除此之外，恩格斯的《英国工人阶级状况》和《经济学大纲》等著作，也为新的世界观的创立奠定了基础。马克思、恩格斯在1844年合写的第一部著作《神圣家族》中，针对青年黑格尔派认为只有杰出人物才是历史的创造者的错误观点，第一次提出了只有人民群众才是真正的历史创造者的重要原理。接着，他们在《德意志意识形态》中对唯物史观作出了第一次全面的阐述，其中包括社会存在和社会意识、生产力和生产关系、经济基础和上层建筑的相互关系原理，并且对这些原理的实质做了集中的概括。他们指出："这种历史观和唯心主义历史观不同，它不是在每个时代中寻找某种范畴，而是始终站在现实历史的**基础**上，不是从观念出发来解释实践，而是从物质实践出发来解释观念的东西。"① 这正是马克思后来在《〈政治经济学批判〉序言》中对唯物史观实质的经典表述的基本思想。这标志着马克思和恩格斯由唯心主义世界观向辩证唯物主义世界观转变的完成，同时也标志着崭新的唯物史观的形成。此后，包括唯物史观在内的整个马克思主义世界观，便开始了新的发展。

由于历史环境和斗争的需要，特别是针对旧唯物主义在社会历

---

① 《马克思恩格斯选集》，1版，第1卷，43页，北京，人民出版社，1972。

史领域中的失足，马克思、恩格斯在完成他们世界观的转变时，特别注意对社会历史规律的研究，把着重点放在历史的唯物主义上面。这并不是说马克思主义哲学的创立过程是历史唯物主义在先，辩证唯物主义在后；而只能合理地理解为，唯物史观的发现对于辩证唯物主义的统一的宇宙观的形成显得特别重要。因此，把历史唯物主义看作是先于辩证唯物主义而产生，如同把辩证唯物主义看作先于历史唯物主义而产生，而后才推广和运用于社会历史领域一样，都是不正确的。

诚然，列宁也讲过历史唯物主义是唯物主义的"推广"这样的话，但列宁是针对旧唯物主义的不彻底性和片面性来讲的。既然旧唯物主义是"半截子"唯物主义，它只做到了唯物地解释自然，却不能进而对历史也作出唯物主义的解释，那么当然就有"把唯物主义对自然界的认识推广到对**人类社会**的认识"① 之必要。很显然，这里讲的"推广"，就是把唯物主义贯彻到底的意思。而对于本来就已经把社会历史看作物质运动的一种形式的辩证唯物主义来说，就不存在克服不彻底性的问题。当然，这并不排斥在实际生活中要用辩证唯物主义观点去观察和分析包括社会历史在内的各种现象。但这是世界观在实际问题上的运用，同作为整体的世界观和作为这个世界观的构成要素的某个部分的关系问题，是性质完全不同的两回事。

马克思主义世界观的任何一个基本的组成部分，都不是单纯逻辑推论的结果，而是在实践的基础上对世界的各个组成部分和各个侧面的唯物辩证本性的把握。正因为如此，从马克思主义哲学产生以来，我们对世界的各个组成部分和各个侧面，包括对社会历史和社会规律的认识，仍然处在极其曲折的发展过程之中，并且难免出现某些差错，产生失误。这种情况表明，马克思主义哲学的各个原理，其中也包括历史唯物主义的原理，都只能从实践中获得，并且还要由实践来检验、补充和发展，而不能靠辩证唯物主义原理去简单推论。在实践中创造性地解决社会历史领域中的问题，不断地丰富历史唯物主义的理论，正是马克思主义哲学生命之所在。

二、辩证唯物主义和历史唯物主义在理论上是相互贯通的

辩证唯物主义和历史唯物主义的统一，还表现在它们在理论上

---

① 《列宁选集》，2版，第2卷，443页，北京，人民出版社，1972。

的相互贯通、相互渗透，没有辩证唯物主义就没有历史唯物主义，没有历史唯物主义也没有辩证唯物主义。所谓没有辩证唯物主义就没有历史唯物主义，是说辩证唯物主义的内容中本来就包含着历史唯物主义，这是题中应有之义。辩证唯物主义之所以是彻底的唯物主义，不仅是因为它唯物地解释了自然，包含有唯物主义的自然观，而且特别是由于它唯物地解释了社会生活，包含有唯物主义的历史观。因而没有辩证唯物主义，就意味着社会生活还未得到科学的解释，唯物主义的历史观还没有形成。反过来看，所谓没有历史唯物主义就没有辩证唯物主义，是说历史唯物主义是彻底的唯物主义的标志，如果没有这个标志，就意味着彻底的唯物主义即辩证唯物主义还没有创立。

历史唯物主义作为彻底的唯物主义的基本标志的意义在于：

第一，历史唯物主义揭露了唯心主义的社会根源。唯心主义的观点无疑是错误的，但是，这种错误理论作为一种社会现象，它的产生、存在和发展决不是偶然的，它有着深刻的原因。唯物主义要彻底战胜唯心主义，就不能只是简单地宣布它是胡说，而要找出产生它的社会根源，对它作出科学的分析，并指出克服的途径。没有历史唯物主义，这个任务是不能解决的。

第二，历史唯物主义使辩证唯物主义的基本原理真正获得了全面的巩固的基础。这首先表现在对哲学基本问题的彻底解决上。哲学的基本问题是思维和存在、意识和物质的关系问题，特别是思维和存在、意识和物质何者为第一性的问题。但是，如果没有历史唯物主义从社会产生和发展史上说明意识的起源和本质，并且说明在社会这个物质世界的特殊领域中社会存在和社会意识的关系，那么，要彻底唯物地解决哲学的基本问题是不可能的。其次，历史唯物主义对于辩证唯物主义认识论即能动的革命的反映论的创立也起着决定的作用。由于它正确地说明了"社会生活在本质上是**实践的**"[①]，人类的实践是社会的实践，是历史地发展着的实践，生产劳动是人类最基本的实践活动和认识的最基本的来源，人民群众是实践的主体也是认识的主体，这才使得马克思主义认识论的首要的基本的观点——实践观点得到了科学的论证。最后，历史唯物主义发现并科学地说明了社会赖以存在和得以发展的物质基础和物质力量——生

[①] 《马克思恩格斯选集》，1版，第1卷，18页，北京，人民出版社，1972。

产力，从而揭示了社会发展的客观规律，才最终地、有说服力地论证了世界物质统一性的原理，建立起完备的唯物主义理论。

辩证唯物主义和历史唯物主义的这种内在联系，在马克思主义经典作家那里，应当说是毫不含糊的。恩格斯曾经指出，马克思主义"第一次对唯物主义世界观采取了真正严肃的态度，把这个世界观彻底地（至少在主要方面）运用到所研究的一切知识领域里去了"①。列宁在说明辩证唯物主义和历史唯物主义不可分割的联系时指出："在这个由一整块钢铁铸成的马克思主义哲学中，决不可去掉任何一个基本前提、任何一个重要部分，不然就会离开客观真理，就会落入资产阶级反动谬论的怀抱。"② 列宁在介绍马克思的学说时，明确地把唯物史观作为马克思的"整个世界观"的一个重要组成部分。③ 所有这些都告诉我们，历史唯物主义是马克思完整世界观学说的不可分割的组成部分，把历史唯物主义同辩证唯物主义割裂开来，把它排除在马克思主义哲学之外，是没有根据的。

三、辩证唯物主义和历史唯物主义在社会作用上是相辅相成的

辩证唯物主义和历史唯物主义的统一，还突出地表现在它们共同的社会作用上。在改造世界的斗争中，由辩证唯物主义和历史唯物主义共同构成的无产阶级的完整的世界观，一起成为人类的伟大的认识工具。

辩证唯物主义和历史唯物主义在社会作用方面的相辅相成、相得益彰，是由人类改造自然和改造社会这两重任务的内在联系决定的。人类为了生存，就必须改造自然界，以使自然界更好地满足人的需要。但是，要改造自然界就必须改造社会。因为人类只有结成一定的社会关系才能向大自然开战，这种社会关系的性质和状况，直接地影响着同自然界的斗争。可见，改造自然界和改造社会的斗争是紧密联系、不可分割的。一般地说来，人们在改造自然界的斗争中形成自然观，在改造社会的斗争中形成社会历史观。但是由于改造自然界和改造社会的任务本身的内在联系，所以自然观和社会历史观也是不能截然分开的。从实践的观点来看，无论是改造自然

---

① 《马克思恩格斯选集》，1版，第4卷，238页，北京，人民出版社，1972。
② 《列宁选集》，2版，第2卷，332～333页，北京，人民出版社，1972。
③ 同上书，580～586页。

界的活动还是改造社会的活动，都是人的有目的的活动，是通过人类的实践来完成的，所以它们归根到底是属于社会的历史的活动。这就是说，自然观和历史观不仅是密切联系、不可分割的，而且都是要通过社会历史观来体现的。只有当包括自然观在内的一般宇宙观体现为社会历史观，并且真正付诸实践的时候，一般宇宙观才能在实际生活中真正发生作用。在这个意义上可以说，历史唯物主义最集中地体现了整个马克思主义哲学的社会作用。

马克思主义哲学即辩证唯物主义和历史唯物主义的社会作用在于，它给人类指出了事物发展的一般规律和方向，为人们在改造客观世界的活动中充分发挥自己的能动作用提供了可能。特别重要的是，马克思、恩格斯运用辩证唯物主义和历史唯物主义，分析资本主义社会的发展规律，创立了科学社会主义或共产主义理论，给人类社会的发展指出了明确的方向。按照这个共产主义的理论，经过无产阶级革命斗争的胜利，资产阶级专政必然被无产阶级专政所代替，资本主义社会必然被改造为生产资料公有、消灭剥削、各尽所能、按劳分配的社会主义社会；社会主义社会经过生产力的巨大发展和科学思想、文化的巨大进步，最后必然发展为各尽所能、按需分配的共产主义社会。这个共产主义的理论，决不是从头脑中突然产生出来的，而是以社会发展的客观规律和人类的全部实践经验为依据，特别是以资本主义社会的发展规律和工人阶级这一崭新的社会力量的出现为依据提出来的，并且是要经过共产主义的一系列实际运动去实现的，它有着充分的根据，经过严密的论证，因而是真正的科学理论。它给人类带来了无限的信心和力量。

中国的新民主主义革命、社会主义革命和社会主义建设的胜利，都是在这个共产主义大目标的鼓舞下取得的。目前，我国已进入了一个全面开创社会主义现代化建设的新局面的历史时期。党在新时期的总任务是：团结全国各族人民，自力更生，艰苦奋斗，逐步实现工业、农业、国防和科学技术现代化，把我国建设成为高度文明、高度民主的社会主义国家。党的第十二次代表大会所提出的这个总任务以及这一总任务的实现，无疑是对辩证唯物主义和历史唯物主义原理的成功的运用，同时也是对科学共产主义原理的正确性的进一步证明。

有一种观点，认为历史唯物主义只适用于社会历史领域，而与改造自然界的斗争无关。这种观点是不正确的。如上所述，改造自然和改造社会的任务不可分离。人类改造自然的活动，从来就是社会的活动，人们只有处理好社会内部的关系，协调好人们的力量，才能有效地改造自然。只有当人们能够自觉地科学地改造和调整自己内部的关系的时候，也就是在人们真正成为自己社会的主人的时候，才能真正成为自然的主人。同时，改造自然就需要有关于自然的知识。尽管这种自然知识所反映的对象是脱离社会历史而独立存在的自然界，然而这种自然知识的理论表现形态，却只能是社会历史发展的产物，是社会意识的一种形式。马克思、恩格斯在《德意志意识形态》中谈到科学同生产、实践的关系时指出："费尔巴哈特别谈到自然科学的直观，提到一些只有物理学家和化学家的眼睛才能识破的秘密，但是如果没有工业和商业，哪里有自然科学？"① 马克思还深刻地指出，"自然科学往后将包括关于人的科学"，它"通过工业日益**在实践上**进入人的生活，改造人的生活，并为人的解放作准备"②。

改造自然的规模越大，社会性越强，自然科学和社会科学的关系也就越密切。在现代，自然科学和社会科学的相互渗透已越来越明显，因而作为指导社会科学研究的历史唯物主义的观点和方法，对自然科学的研究也越来越重要。我们要摸清自然科学发展的规律，正确预测自然科学发展的远景，有效地组织自然科学的研究，科学地分析各门自然科学的社会作用，做出正确的自然科学规划等等，所有这一切，都离不开历史唯物主义的指导。而以科学知识体系和科学社会体制为研究对象的科学学，也只有以历史唯物主义作为方法论的基础，才能获得真正科学的形态。在我国社会主义现代化的建设中，以及在未来的共产主义社会中，这种由于生产社会性的加强而引起的自然科学和社会科学的联系将更加密切，因而辩证唯物主义和历史唯物主义的社会作用也更加突出。

综上所述，辩证唯物主义和历史唯物主义无论从其产生过程、理论内容和社会作用上，都说明它们是统一不可分割的。辩证唯物主义和历史唯物主义，是马克思、恩格斯以人类全部优秀思想成果为原料，在无产阶级解放运动的革命实践的基础上铸就的一整块钢铁。没有辩证唯物主义，历史唯物主义就不能成立；而如果离开了科学的历史观，辩证唯物主义不仅会变得残缺不全，而且它本身就

---

① 《马克思恩格斯选集》，1版，第1卷，49页，北京，人民出版社，1972。
② 《马克思恩格斯全集》，中文1版，第42卷，128页，北京，人民出版社，1972。

不会产生,至于它的革命实践作用的充分发挥就更是无从谈起了。正是在这个意义上,恩格斯指出,唯物史观是"我所主张的观点的一个核心问题"①。

四、历史唯物主义是关于社会发展一般规律的科学

为了从总体上把握唯物史观这一科学的社会历史学说,在弄懂历史观的基本问题和对这一问题的正确立场的基础上,还需要进一步对它的研究对象作出明确的、科学的规定。从这个角度考察,历史唯物主义就是关于社会发展一般规律的科学,它的任务是从总体上研究社会生活,研究社会现象的一般联系和关系,揭示社会生活的本质,阐明社会发展的一般规律。

在马克思主义出现以前,关于社会生活中是否存在客观规律以及什么是社会生活规律的问题,并没有得到解决。如果说,人类经过了长久的、艰难的途程,才懂得了在自然界的运动、变化和发展中存在着规律的话,那么人类发现社会生活也存在着客观规律,所经历的途程就更长久得多和困难得多。在旧的哲学家和社会历史学家面前,社会生活或者是一幅杂乱无章的、由偶然事件堆积起来的图画,或者是由某种神秘的精神赋予了某种联系和发展秩序的奇怪现象。正像自然哲学只能用理想的、幻想的联系来代替自然界尚未知道的现实的联系一样,"历史哲学、法哲学、宗教哲学等等也都是以哲学家头脑中臆造的联系来代替应当在事变中指出的现实的联系,把历史(其全部和各个部分)看作观念的逐渐实现,而且当然始终只是哲学家本人所喜爱的那些观念的逐渐实现。"② 这种否认社会生活中的联系,或者以臆造的联系代替真实的联系的情况,是任何旧哲学派别都未曾彻底改变,也决不可能改变的。只有马克思和恩格斯将唯物论和辩证法彻底地运用于社会历史,对社会作了深入的考察,并且总结了历史经验,批判地吸收了前人的优秀思想成果,才终于排除迷雾,找到了社会生活中真实的联系,发现了社会生活的客观规律性。

马克思在《〈政治经济学批判〉序言》一文中,对社会历史一般过程的性质及其内在规律作了极其精辟的完整论述。马克思说:"我所得到的,并且一经得到就用于指导我的研究工作的总的结果,可

---

① 《马克思恩格斯选集》,1版,第3卷,50页,北京,人民出版社,1972。
② 《马克思恩格斯选集》,1版,第4卷,242页,北京,人民出版社,1972。

以简要地表述如下,人们在自己生活的社会生产中发生一定的、必然的、不以他们的意志为转移的关系,即同他们的物质生产力的一定发展阶段相适合的生产关系。这些生产关系的总和构成社会的经济结构,即有法律的和政治的上层建筑竖立其上并有一定的社会意识形式与之相适应的现实基础。物质生活的生产方式制约着整个社会生活、政治生活和精神生活的过程。不是人们的意识决定人们的存在,相反,是人们的社会存在决定人们的意识。社会的物质生产力发展到一定阶段,便同它们一直在其中活动的现存生产关系或财产关系(这只是生产关系的法律用语)发生矛盾。于是这些关系便由生产力的发展形式变成生产力的桎梏。那时社会革命的时代就到来了。随着经济基础的变更,全部庞大的上层建筑也或慢或快地发生变革。在考察这些变革时,必须时刻把下面两者区别开来:一种是生产的经济条件方面所发生的物质的、可以用自然科学的精确性指明的变革,一种是人们借以意识到这个冲突并力求把它克服的那些法律的、政治的、宗教的、艺术的或哲学的,简言之,意识形态的形式。我们判断一个人不能以他对自己的看法为根据,同样,我们判断这样一个变革时代也不能以它的意识为根据;相反,这个意识必须从物质生活的矛盾中,从社会生产力和生产关系之间的现存冲突中去解释。无论哪一个社会形态,在它们所能容纳的全部生产力发挥出来以前,是决不会灭亡的;而新的更高的生产关系,在它存在的物质条件在旧社会的胎胞里成熟以前,是决不会出现的。所以人类始终只提出自己能够解决的任务,因为只要仔细考察就可以发现,任务本身,只有在解决它的物质条件已经存在或者至少是在形成过程中的时候,才会产生。大体说来,亚细亚的、古代的、封建的和现代资产阶级的生产方式可以看作是社会经济形态演进的几个时代。资产阶级的生产关系是社会生产过程的最后一个对抗形式,这里所说的对抗,不是指个人的对抗,而是指从个人的社会生活条件中生长出来的对抗;但是,在资产阶级社会的胎胞里发展的生产力,同时又创造着解决这种对抗的物质条件。因此,人类社会的史前时期就以这种社会形态而告终。"①

　　这里,对人类社会及其发展从基础和结构、存在和意识、矛盾和矛盾的解决、一般过程和具体形态等各个方面都作出了全面而深

---

① 《马克思恩格斯选集》,1版,第2卷,82~83页,北京,人民出版社,1972。

刻的概括。不仅描述了整个人类历史的总画面,而且揭示了其中的内在逻辑。不仅确立和显示了科学历史观理论体系的"骨骼"和"框架",而且提供了历史唯物主义的科学方法论基础。它既是对社会发展一般过程的高度总结,也是对唯物主义的科学历史观的经典的表述。这里贯穿始终的一个基本思想,就是把社会及其发展看作是自然历史过程。

所谓自然历史过程,是指社会同自然界一样也是有规律的发展过程,社会规律也是客观的、必然的、不以人的意志为转移的。当然,社会这个自然过程同纯粹自然界有着明显的区别。自然过程完全是盲目的,不自觉的,根本无须人的参与。而社会则不然。社会离不开人,"在社会历史领域内进行活动的,全是具有意识的、经过思虑或凭激情行动的、追求某种目的的人;任何事情的发生都不是没有自觉的意图,没有预期的目的的"①。如果不注意社会生活是由具有理性和意志的人所创造的这样一个重要特点,而把它看成同自然界的力学过程、物理过程、化学过程、生物过程完全一样,把社会规律和自然规律混为一谈,那就会忽视人的作用,背离社会的现实,这显然是不正确的。但是,如果因为社会生活中存在着人的理性和意志的作用,就否认社会规律的客观性,那就不仅是错误的,而且也是十分危险的,终究会导致唯心主义。因为,在社会生活中,人们虽然都是有目的、有意识地进行活动,但人们预期的目的是彼此冲突、互相矛盾的,而无数个别愿望和个别行动发生冲突的结果,就"在历史领域内造成了一种同没有意识的自然界中占统治地位的状况完全相似的状况"②。就是说,行动的目的是预期的,但却受着不以人的意志为转移的客观规律的支配。在这里,承认历史过程的规律性和规律的客观性,并没有抹杀人在社会生活中的作用。相反,正是因为正确地指出了人同客观规律的关系,确定了人的能动性的作用范围,从而才使得人在社会生活中的作用得到了真正科学的评价。所以,问题不在于用人的有意识的活动来抹杀社会的客观规律,而在于从有意识的人的活动背后发现这些规律。

发现社会规律,就是要发现社会生活中的重复性和常规性。要做到这点,就必须从单纯对思想关系的探讨中摆脱出来。列宁说:"当他们还局限于思想的社会关系(即通过人们的意识而形成的关

---

① 《马克思恩格斯选集》,1版,第4卷,243页,北京,人民出版社,1972。
② 同上书,243页。

系）时，始终不能发现各国社会现象中的重复性和常规性，他们的科学至多不过是记载这些现象，收集素材。一分析物质的社会关系（即不通过人们意识而形成的社会关系：人们在交换产品时彼此发生生产关系，他们甚至没有意识到这里存在着社会生产关系），立刻就有可能看出重复性和常规性，就有可能把各国制度概括为一个基本概念，即**社会形态**。"① 而发现社会生活的重复性和常规性即发现社会规律的唯一正确的途径，就是如恩格斯指出的，要探究隐藏在群众及其领袖行动的动机背后的客观动因。②

当马克思、恩格斯透过人们的思想动机寻找它的更深刻的根源时，便发现了一个简单的、但却长期被人忽视的事实，无论在哪一个社会当中，人们都必须首先解决了吃、喝、住、穿的问题，然后才能从事政治、科学、艺术、哲学、宗教等活动，没有物质生活资料的生产，就不可能有其他种种社会活动，也不会有社会历史。原来，决定人们的思想动机的，乃是社会的经济关系，即人们为解决物质生活问题而从事的生产和生产中结成的关系。在这里，经济关系直接表现为人们的物质利益。争取和维护民族、国家、阶级、阶层、家庭和个人经济利益的动机，是人们积极地参加生产和社会活动的决定性原因。人们活动的思想动机总是这样或那样地、直接或间接（哪怕是间接又间接）地受人们的物质生活利益所制约、所决定。不同的阶级、不同的人的物质利益都要受他们在生产关系中的地位所制约，而生产关系归根到底又是由生产力所决定的。所以列宁指出："只有把社会关系归结于生产关系，把生产关系归结于生产力的高度，才能有可靠的根据把社会形态的发展看作自然历史过程。不言而喻，没有这种观点，也就不会有社会科学。"③ 由于马克思主义的这个重大发现，对社会的研究才可以像自然科学那样以精确的眼光进行考察，从而把对社会历史的研究变为科学。

把社会历史看作一种自然历史过程的观点，体现了马克思主义科学历史观的唯物的和辩证的性质。它表明社会的历史本质上是物质资料生产方式的历史，是社会矛盾首先是社会基本矛盾合乎规律地运动发展的过程。生产方式的变化首先是从生产力的提高开始的。生产力是最活跃的因素。人类在物质生产活动中，总要不断解决自

---

① 《列宁选集》，2版，第1卷，8页，北京，人民出版社，1972。
② 参见《马克思恩格斯选集》，1版，第4卷，245页，北京，人民出版社，1972。
③ 《列宁选集》，2版，第1卷，8页，北京，人民出版社，1972。

己同无限多样复杂的自然界之间的矛盾，用以满足自己日益增长的需要，这样，生产工具就会不断改进，劳动者的技术熟练程度也会不断得到提高，从而促使生产的水平和效率不断提高，生产的规模和领域不断扩大。生产力的不断量变，积累到一定限度就会发生质变，形成新的生产力。随着新的生产力的获得，旧的生产关系便不能再同它适应了，于是人们便要改变自己的生产关系。生产关系的变革意味着整个生产方式的变革，同时又引起整个上层建筑的变革，使全部社会关系、社会生活和社会意识形态发生相应的改变。生产力的发展是由低级到高级的前进运动，由它而引起的生产关系以至整个社会形态的发展，也是从低级到高级的前进运动。人类自产生以来的全部历史，首先就是这样一部生产发展的历史，生产方式依次更替的历史。社会形态之所以一个比一个更高级、更复杂，其根本原因和根本标志，就在于它们有较前更发达的生产力和同这个生产力相适应的生产关系，以及以这种生产关系为基础的社会组织形式和社会意识形态。这就是人类社会这一自然历史过程的最一般的轮廓。

历史唯物主义是唯一科学的历史观，它的整个体系和所有原理，都是对社会历史的唯物辩证本性的揭示，是对人类社会发展的自然历史过程的普遍本质的理论再现，是对社会的合乎客观规律的发展过程的逻辑展开。

在马克思主义发现并论证社会的发展是一种自然历史过程以后，有些资产阶级学者仍然极力否认社会规律的客观性，他们企图把"规律"的概念排除于科学之外，把规律看作是"假设"。著名的西方科学哲学家卡尔·波普尔，把主张历史发展具有规律性的理论叫做"历史循环论"。他断言，历史没有规律，历史不能预言。其根据就是：创造历史的人的行动要受意志的支配，而人的意志是自由的。在这里，波普尔虽然注意到历史活动的特点，看到了人的意志在社会发展中的作用，但由于他过分夸大了这个作用，终于导致了对社会规律的否定。可见，不承认社会规律的客观性就必然导致唯心主义的结论。

马克思关于人类社会的发展是一种自然历史过程的发现，给无产阶级和革命人民改造世界的斗争提供了客观依据。无产阶级政党的纲领、路线以至具体的方针和政策，都应该根据社会发展规律来制定，应是对社会规律的反映。社会规律是革命政党、革命人民在认识世界和改造世界的斗争中获取行动自由的客观基础。人们只有认识并且尊重规律，才能在行动中获得自由，认识得越深刻，获得的自由也就越多；反之，如果无视或者不尊重规律，那就会处于不自由的状态，以致受到规律的惩罚。但只要人们能够努力去探求并遵循客观规律，及时纠正自己行动中的错误和偏差，又可以重新获得自由。可见，对社会发展的客观的自然历史过程的把握，能够给人以关于社会发展规律的认识和改造社会的智慧、力量和信心，并可以对每个人的行为的价值作出真正客观的科学评价，即究竟是符合客观规律还是违背客观规律。

历史唯物主义研究的对象，首先是在一切社会阶段中都起作用的最普遍、最一般的规律，但同时也应包括在各阶级的社会中普遍发生作用的那些特殊规律。这是因为，一般和特殊的界限并不是绝对的。阶级划分和阶级斗争的规律相对于贯穿整个人类社会的最普遍、最一般的规律来讲，当然具有特殊性；但它们毕竟是几个社会形态共有的规律，即是说，它们在社会历史中毕竟也具有一定的普遍性，因而也应该成为历史唯物主义的研究对象。另外，整个人类社会的发展过程，不仅是社会基本矛盾的运动过程，而且也是在社会基本矛盾的推动下，由无阶级到有阶级再到无阶级的发展过程，这个最一般的规律，无疑也应是历史唯物主义的研究对象。而如果将其中有阶级的这一段舍弃，那么社会从无阶级到有阶级再到无阶级的规律性也就无从体现了。最后，历史唯物主义作为科学的历史理论，就其产生的社会历史条件来说，也是决不能同阶级斗争分开的。正是由于资本主义的发展，无产阶级和资产阶级阶级斗争的展开，社会生活的常规性和重复性，即社会生活的规律性才充分地暴露出来，社会向共产主义发展的历史必然性才逐渐被人们所看清。在这个意义上可以说，离开了阶级斗争，就不会有科学的历史唯物主义理论。因此，把阶级划分和阶级斗争的规律作为历史唯物主义的研究对象，不仅是必要的，而且是合理的。只有把最一般规律的研究和阶级划分、阶级斗争规律的研究结合起来，才能给人们提供真正可靠的认识现实社会的工具。

历史唯物主义作为人类的认识工具，它同具体社会科学的关系，是一般和个别的关系。具体的社会科学以社会生活的某一领域、某一局部为对象，从某个特定的方面去研究社会。例如，政治经济学研究人们的生产关系发展变化的规律；法学研究各种形式的国家与法产生和发展的规律；语言学研究语言这种特殊的社会现象产生和发展的规律，等等。历史唯物主义与这些具体科学不同，它不局限于社会生活的个别方面、个别现象和个别关系，而是要横跨社会生活的各领域，纵贯古今历史的全过程，从总体上、全局上来揭示社会发展的一般规律。

这里要特别注意历史唯物主义同历史学和社会学的区分。历史学和社会学都是具体的社会科学。历史学按照年代顺序来研究各个国家、各个民族的历史发展，它虽然也从总体上研究社会历史，并且着眼于贯穿在历史过程中的规律性，但它不是以抽象的、一般理论的形态来论证，而是通过具体的历史条件、历史事件、历史人物等等来反映具体的历史过程。它同历史唯物主义的区别就在于：历史学侧重在具体的历史过程，它不但不排除各种偶然历史事件，而且正是要通过充满偶然事件的具体历史过程体现和揭示历史的必然性。历史唯物主义则专门研究社会发展的一般规律，为研究具体历史过程提供科学的观点和方法。

社会学研究专门的社会问题，例如劳动、人口、就业、文化、民俗、民族、婚姻、家庭、妇女、儿童、青年、老年、城市、农村、职业、分工等问题。这些都是一些专门的社会问题，社会学就是要通过系统的调查研究工作，为解决这些专门的社会问题提供科学依据和具体方法。而历史唯物主义则提供研究社会生活的基本观点、基本方法。社会主义国家的职能部门在制定解决各种社会问题的方针政策时，既要以历史唯物主义基本原理为指导，又要吸收社会学的具体研究成果。历史唯物主义提供了研究社会现象的理论指导和根本方法，但是它并不提供关于各种社会问题的具体答案，它毕竟不能代替社会学。

总之，研究一般的历史唯物主义和研究个别的各门社会科学既有区别，又有联系。一般指导个别，但不能代替个别；个别体现一般，但不等于一般。各门具体社会科学都离不开历史唯物主义，历史唯物主义也离不开各门具体社会科学。

历史唯物主义既然是关于社会发展一般规律的科学，它也就是我们观察和研究社会历史问题的一般的方法。研究各门社会科学，从事任何革命工作，都必须以历史唯物主义的基本观点和一般原理为指导。但是，一般对个别的指导只能是运用一般所提供的观点和方法去对个别作具体的分析，根据实际情况作出具体结论，而决不是把一般作为标签，去代替对具体情况的分析和具体的科学研究。恩格斯曾经针对 19 世纪 90 年代在德国出现的把历史唯物主义庸俗化的现象，一针见血地指出："对德国的许多青年作家来说，'唯物主义的'这个词只是一个套语，他们把这个套语当做标签贴到各种事物上去，再不作进一步的研究，就是说，他们一把这个标签贴上去，就以为问题已经解决了。但是我们的历史观首先是进行研究工作的指南，并不是按照黑格尔学派的方式构造体系的方法。"①

把历史唯物主义作为解决社会历史问题的指南和方法，首先，就要寻求那种在人的活动中形成但又不以人的意志为转移的社会经济关系，即对产生各种社会历史现象的经济根源作具体的分析。没有这种分析，社会历史的研究就没有可靠的基础。与此同时，也要对人的作用作具体分析，因为社会历史的必然性虽然是由客观的经济关系造成的，但这种必然性的实现却一点也离不开人的努力。如果在考察社会历史问题时忽略了人的作用，就会造成重大的方法论错误，就会陷入庸俗的经济决定论。最后，要使历史唯物主义真正成为科学的认识工具，还必须对造成社会历史现象的各种条件作具体的历史的分析。列宁说："在分析任何一个社会问题时，马克思主义理论的绝对要求，就是要把问题提到**一定**的历史范围之内。"② 所有这些都是把历史唯物主义作为方法论的最基本的要求。

五、历史唯物主义是社会有机体普遍本质的理论再现

历史唯物主义作为社会发展一般规律的科学，不只是从纵的方面揭示历史过程的顺序发展，同时也从横的方面揭示社会基本要素的一般结构和一般关系。它把社会如实地看作是由一定社会要素构成的、发展变化着的系统，是一个活的有机体。它在全面揭示社会发展一般规律的同时，也从理论上再现了社会有机体的普遍本质。

历史唯物主义认为，社会是一个系统。所谓系统，从哲学上看，就是由一定数量的相互联系的因素组成的具有一定复杂程度的整体。例如，由太阳及九大行星等组成的太阳系，由细胞膜、细胞质和细胞核所组成的细胞，以及由原子核和核外电子组成的原子等等，就都是系统。按照物质运动形式来区分，每一种物质运动形式都是一种系统。人类社会是高级的物质运动形式，因而也是一种高级的物

---

① 《马克思恩格斯选集》，1 版，第 4 卷，475 页，北京，人民出版社，1972。
② 《列宁选集》，2 版，第 2 卷，512 页，北京，人民出版社，1972。

质运动系统。

这种把对象看作是由相互作用着的因素组成的系统，并且对它的结构、功能和发展的规律性作研究的方法，称为系统论的方法。系统论方法不过是整个唯物辩证法在一个方面的具体化。因为唯物辩证法不仅概括了系统论方法，而且还概括了其他科学方法，例如数学方法、控制论方法、信息方法、统计学方法以及基本的逻辑方法等等。只有以唯物辩证法的一般原理为指导，才能在社会领域中成功地运用系统论方法；而在社会领域中运用系统论方法的结果，反过来又可以丰富和发展唯物辩证法。

在历史唯物主义看来，社会系统的组成因素十分复杂。社会既不能离开自然界，也不能离开人，而人不仅有物质生活，还有精神生活。因而进入社会领域的自然物、人以及观念等，都是社会系统不可缺少的因素。而且，社会的各组成因素又包括许多因素，这些因素又都自成系统。整个社会系统，就是由许多具体要素或子系统构成的复杂体系。就它内部的各种协调关系来说，它是个自我调整系统；就它必须同自然界不断发生物质和能量交换关系来说，它又是一个开放的系统。

马克思和列宁在描绘社会的特征时，曾多次称社会为活的有机体即有机的系统。的确，在社会中每时每刻都在发生着如同在有机界中发生着的那些过程和现象。但是社会系统毕竟不同于生物系统。经典作家们常常指出它们的本质区别，并且分析这种区别，决没有把社会同有机界等同起来。"有机的"这个概念，只是要以这个形象的用语，来描绘社会这个完整的功能系统的最一般特征。有机系统的一般特征就是：它必须以某种生存方式构成该系统的物质基础。从什么意义上来说社会是个有机体或有机系统呢？第一，从物质基础来看，社会系统是在生产方式的矛盾运动中不断地进行着新陈代谢的，在与周围自然界经常保持平衡中创造着自身生存条件的物质系统；第二，从活动的主体来看，社会有机体是在一定的物质生活生产方式基础上由人群所组成的，有人们思想意识起作用，并有一定上层建筑为之服务的充满活力的自我控制系统；第三，从各构成要素的关系来看，社会系统是一个由生产力、生产关系、上层建筑等基本要素构成的具有复杂结构的有机整体，其中各个因素相互联系、相互作用，并由于这种相互作用（以经济要素的决定作用为前提），推动着整个社会有机体的运动、变化和发展。

可见，马克思主义对社会有机体的理解，决不同于斯宾塞等人的社会有机论。后者抹杀社会同自然界的本质区别，把社会机体同生物机体作简单的机械类比，把社会矛盾归结为生物体的矛盾。这在理论上是完全错误的，在政治上则是要通过把社会生活中统治者和被统治者的关系同人的大脑和肢体、器官的关系相比附，来为剥削阶级的统治作论证。马克思主义关于社会有机体的理论则完全不同，它既看到社会与自然界的联系，又注意到社会与自然界的不同，指出社会是以生产方式为物质基础的机体，有着自身所固有的生产关系和生产力、上层建筑和经济基础等特殊的矛盾。在这些矛盾发展的一定阶段上，必然产生阶级对立和阶级斗争，引起先进阶级反对落后阶级的社会革命。这就从理论上科学地揭示了社会有机体的本质，从而为无产阶级和革命人民推翻剥削阶级的统治作了有力的论证。

任何系统都离不开组成它的各个要素，但作为整体的系统又有着和它的各个构成要素不同的特征。社会也是一样，它作为一个整体也具有它的各个组成要素所没有的特征。历史唯物主义就是要研究社会各种要素，特别是研究像生产力、生产关系和上层建筑这样的基本要素的相互关系和相互作用，研究社会的人和人们的历史共同体及共同社会关系的内在联系，研究一个要素的改变怎样引起其他要素，甚至引起整个系统的变化，研究社会系统同它的环境（自然界）的关系，等等。历史唯物主义就是要从整体上来研究和把握社会系统，从理论上再现社会有机体的普遍本质，揭示社会生活的最一般的规律。

历史唯物主义所揭示的社会有机体的普遍本质，主要是它的物质性、整体性和变动性。社会有机体是有形的、现实的存在，并非是什么虚无缥缈、不可捉摸的东西，就是说，它本质上是物质的。当然，社会的物质性不能和实物意义上的物质性相等同。后者是指某种能被感觉器官感知的实体，而社会的物质性主要是指那种不以人的意志为转移的客观的物质关系，或者叫做物质的社会关系，例如生产力（社会与自然的关系）、生产关系、交换关系以及各阶级的经济关系，等等。同时，那些有形的、现实存在的诸社会要素，又是彼此联系、相互作用、有机统一的，它们始终在活动和发展着，而不是处于孤立的静止的状态。这就告诉人们，观察和研究社会生活必须从实际出发，着眼于各种社会要素的联系和发展。否则，要从总体上把握社会生活，并揭示其一般的发展规律，就是不可能的。

历史唯物主义揭示社会发展一般规律的过程，是由抽象上升到具体，在理论上再现社会有机体及其一般结构、一般发展规律的过程。它对社会生活的把握是具体的，但这种具体并不是停留于外表的感性的具体，而是思维中的具体。就是说它不是片面的，而是全面的；不是零碎的，而是系统的；不是枝节的，而是抓住了本质的。只有这种思维的具体，才是对于历史真理的真正把握，才能够给人类提供可靠的科学的认识工具。

总体框架

第一章 历史唯物主义是科学的历史观
第一节 历史唯物主义是马克思主义哲学的组成部分
一、辩证唯物主义和历史唯物主义的产生和形成是统一的过程
二、辩证唯物主义和历史唯物主义在理论上是相互贯通的
三、辩证唯物主义和历史唯物主义在社会作用上是相辅相成的
第二节 历史唯物主义和历史唯心主义的对立
一、社会历史观的基本问题
二、马克思主义以前的社会历史理论及其根本缺陷
三、历史唯物主义对社会历史观基本问题的正确解决
第三节 历史唯物主义是关于社会发展一般规律的科学
一、社会的发展是自然历史过程
二、社会发展的一般规律和特殊规律
三、历史唯物主义是社会有机体普遍本质的理论再现

第二章 人类社会和自然界
第一节 从自然界到人类社会
一、劳动在人和人类社会形成过程中的决定作用
二、劳动是人类的本质活动
第二节 作为社会物质生活条件的地理环境
一、地理环境在社会发展中的作用
二、社会发展对地理环境的影响
三、社会发展与生态平衡

第三节 作为社会物质生活条件的人口因素
一、人口的社会属性和自然属性
二、人口因素在社会发展中的作用
三、社会发展与人口调节

第四节 作为社会生存和发展基础的物质资料生产方式
一、生产方式是社会和自然界对立统一的基础
二、生产方式决定社会的生存和发展

第三章 生产力和生产关系

第一节 生产力
一、生产力的构成
二、生产力的性质和水平
三、生产力发展的动力

第二节 生产关系
一、生产关系的构成
二、生产关系的类型
三、生产关系和物质利益

第三节 生产力和生产关系的辩证关系
一、生产力和生产关系的相互作用
二、生产力和生产关系的矛盾运动
三、生产关系一定要适合生产力状况的规律

第四章 经济基础和上层建筑

第一节 社会形态是经济基础和上层建筑的统一体
一、经济基础
二、上层建筑
三、社会形态

第二节 经济基础和上层建筑的辩证关系
一、经济基础和上层建筑的相互作用
二、经济基础和上层建筑的矛盾运动
三、上层建筑一定要适合经济基础状况的规律

第三节 社会形态发展过程的统一性和多样性
一、社会形态依次更替的普遍性和特殊性
二、同类社会形态的共同本质和具体特点
三、体现社会形态发展过程统一性和多样性之
具体统一的历史时代

第五章　阶级、国家、革命
第一节　阶级和阶级斗争
一、阶级的起源和实质
二、阶级斗争及其在社会发展中的作用
三、马克思主义的阶级观点和阶级分析方法
第二节　国　家
一、国家的起源
二、国家的实质
三、国家的职能
四、国家的类型和形式
第三节　社会革命
一、社会革命的实质及其历史作用
二、社会革命的根源和条件
三、社会革命的类型和形式
第四节　阶级社会向无阶级社会的过渡
一、无产阶级专政是新型国家
二、社会主义时期的阶级斗争
三、阶级的消灭和国家的衰亡

第六章　社会意识
第一节　社会意识的构成
一、个人意识和群体意识
二、社会心理和社会意识形式
三、社会意识形态和其他社会意识形式
第二节　社会意识形态诸形式
一、社会意识形态诸形式的起源和分化
二、社会意识形态诸形式的特点
三、社会意识形态诸形式的联系
第三节　社会意识的相对独立性和反作用
一、社会意识的相对独立性
二、社会意识对社会存在的反作用
第四节　社会的精神文明
一、物质文明和精神文明
二、精神文明在当代的发展

第七章　科学及其在社会历史中的地位和作用
第一节　科学的一般特征
一、科学的形成和本质

二、自然科学和社会科学
三、科学活动是社会总劳动的特殊部分
第二节 科学是推动历史前进的巨大杠杆
一、科学是革命的精神力量
二、科学向社会物质财富的转化
三、科学进展与社会关系的变革
第三节 科学发展的社会条件
一、社会生产制约着科学的进步
二、社会制度和阶级关系对科学发展的影响
三、其他社会因素对科学发展的作用
第八章 人民群众和个人在历史上的作用
第一节 人民群众是创造世界历史的动力
一、在对待人民群众作用问题上两种对立的历史观
二、人民群众创造历史的决定作用
三、人民群众创造作用的社会制约性
第二节 个人在历史上的作用
一、历史人物对社会发展的作用
二、历史人物的作用的社会制约性
三、无产阶级领袖及其历史作用
第三节 人民群众和个人的相互关系
一、个人和集体的关系
二、领袖和群众的关系
三、无产阶级政党的群众观点和群众路线
第九章 社会有机体及其发展和进步
第一节 社会有机体中的人和人群共同体
一、人的社会和社会的人
二、人群共同体及其历史发展
第二节 社会进步和人的解放
一、社会进步的历史趋势
二、人的解放程度是社会进步的重要标志
第三节 人类从必然王国进入自由王国的飞跃
一、异化劳动及其被扬弃的客观必然性
二、共产主义是人类从必然王国进入自由王国的飞跃
三、共产主义是自觉的人类历史的开端

辩证唯物主义原理
（修订版）

肖　前　李秀林　汪永祥

人民出版社 1991 年出版

总　论：马克思主义哲学是关于外部世界和人类思维运动一般规律的科学[*]

一、马克思主义哲学的产生和发展

马克思主义哲学产生于 19 世纪 40 年代。它既是哲学发展的必然结果，又是适应于社会和时代发展的需要的必然产物。

马克思主义哲学的产生，有其深刻的社会背景和坚实的阶级基础。

---

[*] 本章内容选自《辩证唯物主义原理》（修订版）第一章第三节。文中标题由编者所加。

19世纪初期的欧洲，由英国开始的工业革命使机器大工业普遍地发展起来。随着生产力的迅速发展，资本主义制度所固有的生产的社会化和资本主义私人占有制之间的矛盾、个别企业生产的高度计划性和整个社会生产的无政府状态的矛盾、无产阶级和资产阶级的矛盾日益尖锐。社会矛盾的明朗化，社会生活的急剧变化，经济活动的联系在民族的以至世界范围内的展开，阶级关系的简单化及其同经济地位、物质利益之间的直接联系，所有这一切，都充分显示出社会历史的唯物的辩证的性质。

随着资本主义的发展，无产阶级队伍不断扩大，组织性不断加强，战斗力不断提高。从30年代起，先后爆发了法国里昂工人起义、英国的宪章运动、德国的西里西亚纺织工人起义等等，说明无产阶级已由原来的资产阶级附庸成长为独立的政治力量，正式登上了历史舞台。解决资本主义的矛盾，推翻资本主义制度，建立社会主义社会的伟大使命，历史地落在无产阶级的身上。为了完成这一使命，无产阶级不能从资产阶级那里借用现成的哲学武器，它迫切要求代表自己利益、指导自己行动的革命的理论和世界观。

马克思主义哲学也是自然科学飞跃发展的产物。

生产力的大发展，促进了自然科学的大发展。进入19世纪以后，自然科学由原来主要是"搜集材料的科学"发展为"整理材料的科学"。一些以研究自然物质发展过程为特征的科学，如地质学、胚胎学、动植物生理学和有机化学等等，纷纷建立和发展起来。其中，特别是细胞学说、能量守恒和转化的原理、达尔文的生物进化论，具有划时代的意义。由于细胞的发现，人们不仅知道整个植物和动物有机体都是由细胞构成的，是按照细胞的繁殖和分化这一共同规律发育和生长起来的，而且通过细胞的变异能力，看出了物种变化的现实可能。由于能量守恒和转化定律的发现，使人们知道，在自然界（当时主要是在无机界）中起作用的各种能，如机械能、热能、光能、电磁能、化学能等等，都是物质运动的各种表现形式，它们按照一定的度量关系互相转化，而在互相转化中总的能量是不变的即守恒的。这说明，运动和物质一样，是可以转化但不能创造和消灭的。由于达尔文创立了生物进化论，使人们知道，今天存在的千姿万态的生物，包括人在内，都是由少数原始单细胞胚胎按照"适者生存"的规律长期发展的结果。总之，"由于这三大发现和自然科学的其他巨大进步，我们现在不仅能够指出自然界中各个领域内的过程之间的联系,而且总的说来也能指出各个领域之间的联系了,这样,我们就能够依靠经验自然科学本身所提供的事实,以近乎系统的形式描绘出一幅自然界联系的清晰图画。"① 这就是说,从哲学上概括自然科学的成就、全面深刻地揭示自然界唯物辩证性质的条件,这时也完全成熟了。

同时,如前所述,哲学史中唯物主义和辩证法的传统,也为马克思主义哲学的产生作了思想上的准备,而德国古典哲学则成为马克思主义哲学的直接理论来源。

当时的德国既处在革命风暴的中心,又富有浓厚的哲学色彩。青年时期的马克思和恩格斯起先受到黑格尔哲学的熏陶,尔后又经过费尔巴哈哲学的洗礼。然而扎根于劳动群众、时刻倾听实践呼声、密切注意科学发展的马克思和恩格斯,很快就开始用批判的眼光来对待他们的哲学先辈。特别是在他们由激进的民主主义立场转变到无产阶级立场以后,在哲学上的批判、改造和创新工作,就大大地加强了。从德国古典哲学阵营中走出来的马克思和恩格斯,最了解黑格尔哲学和费尔巴哈哲学,最能珍惜它们的成果,也最能抓住它们的错误和缺点。马克思和恩格斯通过创造性的理论活动,在总结工人运动实践经验和自然科学最新成果的基础上,剥掉了黑格尔哲学体系的唯心主义外壳和神秘性,批判地吸收了其中辩证法的合理内核,排除了费尔巴哈哲学思想中的宗教的、伦理的唯心主义杂质和直观性,批判地吸取了其唯物主义的基本内核,并融入了自己的新发现,从而创立了辩证的、历史的唯物主义——马克思主义哲学。这是哲学发展史中的一次伟大的革命变革。

哲学史中的这一伟大革命变革,不是哲学发展的最后完成,而是在更高的基础上向前发展的新开端。

马克思主义哲学的创始人马克思和恩格斯,在他们战斗的一生中,始终不渝地把他们所创立的崭新世界观运用于指导无产阶级的革命实践,运用于现实的实际问题和科学问题的研究,并在总结实践经验和科学成就的基础上,不断地把自己的学说推向前进。马克思和恩格斯从来不把自己的哲学看作是一个最终完成了的绝对封闭性体系,而是一贯强调自己的哲学不仅应该运用于指导社会实践和科学认识,而且应该随着社会实践和科学认识的发展而发展。正因

---

① 《马克思恩格斯选集》,1版,第4卷,241~242页,北京,人民出版社,1972。

为这样，马克思主义哲学才作为一种具有科学生命力的崭新世界观，不仅得到了广泛的传播，而且得到了不断的发展。

马克思主义哲学的传播和发展，是在同各国工人运动相结合、同现代科学发展相联系的基础上实现的。在这个过程中，曾经出现过第二国际机会主义者的背叛，同时也在工人运动比较发展的国家里，诞生了一批对捍卫和发展马克思主义革命理论和科学世界观作出贡献的革命家和理论家，其中作出划时代贡献的是列宁。列宁所处的时代，自由资本主义已进入垄断资本主义即帝国主义阶段，世界上的各种矛盾达到了极其尖锐的程度，而列宁所生活的俄国正是世界各种矛盾的焦点，无产阶级革命已成为现实的实践问题。同时，自然科学也出现了前所未有的革命性发展，猛烈地冲击着保留在一些人的头脑中的形而上学世界观，而有些人则借此机会攻击马克思主义哲学，大肆宣扬唯心主义哲学。在这种新的历史条件下，列宁在同第二国际机会主义和各种唯心主义与形而上学的斗争中，在总结新的实践经验、概括自然科学革命成果的基础上继承、捍卫和发展了马克思主义及其哲学，诞生了列宁主义。

在以列宁为首的布尔什维克的领导下，俄国无产阶级取得了十月社会主义革命的成功。这一成功标志着马克思列宁主义对机会主义的胜利，开辟了无产阶级社会主义革命的新纪元。从此，马克思列宁主义的传播及其同各国具体实践相结合的过程大大加快了，使这一革命理论和科学世界观的发展获得了更加广阔和深厚的土壤，并使这一创造性的工作进一步变成为群众的活动。正是在这个时期，中国人民的先进分子从革命的俄国找到了马克思列宁主义这个科学的和革命的思想武器。正如毛泽东所说的："十月革命一声炮响，给我们送来了马克思列宁主义。"[1] 从此，中国的无产阶级就以崭新的思想武装，独立地登上历史舞台，开辟革命斗争的新航向。在这一伟大的革命斗争过程中，诞生了马克思列宁主义普遍真理同中国革命具体实践相结合的毛泽东思想。在马克思列宁主义、毛泽东思想的指导下，在以毛泽东为首的中国共产党的领导下，中国的无产阶级和劳动人民经过艰苦卓绝的斗争，取得了新民主主义革命和社会主义革命的伟大胜利，使中国这个古老的东方大国走上了社会主义的康庄大道。与发展着的革命实践相结合，毛泽东和他的战友们同

---

[1] 《毛泽东选集》第4卷，1360页，北京，人民出版社，1966。

世界各国的马克思主义者一道,为马克思主义哲学的宝库增添了新的内容,为这一哲学的发展作出了新的贡献。

现实的生活和实践,是唯物主义、辩证法思想产生和发展的土壤。马克思主义哲学之所以能够不断得到发展,是因为它同现实的生活和实践有着紧密的联系。列宁对马克思的学说的发展,是同资本主义发展到帝国主义和无产阶级革命的时代相适应的。例如列宁对唯物辩证法特别是它的核心对立统一的学说所作出的突出的贡献,就同资本主义所固有的矛盾在帝国主义阶段的空前尖锐化有着直接的联系。为毛泽东所深刻地发挥了的唯物辩证法关于矛盾特殊性的原理,可以说是半封建半殖民地的中国社会的矛盾和革命斗争的复杂性的哲学概括。这表明,马克思主义哲学在理论上的每一个发展,都可以从现实的生活和实践中找到它的根源。

哲学是具体科学知识的概括和总结,马克思主义哲学尤其是这样。恩格斯说:"随着自然科学领域中每一个划时代的发现,唯物主义也必然要改变自己的形式。"[1] 一百多年来,具体科学特别是自然科学的迅速发展,不断地为哲学提供新的材料,提出新的问题和要求。马克思主义哲学正是在概括和总结新材料,回答新问题,满足新要求的过程中产生和发展的。马克思和恩格斯依据能量守恒和转化定律、生物进化论、细胞学说等科学发现,建立和充实了唯物辩证的自然观。他们还利用摩尔根关于古代社会的新发现,完善了唯物辩证的历史观。列宁概括和总结了19世纪、20世纪之交的物理学革命,丰富了辩证唯物主义的物质观和认识论。这些都是马克思主义哲学随着科学的发展而发展的突出例证。

马克思主义哲学的产生和发展,是在斗争中实现的。马克思和恩格斯正是批判了黑格尔的唯心主义体系及其辩证法思想的神秘性,克服了费尔巴哈的直观唯物主义的局限性,并清算了其他形形色色的唯心主义和形而上学思想,才建立和不断完善了辩证唯物主义和历史唯物主义的基本原理。列宁正是在批判"物质消灭了"的唯心主义怪论时,才制定了辩证唯物主义的物质定义。毛泽东正是在同实际工作中的教条主义和经验主义的斗争中,才深刻地发挥了主观和客观、认识和实践的具体的历史的统一的认识论原理。没有同形形色色的唯心主义和形而上学的斗争,就不可能有马克思主义哲学

---

[1] 《马克思恩格斯选集》,1版,第4卷,224页,北京,人民出版社,1972。

的产生，也不可能有马克思主义哲学的发展。

以上的事实，确凿无疑地证明："马克思列宁主义并没有结束真理，而是在实践中不断地开辟认识真理的道路。"① 同时也告诉我们，要真正坚持马克思主义哲学，就必须按照它的科学的、批判的本质，在同各种形式的唯心主义和形而上学的斗争中，根据社会实践和科学认识的发展，不断丰富和发展马克思主义哲学。

二、完整、严密的世界观和方法论体系

马克思主义哲学是"关于外部世界和人类思维的运动的一般规律的科学"②。这就是说，马克思主义哲学是一门科学，它以外部世界和人类思维的运动的一般规律为自己的科学内容。而这一内容又取决于马克思主义哲学是唯物主义和辩证法高度统一、唯物辩证的自然观和历史观高度统一的完整严密的世界观和方法论体系。

列宁曾把马克思主义哲学比作一块整钢。他说："在这个由一整块钢铁铸成的马克思主义哲学中，决不可去掉任何一个基本前提、任何一个重要部分，不然就会离开客观真理，就会落入资产阶级反动谬论的怀抱。"③ 这块整钢正是一个包含着多方面的统一的科学理论体系，而唯物主义和辩证法的统一，自然观和历史观的统一，则是这个科学理论体系的基本内容。

如前所述，在古代曾经有过唯物主义和辩证法的朴素的结合。往后，朴素的唯物主义被形而上学唯物主义所代替；朴素的辩证法演变为唯心主义辩证法。由前者向后者的发展，无疑是哲学思想史的重大进步，然而这个进步是以牺牲唯物主义和辩证法的统一为代价的。由于社会阶级的和科学水平的局限，在形而上学唯物主义和唯心主义辩证法哲学中，唯物主义和辩证法的分离和矛盾，曾经达到了相当尖锐的程度。形而上学限制着唯物主义，唯心主义窒息着辩证法，使得唯物主义和辩证法都得不到彻底的贯彻，都不能具有真正的科学形态。哲学发展的内在逻辑，要求克服这个矛盾。

正是马克思主义哲学克服了这个矛盾，把唯物主义和辩证法有机地、高度地统一起来，建立了既唯物又辩证的科学世界观。

唯物主义和辩证法的统一贯穿于马克思主义哲学的整个体系之

---

① 《毛泽东选集》第1卷，272页，北京，人民出版社，1966。
② 《马克思恩格斯选集》，1版，第4卷，239页，北京，人民出版社，1972。
③ 《列宁选集》，2版，第2卷，332～333页，北京，人民出版社，1972。

中，体现在对于客观世界、对于主观世界、对于二者关系的理解之中。在马克思主义哲学看来，现实世界是物质的世界，同时它又处在相互联系、运动发展之中；人的思想、认识是高度复杂的物质——人脑的机能和客观存在的反映，又是一个矛盾的、发展的过程；客观决定着主观，主观又具有能动的反作用。对所有这些问题的理解，都是既唯物又辩证的。

唯物主义和辩证法的统一，表现为唯物主义、辩证法本身的相互渗透、彼此贯通。马克思主义的唯物主义，在解决世界本质的问题时就内在地包含着辩证法：它把物质世界的统一看作相互联系和无限发展的多样性的统一；把意识看作物质世界长期发展的派生物；把意识对存在的反映看作是在实践基础上主观和客观之间矛盾不断产生又不断克服的、万古常新的辩证过程。马克思主义辩证法，在解释世界状况"怎么样"的问题时又始终贯穿着唯物主义：它把辩证法的规律看作客观世界所固有的规律；把主观辩证法看作客观辩证法在思维中的反映；把"观察的客观性（不是实例，不是枝节之论，而是自在之物本身）"①，看作是辩证法的首要的要素。马克思主义唯物主义，是辩证的唯物主义；马克思主义辩证法，是唯物的辩证法。在马克思主义哲学中，唯物主义和辩证法，水乳交融，血肉相连。

唯物主义和辩证法的统一，体现在马克思主义哲学的每一项原理之中。不仅马克思主义哲学的整个"机体"要靠唯物主义和辩证法的统一来维系，而且它的每一个"细胞"都是由唯物主义和辩证法这两个"元素"化合而成的。可以说，马克思主义哲学的任何一个前提、任何一个部分、任何一项原理、任何一个论断、任何一个命题，都不可能只有唯物主义或者只有辩证法（当然这并不妨碍它侧重于某一方面）；如果只有一面，那就可以断定，它不是或不完全是马克思主义的。

既然唯物主义和辩证法的统一是一个普遍的原则，那么它就既是马克思主义的一般宇宙观、世界观，也是它的自然观、历史观和思维观。同旧哲学相比较，其中唯物辩证的自然观和唯物辩证的历史观的统一，具有特殊的意义。

把唯物辩证的自然观和唯物辩证的历史观统一起来，是马克思

---

① 《列宁全集》，中文1版，第38卷，238页，北京，人民出版社，1959。

主义哲学的独创。在马克思主义以前的哲学史上，不少思想家在社会历史观上具有一定程度的辩证法的观点和唯物主义因素，但对社会作系统的唯物的解释的哲学是根本没有的。唯心主义者当然不可能做到这一点，就是旧唯物主义者也没有做到这一点。有的唯物主义者曾经企图唯物地解释某些社会现象，提出了一些有价值的思想。例如中国明末清初的王船山，就认为人们的思想和行动是由生活环境决定的。法国18世纪唯物主义者以及继承了他们唯物主义学说的一些空想社会主义者，更是反复论证和宣传了这种观点。他们反对关于人的思想和行为由上帝和命运来主宰的神秘主义和宿命论，认为人是环境和教育的产物，而改变了的人则是另一种环境和改变了的教育的产物。他们看到环境（教育也是一种环境）对人的作用，这是应当肯定的。但是，环境又是由什么决定的呢？他们回答说：人们先天固有的理性决定了环境，而最初懂得按理性而行动的只是少数先知先觉的人物。这实际上等于说，环境是由这些先知先觉的人物决定的，在他们看来，应该由决定环境的懂得理性并代表理性的先知先觉的人物来启发理性受了蒙蔽的多数人，来教育后知后觉、不知不觉的"群氓"，所以，他们主张要开展一场启蒙运动。历史上的启蒙运动，在冲破封建的、宗教的黑暗统治的斗争中，曾经起过进步的作用，但是用来指导这场运动的社会历史观点却是唯心主义的。法国18世纪唯物主义者的观点很具有典型意义，它使我们看到，一种在自然观上相当坚定（当然也不是很彻底）的唯物主义，一旦进入社会领域，是怎样不可避免地背叛自己，陷入了唯心主义。

为什么旧的社会历史观从总体上看都是唯心主义的呢？这同社会现象具有不同于自然现象的特点有着密切的联系。很明显，无须人的参与，太阳照样发光，地球照样转动，就是说，离开人和人的活动，自然界照样存在，自然规律照样发生作用。社会历史则不同。社会是由人组成的，历史是人的活动的结果，离开人和人的活动，也就无所谓社会和社会历史的发展；而人则是有思想的，人的活动是由思想支配的。这种浮在历史表面的现象，长期地掩盖着历史的本质，使得在社会历史领域坚持唯物主义较之自然领域更加困难。唯心主义在社会领域的独占统治，除了认识上的原因而外，还有历史的局限和阶级的根源。正如毛泽东说的："在很长的历史时期内，大家对于社会的历史只能限于片面的了解，这一方面是由于剥削阶级的偏见经常歪曲社会的历史，另一方面，则由于生产规模的狭小，限制了人们的眼界。"①

既然社会历史是人活动的结果，而人的思想、目的、动机等等又是人们行动的精神动力，那么关键的问题在于找出人们思想动机背后的客观的物质的动因，也就是恩格斯所说的"动力的动力"②，这是发现在"历史中起支配作用的规律的唯一途径"③。寻找这种动因必须超出人的思想领域之外，不然仍旧摆脱不了用精神解释历史的窠臼；同时又必须在社会领域之内来寻找，否则仍然说明不了人类社会本身的客观性。这个动因终于被马克思和恩格斯发现了，这就是社会的物质生产方式。社会物质生产方式虽然同人的有意识的活动相联系，但它本身却是一种物质的活动和在物质活动过程中所结成的物质的（经济的）关系，它是不以人的意识为转移的客观的社会存在，是一个自然历史过程，有着自己所固有的客观规律。把社会物质生产方式作为整个社会历史存在和发展的基础，就克服了用精神的原因来解释社会历史的唯心主义观点，同时也排除了用社会以外的原因来解释社会历史的形而上学主张。由于这个伟大的发现，才破天荒第一次把唯物主义一般世界观彻底贯彻于社会历史领域，这就是历史唯物主义。这个唯物主义历史观，是对社会发展的一般辩证规律的科学概括，因而它也是彻底地辩证的。

总之，在马克思主义哲学这一完整严密的、彻底一元论的理论体系中，唯物主义和辩证法，自然观和社会历史观，是紧密结合，高度统一，珠联璧合，相得益彰的。

三、实践基础上的科学性和革命性的统一

马克思主义以前的一切哲学理论，总的来说都不了解实践，特别是不了解人民群众的革命实践的意义。当然，这并不是说旧的哲学根本不讲实践，或者同社会实践没有任何联系。实际上，哲学史上有很多哲学家谈到过实践。而且，任何哲学，都是适应一定的实践任务而产生的；它一经产生，就必然会在实践中发挥自己的作用。在阶级社会中，哲学是一定阶级的哲学，它们不仅往往从一定的阶级利益出发提出关于实践的看法，而且总是为一定阶级的实践服务的。但是，旧的哲学都提不出科学的实践观，总是把劳动人民的实

---

① 《毛泽东选集》第1卷，260页，北京，人民出版社，1966。
② 《马克思恩格斯选集》，1版，第4卷，244页，北京，人民出版社，1972。
③ 同上书，245页。

践排除在哲学视野之外，不能正确理解认识和实践的关系，也提不出通过实践，特别是通过广大人民群众的革命实践去改造世界的哲学主张。例如，在中国传统哲学中，很多哲学家都讲"行"，但他们所谓的"行"，主要是指符合于奴隶主阶级和封建地主阶级利益的道德修养行为。他们要求人们履行反映奴隶主阶级和封建地主阶级利益的道德准则，对于广大劳动人民的生产实践和革命实践，他们是极端鄙视和极端敌视的。在欧洲，18世纪的法国唯物主义者是极力要求按照自己的世界观去改造封建社会、建立资本主义社会的，但是他们公开宣扬的哲学主张则认为，达到这一目的的途径只在于对封建制度进行理性的批判，对"愚昧"的群众进行"启蒙"，即把封建的充满神学气氛的黑暗统治加在人们思想上的蒙昧物"启"开，使人们恢复天然的"理性"，这样资本主义的"理性王国"就会到来。这显然是不理解革命的、实践批判的活动的意义。费尔巴哈"仅仅把理论的活动看成是真正人的活动，而对于实践则只是从它的卑污的犹太人活动的表现形式去理解和确定"。因此，他同样"不了解'革命的'、'实践批判的'活动的意义"。他和从前的一切唯物主义者一样，"对对象、现实、感性，只是从客体的或者直观的形式去理解，而不是把它们当作感性的人的活动，当作实践去理解，不是从主体方面去理解。"[1] 唯心主义抽象地发展了能动的方面，而不知道现实的、感性的活动即实践本身。如在黑格尔哲学中虽有不少关于实践、关于能动性的深刻论述，但他把实践、把能动性看作是无人身的"绝对观念"、"自我意识"的体现，也就只能在抽象的思辨王国里翱翔、驰骋。

只有马克思主义哲学的创始人从一开始就强调自己的哲学同社会实践的密切联系。在作为新世界观的萌芽的《关于费尔巴哈的提纲》中，马克思既批判了不知道现实的、感性的活动本身而只是抽象地发展了能动的方面的唯心主义，又批判了不了解"革命的"、"实践批判的"活动的意义的直观的唯物主义。马克思明确地把直观的唯物主义叫做不把感性理解为实践活动的唯物主义。在马克思看来，新唯物主义应该从人的感性活动、实践，从主体和客体两个方面来理解对象、现实、感性，应该从感性活动、实践来理解人本身及人的全部社会生活，应该在实践中证明人的思维的真理性、现实

---

[1] 马克思、恩格斯：《费尔巴哈》，83页，北京，人民出版社，1988。

性和力量。并且认为"凡是把理论导致神秘主义的神秘东西,都能在人的实践中以及对这个实践的理解中得到合理的解决"。马克思指出:"哲学家们只是用不同的方式**解释**世界,而问题在于**改变**世界。"① 对马克思主义哲学来说,解释世界要以实践为基础,改变世界更必须诉诸批判的革命的实践。因此,马克思主义哲学的新唯物主义,同时可以说是实践的唯物主义。在《德意志意识形态》中,马克思和恩格斯就曾强调"实践的唯物主义者即共产主义者",并指出"全部问题都在于使现存世界革命化,实际地反对和改变事物的现状"②。在《资本论》第1卷第二版跋中,马克思批判了黑格尔的唯心主义的神秘形式的辩证法,并指出辩证法在其神秘形式上"似乎使现存事物显得光彩",而合理形态的辩证法不仅是以唯物主义为基础的,而且"按其本质来说,它是批判的和革命的"③。合理形态的辩证法的这种本质,也只有通过实践才能揭示、理解并得到体现。

由于马克思和恩格斯强调自己的哲学同社会实践的密切联系,就使他们所创立的马克思主义哲学具有强烈的实践性。实践性是这种哲学区别于其他一切哲学最主要、最显著的特点。马克思主义哲学的实践性,最突出地表现在两个相互联系的方面:第一,它在理论上第一次提出了科学的实践观,全面地、科学地论证了实践的意义,论证了实践在认识中的决定作用和在哲学中的基础地位,把实践的观点看作是自己赖以建立、赖以发展的首要的、基本的观点。第二,它强调自己的任务不仅仅是理论地说明世界、解释世界,而且要实践地变革世界,改造世界,因此它的全部理论都要付诸实践,指导实践,要浸进群众的实际行动,化作改造世界的物质力量。

马克思主义哲学以其固有的实践性,消除了历来哲学同实践特别是同劳动群众实践的对立,打破了把哲学封闭在少数思想家书斋和讲坛里的局面,找到了哲学通向生活,"从哲学家的圈子走到广大人民群众中间去"④ 的现实道路。在马克思主义看来,哲学理论之所以重要,正是,也仅仅是因为它能够指导实践。如果它同实践割断了联系,就不能保持它的正确,推动它的发展,更不能发挥它的力量。脱离实践的思想理论,根本实现不了什么东西,只能空谈一

---

① 马克思、恩格斯:《费尔巴哈》,86页,北京,人民出版社,1988。
② 《马克思恩格斯选集》,1版,第1卷,48页,北京,人民出版社,1972。
③ 《马克思恩格斯选集》,1版,第2卷,218页,北京,人民出版社,1972。
④ 《毛泽东选集》第5卷,498页,北京,人民出版社,1977。

阵了事。马克思有句名言："批判的武器当然不能代替武器的批判，物质力量只能用物质力量来摧毁，但是理论一经掌握群众，也会变成物质力量。"① 这是对马克思主义哲学实践性的最好的说明。

马克思关于"问题在于改变世界"的主张，并不意味着反对用不同方式解释世界，它丝毫也不否认科学地解释世界的必要性和重要性；相反地却认为正是这种科学的解释，才为改造世界提供了思想武器和理论指南。不是别人，正是马克思和恩格斯，为了革命地改造世界，在科学地解释世界即建立马克思主义及其哲学的工作中，贡献了自己毕生的精力，从而"把伟大的认识工具给了人类，特别是给了工人阶级"②。

马克思主义哲学正由于它具有实践性的鲜明特点，因而它才具有严格的科学性。如前所述，马克思主义哲学是唯物主义和辩证法、自然观和历史观相统一的完整体系，是自然、社会和思维发展普遍规律的正确反映，都说明了它的科学性，而这一切都是以实践为基础的。马克思主义哲学的实践性表明，它是同那些脱离实践的抽象教条截然不同的哲学，是在实践中产生又经过实践检验并随着实践的发展而发展的科学真理。马克思主义的创始人和继承者，从来都把自己的哲学当作科学。马克思把自己的战斗生涯看作是在永无止境的科学的道路上攀登，恩格斯把马克思称为"科学巨匠"，列宁多次强调马克思和恩格斯的著作是"科学著作"，毛泽东直接讲到马克思主义及其哲学就是科学，是老老实实的学问。有了实践性就必然具有科学性。科学性是马克思主义及其哲学的本性和灵魂。离开科学性就没有马克思主义及其哲学，不管在什么名义和旗号下，违背了科学就是违背了唯物主义和辩证法。

马克思主义哲学正因为具有实践性的鲜明特点，因此也就具有彻底的革命性。它不是抽象的教条而是实践的指南，不是供人赏玩的古董而是人们用以"改变世界"的武器，因而它决不像美酒佳肴那样可以为站在任何阶级立场、抱有任何政治倾向的人所享用，而只有不囿于私利、具有彻底革命精神的阶级即无产阶级才能够掌握和运用它。正如马克思说的："哲学把无产阶级当作自己的**物质**武器，同样地，无产阶级也把哲学当作自己的**精神**武器。"③ 马克思主

---

① 《马克思恩格斯选集》，1版，第1卷，9页，北京，人民出版社，1972。
② 《列宁选集》，2版，第2卷，443页，北京，人民出版社，1972。
③ 《马克思恩格斯选集》，1版，第1卷，15页，北京，人民出版社，1972。

义以外的其他哲学，多数属于剥削阶级的意识形态，代表少数剥削者的利益，为剥削制度作论证，这就决定了它的程度不同的狭隘性和虚伪性。它把本来只是为一个阶级的利益服务的哲学标榜为"全民"的哲学。与此相反，马克思主义哲学则公开宣布自己代表无产阶级从而也代表全体劳动人民的根本利益，是为消灭资本主义和一切剥削制度、建设社会主义和共产主义这一最革命、最进步的事业提供理论武器。马克思主义哲学越是广泛地掌握无产阶级和劳动群众，越是化为广大群众的革命实践，就越是呈现出它的彻底的革命性。

马克思主义哲学之所以具有彻底的革命性，正因为它是正确地揭示了自然、社会和人类思维的一般规律的科学真理。马克思主义哲学的革命性，就在于它不把任何现存的事物看成是永恒的、神圣不可侵犯的东西，不同唯心主义和形而上学世界观作任何妥协，不同一切迷信和谬误作任何妥协；就在于它要把自己的理论彻底地付诸人民群众改造世界的革命实践。显然，只有具备严格科学性的哲学，具备理论的彻底性的哲学，才能具备这样的性质。反过来说，马克思主义哲学也正因为它是具有彻底革命性的哲学，是不同一切迷信和谬误妥协的哲学，也才能真正体现出它的科学性。在马克思主义哲学中，科学性和革命性是完全统一的。正如列宁所深刻指出的，马克思主义的"理论对世界各国的社会主义者之所以具有不可遏止的吸引力，就在于它把严格的和高度的科学性（它是社会科学的最新成就）和革命性结合起来，并且不是偶然地结合起来（即不仅因为学说的创始人本人兼有学者和革命家的品质），而是把二者内在地和不可分割地结合在这个理论本身中。"[①]

总之，马克思主义哲学最显著的特点就是它的实践性。正因为它不脱离实践这个坚实的基础，它才具有科学性和革命性的高度统一。

总体框架

第一章 绪 论
第一节 哲学是理论化的世界观和方法论
一、哲学的对象和性质

[①] 《列宁选集》，2版，第1卷，81页，北京，人民出版社，1972。

二、哲学知识和哲学思维的特点
　　三、哲学的社会地位和社会功能
 第二节　哲学的基本问题
　　一、思维和存在的关系问题是哲学的基本问题
　　二、哲学中的基本派别及其历史形态
　　三、辩证法和形而上学的斗争同哲学基本问题的关系
 第三节　马克思主义哲学
　　一、马克思主义哲学的前史
　　二、马克思主义哲学的产生和发展
　　三、完整、严密的世界观和方法论体系
　　四、实践基础上的科学性和革命性的统一
 第四节　坚持、学习和运用马克思主义哲学
　　一、马克思主义哲学与当代世界
　　二、学习马克思主义哲学的意义和方法
第二章　世界的物质性
 第一节　物　质
　　一、哲学物质观的形成和发展
　　二、辩证唯物主义的物质概念
　　三、物质范畴在现代科学中的深化
 第二节　运动、时间和空间
　　一、运动是物质的存在方式
　　二、运动的基本形式
　　三、时间和空间是物质运动的基本属性
　　四、物质世界的时空无限性
 第三节　世界的物质统一性
　　一、物质形态的结构和层次
　　二、人和自然的统一
　　三、彻底的唯物主义一元论
第三章　人类意识
 第一节　意识的起源
　　一、人类意识产生的自然基础
　　二、人类意识产生的社会基础
　　三、人类意识的神经生理基础
 第二节　意识的本质和结构
　　一、意识是客观存在的反映

二、人类意识的基本结构
  三、人类意识领域的不断扩展
 第三节 意识的特性和作用
  一、意识与实践活动的关系
  二、意识的基本特点
  三、意识的能动作用
第四章 世界的普遍联系和发展
 第一节 世界的普遍联系
  一、事物、现象的普遍联系
  二、普遍联系中的系统
  三、辩证联系与实践和科学的发展
 第二节 世界的运动发展
  一、运动、变化、发展
  二、现实世界发展方向性的表现
  三、发展的观点与革命实践
 第三节 普遍联系和发展的统一
  一、反映联系和发展统一的决定论原则
  二、联系与发展统一的环节和形式
  三、对立统一规律是辩证法的实质和核心
第五章 联系和发展的基本规律
 第一节 量变质变规律
  一、质、量、度
  二、量变、质变及其辩证关系
  三、量变质变规律的普遍性和具体表现中的复杂性
 第二节 对立统一规律
  一、矛盾的对立和统一
  二、对立面的同一和斗争是发展的动力
  三、矛盾的普遍性和特殊性
 第三节 否定之否定规律
  一、肯定与否定
  二、否定之否定
  三、否定之否定规律的普遍性和特殊性
第六章 联系和发展的基本环节
 第一节 原因和结果
  一、因果关系的特征

二、因果联系的客观普遍性和多样性
第二节　必然和偶然
一、必然性和偶然性及其在事物发展中的作用
二、必然和偶然的辩证关系
第三节　可能和现实
一、可能和现实及其相互关系
二、可能变为现实的过程及其条件
第四节　形式和内容
一、形式和内容及其特性
二、形式和内容的辩证关系及其意义
第五节　现象和本质
一、现象和本质及其辩证关系
二、透过现象把握本质的科学方法

第七章　实　践
第一节　实践是人类存在的根本方式
一、科学的实践观的产生和发展
二、实践在人类生活中的根本地位
三、实践的观点是马克思主义哲学首要的和基本的观点
第二节　实践的主要特征和系统结构
一、实践的主要特征
二、实践活动的系统结构
三、主体和客体的相互作用
第三节　实践的基本过程和历史发展
一、实践过程的基本机制
二、实践形式的多样化
三、实践职能的社会分化和整体化

第八章　认　识
第一节　认识的发生和发展
一、认识从实践中发生
二、实践推动认识发展
三、认识对实践的相对独立性和反作用
第二节　认识的本质
一、两条根本对立的认识论路线
二、认识是主体思维对客体的能动反映

三、信息、反映、建构
　第三节　认识的辩证运动
　　一、认识的感性形式和理性形式
　　二、从感性认识到理性认识
　　三、从理性认识到实践
　　四、认识运动的循环往复和无限发展
第九章　辩证思维的形式和方法
　第一节　辩证思维的逻辑
　　一、客观辩证法和主观辩证法
　　二、形式逻辑和辩证逻辑
　　三、辩证法、认识论、逻辑学的一致
　第二节　辩证思维的形式
　　一、概　念
　　二、判　断
　　三、推　理
　　四、假　说
　第三节　辩证思维的基本方法
　　一、归纳和演绎
　　二、分析和综合
　　三、抽象和具体
　　四、逻辑和历史的统一
第十章　真理和价值
　第一节　真　理
　　一、客观真理
　　二、实践是检验认识之真理性的唯一标准
　　三、绝对真理和相对真理
　第二节　价　值
　　一、价值的客观本质
　　二、价值的主体性特征
　　三、价值与评价
　第三节　真理和价值的统一
　　一、真理原则和价值原则
　　二、真理与价值具体的历史的统一
　　三、真、善、美和自由

历史唯物主义原理
（修订版）

肖　前　李秀林　汪永祥

人民出版社 1991 年出版

总　论：历史唯物主义是关于社会发展一般规律的科学[*]

一、历史唯物主义与辩证唯物主义的关系

历史唯物主义是马克思主义哲学的组成部分，它和辩证唯物主义是统一的。辩证唯物主义和历史唯物主义的统一，首先表现在它们的产生和形成是一个统一的过程。

马克思主义哲学分成辩证唯物主义和历史唯物主义，反映了它

---

[*] 本章内容选自《历史唯物主义原理》（修订版）第一章第二、三节。文中标题由编者所加。

对整个世界和世界的一个组成部分——人类社会的唯物主义观点，决不意味着这两个部分在历史上有先后之分。马克思、恩格斯在创立他们的哲学时，并不是先创立了辩证唯物主义的一般宇宙观，再把它推广到社会历史领域中去，进而创立社会历史观的。这样做实际上也不可能。因为辩证唯物主义是关于自然、社会和思维的普遍规律的科学，它本身就内在地包含着对社会历史问题的唯物主义观点。因而辩证唯物主义的创立，也就意味着唯物史观的形成。

当马克思和恩格斯还属于青年黑格尔派的时候，他们在世界观上是唯心主义的，在政治上是革命的民主主义者。但是，当他们在政治实践中发现旧哲学脱离社会现实和过于思辨的弊病时，便决心同它决裂，并且把自己的注意力转向现实，终于逐渐完成了从唯心主义到唯物主义、从革命民主主义到共产主义的转变。在这个转变过程中，马克思、恩格斯对国家政治生活和社会经济生活的研究起了决定性作用。

同时，马克思、恩格斯的学说又是从批判地吸收费尔巴哈的人本学唯物主义中产生出来的。费尔巴哈"下半截是唯物主义者，上半截是唯心主义者"，他的自然观是唯物主义的，而社会历史观则是唯心主义的。因此，马克思和恩格斯在自己的哲学研究中，十分注意使唯物主义的哲学向上发展，依据确凿的社会历史事实，特别是经济事实，创立了"从下到上"的彻底的唯物主义。

由于历史环境和斗争的需要，特别是针对旧唯物主义在社会历史领域中的失足，马克思、恩格斯在完成他们世界观的转变时，尤其注意对社会历史规律的研究，把着重点放在历史的唯物主义上面。这并不是说马克思主义哲学的创立过程是历史唯物主义在先，辩证唯物主义在后，而只能合理地理解为，唯物史观的发现对于辩证唯物主义的统一的宇宙观的形成显得特别重要。因此，把历史唯物主义看作是先于辩证唯物主义而产生，如同把辩证唯物主义看作先于历史唯物主义而产生，尔后才推广和运用于社会历史领域一样，都是不正确的。

诚然，列宁也讲过历史唯物主义是唯物主义的"推广"这样的话，但列宁是针对旧唯物主义的不彻底性和片面性讲的。既然旧唯物主义是"半截子"唯物主义，只做到了唯物地解释自然，不能进而对历史作出唯物主义的解释，那么当然就有"把唯物主义对自然界的认识推广到对**人类社会**的认识"①之必要。很显然，这里讲的"推广"，就是把唯物主义贯彻到底的意思。而对于本来就已经把社会历史看作物质运动的一种形式的辩证唯物主义来说，就不存在克服不彻底性的问题。当然，这并不排斥在实际生活中要用辩证唯物主义观点去观察和分析包括社会历史在内的各种现象。但这是世界观在实际问题上的运用，同作为整体的世界观和作为这个世界观的构成要素的某个部分的关系问题，是性质完全不同的两回事。

马克思主义世界观是统一的整体，它的任何一个基本的组成部分都不是单纯逻辑推论的结果，而是在实践的基础上对世界的各个组成部分和各个侧面的唯物辩证本性的把握。正因为如此，从马克思主义哲学产生以来，我们对世界的各个组成部分和各个侧面，包括对社会历史和社会规律的认识，仍然处在极其曲折的发展过程之中，并且难免出现某些差错，产生失误。这种情况表明，马克思主义哲学的各个原理，其中也包括历史唯物主义的原理，都只能从实践中获得，并且还要由实践来检验、补充和发展，而不能靠辩证唯物主义原理去简单推论。在实践中创造性地解决社会历史领域中的问题，不断地丰富历史唯物主义的理论，正是马克思主义哲学生命之所在。

辩证唯物主义和历史唯物主义的统一，还表现在它们在理论上相互贯通、相互渗透。没有辩证唯物主义就没有历史唯物主义，没有历史唯物主义也没有辩证唯物主义。辩证唯物主义的内容中本来就包含着历史唯物主义，这是题中应有之义。辩证唯物主义之所以是彻底的唯物主义，不仅是因为它唯物地解释了自然，包含有唯物主义的自然观，而且特别是由于它唯物地解释了社会生活，包含有唯物主义的历史观。没有辩证唯物主义，就意味着社会生活还未得到科学的解释，唯物主义的历史观还没有形成。反过来看，历史唯物主义是彻底的唯物主义的标志，如果没有这个标志，就意味着彻底的唯物主义即辩证唯物主义还没有创立。

历史唯物主义作为彻底的唯物主义的基本标志的意义在于：

第一，历史唯物主义揭露了唯心主义的社会根源。唯心主义的观点无疑是错误的，但是，这种错误理论作为一种社会现象，它的产生、存在和发展不是偶然的，而是有着深刻的原因。唯物主义要

---

① 《列宁选集》，2版，第2卷，443页，北京，人民出版社，1972。

彻底战胜唯心主义，就不能只是简单地宣布它是胡说，而要找出产生它的社会根源，对它作出科学的分析，并指出克服的途径。没有历史唯物主义，这个任务是不能解决的。

第二，历史唯物主义使辩证唯物主义的基本原理真正获得了全面的巩固的基础。这首先表现在对哲学基本问题的彻底解决上。哲学的基本问题是思维和存在、意识和物质的关系问题，特别是思维和存在、意识和物质何者为第一性的问题。如果没有历史唯物主义从社会产生和发展史上说明意识的起源和本质，并且说明在社会这个物质世界的特殊领域中社会存在和社会意识的关系，那么，要彻底唯物地解决哲学的基本问题是不可能的。其次，历史唯物主义对于辩证唯物主义认识论即能动的革命的反映论的创立也起着决定的作用。由于它正确地说明了社会生活在本质上是实践的，人类的实践是社会的实践，是历史地发展着的实践，生产劳动是人类最基本的实践活动和认识的最基本的来源，人民群众是实践的主体也是认识的主体，才使得马克思主义认识论的首要的基本的观点——实践观点得到了科学的论证，并使全部马克思主义哲学建立在科学实践观的基础之上。最后，历史唯物主义发现并科学地说明了社会赖以存在和得以发展的物质基础和物质力量——生产力，从而揭示了社会发展的客观规律，才最终地、有说服力地论证了世界物质统一性的原理，建立起完备的唯物主义理论。

辩证唯物主义和历史唯物主义的统一，还突出表现在它们共同的社会作用上。在改造世界的斗争中，由辩证唯物主义和历史唯物主义共同构成的无产阶级的完整的世界观，一起成为人类的伟大的认识工具。

辩证唯物主义和历史唯物主义在社会作用方面的相辅相成、相得益彰，是由人类改造自然和改造社会这两重任务的内在联系决定的。人类为了生存，就必须改造自然界，使自然界更好地满足人的需要。但是，要改造自然就必须改造社会。因为人类只有结成一定的社会关系才能向大自然进军，这种社会关系的性质和状况，直接影响着同自然界的斗争。改造自然界和改造社会的斗争是紧密联系、不可分割的。一般说来，人们在改造自然的斗争中形成自然观，在改造社会的斗争中形成社会历史观。但是由于改造自然和改造社会的任务的内在联系，所以自然观和社会历史观也是不能截然分开的。从实践的观点来看，无论是改造自然的活动还是改造社会的活动，都是人的有目的的活动，是通过人类的实践来完成的，所以它们归根到底是属于社会的历史的活动。这就是说，自然观和历史观不仅是密切联系、不可分割的，而且都要通过社会历史观来体现。只有当包括自然观在内的一般宇宙观体现为社会历史观，并且真正付诸实践的时候，一般宇宙观才能在实际生活中真正全面地发生作用。在这个意义上可以说，历史唯物主义最集中地体现了整个马克思主义哲学的社会作用。

马克思主义哲学即辩证唯物主义和历史唯物主义的社会作用在于，它给人类指出了事物发展的一般规律和方向，为人们在改造客观世界的活动中充分发挥自己的能动作用提供了可能。特别重要的是，马克思、恩格斯运用辩证唯物主义和历史唯物主义分析资本主义社会的发展规律，创立了科学社会主义或共产主义理论，给人类社会的发展指出了明确的方向。共产主义理论是以社会发展的客观规律和人类的全部实践经验为依据，特别是以资本主义社会的发展规律和工人阶级这一崭新的社会力量的出现为依据提出来的，并且要经过共产主义的一系列实际运动去实现，它有着充分的根据，经过严密的论证，因而是真正的科学理论。

中国的新民主主义革命、社会主义革命和社会主义建设的胜利，都是在这个共产主义大目标的鼓舞下取得的。目前，我国已进入了一个全面开创社会主义现代化建设的新局面的历史时期。中国共产党十一届三中全会提出了我国社会主义初级阶段以经济建设为中心，坚持四项基本原则、坚持改革开放的基本路线。此后党又提出新时期的总任务，这就是：团结全国各族人民，自力更生，艰苦奋斗，逐步实现工业、农业、国防和科学技术现代化，把我国建设成为高度文明、高度民主的社会主义国家。这一基本路线的贯彻和总任务的实现，无疑是对辩证唯物主义和历史唯物主义原理的成功的运用，同时也是对科学共产主义原理的正确性的进一步证明。

有一种观点，认为历史唯物主义只适用于社会历史领域，而与改造自然界的斗争无关。这种观点是不正确的。如上所述，改造自然和改造社会的任务不可分离。人类改造自然的活动，从来就是社会的活动，人们只有处理好社会内部的关系，协调好人们的力量，才能有效地改造自然。只有当人们能够自觉地、科学地改造和调整自己内部的关系的时候，也就是在人们真正成为自己社会的主人的时候，才能真正成为自然的主人。同时，改造自然就需要有关于自然的知识。尽管这种自然知识所反映的对象是脱离社会历史而独立存在的自然界，然而这种自然知识的理论表现形态，却只能是社会历史发展的产物，是社会意识的一种形式。随着社会的进步和科学技术的发展，自然科学与社会和人的联系越来越密切，正如马克思深刻指出的，"自然科学往后将包括关于人的科学"，它"通过工业日益**在实践上**进入人的生活，改造人的生活，并为人的解放作准备"①。

改造自然的规模越大，社会性越强，自然科学和社会科学的关系也就越密切。在现代，自然科学和社会科学的相互渗透已越来越明显，因而作为指导社会科学研究的历史唯物主义的观点和方法，对自然科学的研究也越来越重要。要认清自然科学发展的规律，正确预测自然科学发展的远景，有效地组织自然科学的研究，科学地分析各门自然科学的社会作用，做出正确的自然科学规划等等，所有这一切，都离不开历史唯物主义的指导。而以科学知识体系和科学社会体制为研究对象的科学学，也只有以历史唯物主义作为方法论的基础，才能获得真正科学的形态。在我国社会主义现代化建设中，以及在未来的共产主义社会中，由于生产社会性的加强而引起的自然科学和社会科学的联系将更加密切，因而辩证唯物主义和历史唯物主义的社会作用也会更加突出。

综上所述，辩证唯物主义和历史唯物主义无论其产生过程、理论内容或社会作用，都是统一不可分割的。辩证唯物主义和历史唯物主义，是马克思、恩格斯以人类全部优秀思想成果为原料，在无产阶级解放运动的革命实践基础上铸就的一整块钢铁。没有辩证唯物主义，历史唯物主义就不能成立；而如果离开了科学的历史观，辩证唯物主义不仅会变得残缺不全，而且根本就不会产生，至于它的革命实践作用的发挥就更无从谈起。正是在这个意义上，恩格斯指出，唯物史观是"我所主张的观点的一个核心问题"②。

二、历史唯物主义的研究对象：社会发展的一般规律

任何一门科学都有其特定的研究对象。从这个角度考察，历史唯物主义就是关于社会发展一般规律的科学，它的任务是从总体上研究社会生活，研究社会现象的一般联系和关系，揭示社会生活的

---

① 《马克思恩格斯全集》，中文1版，第42卷，128页，北京，人民出版社，1979。
② 《马克思恩格斯选集》，1版，第3卷，50页，北京，人民出版社，1972。

本质，阐明社会发展的一般规律。

关于社会领域中是否存在客观规律和什么是社会规律的问题，是历史理论理应回答的问题。然而，在以往一些哲学家和历史学家面前，社会生活不过是一幅杂乱无章的、由偶然事件堆积起来的图画，对他们来说，社会同规律是无缘的。另一些人则把社会生活看作是由某种神秘的精神赋予了某种联系和发展秩序的奇怪现象。正像自然哲学只能用理想的、幻想的联系来代替自然界尚未知道的现实的联系一样，"历史哲学、法哲学、宗教哲学等等也都是以哲学家头脑中臆造的联系来代替应当在事变中指出的现实的联系，把历史（其全部和各个部分）看作观念的逐渐实现，而且当然始终只是哲学家本人所喜爱的那些观念的逐渐实现"①。这种思维方式无疑是唯心主义的。但是，唯心主义的错误并不在于探讨了精神的作用，而在于没有对精神产生的根源作进一步的探寻。

马克思、恩格斯正是在唯心主义历史观中断的地方进行了开拓性的研究，终于发现了"历来为繁茂芜杂的意识形态所掩盖着的一个简单事实：人们首先必须吃、喝、住、穿，然后才能从事政治、科学、艺术、宗教等等；所以，直接的物质的生活资料的生产，因而一个民族或一个时代的一定的经济发展阶段，便构成为基础，人们的国家制度、法的观点、艺术以至宗教观念，就是从这个基础上发展起来的，因而，也必须由这个基础来解释，而不是像过去那样做得相反"②。由此引出了社会的经济生活决定社会的政治生活和精神生活、社会的经济基础决定社会的上层建筑、社会存在（物质资料的生产方式）决定社会意识等一系列唯物史观的基本结论。在这些认识中，明显地体现了马克思对社会历史及其发展的规律性的深刻理解。

关于社会历史及其发展的规律性，马克思早在1843年就作过最初的表述：了解人类历史发展过程的钥匙，不应到被黑格尔描绘为"整个大厦的栋梁"的国家中去寻找，而应当到被黑格尔所轻蔑的"市民社会"（即社会物质生活关系的总和）中去寻找。③ 1859年，在《〈政治经济学批判〉序言》中，马克思又对社会的结构和发展的规律第一次作出系统的明确的表述。他写道："人们在自己生活的社

---

① 《马克思恩格斯选集》，1版，第4卷，242页，北京，人民出版社，1972。
② 《马克思恩格斯选集》，1版，第3卷，574页，北京，人民出版社，1972。
③ 参见马克思：《黑格尔法哲学批判》。

会生产中发生一定的、必然的、不以他们的意志为转移的关系，即同他们的物质生产力的一定发展阶段相适合的生产关系。这些生产关系的总和构成社会的经济结构，即有法律的和政治的上层建筑竖立其上并有一定的社会意识形式与之相适应的现实基础。物质生活的生产方式制约着整个社会生活、政治生活和精神生活的过程。不是人们的意识决定人们的存在，相反，是人们的社会存在决定人们的意识。社会的物质生产力发展到一定阶段，便同它们一直在其中活动的现存生产关系或财产关系（这只是生产关系的法律用语）发生矛盾。于是这些关系便由生产力的发展形式变成生产力的桎梏，那时社会革命的时代就到来了。随着经济基础的变更，全部庞大的上层建筑也或慢或快地发生变革。在考察这些变革时，必须时刻把下面两者区别开来：一种是生产的经济条件方面所发生的物质的、可以用自然科学的精确性指明的变革，一种是人们借以意识到这个冲突并力求把它克服的那些法律的、政治的、宗教的、艺术的或哲学的，简言之，意识形态的形式。我们判断一个人不能以他对自己的看法为根据，同样，我们判断这样一个变革时代也不能以它的意识为根据；相反，这个意识必须从物质生活的矛盾中，从社会生产力和生产关系之间的现存冲突中去解释。无论哪一个社会形态，在它们所能容纳的全部生产力发挥出来以前，是决不会灭亡的；而新的更高的生产关系，在它存在的物质条件在旧社会的胎胞里成熟以前，是决不会出现的。所以人类始终只提出自己能够解决的任务，因为只要仔细考察就可以发现，任务本身，只有在解决它的物质条件已经存在或者至少是在形成过程中的时候，才会产生。大体说来，亚细亚的、古代的、封建的和现代资产阶级的生产方式可以看作是社会经济形态演进的几个时代。资产阶级的生产关系是社会生产过程的最后一个对抗形式，这里所说的对抗，不是指个人的对抗，而是指从个人的社会生活条件中生长出来的对抗；但是，在资产阶级社会的胎胞里发展的生产力，同时又创造着解决这种对抗的物质条件。因此，人类社会的史前时期就以这种社会形态而告终。"[①] 这段著名的话，始终贯穿着一个基本的思想，就是把人类社会及其发展看作是一个自然历史过程。

自然历史过程的思想和用语都来自马克思。在发现和表述了社

[①] 《马克思恩格斯选集》，1版，第2卷，82~83页，北京，人民出版社，1972。

会的结构和发展规律之后马克思潜心研究,在1867年发表的《资本论》第一卷中,又对这个规律在现代社会中的作用情况及其发展趋势作了详细的描绘。马克思在该书第一版序言中指出:"一个社会即使探索到了本身运动的自然规律,——本书的最终目的就是揭示现代社会的经济运动规律,——它还是既不能跳过也不能用法令取消自然的发展阶段。但是它能缩短和减轻分娩的痛苦。""我的观点是:社会经济形态的发展是一种自然历史过程。不管个人在主观上怎样超脱各种关系,他在社会意义上总是这些关系的产物。"① 所谓社会发展的自然历史过程,就是指社会也存在着同自然界类似的、不以人的意志为转移的经济运动规律,社会同自然界一样也是有规律的发展过程。

发现社会规律,就是要发现社会生活中的重复性和常规性。要做到这一点,必须从单纯对思想的社会关系的探讨中摆脱出来,去深入分析物质的社会关系即社会生产关系。马克思、恩格斯发现,决定人们的思想动机的是社会的经济关系,即人们为解决物质生活问题而从事的生产和生产中结成的关系。在这里,经济关系直接表现为人们的物质利益。争取和维护民族、国家、阶级、阶层、家庭和个人经济利益的动机,是人们积极参加生产和社会活动的决定性原因。人们活动的思想动机总是这样或那样地、直接或间接地受人们的物质生活利益制约或决定。不同的阶级、不同的人的物质利益都要受他们在生产关系中的地位的制约,而生产关系归根到底又是由生产力决定的。所以列宁指出:"只有把社会关系归结于生产关系,把生产关系归结于生产力的高度,才能有可靠的根据把社会形态的发展看作自然历史过程。不言而喻,没有这种观点,也就不会有社会科学。"② 由于马克思主义的这个重大发现,对社会历史才可以像自然科学对自然界那样以精确的眼光进行考察,从而把对社会历史的研究变为科学。

把社会历史看作一种自然历史过程的观点,体现了马克思主义科学历史观的唯物的和辩证的性质。它表明社会的历史本质上是物质资料生产方式的历史,是社会矛盾首先是社会基本矛盾合乎规律地运动发展的过程。生产方式的变化是从生产力的提高开始的。生产力是社会生活中最活跃的因素。人类在物质生产活动中,总要不

---

① 《马克思恩格斯选集》,1版,第2卷,208页,北京,人民出版社,1972。
② 《列宁选集》,2版,第1卷,8页,北京,人民出版社,1972。

断解决自己同无限多样复杂的自然界之间的矛盾，用以满足自己日益增长的需要。这样，生产工具就会不断改进，劳动者的技术熟练程度也会不断得到提高，从而促使生产的水平和效率不断提高，生产的规模和领域不断扩大。生产力的不断量变，积累到一定程度就会发生质变，形成新的生产力。随着新的生产力的获得，旧的生产关系便不能再同它适应了，于是人们便要改变自己的生产关系。生产关系的变革意味着生产方式的变革，同时又引起上层建筑的变革，使全部社会关系、社会生活和社会意识形态发生相应的改变。生产力的发展是由低级到高级的前进运动，由它而引起的生产关系以至整个社会形态的发展，也是从低级到高级的前进运动。人类自产生以来的全部历史，首先就是这样一部生产发展的历史，生产方式依次更替的历史。社会形态之所以一个比一个更高级、更复杂，其根本原因和根本标志，就在于它们有较前更发达的生产力以及同这个生产力相适应的生产关系，和以这种生产关系为基础的社会组织形式及社会意识形态。这就是人类社会发展这一自然历史过程的最一般的轮廓。

当然，社会发展的自然历史过程同自然界的过程是有区别的。自然过程完全是盲目的、不自觉的，根本无须人的参与，而社会则不然。社会离不开人，"在社会历史领域内进行活动的，全是具有意识的、经过思虑或凭激情行动的、追求某种目的的人，任何事情的发生都不是没有自觉的意图，没有预期的目的的。"[1] 那么，社会发展的客观规律同人的主观意志的关系是怎样的呢？对于这一问题，可以从两个方面来看。

一方面，社会规律所规定的历史发展的必然过程，包含个人意志的因素和作用，但不以个人意志为转移，不能把历史过程归结为个人意志作用的结果。恩格斯非常明确地阐述过这种关系。他说："历史是这样创造的：最终的结果总是从许多单个的意志的相互冲突中产生出来的，而其中每一个意志，又是由于许多特殊的生活条件，才成为它所成为的那样。这样就有无数互相交错的力量，有无数个力的平行四边形，而由此就产生出一个总的结果，即历史事变，这个结果又可以看作一个作为整体的、不自觉地和不自主地起作用的力量的产物。因为任何一个人的愿望都会受到任何另一个人的妨碍，

---

[1] 《马克思恩格斯选集》，1版，第4卷，243页，北京，人民出版社，1972。

而最后出现的结果就是谁都没有希望过的事物。所以以往的历史总是像一种自然过程一样地进行,而且实质上也是服从于同一运动的规律的。"① 这就是说,人们行动的目的是预期的,但在许多个人意志的冲突中通过相互作用而实现的历史过程和结果,却受着不以人的意志为转移的客观规律的支配。

另一方面,人的意志又不是无所作为的。它不仅作为支配人的活动的主观因素参与历史过程并体现社会规律的作用,而且可以促使人们认识和掌握社会规律,以便为自己的目的服务。这牵涉到对自由和必然的关系的理解。马克思主义哲学认为,自由不在于幻想中摆脱规律而独立,而在于认识规律,从而能够有计划地使规律为一定的目的服务。所谓意志自由,只是借助于对事物的认识而作出决定的那种能力。"人对一定的问题的判断愈**是自由**,这个判断的内容所具有的**必然性**就愈大;而犹豫不决是以不知为基础的,它看来好像是在许多不同的和相互矛盾的可能的决定中任意进行选择,但恰好由此证明它的不自由,证明它被正好应该由它支配的对象所支配。"② 无论是在自然现象还是在社会现象面前,都是如此。恩格斯说:"社会力量完全像自然力一样,在我们还没有认识和考虑到它们的时候,起着盲目的、强制的和破坏的作用。但是,一旦我们认识了它们,理解了它们的活动、方向和影响,那末,要使它们愈来愈服从我们的意志并利用它们来达到我们的目的,这就完全取决于我们了。"③ 在这里,承认历史过程的规律性和规律的客观性,并没有抹杀人的意志在社会生活中的作用。相反,正是因为正确指出了人的意志同客观规律的关系,才使人的意志在社会生活中的作用得到真正科学的评价,才使肯定社会发展是一种自然历史过程与肯定人的自觉活动的意义科学地统一起来。

马克思关于人类社会的发展是一种自然历史过程的发现,给无产阶级和革命人民改造世界的斗争提供了客观依据。无产阶级政党的纲领、路线以至具体的方针和政策,都应该根据社会发展规律来制定,应是对社会规律的反映。社会规律是革命政党、革命人民在认识世界和改造世界的斗争中获取行动自由的客观基础。人们只有认识并且尊重规律,才能在行动中获得自由,认识得越深刻,获得

---

① 《马克思恩格斯选集》,1版,第4卷,478页,北京,人民出版社,1972。
② 《马克思恩格斯选集》,1版,第3卷,154页,北京,人民出版社,1972。
③ 同上书,437页。

的自由也就越多；反之，如果无视或者不尊重规律，就会处于不自由的状态，以致受到规律的惩罚。但只要人们能够努力去探求并遵循客观规律，及时纠正自己行动中的错误和偏差，又可以重新获得自由。对社会发展的客观的自然历史过程的把握，能够给人以关于社会发展规律的认识和改造社会的智慧、力量和信心，并可以对每个人行为的价值作出真正客观的科学评价，即究竟是符合客观规律还是违背客观规律。

三、历史唯物主义的方法论意义

历史唯物主义是科学的世界观，又是认识和研究社会历史的科学方法论。在历史唯物主义的基本原理中，贯穿着观察社会生活的一些根本观点。这些观点主要有：

唯物辩证的观点。历史唯物主义是社会历史领域中的唯物论和辩证法。在社会历史领域中贯彻唯物论，就是要坚持社会物质生活对于精神生活、政治生活，以至整个社会生活的根源性，即坚持社会存在决定社会意识的基本观点。在社会历史领域中贯彻辩证法，就要着眼于社会生活的变化和发展，把矛盾的观点和矛盾分析的方法贯彻到底。用唯物辩证的观点观察社会生活，需要如实地把社会看作是由一定社会要素构成的发展变化着的系统，是一个活的有机体。历史唯物主义通过揭示社会的物质性、整体性和变动性，从理论上再现了社会有机体的普遍本质。

生产观点和劳动观点。物质资料的生产是社会得以存在和发展的前提。而物质生产过程也就是劳动过程，劳动是把自然界和社会联系起来的纽带。人类社会的生产和劳动作为全部社会生活的基础或中心，决定、制约着社会生活的各个方面。许多纷纭复杂的社会问题，从根本上说，只有以社会生产和劳动为线索才可以理解，并且只有通过社会生产和劳动才能够解决。历史唯物主义内在地包含着生产观点和劳动观点，把脱离生产、鄙视劳动看作是违背人的社会本性的事情，是十分可耻的；而把关心生产、积极劳动视为人类的天职和社会的责任，因而是非常光荣的。

群众观点和阶级观点。既然社会生产和劳动对社会的存在和发展起着决定性的作用，而社会生产和劳动的实行者和主体是人民群众；历史唯物主义便理所当然地十分重视人民群众的作用，坚持尊重群众，相信群众，依靠群众的观点。在阶级社会中，群众是划分为阶级的,不同的阶级代表着不同的经济利益和政治要求,利益对立的阶级之间的斗争是阶级社会发展的直接动力,所以又要坚持阶级观点和阶级分析方法。历史唯物主义的群众观点和阶级观点也就是人的观点,只不过不是像资产阶级学者所主张的那种抽象的人的观点,而是对于在社会历史发展中实际地起作用的现实的人和人群共同体的具体的观点。

了解这些观点和原理,无论对于从事科学研究或从事具体工作的人来说,都是十分必要的。特别是在我们进行社会主义现代化建设的过程中,掌握上述基本观点和原理,尤其具有重大的意义。要发挥历史唯物主义的认识工具作用,就需要在人们的思想观念中牢固确立这些基本观点,在实际工作中切实贯彻这些基本原理。

历史唯物主义理论是完整的科学的世界观和方法论的统一体。前面所述的那些历史唯物主义的基本观点、基本原理,不仅具有一般历史观的意义,而且具有一般方法论的意义。同一般历史观紧紧联系在一起的一般方法论,是认识社会的一般方法论,也是改造社会的一般方法论。这里应当指出,历史唯物主义作为认识社会和改造社会的方法论,并非仅仅与某种孤立的、抽象的社会实体有关,它是以现实的人类社会为认识和改造对象的,这种社会是以与自然界的相互作用为存在和发展的前提的人的社会,因而在本质上乃是认识和改造人、社会和自然关系的一般方法。人是社会的内部要素,自然是社会的外部环境,社会本身的一系列问题只是在"人——社会——自然"的关系中才会提出来,并且只有在这种矛盾关系的发展中才能得到解决。

在历史唯物主义的理论叙述中,我们的重点往往放在对于这种社会历史观的阐发上,力图将人类社会的整体结构及其历史发展概括地再现出来。为了叙述简洁明了,不得不略去曲折繁复的认识过程,直接将所得到的认识结果和盘托出。这样一来,与对社会历史的认识过程紧密联系的认识方法也就往往得不到系统的说明。而离开历史认识过程去单独讲历史认识的方法,即使不是完全不可能,也是十分困难的。至于人类改造社会以及改造自然和改造"人——社会——自然"的关系的过程,无疑是科学的社会历史观必须着重加以说明的内容,这就不能不涉及改造社会的方法问题。但是,人类改造社会过程的复杂性,加大了对这种历史过程进行理论的、逻辑的概括的难度,使人们往往专注于对历史过程的理论概括,并把一般方法问题融会其中，而不单独进行论述。以上情况表明，在历史唯物主义的理论叙述中，与一般社会历史观互为表里的认识和改造社会的一般方法论，常常不是被直接阐发出来的，而是作为方法存在于过程之中，作为过程存在于结果之中。要把握历史唯物主义的方法论意义，就要善于从人类认识和改造社会的结果中反思其过程，在过程中把握认识和改造社会的一般方法。这是在哲学思维层次上的一种辩证的转化，是关于社会历史的世界观向方法论的变换，是对于同一对象、内容的思维方式的转换。历史唯物主义作为世界观和作为方法论，在思维的角度上有不同的侧重点。作为一种世界观，它侧重于描述社会历史的客观过程及其规律性，主体在这里是一个冷静的旁观者；作为方法论，它侧重于如何认识社会历史的一般规律并运用这种认识来改造社会，把主体引向对现实社会生活的认识和改造。马克思主义哲学以能动地认识世界和改造世界为目标，尤其重视这种世界观和方法论双重功能的内在的、辩证的统一。

首先应该强调的是，从根本上说，历史唯物主义的方法也就是辩证唯物主义的方法。历史唯物主义是辩证唯物主义的历史观，一般世界观和社会历史观的关系在方法论上表现为一般方法论和关于社会历史的方法论的关系。辩证唯物主义所包含的认识世界、改造世界的一般方法论，原则上也是认识和改造社会的一般方法论。因而，历史唯物主义的方法论，也可以说就是辩证唯物主义的历史认识、历史活动的方法论。辩证唯物主义和历史唯物主义的相互贯通，在方法论上也鲜明地体现出来。如前所述，贯穿于历史唯物主义之中的唯物辩证的观点，同时也是作为历史唯物主义方法论的唯物辩证的方法。其他如生产观点和劳动观点、群众观点和阶级观点等等，都内含着相应的方法论原则，是唯物的和辩证的方法在社会历史领域中的具体表现。

其次，社会历史观相对于一般世界观的特殊性，也表现为历史唯物主义在方法论上的特殊性，这是包含着一般方法论的普遍性的社会历史方法论的特殊性。在历史唯物主义的理论之中，处处显示出它作为方法论所独具的特点。下面所涉及的只是历史唯物主义作为社会历史分析的方法论的几个主要特征：（1）系统的分析。历史唯物主义的对象是人类社会大系统的存在和发展，认识和把握社会系统的首要方法就是系统分析。它不同于具体社会科学的系统分析，但又与之密切相关，是从历史观的高度对社会有机体的唯物辩证的系统分析。(2) 经济的分析。这是对社会有机体系统分析过程的深化,以便寻求那种在人的活动中形成但又不以人的活动为转移的社会关系,探究决定其他一切社会关系的最基本的社会关系即经济关系。社会现象纷繁复杂,如果不从物质关系入手,不作经济的分析,在解决社会生活问题时就会被现象所迷惑,不得要领,甚至误入歧途。(3) 动态的分析。社会历史总是表现为过程,是人们活动的过程和结果。人的活动会对事变进程产生不同的影响,而人的活动又是与一定的物质条件相联系的。这就要求在观察研究社会生活时,既要坚持决定论的原则,又要考虑到人的主体能动性,正确估计人的活动对事变进程的作用和影响。社会本来就是动态的,只有对它加以动态的分析,才能揭示其普遍本质和一般规律。(4) 历史的分析。社会现象是在一定的社会历史条件下发生的,要正确了解这些现象,就要具体地、历史地分析其形成和变化的条件。正如列宁所指出的:"在分析任何一个社会问题时,马克思主义理论的绝对要求,就是要把问题提到一定的历史范围之内。"[1] 没有历史感,就谈不上在社会历史领域中坚持唯物主义和辩证法。在阶级社会中,历史主义和阶级分析方法是辩证统一的。当然,作为历史唯物主义的方法论的分析方法,同时也是综合的方法。通过辩证的分析达到辩证的综合,才能形成对社会历史及其发展规律的整体认识,掌握改造社会、推动历史进步的一般方法。

最后,还应指出,历史唯物主义的方法论意义不局限于哲学思维本身,它对于具体科学认识,特别是对于社会科学研究具有重要的指导作用。历史唯物主义的方法论作为认识和改造社会的一般方法,既不能代替具体科学的特殊方法,也不能为具体科学的特殊方法所取代。一般哲学方法论、历史唯物主义的方法论和具体科学的方法,分别属于不同的思维层次,各自具有特定的认识功能,相互联系而又不能相互替代。历史唯物主义的方法论,处于社会历史观层次,对于具体科学来说是具有普遍意义的根本方法,起着一般方法论的作用。

以上对历史唯物主义的方法论特征和意义的概括,仅仅涉及了问题的一些主要之点。运用这些方法在社会历史领域中进行哲学思考,是现实的活生生的思维,具有丰富的内容和多样的形式。历史

---

[1] 《列宁选集》,2版,第2卷,512页,北京,人民出版社,1972。

唯物主义揭示社会发展一般规律的过程，是由抽象上升到具体，在理论上再现社会有机体及其一般结构、一般发展规律的过程。它对社会生活的把握是具体的，但这种具体并不是停留于外表的感性的具体，而是思维中的具体。就是说它不是片面的，而是全面的；不是零碎的，而是系统的；不是枝节的，而是抓住了本质的。这种思维中的具体是对于历史真理的真正把握，集其世界观和方法论功能于一身，从而能够为人类的历史活动提供可靠的科学的认识工具。

总 体 框 架

第一章　历史唯物主义是科学的历史观
第一节　社会历史观及其产生和发展
一、一般宇宙观和社会历史观
二、马克思主义以前的社会历史理论
三、历史唯物主义的创立
第二节　历史唯物主义是马克思主义哲学的组成部分
一、社会历史观的基本问题
二、历史唯物主义对社会历史观基本问题的正确解决
三、历史唯物主义与辩证唯物主义的关系
第三节　历史唯物主义是关于社会发展一般规律的科学
一、社会发展的自然历史过程和人的自觉活动
二、社会发展的一般规律和特殊规律
三、历史唯物主义的方法论意义

第二章　人类社会和自然界
第一节　从自然界到人类社会
一、人和人类社会的产生
二、劳动是人类的本质活动
三、人的社会存在和人的本质
第二节　作为社会物质生活条件的自然环境
一、自然环境对社会发展的作用
二、人类活动对自然环境的作用
三、社会发展与生态平衡
第三节　作为社会物质生活条件的人口因素
一、人口的自然属性和社会属性

二、人口因素在社会发展中的地位
　　三、社会发展与人口调节
　第四节　作为社会生存和发展基础的物质资料生产方式
　　一、人类社会与自然界对立统一的基础
　　二、生产方式是社会生存和发展的决定力量
　　三、以物质资料生产方式为基础的社会有机结构
第三章　生产力和生产关系
　第一节　社会生产力
　　一、生产力及其特点
　　二、生产力的构成
　　三、生产力的性质、水平和发展动力
　第二节　社会生产关系
　　一、生产关系及其特点
　　二、生产关系和物质利益
　　三、生产关系的构成和类型
　第三节　生产力和生产关系的辩证关系
　　一、生产力和生产关系的相互作用
　　二、生产关系一定要适合生产力状况的规律
　　三、社会发展的生产力标准
第四章　经济基础和上层建筑
　第一节　社会形态的基本结构
　　一、社会的经济基础及其特征
　　二、社会的上层建筑及其构成
　　三、社会形态是经济基础和上层建筑的统一体
　第二节　经济基础和上层建筑的辩证关系
　　一、经济基础和上层建筑的相互作用
　　二、经济基础和上层建筑的矛盾运动
　　三、上层建筑一定要适合经济基础状况的规律
　第三节　社会形态发展的普遍性和特殊性
　　一、社会形态发展次序的统一性和多样性
　　二、同类社会形态的共同本质和具体特点
　　三、历史时代是现实社会形态的统一性和多样性的具体统一
第五章　阶级、国家、革命
　第一节　阶级和阶级斗争
　　一、阶级的起源和实质

二、社会的阶级结构及其历史变迁
　　三、阶级斗争及其在历史发展中的作用
　　四、马克思主义的阶级观点和阶级分析方法
第二节　国　家
　　一、国家的起源
　　二、国家的本质和职能
　　三、国家的类型和形式
第三节　政治革命
　　一、革命的实质和历史作用
　　二、革命的根源和条件
　　三、革命的类型和形式
第四节　阶级社会向无阶级社会的过渡
　　一、无产阶级专政是新型国家
　　二、社会主义时期的阶级斗争
　　三、阶级和国家发展的历史趋势

第六章　社会意识
第一节　社会意识的结构
　　一、社会意识是人的精神活动系统
　　二、个人意识、群体意识和社会意识
　　三、社会心理和社会意识形式
　　四、社会意识形态和科学
第二节　社会意识诸形式
　　一、社会意识诸形式的起源
　　二、社会意识诸形式的特点
　　三、各种社会意识形式之间的联系
第三节　社会意识的功能
　　一、社会意识的相对独立性
　　二、社会意识对社会存在的反作用
　　三、社会意识的进步与意识形态领域的斗争

第七章　科学及其在社会历史中的地位和作用
第一节　科学的一般特征
　　一、科学的形成和本质
　　二、自然科学和社会科学
　　三、科学活动是社会总劳动的特殊部分

第二节　科学是推动历史前进的巨大杠杆
一、科学是革命的精神力量
二、科学向社会物质财富的转化
三、科学进展与社会关系的变革
第三节　科学发展的社会条件
一、社会生产制约着科学的进步
二、社会制度和阶级关系对科学发展的影响
三、其他社会因素对科学发展的作用

第八章　人民群众和个人在历史上的作用
第一节　人民群众是历史的创造者
一、在人的作用问题上两种对立的历史观
二、人民群众中的个人和集体
三、人民群众创造历史的决定作用
四、群众创造活动的历史条件性
第二节　历史人物的作用
一、历史人物特殊作用的社会意义
二、历史人物活动的社会基础和条件
三、评价历史人物的科学原则
第三节　人民群众创造活动的历史发展
一、群众的积极性和组织化程度的增长
二、阶级、政党同群众运动的关系
三、无产阶级政党的群众观点和群众路线

第九章　历史进步与人类解放
第一节　历史进步的动力和标志
一、历史进步的必然趋势
二、历史进步的基本动力
三、历史进步的主要标志
第二节　历史进步的方式和途径
一、历史进步的对抗形式和非对抗形式
二、社会革命、技术革命和文化革命
三、物质文明和精神文明的发展
第三节　共产主义和人的解放
一、人的解放和自由全面发展
二、人类从必然王国走向自由王国的历程
三、共产主义是完全自觉的人类历史的开端

辩证唯物主义和历史唯物主义原理（第1版）

李秀林　王　于　李淮春

中国人民大学出版社 1982 年出版

总　论：马克思主义哲学是科学的世界观和方法论[*]

一、完整严密的科学体系

马克思主义哲学的产生，以唯物主义和辩证法高度统一、唯物辩证的自然观和历史观高度统一的完整理论体系，代替了唯心主义和形而上学。

形而上学唯物主义代替了朴素唯物主义，唯心主义辩证法代替

---

[*]　本章内容选自《辩证唯物主义和历史唯物主义原理》（第1版）第一章第三节和第九章第一、三节，并略有删节。文中标题由编者所加。

了朴素辩证法，在认识史上无疑是一个重大的进步。然而这个进步却是以破坏唯物主义与辩证法的结合为代价的。唯物主义同辩证法分离的结果，造成了严重的后果，形而上学限制了唯物主义，唯心主义窒息着辩证法。哲学的进一步发展，必然要求改变这种违背自然、历史本来面目的分离状态。

正是马克思主义哲学在科学实践的基础上，把唯物主义同辩证法有机地、高度地统一起来了。马克思主义的唯物主义是辩证的唯物主义；马克思主义的辩证法是唯物主义的辩证法。这种既唯物又辩证的科学世界观，不仅正确地回答了世界的本质是什么的问题，而且正确地回答了世界的状况怎么样的问题。由于世界本来就是普遍联系、永恒发展的物质世界，因此，当马克思主义哲学唯物地解决世界本原的问题时，已经内在地包含着辩证法，由于联系和发展本来就是客观世界所固有的辩证本性，思维辩证法无非是客观辩证法在人们头脑中的反映，因此，当马克思主义哲学在揭示世界状况"怎么样"的时候，必然把唯物主义当作自己的基础和前提。总之，在马克思主义哲学中，唯物主义同辩证法内在地、有机地融为一体，不仅在自己的整个体系内，而且在每一个原理上，都体现了这种统一。任何人为地割裂或分离，都将走到马克思主义哲学的反面。

把唯物主义和辩证法统一起来，是马克思主义哲学的功绩；把唯物辩证的自然观和唯物辩证的历史观统一起来，更是马克思主义哲学的独创。

在马克思主义哲学产生以前，有些先进的思想家曾试图唯物地解释某些社会现象，但从总体上说，包括形而上学唯物主义在内的旧哲学，在历史观方面都是唯心主义的。这种情况，同社会现象具有不同于自然现象的特点密切相关。由于社会历史是人的活动的结果，离开人和人的活动，就无所谓社会和社会历史的发展。而人是有思想的，人的活动又是受思想所支配的。这就难免造成一种错觉，仿佛人的思想、意志成了支配历史发展的决定力量。因此，在社会历史领域坚持唯物主义较之在自然领域更为困难。这个认识上的原因加上历史的局限和阶级的偏见，就使唯心主义在历史领域长期独占了统治地位。

把唯物辩证的观点彻底贯彻到社会历史领域，必须找出在人们思想动机背后的客观物质原因。正是马克思和恩格斯发现了物质资料的生产方式及其矛盾运动是社会历史存在和发展的基础这一事实，从而结束了唯物主义哲学在自然观和历史观方面严重分裂的局面，创立了唯物辩证地解释自然界和人类社会的、完整严密的、彻底一元论的科学体系。

二、关于自然、社会和思维发展普遍规律的科学

马克思主义哲学的产生，结束了那种企图包括一切科学并凌驾其上的"科学之科学"的统治，把唯物主义辩证法或辩证唯物主义归结为"关于外部世界和人类思维的运动的一般规律的科学"[①]。这是关于哲学对象的一个深刻的变革，它在哲学史上第一次正确解决了哲学和具体科学的关系问题。

在马克思主义看来，哲学和具体科学之间既有联系，又有区别。

哲学和其他科学一样，都是实践经验的总结，离开实践的基础，就不可能有正确的哲学知识和其他科学知识。这是它们的共同点。然而在总结实践经验的基础上所建立的知识体系，又具有复杂的层次。人们在实践中所获得的关于自然、社会和思维的各种知识，经过加工整理，归入不同层次的各门具体科学。这些知识又成为哲学加工制作的材料。哲学思想、哲学理论正是依靠这些材料作进一步地抽象概括而得出的最一般的结论。所以，就具体科学和哲学这两个大的知识层次（其中还有一系列复杂的层次）来看，相对地说，在它们同实践的关系上，前者比较直接、具体，后者比较间接、概括。

奠基于社会实践的科学认识的任务在于，透过现象揭示本质，从外部的联系深入到内部的联系，从偶然性中发现必然的规律。科学是主观随意性的敌人。不以客观事物所固有的规律为对象，为内容的理论和学说，算不得真正的科学。马克思主义哲学作为一门科学，同其他科学一样，都是客观规律的正确反映，都是关于客观规律的科学。这是它们的共同点。然而，任何具体科学领域中的矛盾及其规律，不但具有自己的特殊性，而且包含了普遍性，都是普遍和特殊、共性和个性的对立统一。揭示贯穿在自然、社会和思维的一切领域中的最普遍的规律，就是哲学这门科学的任务。所以，哲学和其他科学虽然同样是研究事物的规律，但它们的对象和内容却有普遍和特殊之别。这又是它们的不同点。

[①] 《马克思恩格斯选集》，1版，第4卷，239页，北京，人民出版社，1972。

从哲学和具体科学既同又异、同中有异的分析中,我们还可看出它们之间的相互作用:哲学以具体科学为基础,具体科学以哲学为指导。

首先,哲学依赖于科学,具体科学特别是自然科学的进步推动着哲学的发展。列宁指出:"在马克思和恩格斯看来,哲学没有任何的单独存在的权利,它的材料分布在实证科学的各种不同的部门中间。"① 马克思主义哲学的生命力就在于它始终根植于科学的土壤中。离开了具体科学,就没有科学的哲学。不以科学事实为基础,马克思主义哲学就既不可能产生,也不可能发展。

同时,以具体科学为基础的马克思主义哲学,反过来又给予具体科学以世界观和一般方法论的指导。不论科学家是否意识到,他们都不能不在其研究工作中以某种哲学作为指导:依靠哲学所作出的一般结论,运用哲学所提供的一般概念和范畴,按照某种一般方法论进行分析和推理等等。历史上的许多有重大成就的科学家都比较重视哲学的理论思维,自觉地思考认识论、世界观的问题。提出量子假说的德国物理学家普朗克明确指出:"研究人员的世界观将永远决定着他的工作方向。"爱因斯坦也说:"认识论要是不同科学接触,就会成为一个空架子。科学要是没有认识论——要是这真是可以设想的——就是原始的混乱的东西。"

马克思主义哲学对现代科学的指导作用,首先表现在以关于客观世界和人类思维的一般规律的知识,为科学研究提供了正确的思维理论和研究方法。当代一些科学家,尽管并不是马克思主义者,但他们的世界观往往具有朴素的辩证法和唯物主义的因素,他们的一些成就实际上(不管意识到与否)是运用唯物主义和辩证法的结果。其中有一些人,还由此成为一个自觉的辩证唯物主义者。

马克思主义哲学对具体科学的指导作用,还在于它是排除唯心主义和形而上学干扰的思想武器。列宁曾经指出:任何自然科学,"如果没有充分可靠的哲学论据,是无法对资产阶级思想的侵袭和资产阶级世界观的复辟坚持斗争的。为了坚持这个斗争,为了把它进行到底并取得完全胜利,自然科学家就应该做一个现代的唯物主义者,做一个以马克思为代表的唯物主义的自觉拥护者,也就是说应当作一个辩证唯物主义者。"② 在科学的领域中,从来就存在着唯物

---

① 《列宁全集》,中文1版,第1卷,396页,北京,人民出版社,1955。
② 《列宁选集》,2版,第4卷,608~609页,北京,人民出版社,1972。

主义和唯心主义，辩证法和形而上学的斗争，在当代更是如此。当代自然科学正在发生深刻的革命变革。在天体物理、生命起源、思维模拟等方面，一方面取得了伟大的成就；另一方面则受到唯心主义和形而上学的束缚和干扰，一些人还利用这些成就，从中得出唯心主义、不可知论或神秘主义的结论。因此，自然科学家自觉地掌握马克思主义哲学这一武器，以抵制资产阶级世界观的影响是非常必要的。在社会科学的领域中，也存在着与此相类似的情况。所以，列宁的上述教导，在当代尤其具有重要意义。

从哲学和具体科学相互关系的原理中，我们可以得出一个主要的结论：要努力实现列宁的遗愿，使马克思主义哲学与具体科学、哲学家与科学家结成联盟，把学习哲学与学习各自的专业知识结合起来，为促进哲学的发展和科学的繁荣，共同作出贡献。

三、以实践为基础的科学性和革命性的统一

马克思主义哲学的产生，以建立在实践基础上的科学性和革命性相统一的无产阶级哲学，否定了剥削阶级的旧哲学。

马克思指出：以往的"哲学家们只是用不同的方式**解释**世界，而问题在于**改变**世界"[1]。根本不同于以往旧哲学的马克思主义哲学，不仅要科学地解释世界，而且更强调革命地改造世界。马克思主义哲学的这种科学性和革命性在实践的基础上达到了高度的统一。

实践性是马克思主义哲学区别于其他一切哲学的最主要、最显著的特点。马克思主义以前的旧哲学，有的也曾提出过实践的概念，但是未能对实践本身及其在哲学、在认识论中的作用作出科学的解释。旧哲学对于社会生活无疑要发生这样或那样的实际作用，具有各自的实践意义，但是，它在理论上往往把自己哲学的任务，只归结为对世界的批判和对世界的说明。例如，从18世纪法国启蒙学者到19世纪德国的费尔巴哈，基本上都是这样。马克思主义哲学则完全不同：第一，它第一次把科学的实践观点引入哲学，全面地、科学地论证了实践及其在认识中的决定作用和在哲学中的基础地位；第二，它强调自己的全部理论都要付诸实践，指导实践，变为群众的行动，化作改造世界的物质力量。正因为如此，马克思主义的奠基人才把自己的学说称为"实践的唯物主义"[2]。

---

[1] 《马克思恩格斯选集》，1版，第1卷，19页，北京，人民出版社，1972。
[2] 同上书，48页。

马克思主义哲学坚持自己的理论必须建立在实践的基础上,不仅来自实践,而且随时随地接受实践的检验,这就体现和保证了马克思主义的真理性、科学性。可以说,实践性以及由它所规定的科学性,是马克思主义及其哲学的生命和灵魂。离开实践性、科学性,就没有马克思主义及其哲学。无论在什么旗号或名义下,违背了科学性,也就是违背了唯物主义和辩证法,也就不再是马克思主义哲学,理所当然地应当加以反对,应当把它从马克思主义哲学中剔除出去。

"实践的唯物主义"还表明,"全部问题都在于使现存世界革命化,实际地反对和改变事物的现状"[1]。实践是伟大的革命力量,以马克思主义及其哲学为指导、为武装的千百万群众的实践,是无坚不摧的。这就是说,马克思主义哲学的实践性同时又规定了它的彻底的革命性。

马克思主义哲学的革命性,突出地表现为它的无产阶级的阶级性。马克思指出:"哲学把无产阶级当作自己的**物质**武器,同样地,无产阶级也把哲学当作自己的**精神**武器。"[2] 在阶级存在的条件下,哲学都属于一定阶级的意识形态,都具有阶级性,这是马克思主义哲学同其他哲学的共同点。但是在属于哪个阶级的问题上,它们又具有本质的区别。马克思主义以外的各派哲学,多数属于剥削阶级的意识形态,反映了剥削者的愿望,为剥削阶级的地位、利益作论证,这就不能不使它具有狭隘的剥削阶级偏见。剥削阶级哲学力图把自己打扮成"全民的"、"超阶级"、"无党性"的哲学,其实这却恰恰暴露了它的阶级性的一个重要方面——虚伪性和欺骗性。马克思主义哲学则完全相反,它是无产阶级世界观的理论表现,反映了无产阶级从而也反映了整个劳动人民的根本利益,这就是以铲除一切剥削制度,消灭包括无产阶级自己在内的一切现存阶级,以实现全人类的解放为目的的共产主义事业,除此以外再也没有别的狭隘私利。因此,马克思主义及其哲学没有任何必要隐瞒自己的阶级主张、掩饰自己的阶级面貌。公开申明自己为无产阶级和人民大众的利益服务,即公开自己的阶级性和党性,正是马克思主义哲学区别于其他哲学的一个显著特点。

总之,马克思主义哲学就是建立在实践基础上的科学性和革命

---

[1] 《马克思恩格斯选集》,1版,第1卷,48页,北京,人民出版社,1972。
[2] 同上书,15页。

性相统一的无产阶级世界观的理论体系。在马克思主义哲学中，科学性是革命性的必要前提和保证；而革命性则是科学性的必然结论和归宿。离开了无产阶级的革命立场，就会为狭隘的私利所蒙蔽而不能树立科学的世界观；而"没有科学的态度，即没有马克思列宁主义的理论和实践统一的态度，就叫做没有党性，或叫做党性不完全"①。越是坚持无产阶级的革命立场，就越要尊重科学，坚持真理；只有坚持科学精神，才符合于无产阶级的根本利益，才能体现无产阶级的阶级性和党性。正如列宁所深刻指出的，马克思主义的理论，"对世界各国的社会主义者之所以具有不可遏止的吸引力，就在于它把严格的和高度的科学性（它是社会科学的最新成就）和革命性结合起来，并且不是偶然地结合起来（即不仅因为学说的创始人本人兼有学者和革命家的品质），而是把二者内在地和不可分割地结合在这个理论本身中。"②

四、历史唯物主义在历史观上的根本变革

在19世纪40年代，马克思恩格斯在创立辩证唯物主义的同时创立了历史唯物主义。辩证唯物主义和历史唯物主义是在同样的历史背景和阶级基础上共生的，它们都是以往科学、哲学和先进社会历史理论发展的合乎规律的产物。

如果说辩证唯物主义的创立已经可以当之无愧地称作人类认识史上的根本变革的话，那么唯物史观的发现更是一项独创性的全新贡献，"是科学思想中的最大成果"③。

历史唯物主义在社会历史观上所实现的根本变革的实质和标志，就在于它破天荒地第一次正确解决了社会历史观的基本问题。它认为，不是人们的社会意识决定人们的社会存在，相反地，正是人们的社会存在决定人们的社会意识。社会存在决定社会意识的原理最能体现新的历史观的唯物的本性，整个历史唯物主义的理论大厦就是在这个科学思想基础上建造起来的。

历史唯物论同时就是历史辩证法。历史唯物主义强调社会存在决定社会意识，是同承认社会意识的能动性、反作用不可分割的。毛泽东说："我们承认总的历史发展中是物质的东西决定精神的东

---

① 《毛泽东选集》第3卷，758页，北京，人民出版社，1966。
② 《列宁选集》，2版，第1卷，81页，北京，人民出版社，1972。
③ 《列宁选集》，2版，第2卷，443页，北京，人民出版社，1972。

西，是社会的存在决定社会的意识，但是同时又承认而且必须承认精神的东西的反作用，社会意识对于社会存在的反作用。"① 历史唯物主义对于社会存在和社会意识关系的科学的解决，在理论上和实践上都具有重大的意义。

首先，社会存在决定社会意识原理的制定，从根本上宣告了唯心史观的破产，使过去对社会和历史所持的极其混乱、片面和武断的见解，为一种极其严密的科学理论所代替。恩格斯在谈到社会历史观上这一变革的意义时指出："人们的意识决定于人们的存在而不是相反，这个原理看来很简单，但是仔细考察一下也会立即发现，这个原理的最初结论就给一切唯心主义，甚至给最隐蔽的唯心主义当头一棒。关于一切历史性的东西的全部传统的和习惯的观点都被这个原理否定了。政治论证的全部传统方式崩溃了。"② 唯物史观的创立，使社会历史理论第一次成为科学。这不仅是指，从此人们有可能从总体上把社会历史看作是合乎规律的客观发展过程，而且还在于，它为各门具体社会科学的研究提供了科学的方法论指导。

其次，对于社会存在和社会意识关系唯物辩证的解决，使马克思主义哲学从根本上克服了以往唯物主义哲学的不彻底性，使它发展为彻底的、完备的唯物主义。这集中地体现在辩证唯物主义和历史唯物主义不可分割的联系中。客观存在决定主观意识的一般唯物主义原则在社会历史领域里的贯彻和体现，就是社会存在决定社会意识。辩证唯物主义和历史唯物主义的理论大厦，就是以这两个基本原理为中心线索建造起来的。这两个基本原理的内在统一，决定了辩证唯物主义和历史唯物主义之间，以致马克思主义哲学各个组成部分之间的相互联系、相互贯通，使马克思主义哲学成为十分完备而严整的科学体系。正如列宁所说："一般唯物主义认为客观真实的存在（物质）不依赖于人类的意识、感觉、经验等等。历史唯物主义认为社会存在不依赖于人类的社会意识。在这两种场合下，意识都不过是存在的反映，至多也只是存在的近似正确的（恰当的、十分确切的）反映。在这个由一整块钢铁铸成的马克思主义哲学中，决不可去掉任何一个基本前提，任何一个重要部分，不然就会离开客观真理，就会落入资产阶级反动谬论的怀抱。"③

---

① 《毛泽东选集》第1卷，300～301页，北京，人民出版社，1966。
② 《马克思恩格斯选集》，1版，第2卷，117～118页，北京，人民出版社，1972。
③ 《列宁选集》，2版，第2卷，332～333页，北京，人民出版社，1972。

最后，也是最富于革命实践意义的，就是马克思主义唯物史观同剩余价值学说一起，使社会主义从空想变成了科学。唯物史观和剩余价值学说，这是马克思主义的两个伟大的发现。唯物史观的发现，使人们再不像空想社会主义那样，把社会主义只是建立在对资本主义罪恶的道德愤慨和对未来社会的理性追求的基础上，而是建立在对资本主义经济关系，以及由经济关系所决定的阶级关系的深刻分析的基础上。从此以后，以科学的历史观为基础的社会主义，"已经不再被看作某个天才头脑的偶然发现，而被看作两个历史地产生的阶级无产阶级和资产阶级间斗争的必然产物。它的任务不再是想出一个尽可能完善的社会制度，而是研究必然产生这两个阶级及其相互斗争的那种历史的经济的过程，并在由此造成的经济状况中找出解决冲突的手段。"① 按照社会发展的客观规律，资本主义必然灭亡，社会主义、共产主义必然胜利，这就是从唯物史观中得出的主要结论，也是社会历史观上革命变革的伟大意义的集中体现。

五、历史唯物主义是社会发展一般规律的科学

作为科学哲学组成部分的历史唯物主义，它所研究的对象是人类社会这一复杂有机体的一般结构、内在联系、内在动力以及由此而构成的必然运动，即人类社会存在和发展的一般规律性。简言之，历史唯物主义就是社会发展一般规律的科学。

人类社会是一个具有多种结构和层次的、不断变化着的物质体系，社会发展在它的不同层次中和不同阶段中，存在着不同的发展规律；同时，和社会有机体的统一性及其发展的连续性相适应，在社会的不同层次和不同的发展阶段中，也存在着共同起作用的规律。前者是社会发展的特殊规律，后者是社会发展的一般规律。

斯大林在谈到社会经济发展规律时说："各种社会形态在它的经济发展中，不仅服从自己特有的经济规律，而且还服从一切社会形态所共有的经济规律"，"各个社会形态不仅以自己特有的规律互相分开着，而且以一切社会形态所共有的经济规律互相联系着"②。为了把握社会发展过程及其不同阶段的共同本质，把握不同社会形态的联系和区别，就必须研究社会发展的一般规律和特殊规律，以及二者之间的关系。

---

① 《马克思恩格斯选集》，1版，第3卷，423页，北京，人民出版社，1972。
② 《斯大林选集》下卷，593页，北京，人民出版社，1979。

社会发展规律根源于社会生活的物质条件,并通过这些条件表现出来和发生作用。社会生活及其发展有一般的条件,也有特殊的条件,社会发展的一般规律和特殊规律,就是同一般的和特殊的条件联系在一起的。同社会生活及其发展的一般条件相联系,存在着一切社会都普遍发生作用的一般规律。如,社会存在决定社会意识的规律,生产方式决定社会的基本结构、性质和面貌的规律,生产关系一定要适合生产力状况的规律,上层建筑一定要适合经济基础状况的规律等等。这些在社会发展的过去、现在和将来都发生作用的一般规律,就是历史唯物主义的研究对象。

有一些规律在社会发展的几个阶段或几种社会形态中起作用,如生产资料的私有制决定阶级的产生和划分的规律,阶级斗争推动社会发展的规律等,就是这样的规律。这些规律虽然存在和作用于以阶级对抗为基础的社会条件下,因而属于社会发展的特殊规律,但是,由于它们不只是某一个别社会所独有,而且在迄今为止有文字记载的各个社会发展中起着重要的作用,因此它们也包括在历史唯物主义的研究范围之中。

此外,还有更多的规律同社会发展的独特条件相联系,只为社会发展的某一阶段,某一社会形态所具有,对于其他各个社会发展阶段或形态不起作用,因而是更加特殊的规律,或称为个别的规律。这些规律不属于历史唯物主义的范围,而是具体社会科学的研究对象。

社会发展规律由于它们起作用范围的大小和过程的久暂,区分为一般规律和特殊规律。但是,一般规律和特殊规律又是相互联系的。它们的这种区别和联系,规定了历史唯物主义哲学和各门具体社会科学的一般关系。

社会生活及其规律的多样性,由此产生出社会科学的不同门类。每一门社会科学,如经济学、政治学、法学、伦理学、艺术学等等,都以社会生活某方面的特殊规律作为自己的研究对象。以社会发展一般规律为对象的历史唯物主义,同它们之间的区别是显而易见的。就是一些研究对象不限于社会历史个别方面的学科,如历史学和一般社会学,也是和历史唯物主义不同的。

历史科学例如通史,虽然也研究社会的一切方面,但它是按年代顺序,以具体的历史形式,描绘各国家、各民族具体的历史过程、历史事件、人物以及它们在历史发展中的地位和作用。历史唯物主义不专门研究某一国家、民族的历史发展,而是把它们作为统一的人类社会,以概念、判断和推理等逻辑形式,以关于人类社会的一般范畴体系,再现这一整体的一般历史过程和一般规律。

历史唯物主义也不等同于一般社会学。历史唯物主义为研究广泛的社会历史问题,提供了科学的世界观和方法论的指导,只有遵循历史唯物主义才能正确认识和解决各种社会问题,在这个意义上,可以说它是唯一科学的社会学。但是,通常意义上的社会学仍然属于具体的社会科学,它研究广泛的社会具体问题,如劳动、人口、民族、家庭、习俗等,研究它们的规律性,寻求解决各种社会问题的具体途径和方法。社会学不仅在具体内容上,而且在具体研究方法上也有不同于历史唯物主义的特点。一般社会学理论和历史唯物主义有更多的相似之处,但它主要是对社会学这门科学的对象、内容、范围和方法作一般理论的概括描述,这些同一般社会历史观本身也是有区别的。

在我们把历史唯物主义同各门具体社会科学区别开来的同时,又特别要把握它们之间的联系。需要注意的是,不能把历史唯物主义和具体科学简单地归结为整体和部分的关系,即不能把历史唯物主义看作包罗一切具体社会知识之总汇,而是应进一步把它们理解为共性和个性的关系。一方面,共性不能脱离个性,历史唯物主义只有不断吸取具体社会科学的成果,扎根于具体社会科学之中,才能对社会发展的一般问题作出科学的总结。另一方面,个性也不是脱离共性,历史唯物主义不能代替具体社会科学,但它却以一般的原则、方法统摄、指导着各门具体社会科学。

总体框架

第一章 绪 论
　第一节 哲学和哲学基本问题
　　一、哲学是理论化和系统化的世界观
　　二、思维和存在的关系问题是哲学的基本问题
　　三、唯物主义和唯心主义
　　四、辩证法和形而上学及其同哲学基本问题的关系
　第二节 唯物主义、辩证法思想的历史发展
　　一、马克思主义哲学的前史

二、马克思主义哲学的产生和发展
第三节 马克思主义哲学是科学的世界观和方法论
一、完整严密的科学体系
二、关于自然、社会和思维发展普遍规律的科学
三、以实践为基础的科学性和革命性的统一
第四节 学习马克思主义哲学的目的、意义和方法
一、树立正确的人生观和世界观
二、提高为社会主义现代化建设而斗争的自觉性
三、坚持理论联系实际的学习方法

第二章 世界的物质性
第一节 物质
一、哲学物质观念的历史发展
二、辩证唯物主义的物质范畴
第二节 运动
一、运动是物质的根本属性
二、静止是运动的特殊状态
第三节 时间和空间
一、时间和空间是运动着的物质的存在形式
二、时间和空间的绝对性和相对性
第四节 世界的物质统一性
一、世界的物质统一性的科学证明
二、世界的物质统一性的哲学论证

第三章 意识的起源、本质和作用
第一节 意识的起源
一、由物质的反应特性到低等生物的刺激感应性
二、从刺激感应性到动物的感觉和心理
三、从动物心理到人类意识的产生
第二节 意识的本质
一、意识是人脑的机能
二、意识是客观存在的反映
三、意识和思维模拟
第三节 意识的作用
一、物质的决定性和意识的能动性
二、意识的能动性及其表现

三、实现意识能动作用的途径

第四章　唯物辩证法是关于联系和发展的科学
　第一节　唯物辩证法是关于普遍联系的科学
　　一、事物、现象的普遍联系
　　二、联系的复杂性、多样性
　第二节　唯物辩证法是关于永恒发展的科学
　　一、物质运动的基本形式及其辩证关系
　　二、发展是新事物的产生和旧事物的灭亡
　第三节　唯物辩证法是一系列普遍规律和范畴的科学体系
　　一、唯物辩证法的规律和范畴
　　二、对立统一学说是唯物辩证法的实质和核心

第五章　唯物辩证法的规律
　第一节　质量互变规律
　　一、质、量、度
　　二、量变、质变、新的量变
　　三、量变、质变的普遍性和复杂性
　第二节　对立统一规律
　　一、矛盾的同一性和斗争性
　　二、矛盾是事物发展的动力
　　三、矛盾的普遍性和特殊性
　第三节　否定之否定规律
　　一、辩证的否定
　　二、否定之否定
　　三、螺旋式发展的普遍性和特殊性

第六章　唯物辩证法诸范畴
　第一节　原因和结果
　　一、原因和结果及其辩证关系
　　二、因果联系的客观普遍性和多样性
　第二节　必然性和偶然性
　　一、必然性和偶然性的含义
　　二、必然性和偶然性的辩证关系
　第三节　可能性和现实性
　　一、可能性和现实性的含义
　　二、可能性和现实性的辩证关系

第四节　形式和内容
一、形式和内容的含义
二、形式和内容的辩证关系
第五节　现象和本质
一、现象和本质及其辩证关系
二、科学的任务是透过现象认识本质

第七章　认识和实践
第一节　辩证唯物主义认识论是能动的革命的反映论
一、世界是可以认识的
二、认识是主体对客体的能动的反映
第二节　实践及其在认识中的作用
一、实践的特点和形式
二、实践在认识中的决定作用
第三节　认识的辩证运动
一、感性认识到理性认识
二、理性认识到实践
三、实践、认识、再实践、再认识
第四节　科学的逻辑思维方法
一、归纳和演绎
二、分析和综合
三、抽象到具体

第八章　真　理
第一节　客观真理
一、真理是客观的
二、对唯心主义真理观的批判
第二节　绝对真理和相对真理
一、真理的绝对性和相对性
二、绝对真理和相对真理的关系
三、对绝对主义和相对主义的批判
第三节　真理和谬误
一、真理和谬误的对立
二、真理和谬误的互相转化
第四节　实践在检验认识的真理性中的作用
一、实践是检验认识的真理性的唯一标准

二、实践标准的确定性和不确定性
三、实践检验和逻辑证明

第九章 历史唯物主义是科学的社会历史观
第一节 社会历史观的基本问题
一、社会存在和社会意识的关系是社会历史观的基本问题
二、马克思主义以前的社会历史理论及其根本缺陷
三、历史唯物主义在社会历史观上的根本变革
第二节 人类社会的发展是自然历史过程
一、自然和社会
二、社会的物质生活条件
三、社会基本矛盾及其运动的一般过程
第三节 历史唯物主义是社会发展一般规律的科学
一、社会规律的客观性和人的自觉活动
二、社会发展的一般规律和特殊规律
三、历史唯物主义的一般方法论意义

第十章 生产力和生产关系
第一节 生产力
一、生产力的构成
二、生产力的性质和水平
三、生产力发展的动力
第二节 生产关系
一、生产关系的构成
二、生产关系的基本类型
第三节 生产力和生产关系的辩证关系
一、生产力和生产关系的相互作用
二、生产力和生产关系的矛盾运动
三、生产关系一定要适合生产力状况的规律

第十一章 经济基础和上层建筑
第一节 社会形态是经济基础和上层建筑的统一体
一、经济基础
二、上层建筑
三、社会形态
第二节 经济基础和上层建筑的辩证关系
一、经济基础和上层建筑的相互作用

二、经济基础和上层建筑的矛盾运动
　　三、上层建筑一定要适合经济基础状况的规律
第三节　社会形态发展过程中的统一性和多样性
　　一、社会形态依次更替的普遍性和特殊性
　　二、同类社会形态的共同本质和具体特点
　　三、体现社会形态发展过程一致性和多样性之统一的历史时代

第十二章　阶级国家革命

第一节　阶级和阶级斗争
　　一、阶级的起源和实质
　　二、阶级斗争及其在社会发展中的作用
　　三、阶级分析方法是马克思主义研究社会历史的根本方法
第二节　国　家
　　一、国家的起源和实质
　　二、国家的类型和形式
　　三、国家的职能
第三节　社会革命
　　一、社会革命的根据和条件
　　二、社会革命的类型和形式
　　三、社会革命在历史发展中的作用
第四节　阶级社会向无产阶级社会的过渡
　　一、无产阶级专政是新型国家
　　二、社会主义时期的阶级斗争
　　三、阶级消灭和国家衰亡

第十三章　社会意识

第一节　社会意识的构成
　　一、个体意识和群体意识
　　二、社会心理和社会意识形态
第二节　社会意识形态诸形式
　　一、社会意识形态诸形式的特点
　　二、社会意识形态诸形式的相互联系
第三节　社会意识的特点、作用和不断进步的一般过程
　　一、社会意识的相对独立性
　　二、社会意识对社会存在的反作用
　　三、社会意识的进步和社会的精神文明

第十四章 人民群众和个人在历史上的作用
第一节 人民群众是历史的创造者
一、在对待人民群众作用的问题上两种对立的历史观
二、人民群众创造历史的决定作用
三、人民群众创造作用的社会制约性
第二节 个人在历史发展中的作用
一、历史人物对社会发展的影响
二、历史人物的社会制约性
三、无产阶级领袖的伟大作用
第三节 人民群众和个人的关系
一、个人和集体
二、领袖和群众
三、无产阶级政党的群众观点和群众路线

第十五章 社会进步和人的解放
第一节 历史进步和人的解放的一致性
一、人类社会是发展着的活的有机体
二、社会进步的历史趋势
三、人的解放程度是社会进步的重要标志
第二节 人类从必然王国进入自由王国的飞跃
一、劳动的异化及其主要表现
二、共产主义是人类从必然王国进入自由王国的飞跃

辩证唯物主义和历史唯物主义原理（第4版）

李秀林　王　于　李淮春

中国人民大学出版社 1995 年出版

总　论：马克思主义哲学是实践、辩证、历史的唯物主义*

一、哲学史上的革命变革

马克思主义哲学是"新唯物主义"，是唯物主义发展的最彻底、最科学的形态。它是马克思和恩格斯总结了 19 世纪 40 年代无产阶级的阶级斗争经验和自然科学的最新成果，批判地继承了人类文化的优秀遗产，特别是在批判地吸取了黑格尔和费尔巴哈哲学中的合

---

* 本章内容选自《辩证唯物主义和历史唯物主义原理》（第 4 版）导论的第二节。文中标题由编者所加。

理因素的基础上创立起来的。这种现代形态的唯物主义，克服了形而上学唯物主义的局限性和不彻底性，实现了唯物主义和辩证法、唯物辩证的自然观和历史观在实践基础上的高度统一，从而也实现了哲学史上的一次革命性变革。

马克思主义哲学的诞生，标志着人类哲学思维的发展进入了一个崭新的阶段。发生在19世纪40年代的这次哲学革命并不是偶然的，而是当时社会政治与经济的发展、自然科学的巨大进步和哲学理论自身发展的必然产物。

19世纪40年代的欧洲，正处于一个伟大的历史时代。当时欧洲的资本主义已经进入了较高的发展阶段。机器生产提高了生产社会化的程度，使资本主义的固有矛盾日益加深。以往隐藏在政治变革背后起决定作用的经济因素的明朗化、阶级关系的趋向简单化、社会生活的急剧变动等等，都使社会历史发展的唯物辩证性质得到了充分的表现。

成熟的资本主义生产方式孕育了成熟的无产阶级。欧洲无产阶级已从一个自在的阶级逐渐成长为一个自为的阶级，形成为一支独立的自觉反对资本主义的强大力量。从19世纪30年代开始，欧洲先后爆发了英国的宪章运动、法国的里昂起义和德国的西里西亚纺织工人起义，震撼了资本主义统治，表现了无产阶级打碎旧世界、创立新社会、变奴隶为主人的决心和创造历史、改造世界的作用。为了实现这一历史使命，迫切需要科学的理论指导。马克思主义及其哲学正是适应这一需要而产生的。

马克思主义哲学的产生，也是这一时期自然科学取得前所未有的巨大成就的结果。18世纪末到19世纪初，自然科学已经从分门别类"搜集材料的科学"逐步转变为"整理材料的科学"，原来认为自然界绝对不变的形而上学观点，连续遭到了自然科学新发现的冲击。康德的"星云说"第一个打开了形而上学自然观的缺口，生动地论证了宇宙的空间联系和天体演化过程；接着，地质学、胚胎学、动植物生理学、有机化学等陆续建立和发展起来，特别是细胞学说、能量守恒和转化定律及达尔文进化论三大科学发现，具有划时代的意义。细胞学说与能量守恒和转化定律是马克思主义哲学产生的自然科学前提，进化论则为刚刚诞生的马克思主义哲学提供了强有力的自然科学论证。正如恩格斯所说："由于这三大发现和自然科学的其他巨大进步，我们现在不仅能够指出自然界中各个领域内的过程之间的联系，而且总的说来也能指出各个领域之间的联系了，这样，我们就能够依靠经验自然科学本身所提供的事实，以近乎系统的形式描绘出一幅自然界联系的清晰图画。"① 哲学在概括自然科学新成就的基础上，全面深刻地揭示自然界发展的唯物辩证性质，不仅必要而且完全成为可能的了。

马克思主义哲学又是对当时欧洲社会科学优秀成果的概括和总结，是对人类哲学思维中的唯物主义和辩证法传统的批判继承与创造性的发展。17世纪英国工业革命揭开了资本主义生产发展的新的一页，作为资本主义生产关系理论表现的以亚当·斯密和大卫·李嘉图为代表的古典经济学，特别是他们的劳动价值论，19世纪法国复辟时期的历史学家基佐、米涅、梯叶里关于阶级斗争作用的论述，19世纪初以圣西门、傅立叶、欧文为代表的英法空想社会主义学说，都为马克思主义哲学的创立作了理论上的准备；而德国古典哲学，主要是黑格尔的辩证法和费尔巴哈的唯物主义，则是马克思主义哲学的直接理论来源。

作为马克思主义哲学的创始人的马克思和恩格斯，在青年时代就受到黑格尔哲学的熏陶，尔后又经过费尔巴哈哲学的洗礼。他们在考察社会现实的实践中，特别是在亲身参加和深入了解欧洲工人运动的过程中，从民主主义者转变为共产主义者。在理论上，他们抛弃了黑格尔唯心主义体系，批判地吸取了它的辩证法的"合理内核"；抛弃了费尔巴哈哲学中形而上学和宗教的、伦理的唯心主义杂质，批判地吸取了它的唯物主义的"基本内核"。马克思、恩格斯在此基础上，通过自己的科学发现，创立了崭新的无产阶级世界观的理论体系——马克思主义哲学。

马克思主义哲学的产生，是哲学发展史上的一次质的飞跃，是人类认识史上的空前革命。马克思主义哲学是新的现代的唯物主义，是无产阶级和广大劳动人民的科学世界观和方法论。它在理论体系的内容结构上、哲学的主题和研究的对象上、哲学的本质特征及其功能与使命上，都具有不同于以往哲学的特点。

二、马克思主义哲学首要的和基本的观点

实践的观点是马克思主义哲学首要的和基本的观点，实践的原

---

① 《马克思恩格斯选集》，1版，第4卷，241～242页，北京，人民出版社，1972。

则是马克思主义哲学的建构原则。

在被恩格斯称之为"包含着新世界观的天才萌芽的第一个文件"①的《关于费尔巴哈的提纲》中,马克思就以实践为中心对以费尔巴哈为代表的旧唯物主义进行了彻底清算和批判,同时也精辟而扼要地阐述了自己的某些基本哲学思想。在这个提纲中,马克思一开始就明确指出,旧唯物主义和唯心主义都不理解人类实践活动及其意义,因而导致他们在对世界的理解和观察世界的视角等一系列问题上存在着重大缺陷。他说:"从前的一切唯物主义(包括费尔巴哈的唯物主义)的主要缺点是,对对象、现实、感性,只是从客体的或者直观的形式去理解,而不是把它们当作感性的人的活动,当作实践去理解,不是从主体方面去理解。因此,和唯物主义相反,能动的方面却被唯心主义抽象地发展了,当然,唯心主义是不知道现实的、感性的活动本身的。"②哲学是世界观,但在旧唯物主义那里,所谓"世界"只是宇宙自然。从古希腊唯物主义者一直到18世纪法国唯物主义的机械论者,都是依照形成的时间先后顺序,把整个世界还原为自然物质,人只是自然物质的一种表现形态。他们虽然正确地确认了世界的物质统一性原则,但在他们的"世界"里却全然没有给人以切实的立足之地,否认了人的主体性、能动性和创造性。以费尔巴哈为代表的人本唯物主义,虽然也承认人是感性的对象,是思维和自然相统一的基础,力图以"现实的人"为基本原则来理解世界,然而他们却不理解只有实践才是人的存在方式,因而也"没有把感性世界理解为构成这一世界的个人的共同的、活生生的、感性的活动"③。离开实践去理解人,不论这样的"人"加上多少"现实的"字眼,他仍然只能是抽象的人;而离开现实世界的真正主体即实践着的人,离开人的能动的实践活动去理解世界,这个"世界"就不是我们生活于其间,并由人们的实践不断创造和改造着的、充满生机的现实世界。

同把目光集中于空泛的宇宙及其自然本质而忽视了人的存在的旧唯物主义以及只在抽象的、绝对的观念世界中漫游的唯心主义相反,马克思主义哲学把思考的聚焦点从宇宙本体转向人类世界,从存在一般转向现存世界。按照马克思的观点,现存世界中的自然和

---

① 《马克思恩格斯选集》,1版,第4卷,208~209页,北京,人民出版社,1972。
② 马克思、恩格斯:《费尔巴哈》,83页,北京,人民出版社,1988。
③ 《马克思恩格斯选集》,1版,第1卷,50页,北京,人民出版社,1972。

社会是在人类实践中融为一体的。实践首先是人以自身的活动来引起、调整和控制人与自然之间物质变换的过程;在这个过程中,人们之间必然要结成一定的社会关系并互相交换其活动;而在这个过程的开始时,作为实践主体的人的头脑中就以观念形式存在着实践活动所欲得到的结果——目的。因此,实践犹如一个转换器,人及其社会在自然中贯注了自己的目的,使之成为社会的自然;同时自然又进入社会,转化为社会中的一个恒定的因素,使社会成为自然的社会。可见,人类世界既不能像唯心主义那样归结为人的意识,也不能像旧唯物主义那样把它还原为原生态的自然。只有人类实践活动才是人类世界或现存世界得以存在的根据和基础。

由此可见,实践内在地包含着人与自然的关系、人与社会的关系以及人与其意识的关系,而这些关系的总和又构成了现存世界中的基本关系。可以说,实践以缩影的形式映现着现存世界,它蕴涵着现存世界的全部秘密,是人类所面临的一切现实矛盾的总根源。正因为如此,马克思主义哲学从实践出发去反观、透视和理解现存世界,把对象、现实、感性当作实践去理解。

从实践出发去理解现存世界的根本点在于,从物质实践出发去把握现存世界,把物质生产活动所引起的人和自然之间的物质变换作为现存世界的基础。所以,现存世界的整体化就是通过人与自然的物质变换对现存世界的诸关系、结构的规范实现的。人与自然之间的物质变换始终是现存世界的深层结构,它从根本上决定着社会结构、政治结构、观念结构以及社会生活中的一切关系。

因此,马克思把自己的哲学对象规定为作为现存世界基础的人类实践活动,把哲学的任务规定为解答实践活动中的人与世界、主体与客体、主观与客观的关系,从而为改变世界提供方法论。马克思主义哲学是为改变现存世界的实践活动而创立的,实践的内容就是它的理论内容,它本身就是对人类实践活动中各种矛盾关系的一种理论反思。马克思主义哲学"正是描述人们的实践活动和实际发展过程的真正实证的科学",其基本内容就是"从对每个时代的个人的实际生活过程和活动的研究中得出的"[①]。

从哲学史上来看,马克思第一次把实践提升为哲学的根本原则,转化为哲学的思维方式,从而创立了以实践为核心和基础的崭新形

[①] 《马克思恩格斯选集》,1版,第1卷,31、32页,北京,人民出版社,1972。

态的现代唯物主义哲学。人类的实践活动是人和自然、社会和自然、主体和客体、主观和客观所构成的矛盾运动，它既是一种物质运动的客观过程，又是主体活动的创造性的辩证过程，现实世界的物质性和辩证性，正是在实践活动中被揭示出来的。科学的实践观是马克思创立辩证唯物主义和历史唯物主义的思想机制。实践观点不仅是马克思主义哲学批判唯心主义的锐利武器，而且是同旧唯物主义的分界线，并由此终结了传统哲学。离开了作为首要的和基本的观点的实践观点，就不可能真正把握马克思主义哲学的实质，不可能真正理解马克思主义哲学整个思想体系。

三、辩证唯物主义和历史唯物主义的统一

马克思主义哲学继承了旧唯物主义传统，克服了旧唯物主义的缺陷，以彻底的唯物主义原则，创立了唯物论和辩证法、唯物主义自然观和唯物主义历史观相统一的哲学，即辩证唯物主义和历史唯物主义相统一的世界观。

存在决定思维、物质决定意识、自然界先于人类而存在，这是一切唯物主义都必须坚持的根本原则。但是，旧唯物主义是不彻底的唯物主义。它虽然坚信世界的物质性，但对物质世界作了机械的理解，看不到物质世界由内在矛盾引起的发展变化和辩证运动，其唯物主义是形而上学的；同时，旧唯物主义又是"半截子唯物主义"，它割裂了自然和历史的辩证关系，把自然和历史的对立绝对化而看不到二者之间的辩证统一。它仅仅在自然观领域才是唯物主义的，当它一触及社会历史领域，就陷入"人是环境的产物"和"意见支配世界"的二律背反的困惑中，最终在社会历史观上重归唯心主义。

以科学实践观为根本特征的马克思主义哲学，在其理论内容上与旧唯物主义也有显著的不同，即它既是唯物主义与辩证法高度统一的辩证唯物主义，又是自然观与历史观高度统一的历史唯物主义，而辩证唯物主义和历史唯物主义是以科学实践观为其思想核心的统一体系。辩证唯物主义和历史唯物主义并不是各自分离的两种不同的"主义"，它只是同旧唯物主义相比较而言的关于马克思主义哲学所展现的两个"新"的方面、两个主要特征，是统一的马克思主义哲学的两个不同的侧面和称谓，是"新唯物主义"的辩证性和彻底性的标志。

相对于形而上学唯物主义而言，马克思主义哲学是辩证唯物主

义。从古代朴素唯物主义到形而上学唯物主义的演变，无疑是哲学发展的重大进步，但这一进步是以牺牲唯物主义和辩证法的统一为代价的。形而上学限制着唯物主义，辩证法则在唯心主义那里受到窒息，唯物主义和辩证法是相互脱离的。然而客观世界是唯物的又是辩证的，是物质性和辩证性的统一，哲学发展的内在逻辑，要求克服唯物主义和辩证法相脱离的矛盾。马克思主义哲学在实践的基础上真正克服了这个矛盾，把唯物主义和辩证法有机地、高度地统一起来。在马克思主义哲学中，唯物主义和辩证法相互渗透、彼此贯通，是水乳交融、血肉相连的。马克思主义哲学通过实践活动的物质性和辩证运动，揭示出世界以及人与世界关系的物质性和辩证性，指明主体与客体、人类与自然、主观与客观等处于客观的普遍联系、永恒运动和辩证发展之中。马克思主义哲学所说的世界的物质性，内在地包含着世界的辩证性；而马克思主义哲学所说的世界的辩证性，又是以世界的物质性为前提的，"观察的客观性"始终是马克思主义辩证法的首要因素。所以，马克思主义的唯物主义是辩证的唯物主义，马克思主义的辩证法是唯物主义的辩证法。在马克思主义哲学中，唯物主义和辩证法是统一的，这种统一贯穿在马克思主义哲学的整个体系中。

相对于一切旧哲学而言，马克思主义哲学是历史唯物主义或唯物主义历史观。就总体来看，在马克思主义以前的旧哲学都是历史唯心主义的，其中也包括旧唯物主义哲学。正如马克思和恩格斯所说："当费尔巴哈是一个唯物主义者的时候，历史在他的视野之外；当他去探讨历史的时候，他决不是一个唯物主义者。在他那里，唯物主义和历史是彼此完全脱离的。"① 旧唯物主义者把自然同历史截然对立起来，一方面他们把自然看作是纯粹客观的自在的东西，"而且是那个尚未置于人的统治之下的自然界"②；另一方面又把人类活动及由这种活动构成的社会历史看作是某种主观的过程。他们把唯物主义和历史看作是不相容的，所以一旦涉及历史问题时，不是与唯心主义殊途同归，就是抹杀历史的特殊性，把历史自然化，把历史过程等同于自然过程。

与旧哲学不同，马克思主义哲学是把感性的现存世界，"当作实践去理解"的。这就是说，人们生活于其中的感性世界，是以人的

---

① 《马克思恩格斯选集》，1版，第1卷，50页，北京，人民出版社，1972。
② 《马克思恩格斯全集》，中文1版，第42卷，369页，北京，人民出版社，1979。

生产活动引起的人与自然的"物质实践"为基础的。在实践活动中，人是主体，自然是客体。人类存在和发展的历史就是人对自然不断地改造，使"自在自然"变成"人化自然"，与此同时也不断地改造、创造着人自身的过程。这样，原生态的自在自然通过人的开发、改造而被赋予了社会性，成为人化或社会化的自然，而人类社会不仅以自然为自己存在的前提，而且在实践中也不断地进入自然之中，从而使社会历史也更具有自然性。于是在人们面前出现的是社会的自然和自然的社会，或者说"历史的自然和自然的历史"。因此，自然史和人类史"这两方面是密切相连的；只要有人存在，自然史和人类史就彼此相互制约"[1]。由此可见，尽管人类社会有其特殊性和复杂性，但它同自然界一样，也是物质的和辩证发展的"自然历史过程"，有着不以人的意志为转移的客观规律。马克思主义哲学对人类社会历史的理解同对自然界的理解一样，都是唯物的和辩证的，并由此创立了历史唯物主义。

"社会生活在本质上是实践的"[2]，以实践为本质的社会关系、社会过程，实际上是以物质生产为基础的物质关系、物质过程，社会的政治、精神等的关系和过程，都是在这一基础上建立起来的，而社会的政治、精神等的关系和过程，又能动地作用于社会的物质关系和物质过程。由于马克思主义哲学在实践基础上揭示了自然观和历史观的统一，从而正确地、彻底地解决了哲学基本问题，把唯物主义贯彻到底。马克思指出："不是人们的意识决定人们的存在，相反，是人们的社会存在决定人们的意识。"[3] 社会存在决定社会意识是存在决定意识最本质、最深刻的内容，这两个命题是同一的、融为一体的。总之，人类的物质实践活动是唯物的、辩证的，也是社会的、历史的。辩证唯物主义和历史唯物主义这两个重要特征，都是从实践的唯物主义这一本质特征引申出来的，是这一本质特征必然展开的内在逻辑和理论表现。马克思主义哲学不是辩证唯物主义和历史唯物主义的简单相加，而是以科学的实践观为其思想灵魂的内在统一的哲学体系，是不同于传统哲学的实践、辩证、历史的唯物主义。

---

[1] 马克思、恩格斯：《费尔巴哈》，9~10页，北京，人民出版社，1988。
[2] 《马克思恩格斯选集》，1版，第1卷，18页，北京，人民出版社，1972。
[3] 《马克思恩格斯选集》，1版，第2卷，82页，北京，人民出版社，1972。

四、批判、开放和不断发展的学说

马克思主义哲学是批判的、开放的和发展的学说。

批判性是马克思主义哲学的基本精神。批判，是破旧立新，是以新质代替旧质，是实践的内在要求。马克思和恩格斯指出："对实践的唯物主义者，即共产主义者说来，全部问题都在于使现存世界革命化，实际地反对和改变事物的现状。"① 实践作为人类的基本存在方式，是人对外部自然的一种否定性关系。在实践中，人以自身的活动否定自然的直接存在状态，赋予它以合乎人类目的和需要的形式，把"自在之物"改造为"为我之物"。物质生产作为人对自然的否定性关系，是最深刻、最基本的矛盾关系，是人类一切否定性即革命性、批判性的活动之源，由此必然导致人与人之间经济的、政治的以及精神的交往关系的革命性变化。人们在实践中不断地否定、创造着现存世界，同时又不断地否定、创造着人本身，逐步实现人类的自由解放。物质实践活动固有的否定性、创造性，决定了作为"实践唯物主义"的马克思主义哲学的批判的、革命的性质。

马克思说："辩证法在对现存事物的肯定的理解中同时包含对现存事物的否定的理解，即对现存事物的必然灭亡的理解；辩证法对每一种既成的形式都是从不断的运动中，因而也是从它的暂时性方面去理解；辩证法不崇拜任何东西，按其本质来说，它是批判的和革命的。"② 这是从客观事物辩证本性中引申和概括出来的结论，是对辩证法本质的科学界定。它要求以运动和发展的观点看待事物，从肯定中看到否定，从"现存事物"看到灭亡，以批判的、革命的眼光看待事物、现实，并以此促成"现存事物"的革命转化，创造美好的未来。

马克思主义哲学不仅对事物、现实，而且对自己的学说也是采取批判的、革命的态度的。它从来不把自己的学说看作最终完成的真理体系，而是看作发展的创造性的科学。马克思主义哲学同时代的步伐保持密切的联系，以强烈的历史感和责任感，严格依据实践的发展和科学的进步，创造性地丰富和发展自己的理论，并及时修正某些被实践证明业已陈旧的个别观点和结论，以保持和发展自己学说的科学性、真理性，保持蓬勃的生机和活力；同时，坚持科学

---

① 《马克思恩格斯选集》，1版，第1卷，48页，北京，人民出版社，1972。
② 《马克思恩格斯选集》，1版，第2卷，218页，北京，人民出版社，1972。

的世界观和方法论,坚持鲜明的党性原则,对来自各方面的反马克思主义的和其他的错误观点和理论,进行毫不含糊的批判与斗争,指导现实以正确的方向和道路,并在同各种谬误的批判和斗争中丰富和发展自己。

马克思主义哲学不是封闭的而是开放的理论体系。开放性是和马克思主义哲学的批判性分不开的。批判不仅要吐故,同时也意味着纳新。马克思主义哲学的理论活力来自实践,它作为人类智慧发展的现代结晶,是对以往自然科学、社会科学和思维科学的成果的批判继承,因而它也必然随着无产阶级革命和社会主义建设实践的发展,随着科学的进步而不断总结新经验,吸取新成果,以丰富、深化自己的理论内容及其相应的理论形式。"甚至随着自然科学领域中每一个划时代的发现,唯物主义也必然要改变自己的形式。"① 正是由于以实践和科学发展中的新鲜空气和新鲜血液不断滋补、丰富自己,马克思主义哲学才能永远保持生命之树的常青,不断开辟未来发展的道路。

马克思主义及其哲学是在指导国际共产主义、社会主义运动过程中,在同各种唯心主义、形而上学以及各种错误理论的斗争中不断丰富、创新和发展的。马克思、恩格斯为无产阶级和劳动人民创立了科学的世界观和方法论,创立了马克思主义学说,并为无产阶级和人类解放奋斗了一生,终于使马克思主义及其哲学在国际工人运动中取得了主导地位。此后,以列宁为卓越代表的一批马克思主义者在帝国主义和无产阶级革命时代的新的历史条件下,在同第二国际机会主义及其在俄国的变种的斗争中,总结了新的历史经验并概括了自然科学最新成就,全面地发展了马克思主义,把马克思主义及其哲学推向了新的阶段——列宁主义阶段。在中国,以毛泽东为卓越代表的马克思主义者,把马克思列宁主义普遍真理同中国革命具体实践结合起来,创造性地发展了马克思列宁主义,形成了马列主义的中国形态——毛泽东思想。党的十一届三中全会标志着中国开始进入社会主义现代化建设的新的历史时期。邓小平的建设有中国特色社会主义理论,以解放思想、实事求是的世界观和方法论,较系统地初步回答了中国这样的经济文化比较落后的国家如何建设社会主义、如何巩固和发展社会主义等一系列基本问题,以新的思

---

① 《马克思恩格斯选集》,1版,第4卷,224页,北京,人民出版社,1972。

想、观点继承和发展了马列主义、毛泽东思想，成为当代中国的马克思主义。

总之，马克思主义哲学是批判的革命的学说，是开放的不断发展的体系。这是马克思主义及其哲学的思想精髓。它要求我们，必须真正理解马克思主义的精神实质，坚持科学的世界观和方法论，反对背离、敌视马克思主义的思潮和倾向；同时，它要求我们要有强烈的时代感和历史责任感，把马克思主义哲学看作是活生生的发展的学说，使之永远同实践和科学的发展相一致，始终闪耀着指导时代前进的思想光辉，反对把马克思主义教条化、绝对化和僵化的倾向。

总体框架

导　论　科学的世界观和方法论
　第一节　哲学和哲学的基本问题
　　一、世界观的理论形态
　　二、哲学的基本问题
　　三、哲学形态的历史演变
　第二节　马克思主义哲学的基本特征
　　一、哲学史上的革命变革
　　二、马克思主义哲学首要的和基本的观点
　　三、辩证唯物主义和历史唯物主义的统一
　　四、批判、开放和不断发展的学说
　第三节　马克思主义哲学的功能
　　一、现时代的思想智慧
　　二、人生的根本指南
　　三、建设有中国特色社会主义的哲学基础
第一章　世界的物质统一性
　第一节　物质及其存在形式
　　一、物　质
　　二、运动、时间和空间
　第二节　从自然界到人类社会
　　一、自然界的物质性及其对人类社会的先在性
　　二、人类社会产生的自然前提和现实基础

三、人类社会的物质性
第三节　从物质到意识
一、意识的起源
二、意识的本质
三、意识的结构和功能
四、意识和人工智能
第四节　世界物质形态的同源性和同构性
一、物质形态的多样性和同源性
二、物质形态的层次性和同构性
三、世界的统一性在于世界的物质性
第二章　实践与世界
第一节　实践的本质和基本特征
一、实践：人类的存在方式
二、实践的主体和客体及其相互作用
三、实践的运行机制
第二节　实践与世界的二重化
一、主观世界和客观世界的分化与统一
二、自在世界和人类世界的分化与统一
三、实践的世界观意义
第三章　社会及其基本结构
第一节　社会的本质和整体性
一、社会的实践本质
二、不断自我更新的有机体
第二节　社会的经济结构
一、生产力的构成及其特点
二、经济结构的内容和类型
三、阶级：特定经济结构中的人群共同体
第三节　社会的政治结构
一、政治结构及其核心
二、国家的本质和职能
三、国家的演变及其发展趋势
第四节　社会的观念结构
一、社会意识的产生及其相对独立性
二、观念结构的构成

三、观念形态的功能
第四章　世界的联系和发展
第一节　唯物辩证法与人类实践
一、唯物辩证法的确立
二、人的活动辩证法与客观事物辩证法的统一
第二节　联系的普遍性和发展的方向性
一、事物的普遍联系及其多样性
二、事物发展的方向性及其表现
第三节　联系和发展的规律性
一、规律及其分类
二、联系和发展的规律体系及其核心
三、发展的决定性
第五章　联系和发展的基本规律
第一节　质量互变规律
一、质、量、变
二、量变和质变及其相互转化
三、质量互变规律的方法论意义
第二节　对立统一规律
一、矛盾及其基本属性
二、事物发展的根本动力
三、矛盾的普遍性和特殊性
四、对立统一规律的方法论意义
第三节　否定之否定规律
一、辩证的否定
二、否定之否定规律的实质及其形式
三、否定之否定规律的方法论意义
第六章　联系和发展的基本环节
第一节　原因和结果
一、原因和结果及其辩证关系
二、原因和结果范畴的方法论意义
第二节　必然性和偶然性
一、必然性和偶然性及其辩证关系
二、必然性和偶然性范畴的方法论意义
第三节　可能性和现实性
一、可能性和现实性及其辩证关系

二、可能性和现实性范畴的方法论意义
第四节　内容和形式
一、内容和形式及其辩证关系
二、内容和形式范畴的方法论意义
第五节　现象和本质
一、现象和本质及其辩证关系
二、现象和本质范畴的方法论意义
第六节　系统和要素
一、系统和要素及其辩证关系
二、系统和要素范畴的方法论意义
第七节　结构和功能
一、结构和功能及其辩证关系
二、结构和功能范畴的方法论意义

第七章　社会发展过程及其动力
第一节　发展过程的两种形式
一、发展过程中的自在形式和自为形式
二、社会发展过程中的决定性和选择性
三、社会发展过程中的统一性和多样性
第二节　社会发展的基本动力和直接动力
一、生产力和生产关系的矛盾运动及其规律
二、经济基础和上层建筑的矛盾运动及其规律
三、社会基本矛盾运动的内在机制
四、阶级斗争：阶级社会发展的直接动力
第三节　科学技术在社会发展中的作用
一、科学和科学技术革命的本质特征
二、科技革命推动社会发展的机制
三、科技革命与社会革命的辩证关系
第四节　人民群众在社会发展中的作用
一、人民群众：历史的创造者
二、人民群众创造历史的社会制约性
三、个人在社会发展中的作用

第八章　从客观辩证法到主观辩证法
第一节　客观辩证法和主观辩证法及其关系
一、作为客观辩证法反映的主观辩证法
二、概念体系构成的思维之网

第二节　辩证法、认识论、方法论
一、作为认识论和方法论的辩证法
二、辩证法、认识论和方法论的社会历史统一

第九章　认识的本质和结构
第一节　认识的发生、发展和本质
一、实践与认识的发生
二、实践推动认识的发展
三、认识：实践基础上主体对客体的能动反映
第二节　认识的结构
一、认识活动的系统结构
二、认识系统中主体和客体的相互作用
三、认识系统结构的进化与发展

第十章　认识的过程及其内在机制
第一节　认识的过程
一、从感性认识到理性认识
二、从理性认识到实践
三、认识运动的循环性和上升性
第二节　认识过程的内在机制
一、信息、选择、建构
二、感性具体、抽象规定、思维具体
三、非理性因素在认识过程中的作用

第十一章　真理和价值
第一节　真　理
一、真理及其特性
二、检验认识真理性的标准
第二节　价　值
一、价值及其特点
二、价值评价
第三节　真理和价值的关系
一、人类活动的两个基本原则
二、真理和价值具体的历史的统一
三、真、善、美及其统一

第十二章　认识与思维方法、思维方式
第一节　认识活动的思维方法
一、思维方法的本质和特征
二、思维方法在认识中的作用

第二节　辩证思维方法和现代科学思维方法
　　　　一、辩证思维的基本方法
　　　　二、现代科学思维方法群
　　　　三、辩证思维方法和现代科学思维方法的关系
　　第三节　作为认识论的思维方式
　　　　一、思维方式的认识本质
　　　　二、思维方式的构成要素
　　　　三、思维方式的认识功能
第十三章　文化和社会现代化
　　第一节　文化的本质、结构和功能
　　　　一、文化、文明及其分类
　　　　二、文化的结构和功能
　　第二节　文化的发展和社会的变革
　　　　一、文化发展的基本阶段及其与社会的关系
　　　　二、传统文化与社会现代化
第十四章　人的本质、自由和全面发展
　　第一节　人的本质和价值
　　　　一、人性和人的本质
　　　　二、人的价值及其实现
　　第二节　人的自由及其实现
　　　　一、自由、必然、实践
　　　　二、自由的实现和人类解放
　　第三节　人的发展及其远景
　　　　一、人的发展的历史形态
　　　　二、人的发展的社会化和个性化
　　　　三、个人全面而自由的发展
　　　　四、实现人的全面发展的社会形态

辩证唯物主义和历史唯物主义原理（第5版）

李秀林　王　于　李淮春

中国人民大学出版社 2004 年出版

总　论：马克思主义哲学是以科学实践观为基础的辩证唯物主义和历史唯物主义的统一*

一、时代课题的哲学解答

哲学体系往往以哲学家个人的名字命名，但它并非仅仅属于哲学家个人。康德哲学不仅仅是康德的哲学，更重要的是属于他的那个时代。每个哲学体系都有自己的"个性"，但这种"个性"是受时代制约的。法国启蒙哲学明快泼辣的"个性"，德国古典哲学艰涩隐晦的特征，存在主义消沉悲观的情绪，离开它们各自的时代背景都

---

* 本章内容选自《辩证唯物主义和历史唯物主义原理》（第5版）导论第二节。文中标题由编者所加。

是无法理解的。从根本上说，任何一种哲学思潮、哲学体系都是时代的产物。马克思主义哲学也是如此。马克思主义哲学是19世纪中叶社会发展的必然产物，它在科学实践观的基础上实现了对旧哲学的全面清算和批判继承，使唯物主义和辩证法、唯物主义自然观和历史观达到高度统一，使科学性和革命性达到高度统一。马克思主义哲学的这一基本特征，充分表明了哲学史上这一革命变革的实质和意义。

黑格尔对哲学与时代的关系发表过深刻的见解，即"哲学并不站在它的时代以外，它就是对它的时代的实质的知识"。"每个人都是他那个时代的产儿。哲学也是这样，它是被把握在思想中的它的时代。"马克思和恩格斯都赞同黑格尔的这个深刻见解，并做了进一步的发挥。马克思强调，"任何真正的哲学都是自己时代精神的精华"[①]。恩格斯认为，"任何哲学只不过是在思想上反映出来的时代内容"[②]。哲学思维是一种高度抽象化和理论化的思维，具有思辨性特点；哲学使用的普遍范畴和概念往往造成哲学只是在精神王国中驰骋的假象。实际上，从哲学体系产生的背景以及它的内容和价值取向看，哲学是非常现实的。哲学似乎高耸于天国，可哲学家仍然生活在尘世之中，由哲学家们创造的哲学体系，不管其外表如何抽象，都离不开哲学家所处的时代。哲学不是没有激情、没有冲动、没有爱憎的平静的苦思冥想的结果，恰恰相反，它是在时代要求明显地或隐蔽地推动下的一种追求，即以哲学的方式来解答时代向人们提出的问题。

马克思主义哲学就是19世纪中叶社会发展的必然结果。英国工业革命及其后果、法国政治革命及其后果、世界历史的形成及其意义，是资产阶级进行历史性创造活动的主要成果，这些成果及其引起的规模宏伟、具有现代形式的社会矛盾，是推动马克思创立"新唯物主义"的根本原因，构成了马克思主义哲学得以产生的时代背景。

肇始于18世纪60年代的英国工业革命，到了19世纪40年代已经取得了决定性胜利，生产已经机器化、社会化，现代化运动开始启动。1789年开始的法国政治大革命，到了1830年推翻复辟王朝时也取得了历史性胜利，资本主义制度得到了确定和巩固。英国工

---

① 《马克思恩格斯全集》，中文1版，第1卷，121页，北京，人民出版社，1956。
② 《马克思恩格斯全集》，中文1版，第41卷，211页，北京，人民出版社，1982。

业革命和法国政治革命的胜利,标志着人类历史从封建时代进入资本主义时代,同时也就从"自然联系占优势"的时代转向"社会因素占优势"的时代,从自然经济时代转向商品经济时代,从"人的依赖性"时代转向"以物的依赖性为基础的人的独立性"的时代。马克思指出:"资产阶级在它的不到一百年的阶级统治中所创造的生产力,比过去一切世代创造的全部生产力还要多,还要大。"① "它第一个证明了,人的活动能够取得什么样的成就。它创造了完全不同于埃及金字塔、罗马水道和哥特式教堂的奇迹;它完成了完全不同于民族大迁徙和十字军征讨的远征。"②

资产阶级在取得巨大胜利的同时,也给自己带来了巨大的社会问题:生产社会化和生产资料私有制之间存在着无法解决的矛盾,人和人的世界都异化了,人成为一种"单面的人"。到了19世纪中叶,这种矛盾日趋激化,异化状态日趋加深,其标志就是经济危机的频繁发生以及无产阶级与资产阶级的斗争日趋激烈。

1825年,英国爆发了第一次资本主义经济危机,1836年和1847年又爆发了波及欧洲各国的经济危机。这表明,"这个曾经仿佛用法术创造了如此庞大的生产资料和交换手段的现代资产阶级社会,现在像一个魔法师一样不能再支配自己用法术呼唤出来的魔鬼了"③。资本主义生产方式内在矛盾的激化,阶级关系日趋简单,阶级矛盾日趋尖锐以及社会生活的急剧变动,为建立一种新的历史观,打破那种"古已有之"、"永恒不变"的形而上学观念提供了客观依据。正如马克思所说:"生产的不断变革,一切社会状况不停的动荡,永远的不安定和变动,这就是资产阶级时代不同于过去一切时代的地方。一切固定的僵化的关系以及与之相适应的素被尊崇的观念和见解都被消除了,一切新形成的关系等不到固定下来就陈旧了。一切等级的和固定的东西都烟消云散了,一切神圣的东西都被亵渎了。人们终于不得不用冷静的眼光来看他们的生活地位、他们的相互关系。"④

此时,欧洲无产阶级已从一个自在的阶级逐渐成长为一个自为的阶级,形成为一支独立的反对资本主义的强大力量。从19世纪30

---

① 《马克思恩格斯选集》,2版,第1卷,277页,北京,人民出版社,1995。
② 同上书,275页。
③ 同上书,277~278页。
④ 同上书,275页。

年代开始，欧洲先后爆发了英国的宪章运动、法国的里昂起义和德国的西里西亚纺织工人起义。英、法、德无产阶级的斗争已经具有"理论性和自觉性"，并"在实践方面和理论方面采取了日益鲜明的和带有威胁性的形式"，从而震撼了资本主义统治，表现出无产阶级肩负着改造旧世界、创造新世界的历史使命。新的阶级及其新的历史使命需要新的理论指导。

时代特征和内在矛盾必然在理论上反映出来。

英国古典政治经济学反映着资产阶级在经济领域中的胜利。亚当·斯密、大卫·李嘉图等人把社会财富的源泉从客体转向"主体的活动"，并对此作出抽象，形成了"劳动一般"的概念，创立了劳动价值论。

对法国政治革命及其历史进程的总结形成了法国复辟时代历史学。按照梯叶里等人的观点，中世纪以来的欧洲历史实际上是阶级斗争的历史，基于不同利益之上的阶级斗争构成了历史发展的动力。恩格斯对此给予了很高的评价，认为法国复辟时代历史学动摇了"以往的整个历史观"。

与英国、法国资产阶级在经济和政治上的辉煌胜利形成奇异对比的，是德国资产阶级的哲学革命及其成果——德国古典哲学。黑格尔发展了理性对存在具有高度的能动作用和批判作用的观点，以一种抽象的、逻辑的、思辨的形式揭示了人类社会发展的基本规律，创立了"否定性的辩证法"；费尔巴哈揭穿了人的自我异化的神圣形象，并力图使唯物主义和人道主义结合起来，创立了人本唯物主义。

英国和法国"批判的空想的社会主义"则反映着资本主义社会的内在矛盾。在对资本主义制度的批判中，圣西门等人发现所有制是"社会大厦的基石"，并认为历史运动有其内在规律，资本主义将让位于所有人都能得到自由和全面发展的新型社会。虽然批判的空想的社会主义总体上属于非科学形态，但它同过去的乌托邦主义却有质的区别，它从新的时代中产生并反映着这个时代的内在矛盾。批判的空想的社会主义当然没有解决问题，但它毕竟提出了问题，即人类社会向何处去。实际上，这一问题构成了19世纪中叶的时代课题。

马克思主义哲学的创立同对时代课题的解答是密切相关、融为一体的。在解答时代课题以及创立新唯物主义的过程中，马克思对英国古典政治经济学、法国复辟时代历史学以及英法批判的空想的社会主义都进行了批判性的研究和哲学的反思。不仅德国古典哲学，而且英国古典政治经济学、法国复辟时代历史学、英法批判的空想的社会主义也构成了马克思主义哲学的理论来源。精神生产不同于肉体的物质生产。以基因为遗传物质的物种延续是同种相生，而哲学思维则可以通过对不同学科成果的吸收、消化和再创造，形成新的哲学形态。正像亲缘繁殖不利于种的发育一样，一种创造性的哲学一定会突破从哲学到哲学的局限。

马克思对时代课题的解答又始终贯穿着哲学批判。"黑格尔法哲学批判"、"对黑格尔的辩证法和整个哲学的批判"、"对批判的批判所作的批判"、"对法国唯物主义的批判"、"对黑格尔以后的哲学形式的批判"……这一系列的哲学批判使马克思得到了严格的理论锻炼，使他对近代哲学、哲学本身以及其他各种理论有了更透彻的理解，对现实的社会矛盾有了更深刻的认识，从而创立了新唯物主义。反过来，新唯物主义的创立又使马克思比同时代的人站得更高，看得更透，以深沉的智慧科学地解答了时代的课题。

马克思主义哲学的产生还同19世纪中叶的自然科学及其巨大成就密切相关。19世纪，自然科学已经从分门别类"搜集材料的科学"逐步转变为"整理材料的科学"，地质学、胚胎学、动物生理学、有机化学等陆续建立和发展起来，其中细胞学、能量守恒和转化定律、以达尔文的名字命名的进化论这三大科学发现具有划时代的意义。细胞学使人们认识到了一切有机体共同遵循的规律，能量守恒和转化定律揭示了各种物质运动形式相互转化的辩证法，达尔文进化论则把历史观点引进了生物学领域，揭示植物、动物和人的发展的内在联系。在这三大发现中，前两项是马克思主义哲学产生的自然科学前提，后一项则为刚刚诞生的马克思主义哲学提供了强有力的自然科学论证。

更重要的是，"科学和哲学结合的结果就是唯物主义"，而"科学和实践结合的结果"将是"社会革命"[1]。对自然科学成果的研究不仅能够深刻地把握自然辩证法，而且有助于深刻地认识历史辩证法。"自然科学却通过工业日益**在实践上**进入人的生活，改造人的生活，并为人的解放作准备，尽管它不得不直接地完成非人化。"[2] 所

---

[1] 参见《马克思恩格斯全集》，中文1版，第1卷，666～667页，北京，人民出版社，1956。
[2] 《马克思恩格斯全集》，中文1版，第42卷，128页，北京，人民出版社，1979。

以，马克思指出，从历史运动中"排除掉自然科学和工业"①，就不可能达到对现实历史的认识。

马克思主义哲学的故乡是德国，但马克思主义哲学并非专属德国或欧洲。哲学无疑具有民族性，作为以共同的地区和血缘关系为基础的不同的民族共同体，各有自己不同的哲学。显然，以古希腊罗马哲学为代表的西方哲学与以儒墨道法为代表的中国哲学就不完全相同。东方哲学不同于西方哲学，即使同属东方哲学，中国哲学又不同于印度哲学，它们彼此各有特点；即使同是以古希腊罗马哲学为源头，同属西方哲学的欧洲大陆哲学不同于英美哲学，而德国古典哲学又具有自己的特色。但是，哲学的民族性并不排斥不同民族哲学之间存在着某种程度的共性，并不排斥哲学可以相互吸收，特别是进入资本主义时代以后，历史转变为"世界历史"，这种相互影响成为一种发展趋势。

马克思主义哲学产生之前，民族性是哲学的主要特征。即使孔子、老子、康德、黑格尔的哲学对其他民族产生过影响，但这仍然属于文化交流和传播的范围，并未改变哲学的民族性。老庄哲学是中国哲学，黑格尔哲学是德国哲学，如此等等。与此不同，马克思主义哲学是世界性的学说，是一种"世界的哲学"。马克思曾经预言：必然会出现这样的时代，"那时，哲学对于其他的一定体系来说，不再是一定的体系，而正在变成世界的一般哲学，即变成当代世界的哲学"②。马克思主义哲学就是这种世界哲学，它是世界历史的产物。

这里所说的世界历史，不是通常的历史学意义上的世界史，即整个人类历史，而是特指各民族、各国家进入全面相互影响、相互制约、相互渗透，使世界"一体化"以来的历史。世界历史在今天已经是一个可经验到的事实了，但它却形成于 19 世纪。马克思以其惊人的洞察力注意到这一历史趋势，他用"历史向世界历史的转变"这一命题表征了这一历史趋势，并明确指出，资产阶级"首次开创了世界历史，因为它使每个文明国家以及这些国家中的每一个人的需要的满足都依赖于整个世界，因为它消灭了各国以往自然形成的闭关自守的状态"③。

---

① 《马克思恩格斯全集》，中文 1 版，第 2 卷，191 页，北京，人民出版社，1957。
② 《马克思恩格斯全集》，中文 1 版，第 1 卷，121 页，北京，人民出版社，1956。
③ 同上书，114 页。

世界历史的形成使以往那种各自闭关自守、自给自足的状态，被各民族各方面的相互交往和相互依赖所代替了，民族的片面性、局限性不断被消除。物质生产和精神生产都是如此。不但存在着世界市场，而且"形成一种世界的文学"，即世界性的精神产品。马克思主义哲学就是这种世界性的精神产品，它是在世界历史这个宏大的时代背景中产生的世界哲学。

在开创世界历史的过程中，资产阶级"使未开化和半开化的国家从属于文明的国家，使农民的民族从属于资产阶级的民族，使东方从属于西方"[①]。所以，世界历史的形成标志着资本主义世界体系的形成。也正因为如此，作为一种世界哲学，作为关于无产阶级和全人类解放的学说，马克思主义哲学"远在德国和欧洲境界以外，在世界的一切文明语言中都找到了拥护者"[②]，在不同的民族那里能够生根发芽，开花结果。

二、以科学的实践观为基础的辩证唯物主义和历史唯物主义的统一

马克思主义哲学的创立是哲学史上的革命性变革，而马克思主义哲学之所以能够发动一次震撼人类思想史的革命，关键就在于，它以科学的实践观为基础正确地解决了人与自然、人与社会即人与世界的关系，从而实现了唯物论和辩证法、唯物主义自然观和历史观的统一。实践的观点是马克思主义哲学首要的和基本的观点。

传统的唯物主义哲学和唯心主义哲学，分别从对立的两极去思考人与世界的关系问题，因而始终僵持于"本原"问题的自然本体与精神本体的抽象对立，并以还原论的思维方式去说明二者的统一，即旧唯物主义把人与世界还原为抽象的自然，唯心主义把人与世界还原为"绝对精神"或"先验意识"。由于旧唯物主义以自然为本体，只是从被动的观点去理解人与世界的关系，取消了人的能动性，因此它所坚持的是一种单纯的、自在的客体性原则；由于唯心主义以精神为本体，只是从能动的观点去理解人与世界的关系，抽象地发展了人的能动性，因此它所坚持的是一种单纯的、自为的主体性原则。这样，旧唯物主义和唯心主义就不仅固执于"本原"问题上的自然本体与精神本体的抽象对立，而且造成了思维方式上的客体

---

① 《马克思恩格斯选集》，2版，第1卷，277页，北京，人民出版社，1995。
② 《马克思恩格斯选集》，2版，第4卷，212页，北京，人民出版社，1995。

性原则与主体性原则的互不相容。

马克思在《关于费尔巴哈的提纲》中对全部旧哲学的批评,精辟地揭露了这种两极对立的哲学的共同的主要缺点及其无法解决的内在矛盾:"从前的一切唯物主义(包括费尔巴哈的唯物主义)的主要缺点是:对对象、现实、感性,只是从**客体**的**或者直观**的形式去理解,而不是把它们当作**感性的人的活动**,当作**实践**去理解,不是从主体方面去理解。因此,和唯物主义相反,**能动的**方面却被唯心主义抽象地发展了,当然,唯心主义是不知道现实的、感性的活动本身的。"① 在这段简洁精辟的文字中,马克思既尖锐地指出了旧唯物主义的"客体的或者直观的形式"的局限性,又深刻地揭露了唯心主义"抽象地发展了"人的能动方面的本质,而二者共同的主要缺点则在于,它们都不懂得实践活动的本质特征、地位和意义。

对于旧唯物主义的批判,马克思强调的是,它"只是"从客体的或者直观的形式去理解对象、现实、感性,而"不是"把它们当作感性的人的活动,当作实践去理解,不是从主体方面去理解。显然,在马克思对旧唯物主义的总体评价中,包含着两方面的含义:一方面,马克思并不否认旧唯物主义从客体的或者直观的形式去理解对象的意义,相反,马克思在他的全部著作中都首先承认外部自然界对人的"优先地位",并一再声明自己是"唯物主义者";另一方面,马克思则批评旧唯物主义"只是"从客体的或者直观的形式去理解对象、现实、感性,而"没有"从实践的方面去理解。正是在第二方面,马克思展开了对旧唯物主义的批判,并在这种批判中提出了新的思维方式和世界观。

对于唯心主义的批判,马克思强调的是,它"抽象地"发展了人的能动方面,并进一步指出它"当然"不知道真正现实的、感性的活动。显然,在马克思对唯心主义的总体评价中,也包含着两方面的含义:一方面,马克思并不否认唯心主义"发展"人的能动方面的意义,相反,马克思也肯定人的能动性、创造性和主体性;另一方面,马克思则批评唯心主义"抽象地"发展了人的能动方面,因为它不知道现实的实践活动。正是在第二方面,马克思展开了对唯心主义的批判,并在这种批判过程中提出了新的思维方式和世界观。

---

① 《马克思恩格斯选集》,2版,第1卷,54页,北京,人民出版社,1995。

可见，旧唯物主义和唯心主义虽然两极对立，但又有一个共同的主要缺点，这就是二者都不理解人类实践活动及其意义。正是这一共同的主要缺点，在近代哲学中造成了唯物论和辩证法的分离，在旧唯物主义哲学中又形成了唯物主义自然观和唯心主义历史观的对立。旧唯物主义和唯心主义主要缺点的惊人的一致，促使马克思深入而全面地探讨了人类实践活动及其意义，并以此为基础创立了新唯物主义，即现代辩证（历史）唯物主义。

按照马克思的观点，实践首先是人以自身的活动来引起、调整和控制人与自然之间物质变换的过程；在这个过程中，人与人之间必然要结成一定的社会关系并互换其活动；而实践结束时得到的结果，在这个过程的开始时就已经在实践者的头脑中作为目的以观念形式存在，并通过实践转化为现实。实践犹如一个转换器，通过实践，社会的人在自然中贯注了自己的目的，使之成为社会的自然；同时，自然又进入社会，转化为社会中的一个恒定的因素，使社会成为自然的社会。换言之，在人的实践活动中，自然与社会"一体化"，构成了人们生活于其中的现实世界，即感性世界。人类实践活动构成了现实世界得以存在与发展的基础和根据。

由此可见，实践内在地包含着人与自然的关系、人与社会的关系以及人与其意识的关系，而这些关系的总和又构成了现实世界中的基本关系。可以说，实践以缩影的形式映现着现实世界，它蕴涵着现实世界的全部秘密，是人类所面临的一切现实矛盾的总根源。正因为如此，马克思主义哲学"把感性世界理解为构成这一世界的个人的全部活生生的感性**活动**"①，并从实践出发去反观、透视和理解现实世界，把"对象、现实、感性"当作实践去理解。

因此，马克思主义哲学把哲学的任务规定为解答实践活动中的人与世界、主体与客体、思维与存在的关系问题，从而为改变世界提供方法论。马克思主义哲学是为改变现存世界的实践活动而创立的，实践的内容就是它的理论内容，它本身就是对人类实践活动中各种矛盾关系的一种理论反思。马克思主义哲学"是描述人们实践活动和实际发展过程的真正的实证科学"②，其基本内容就是"从对人类历史发展的考察中抽象出来的最一般的结果的概括"③。这样，

---

① 《马克思恩格斯选集》，2版，第1卷，78页，北京，人民出版社，1995。
② 同上书，73页。
③ 同上书，73~74页。

马克思主义哲学便找到了哲学与改变世界的直接结合点。

人类的实践活动是主体与客体、主观与客观所构成的矛盾运动，它既是一种物质运动的客观过程，又是主体活动的创造过程，现实世界的物质性和辩证性，正是在实践活动中被揭示出来并加以确证的。

在物质实践中，人是以物的方式去活动并同自然发生关系的，得到的却是自然或物以人的方式而存在，从而使人成为主体，自然成为客体。这说明，实践使人与自然的关系成为"为我而存在"的关系。这种"为我而存在"的关系是一种否定性的矛盾关系。具体地说，人类要维持自身的存在，即肯定自身，就要对自然界进行否定性的活动，即改变自然界的原生态，使之成为"人化自然"、"为我之物"。与动物不同，人总是在不断创造与自然的对立关系中去获得与自然的统一关系的，对自然客体的否定正是对主体自身的肯定。这种肯定、否定的辩证法使主体和客体处于双向运动中。实践不断地改造、创造着现实世界，同时又不断地改造、创造着人本身。所以，马克思认为，人创造环境，环境也创造人。"环境的改变和人的活动或自我改变的一致，只能被看作是并合理地理解为**革命的实践**。"①

可以看出，人与自然之间这种"为我而存在"的否定性关系是最深刻、最复杂的矛盾关系。这种矛盾关系构成了马克思之前众多哲学大师的"滑铁卢"，致使唯物论和辩证法遥遥相对。而马克思高出一筹的地方就在于：通过对人的实践活动及其意义深入而全面的剖析，使唯物主义和辩证法结合起来了。这也就是说，辩证唯物主义构成了马克思主义哲学的基本特征之一。

当马克思以科学的实践观为基础把唯物论和辩证法有机结合起来时，也就实现了唯物主义自然观和历史观的统一。这是同一个过程的两个方面。以科学实践观为基础的马克思主义哲学，既是唯物主义和辩证法的高度统一，又是唯物主义自然观和历史观的高度统一。

社会不同于自然。在社会历史领域内进行活动的，都是具有意识、追求某种目的的人，任何事情的发生都有自觉的意图、预期的目的。社会生活的这种特殊性犹如横跨在自然和社会之间的"活动

---

① 《马克思恩格斯选集》，2版，第1卷，55页，北京，人民出版社，1995。

翻板"。在马克思主义哲学产生之前,即使是坚定的唯物主义者,当他们的视线由自然转向社会,开始探讨社会历史时,几乎都被这块活动翻板翻向了唯心主义的深渊。从认识论的角度看,造成这种状况的根本原因,仍在于以往的哲学家不理解实践活动及其意义,不理解社会生活在本质上是实践的。而马克思的高明之处就在于,他从实践出发去理解社会以及社会与自然的关系,从而创立了唯物主义历史观。

按照马克思的观点,人们为创造历史,必须能够生存和生活;为了能够生存和生活,必须进行物质实践,实现人与自然之间的物质变换;为了实现人与自然之间的物质变换,人与人之间必须互换其活动,并必然结成一定的社会关系。即使是社会生产力本质上也是在人们改造自然的实践活动中形成的,而实践是全部社会关系的发源地和全部社会生活的本质。从根本上说,社会就是在实践所引起的人与自然之间的物质变换过程中形成和发展起来的,人与自然之间的物质变换构成了社会存在和发展的"永恒的自然必然性"。

正因为如此,以往的哲学家,包括旧唯物主义者在把人对自然的实践关系从历史中排除出去后,只能走向唯心史观;而马克思从物质实践出发去理解人与自然以及人与社会的关系,去解释观念以及历史过程,则创立了唯物史观。就这样,马克思主义哲学实现了唯物主义自然观和历史观的统一。历史唯物主义因此构成了马克思主义哲学的又一基本特征。

应当注意,辩证唯物主义和历史唯物主义并不是两个不同的"主义",而是同一个主义,即以科学的实践观为基础,包括历史观在内的辩证唯物主义。恩格斯认为,马克思从德国唯心主义哲学中拯救了自觉的辩证法,把它转化为唯物主义自然观和历史观,并明确指出:无论在自然观上,还是在历史观上,"现代唯物主义本质上都是辩证的"[1]。把历史唯物主义与辩证唯物主义并列作为马克思主义哲学的名称是为了强调,马克思主义哲学不是像旧唯物主义那样的"半截子"唯物主义,即自然观上的唯物主义,历史观上的唯心主义,而是自然观与历史观相统一的彻底、完备的唯物主义,并且这种彻底性和完备性集中体现在历史唯物主义之中。而"自从历史也得到唯物主义的解释以后,一条新的发展道路也在这里开辟出来

---

[1] 《马克思恩格斯选集》,2版,第3卷,364页,北京,人民出版社,1995。

了"①。

可以看出，在马克思主义哲学中，实践观的意义和作用是多方面的：在自然观中，它确认实践是自在自然和人化自然分化与统一的基础，扬弃了人与自然之间的二元对立；在历史观中，它确认实践构成了人的存在方式和社会的本质，是"社会的自然"与"自然的社会""二位一体"的基础，实践消除了"物质的自然"和"精神的历史"对立的神话；在辩证法中，它确认实践是主观辩证法与客观辩证法分化与统一的基础，而且实践活动本身就是一种否定性的辩证法；在认识论中，它确认实践是认识的来源、动力和认识真理性的标准，而真理与价值相统一的基础就是实践。总之，实践观贯穿辩证唯物主义和历史唯物主义的各个环节，实践观点是辩证唯物主义和历史唯物主义首要的和基本的观点。马克思主义哲学就是以科学实践观为基础的辩证唯物主义和历史唯物主义的统一。

三、以彻底的批判性为标志的科学性和革命性的统一

哲学不等于科学。哲学可以是代表某个阶级的思想家的意见、看法甚至是智慧，但并不都是对客观世界的真理性认识。但哲学同科学又有内在联系。任何科学都以研究和把握某种规律为己任，是真理性认识。哲学也从其独特的视角研究和把握某种规律。黑格尔指出："科学，特别是哲学的任务，诚然可以正确地说，在于从偶然性的假象里去认识潜蕴着的决然性。"就马克思主义哲学而言，它以人与世界的关系为对象，通过概括自然科学和社会科学的成果，揭示了自然、社会和人类思维发展的一般规律。从这个意义上说，马克思主义哲学是科学，具有严格的科学性。

马克思主义哲学又具有坚定的革命性，这首先表现为它的无产阶级的阶级性。"哲学把无产阶级当作自己的物质武器，同样，无产阶级也把哲学当作自己的精神武器。"② 马克思主义哲学不是少数人的哲学，不单纯是哲学家的哲学，而是无产阶级的哲学，也可以说是人民群众的哲学。从当代世界来看，对人类实践和认识影响最大、最深、最广泛的仍是马克思主义哲学。它不仅同人类的实践活动相结合，而且同人类的科学活动和精神生产紧密联系，深入到自然科学和社会科学的各个领域。正如当代著名哲学家、后现代主义大师

---

① 《马克思恩格斯选集》，2版，第4卷，228页，北京，人民出版社，1995。
② 《马克思恩格斯选集》，2版，第1卷，15页，北京，人民出版社，1995。

杰姆逊所说,"马克思主义业已充分渗透到各个学科的内部,在各个领域存在着、活动着,早已不是一种专业化的知识或思想分工了"。"马克思主义的'特权'在于它总是介入并斡旋于不同的理论符号之间,其深入全面,远非这些符号本身所能及。"只有马克思主义哲学才真正成为理论与实践相统一、认识世界和改造世界相统一的哲学。

马克思主义哲学的革命性又表现为它的实践性。黑格尔曾经把哲学比喻为黄昏时起飞的猫头鹰,意思是哲学是一种事后的思考,即仅仅对已成之事的反思和解释。马克思则把自己的哲学称为迎接人类黎明即人类解放的"高卢雄鸡",强调哲学的改造世界的功能。从黑格尔的"猫头鹰"到马克思的"高卢雄鸡",形象地表明了马克思主义哲学不同于以往一切哲学的特点——实践性。马克思主义哲学不仅解释世界,更重要的是强调改变世界。正因为如此,马克思始终关注改变世界的实践活动及其内在规律,并把实践的观点作为新唯物主义首要的和基本的观点。在这个意义上,马克思主义哲学又是实践的唯物主义。"对**实践的唯物主义者即共产主义者**来说,全部问题都在于使现存世界革命化,实际地反对并改变现存的事物。"①

马克思主义哲学的科学性和革命性具有内在的统一性。"科学越是毫无顾忌和大公无私,它就越符合工人的利益和愿望。"② 同时,无产阶级的根本利益与社会发展的规律具有一致性。无产阶级本身就是现代生产力的产物,人民群众的人心之所向体现着社会发展的方向。所以,马克思主义哲学既尊重社会发展的客观规律,又尊重无产阶级和人民群众的主体地位,是革命性和科学性相统一的哲学。

马克思主义哲学的科学性和革命性及其统一集中体现为它的彻底的批判性。马克思指出:"辩证法,在其合理形态上,引起资产阶级及其夸夸其谈的代言人的恼怒和恐怖,因为辩证法在对现存事物的肯定的理解中同时包含对现存事物的否定的理解,即对现存事物的必然灭亡的理解;辩证法对每一种既成的形式都是从不断的运动中,因而也是从它的暂时性方面去理解;辩证法不崇拜任何东西,按其本质来说,它是批判的和革命的。"③

彻底的批判性是马克思主义哲学的重要特征。早在马克思主义哲学创立之初,马克思就指出:"要对现存的一切进行无情的批判",

---

① 《马克思恩格斯选集》,2版,第1卷,75页,北京,人民出版社,1995。
② 《马克思恩格斯选集》,2版,第4卷,258页,北京,人民出版社,1995。
③ 《马克思恩格斯选集》,2版,第2卷,112页,北京,人民出版社,1995。

"在批判旧世界中发现新世界"①。马克思主义哲学不仅以批判的态度对待资本主义社会,而且以批判的精神对待社会主义社会,认为社会主义社会也是一个需要不断改革的社会;马克思主义哲学不仅以批判的态度对待其他社会思潮、哲学体系,而且以批判的精神对待自己的学说,从不故步自封,把自己的学说看作是最终完成的真理体系。历史已经证明,凡是以终极真理自诩的思想体系,如同希图万世一系的封建王朝一样,无一不走向没落。马克思主义哲学不会重蹈这些思想体系的覆辙。其根本保证在于,它自觉地植根于实践之中,以批判的态度对待现存事物、社会思潮、哲学体系,以批判的精神对待自己,以强烈的历史感和责任感,依据实践的发展和科学的进步,创造性地丰富和发展自己的理论,并及时修正某些被实践证明业已陈旧的观点和结论。随着科学的每一个划时代发现,随着社会生活的重大变化,马克思主义哲学必然要改变自己的形式,发展自己的内容。马克思主义哲学的批判性使它成为一个不断发展的理论体系。

在新的时代,列宁总结了新的历史经验并概括了自然科学的最新成就,全面地发展了马克思主义,把马克思主义哲学推向了一个新的阶段——列宁主义阶段。

毛泽东提出了马克思主义及其哲学中国化的问题,他把马克思列宁主义的普遍原理同中国具体实际结合起来,把马克思主义哲学同中国传统哲学结合起来,并使之"取得民族形式",具有"中国特性、中国作风和中国气派",从而创造性地发展了马克思主义及其哲学,形成了马克思主义哲学的中国形态——毛泽东哲学思想,深刻地论述和丰富了马克思主义的认识论和辩证法。

邓小平也极为重视把马克思列宁主义的普遍原理同中国具体实际相结合以及马克思主义哲学中国化的问题,多次重申"搞社会主义一定要遵循马克思主义的辩证唯物主义和历史唯物主义"②。但他同时强调,"马克思主义必须是同中国实际相结合的马克思主义,社会主义必须是切合中国实际的有中国特色的社会主义"③。正是在解决中国这样一个经济文化落后的国家如何建设社会主义的过程中,邓小平创造性地推进了马克思主义哲学中国化的进程。

---

① 《马克思恩格斯全集》,中文1版,第1卷,416页,北京,人民出版社,1956。
② 《邓小平文选》第3卷,118页,北京,人民出版社,1993。
③ 同上书,63页。

江泽民同志同样重视把马克思列宁主义的基本原理同中国具体实际相结合以及马克思主义哲学中国化的问题，他明确指出，"世界在变化，我国改革开放和现代化建设在前进，人民群众的伟大实践在发展，迫切要求我们党以马克思主义的理论勇气，总结实践的新经验，借鉴当代人类文明的有益成果，在理论上不断扩展新视野，作出新概括"①，并认为与时俱进是马克思主义最重要的理论品质。"三个代表"重要思想本身就是这种"新概括"，并扩展了我们的"新视野"，体现了与时俱进这一马克思主义的理论品质。"三个代表"重要思想与马克思列宁主义、毛泽东思想、邓小平理论一脉相承，同时，又是一种发展着的马克思主义，是在当代实践基础上的理论创新。从哲学上看，"三个代表"重要思想是对人类社会发展规律认识深化的结果，体现了时代性，把握了规律性，并富于创造性，是马克思主义中国化的最新成果。

历史上的许多思潮流派、理论体系都随着其创始人的逝世而逐步走向衰亡。马克思主义哲学不是这样。由于它自觉地植根于实践，并以批判的精神对待自己，所以在马克思和恩格斯逝世之后，涌现出一批又一批后继者，他们在不同方面、不同程度上推进和发展了马克思主义哲学。以实践为基础的批判性、创新性和开放性是马克思主义哲学的"本性"。一部马克思主义哲学史，就是解放思想、实事求是、与时俱进的历史。

马克思主义哲学的批判精神使它成为一个不断发展的理论体系。这是马克思主义哲学的精神实质。一些当代西方著名哲学家也看到了这一点。后现代主义大师德里达指出："要想继续从马克思主义的精神中汲取灵感，就必须忠实于总是在原则上构成马克思主义，而且首要地是构成马克思主义的一种激进的批判的东西，那就是一种随时准备进行自我批判的步骤。"另一位后现代主义代表人物杰姆逊认为，马克思主义哲学提供了"整体社会的视界"，它"让那些互不相容，似乎缺乏通约性的批判方式各就其位，确认它们的局部的正当性，既消化又保留了它们"，所以，马克思主义哲学是当代"不可超越的意义视界"。

---

① 江泽民：《全面建设小康社会 开创中国特色社会主义事业的新局面》，12页，北京，人民出版社，2002。

四、"第五版"的特色

自 1995 年《辩证唯物主义和历史唯物主义原理》（简称《原理》）第四版出版以来，自然科学和社会科学取得的新成果，马克思主义哲学研究的新进展，马克思主义哲学教学的新经验表明，《原理》的内容和结构仍需进一步改进与完善，一些重要的理论问题需要深入阐述和补充，一些亟待解决的问题需要深入探讨并妥善处理，尤其是辩证唯物主义和历史唯物主义"一体化"的问题应得到充分体现。更重要的是，《原理》第四版出版的九年来，国际国内形势都发生了重大变化。从国际看，世界进入科技信息化、经济全球化和政治格局多样化这样一个新的历史阶段；从国内看，中国社会主义实践也进入到新的历史时期，社会主义市场经济体制的初步建立，建设社会主义政治文明历史任务的提出，以人为本、科学发展观的确立……这就向我们提出了一系列新问题，并为我们提供了一个广阔的思维空间。马克思主义哲学不是"学院派"，它应该也必须关注现实，注重同现实进行"对话"，从而以哲学的方式概括并反映新的实践所提出的新的问题。这是马克思主义哲学教科书的重要任务。因此，我们决定对《原理》再进行一次修订，因而向读者献上这本《原理》第五版。

《原理》第五版仍把马克思主义哲学命名为辩证唯物主义和历史唯物主义。但是，辩证唯物主义和历史唯物主义不是两个不同的"主义"，而是同一个主义，即包括历史观在内的辩证唯物主义。用"辩证唯物主义"称谓马克思主义哲学，是为了透显马克思的唯物主义所内含的辩证法维度及其批判性和革命性，因为辩证法"在对现存事物的肯定的理解中同时包含着对现存事物的否定的理解"。与"辩证唯物主义"并列，加上"历史唯物主义"来称谓马克思主义哲学，是为了透显马克思的唯物主义所内含的历史维度及其彻底性和完备性，因为马克思的唯物主义的彻底性、完备性集中体现在历史唯物主义中，"而自从历史也得到唯物主义的解释以后，一条新的发展道路也在这里开辟出来了"。

同时，《原理》第五版又把实践的观点贯穿于辩证唯物主义和历史唯物主义之中。实践的观点是辩证唯物主义和历史唯物主义首要的和基本的观点。从哲学史上看，马克思之所以能发动一场震撼人类思想史的革命，关键就在于，他确立了科学的实践观，并以此为基础正确地解答了人与自然、人与社会的关系问题，从而实现了唯物论和辩证法、唯物主义自然观和历史观的统一。在这个意义上，马克思主义哲学又是实践唯物主义。用"实践唯物主义"来称谓马克思主义哲学，是为了透显马克思的唯物主义所内含的实践维度及其首要性和基本性。但是，实践唯物主义与辩证唯物主义（历史唯物主义）不是两种不同的哲学形态，而是同一种哲学形态——马克思主义哲学的不同表述。马克思的唯物主义重在改变世界，而实践活动本身就是"否定性的辩证法"，全部社会生活在本质上又是实践的。在马克思主义哲学中，科学的实践观是和"合理形态"的辩证法以及唯物主义历史观有机结合的。

马克思主义哲学是一个以科学的实践观为基础，唯物论和辩证法、唯物主义自然观和历史观"一体化"的理论体系。力求全面而又科学地阐述实践以及人与世界的关系，系统而又准确地阐释马克思主义哲学的基本观点，是贯穿《原理》第五版的指导原则。

马克思主义哲学的科学体系和教学体系既有联系又有区别。教学体系重在阐述学科的基本观点，它既要依据学科的科学体系，又要符合认知心理学和教育心理学的规律。在编写《原理》第五版时，我们考虑到这一点，力图设计一种既依据马克思主义哲学的科学体系，又符合认知心理学和教育心理学规律的马克思主义哲学教学体系。所以，《原理》第五版对马克思主义哲学教学体系的结构也做了新的安排，并力图以这样一种新的结构来反映马克思主义哲学的精神实质，阐述马克思主义哲学的基本观点，再现作为时代精神精华的马克思主义哲学。

任何一门教科书的任务，都是阐述这门学科的基本观点。哲学以及马克思主义哲学教科书也是如此。但是，马克思主义哲学的基本观点本身也不是凝固不变的，而是随着实践的发展和科学的进步不断得到丰富、充实和深化的；同时，人们对马克思主义哲学的基本观点的认识也是一个不断发展的过程。据此，《原理》第五版对有关问题做了如下处理：

第一，对于像物质统一性、决定论、反映论这样一些已成为"常识"的基本观点，应结合当代科学的新成果讲出新内容。所以，《原理》第五版增加了物质形态的层次性和同构性、物与物的关系和"为我而存在的关系"、认识与虚拟这样一些内容。

第二，有些观点本来就是马克思主义哲学的基本观点，只是由于种种原因，原有的马克思主义哲学教科书没有涉及或未重视这些观点。为此，《原理》第五版增加了这方面的内容，如实践是人的存在方式、交往关系及其制度化、人的异化及其扬弃等。

第三，有些观点在经典作家那里有所论述，但又未充分展开、详尽论证，而当代实践和科学的发展又日益突出了这些问题，使之成为迫切需要解答的"热点"问题。对这样一些观点，应以当代实践和科学为基础，深入探讨、充分展开、详尽论证，使之成熟、完善，上升为马克思主义哲学的基本观点。为此，《原理》第五版增加了传统文化与社会现代化、非理性因素在认识中的地位和作用这样一些内容。

第四，有些观点本来是马克思主义哲学的基本观点，至今仍然是马克思主义的基本观点，但随着学科的分化，这些观点已从哲学中分化出去，成为其他学科的重要内容了，如阶级、国家和革命的理论就成为政治学的内容了。对于这样一些观点，《原理》第五版没有列出专章来详尽展开，只是在有关章节中有所涉及。这样做，主要是适应学科的分化，而不是说这些观点不重要。实际上，任何一门学科的内容都要经历一个从不确定到确定，确定以后还要不断调整的过程。

马克思主义哲学教科书要贴近教师、贴近学生，适应教学实践，但这种适应不是简单的适应，而是适应中的提高，提高中的引导。所以，《原理》第五版力图站在当代实践的基础上，在可能的范围内尽量吸取哲学研究和科学发展的新成果。哲学不仅是知识，更重要的是一种智慧，一种生活的智慧、反思的智慧和批判的智慧。马克思主义哲学教科书不能仅仅传授"知识"，仅仅适应教学，更重要的是，它应激发学生的反思态度和批判精神，从而拓宽理论视野，提升理论境界，实现自我超越和自我发展。

总体框架

导　论　科学的世界观与方法论
　　第一节　哲学和哲学的基本问题
　　　　一、哲学：世界观的理论形态
　　　　二、哲学基本问题：思维与存在的关系问题

三、哲学的基本派别：唯物主义与唯心主义、科学主义与人本主义

第二节　马克思主义哲学的产生和基本特征
一、时代课题的哲学解答
二、以科学实践观为基础的辩证唯物主义和历史唯物主义的统一
三、以彻底的批判性为标志的科学性和革命性的统一

第三节　学习马克思主义哲学的意义和方法
一、确立辩证的思维方式
二、确立正确的人生观
三、确立中国特色社会主义的政治信念

第一章　物质与世界
第一节　物质及其存在形式
一、物质：标志客观实在的哲学范畴
二、时间和空间：运动着的物质的存在形式

第二节　从自然界到人类社会
一、人类社会产生的自然前提和现实基础
二、人类社会的物质性

第三节　从物质到意识
一、意识产生的自然前提和社会基础
二、意识：物质世界的主观映象
三、意识的结构和功能
四、意识与人工智能

第四节　世界的物质统一性
一、物质形态的多样性和同源性
二、物质形态的层次性和同构性
三、世界物质统一性的证明和实践意义

第二章　实践与世界
第一节　实践的本质和结构
一、实践：人所特有的对象性活动
二、实践：人的存在方式
三、实践的理性结构和社会结构

第二节　实践的主体与客体及其相互作用
一、实践的主体和客体

二、主体和客体的相互作用及其实质
三、人对物质世界实践把握的基本环节

第三章　社会及其基本结构
第一节　社会的本质和整体性
一、社会生活在本质上是实践的
二、社会是不断自我更新的有机体
三、社会结构：交往活动的制度化

第二节　社会的经济结构
一、生产力：人与自然之间现实关系的体现
二、社会的经济结构：生产关系的总和
三、阶级：特定经济结构中的人群共同体

第三节　社会的政治结构
一、政治结构及其核心
二、国家与社会的关系及其发展趋势

第四节　社会的文化结构
一、意识、意识形态和文化结构
二、文化结构的构成要素及其关系
三、文化结构的相对独立性及其功能
四、传统文化与社会现代化

第四章　个人与社会
第一节　人的个体存在和社会存在
一、人的个体发生与社会遗传
二、现实的个人与现实的社会
三、人的社会化与个性化

第二节　人的社会价值与个人价值
一、人的社会价值
二、人的个人价值
三、人的社会价值与个人价值的关系

第三节　社会创造人与人创造社会
一、社会关系的生产和再生产
二、人的本质在其现实性上是社会关系的总和

第五章　联系与发展
第一节　联系的普遍性和发展的方向性
一、世界的普遍联系与系统联系

二、物与物的关系和"为我而存在的关系"
　　三、运动、变化、发展及其方向性
　第二节　联系和发展的规律性
　　一、必然性和偶然性
　　二、规律及其实现：从可能到现实
　　三、联系和发展的规律体系及其核心
　　四、客观辩证法、主观辩证法与实践辩证法
第六章　发展的基本规律
　第一节　质量互变规律
　　一、质、量、度
　　二、量变、质变及其相互转化
　　三、量变和质变的复杂性，突变
　第二节　对立统一规律
　　一、矛盾的同一性和斗争性及其作用
　　二、矛盾的普遍性和特殊性及其关系
　　三、矛盾与系统
　第三节　否定之否定规律
　　一、肯定与否定
　　二、否定之否定及其实质
　　三、"否定性的辩证法"，世界是过程的集合体
第七章　历史规律与社会形态的更替
　第一节　历史运动的规律及其特殊性
　　一、发展过程的自在形式和自为形式
　　二、生产力与生产关系的矛盾运动及其规律
　　三、经济基础与上层建筑的矛盾运动及其规律
　　四、阶级斗争的规律及其历史作用
　第二节　历史规律的实现途径
　　一、科学技术革命：生产力发展的突破口
　　二、社会革命和改革：解决社会基本矛盾的两种形式
　　三、伟大人物：历史规律的发现者和历史任务的提出者
　　四、人民群众：历史的创造者
　第三节　社会形态的更替及其多样性
　　一、社会、社会形态、社会经济形态
　　二、社会形态更替的决定性和选择性

三、社会形态更替的统一性和多样性

第八章　认识与实践
第一节　认识的发生
一、实践：认识发生的现实基础

二、认识的种系发生

三、认识的个体发生

第二节　认识的本质
一、认识：实践基础上主体对客体的能动反映

二、认识的本质与人的社会性

三、反映客观世界与创造客观世界

第三节　认识的结构
一、认识活动与实践活动的同构性

二、认识主体和客体的相互作用及其特征

三、认识结构的演化与发展

第九章　认识形式与认识过程
第一节　主体观念地把握客体的基本形式
一、认识：感性直观和理性思维的统一

二、认识的感性形式及其社会历史性

三、认识的理性形式及其本质

第二节　认识的过程及其内在机制
一、从感性认识到理性认识，现象和本质

二、反映、反思、建构、虚拟

三、语言、符号与认识

四、非理性因素在认识过程中的作用

五、从理性认识到实践

第十章　认识活动与思维方法
第一节　认识活动中的思维方法
一、辩证法、认识论和方法论

二、思维方法的本质及其在认识中的作用

第二节　辩证思维方法及其与科学思维方法的关系
一、知性思维与辩证思维

二、辩证思维的基本方法

三、当代科学思维方法群

四、辩证思维方法与科学思维方法的关系

第十一章　真理与价值
第一节　真　理
一、真理及其属性
二、检验认识真理性的标准
三、知识的客观有效性与人的生存实践
第二节　价　值
一、价值的客观基础
二、价值的主体性特征
三、价值的相对性
四、价值与评价
第三节　真理和价值的关系
一、人类活动的两个基本原则：真理原则和价值原则
二、真理与价值具体的历史的统一
三、实践：真理与价值统一的基础

第十二章　社会进步与人的发展
第一节　社会进步及其标准
一、社会进步及其必然性
二、社会进步过程中的代价
三、社会进步的最高标准
第二节　人的发展及其历史进程
一、社会进步中的人的发展
二、人的发展的三个历史形态
第三节　必然王国与自由王国
一、从必然王国向自由王国的转变
二、人的异化及其扬弃：从片面的人到全面的人
三、共产主义：人的全面而自由发展的社会

马克思主义哲学教学体系：历史与现状

马克思主义哲学纲要

韩树英

人民出版社 1983 年出版

总　论：辩证唯物主义和历史唯物主义构成了马克思主义哲学的完整世界观*

一、马克思主义哲学是科学的世界观和方法论

马克思和恩格斯在人类思想史上第一次在科学的基础上把唯物主义和辩证法统一起来，把唯物主义彻底地贯彻到社会历史领域，创立了辩证唯物主义和历史唯物主义。这标志着人类哲学思想的发展进入到一个崭新的阶段。马克思主义哲学的产生，使哲学的内容、性质和使命都发生了革命性的变革而成为全新的哲学世界观。科学

---

*　本章内容选自《马克思主义哲学纲要》第一章第三节和第十一章第一节。文中标题由编者所加。

性、阶级性和实践性，是马克思主义哲学的本质特征。

马克思主义哲学是科学的哲学。它第一次使哲学获得了真正科学的性质，成为科学的世界观和方法论。以前的哲学，产生在科学发展比较低级的阶段，自然科学还不能阐明自然界各种现象的相互联系，社会科学更是处于萌芽状态，依赖当时的科学成果还远远不能给世界发展的全貌描绘出一幅完整的图画。哲学家们为了说明世界，除了尽可能概括当时的科学成果以外，不能不借助于逻辑推演和主观臆测。他们企图站在科学之上创造出一种包罗万象、最终完成的哲学体系，即所谓"科学的科学"。实际上，这种哲学尽管不同程度地包含着一些有价值的思想，但不可避免地都存在大量主观臆测、甚至荒诞无稽的东西。因此，它们的全部观点并不都能经得起科学和实践进一步发展的检验，总的说来，并不具有真正科学的性质。马克思主义哲学是在自然科学有了较为充分发展的条件下产生的。大工业的发展和科学的进步，积累了丰富的知识资料，使人们有可能发现自然和社会历史中真实普遍的联系，而不再需要以前那种依靠思辨和主观臆想来构造所谓"科学的科学"的哲学体系了。马克思主义哲学再不是包罗万象的"绝对真理"的体系，而只是在概括已有科学成果的基础上，对自然界、人类社会和思维的本质及其发展的普遍规律作出科学的说明。它把各个领域特殊规律的研究留给了各门具体科学。它既是自然科学和社会科学的最高概括和总结，是科学的世界观，又反过来成为指导科学研究和实践活动的方法，是科学世界观和科学方法论的统一。这样，马克思主义哲学的产生，就使哲学的性质和对象都发生了根本性的变化。

马克思主义哲学具有鲜明的无产阶级的阶级性和党性。它是无产阶级的世界观。资产阶级哲学家把自己的哲学说成是代表全人类的、超阶级的。实际上，在阶级社会，任何哲学都是有阶级性的。历史上的哲学绝大多数都只是代表少数剥削者的利益，只有个别的哲学在某种程度上反映劳动人民的利益。马克思主义哲学公然申明自己是代表无产阶级利益，是为推翻资本主义制度、建设社会主义和共产主义服务的。由于无产阶级同其他劳动群众长远的根本利益的一致，马克思主义哲学的阶级性和群众性也是一致的。马克思主义哲学不仅是无产阶级的哲学，而且是真正代表最广大人民群众利益的哲学，是无产阶级和广大人民群众改造旧世界、建设新世界的强大思想武器。

马克思主义哲学具有革命的实践性。它的使命不限于科学地解释世界，更重要的是能动地改造世界。以前的哲学只是以不同的形式说明世界，不懂得革命实践的意义。马克思主义哲学则强调自己哲学的实践性。马克思、恩格斯说："对**实践的**唯物主义者，即**共产主义者**说来，全部问题都在于使现存世界革命化，实际地反对和改变事物的现状。"① 马克思主义哲学不是抽象的、思辨的书斋哲学，而是来自实践、又为实践服务的革命的能动的哲学。它认为物质世界只能用物质的力量来加以改造。它的实践性，集中地表现在为无产阶级及其革命政党制定正确的纲领、路线、方针、政策以及为科学的工作方法、领导方法提供理论基础。它通过指导无产阶级的革命实践，解放无产阶级，解放全人类，来完成其历史使命。

总之，马克思主义哲学，是科学性与革命性的统一，理论与实践的统一，也是无产阶级的立场、观点、方法的统一。这种统一不是偶然的、外在的，而是内在地和不可分割地结合在这个理论本身之中。无产阶级是彻底革命的阶级，只有解放全人类才能最后解放自己，它的根本利益同社会发展的客观规律完全一致。因此，"科学愈是毫无顾忌和大公无私，它就愈加符合于工人的利益和愿望"②。而马克思主义哲学只有付诸实践，变成改造客观世界的物质力量，无产阶级才能真正实现自身的解放。无产阶级越是彻底革命的，它也就越要求理论、观点的科学性；反过来说，它的理论、观点越是科学的，它的行动也就越能成为真正革命的。无产阶级的革命立场，要求有科学的观点、方法，而只有坚持科学的观点、方法，才能真正坚持无产阶级的革命立场。马克思主义哲学是革命的、科学的、实践的哲学，因此才具有无限的生命力和创造力。它在实践中产生，通过实践成为改造世界的物质力量，又通过实践而不断向前发展。

二、历史唯物主义是马克思主义哲学的组成部分

马克思主义哲学是彻底的、完备的唯物主义哲学。它不但坚持唯物主义和辩证法的统一，克服了旧唯物主义的形而上学局限性，而且把唯物主义和辩证法应用于社会历史领域，克服了以往一切哲学在历史观上的唯心主义，创立了历史唯物主义。历史唯物主义，或者说唯物史观，是唯一科学的历史观。

---

① 《马克思恩格斯选集》，1版，第1卷，48页，北京，人民出版社，1972。
② 《马克思恩格斯选集》，1版，第4卷，254页，北京，人民出版社，1972。

列宁说："马克思的**历史唯物主义**是科学思想中的最大成果。人们过去对于历史和政治所持的极其混乱和武断的见解，为一种极其完整严密的科学理论所代替。"① 历史唯物主义的创立，破天荒地揭示了人类社会发展的客观历史过程和一般规律，为无产阶级提供了科学的历史观，使人类对于社会历史的研究第一次建立在真正科学的基础之上。历史唯物主义和辩证唯物主义一起，构成马克思主义统一而严整的哲学世界观，成为无产阶级及其革命政党全部活动的哲学理论基础。历史唯物主义有自己的专门研究对象，它是关于人类社会发展的最一般规律的科学。这种规律，又是自然、社会和思维发展的普遍规律在社会历史领域里的特殊表现。历史唯物主义在马克思主义哲学中占有特殊的地位，具有相对的独立性；同时，它又是马克思主义哲学的一个极其重要的组成部分，与整个马克思主义哲学有着不可分割的内在联系。

历史唯物主义与整个马克思主义哲学的联系，可以从几个方面来把握。

首先，从历史观在世界观中的地位来说，科学历史观是科学世界观的重要组成部分，没有历史唯物主义，就不可能建立马克思主义的唯物主义世界观。

马克思主义以前的旧唯物主义者，力图用唯物主义的观点来认识世界。但是，由于主、客观条件的限制，他们没有找到在社会历史领域中起决定作用的物质力量。他们对世界的唯物主义了解仅局限在自然领域内，即在自然观上是唯物主义的，而在社会历史观上却是唯心主义的。所以，这种唯物主义是不彻底、不完备的。

马克思主义哲学世界观包括对自然、人类社会和思维的辩证的、唯物主义的理解，没有历史唯物主义，没有对社会历史发展规律的科学认识，就没有完整的唯物主义世界观。马克思主义的唯物主义，不仅是辩证的而且是历史的唯物主义。

其次，从马克思主义哲学体系的内在联系来说，没有唯物主义和辩证法作为理论、方法的前提，就没有历史唯物主义；而没有对社会历史的唯物主义、辩证法的理解，也不可能形成辩证唯物主义的科学理论。

辩证唯物主义和历史唯物主义的联系，主要表现在：一方面，

---

① 《列宁选集》，2版，第2卷，443页，北京，人民出版社，1972。

不从世界观和方法论上用唯物主义反对唯心主义、用辩证法反对形而上学，就不能创立历史唯物主义理论，也不能在实际斗争中坚持历史唯物主义学说；另一方面，辩证唯物主义对思维与存在关系问题、发展观问题以及认识论问题的彻底解决，又有赖于对人们的社会生活过程、社会关系和社会矛盾的正确理解。

唯心主义歪曲了社会生活的本质。旧唯物主义则不了解人类的社会生活在本质上是实践的，不了解生产实践是人类社会存在和发展的基础，也不了解社会历史的辩证发展过程，人的认识在实践中产生和发展的辩证过程。旧唯物主义对思维和存在关系的理解，对发展问题的理解，不能不具有形而上学的性质，它的认识论，不能不具有消极的直观的性质。

马克思和恩格斯运用唯物主义和辩证法的观点，揭示了人类社会的本质及其发展规律，彻底批判了唯心主义，克服了旧唯物主义的缺陷，唯物而又辩证地解决了哲学基本问题、发展观问题和认识论问题。历史唯物主义的形成与辩证唯物主义的创立是不可分离的。从马克思主义哲学产生的实际过程来看，辩证唯物主义和历史唯物主义也是作为统一的整体同时产生的。历史唯物主义的创立，标志着马克思主义哲学的形成。

再次，从马克思主义哲学的历史任务来说，马克思主义哲学是共产主义的理论基础，它揭示了社会发展的客观规律，阐明了无产阶级推翻旧世界、创立新世界的历史使命。恩格斯把人类历史规律和剩余价值的发现，看作是马克思一生最重大的两个发现。由于这两大发现，社会主义学说才从空想变成了科学。马克思主义哲学是无产阶级争取自身解放和全人类解放的理论武器，历史唯物主义作为它的不可分割的组成部分，则是无产阶级改造旧社会、建设新社会的直接的社会历史理论依据。

以上说明了历史唯物主义和整个马克思主义哲学的有机联系。这种联系也是有其客观基础的。社会这一高级的物质运动形式，不同于其他的物质运动形式，它有自己的特殊的质的规定性和特殊的发展规律。但是，社会是从自然界中分化出来的，是自然界长期发展的产物。社会的存在和发展离不开自然界，它是广义自然界即统一的物质世界的一部分。历史唯物主义同整个马克思主义哲学的不可分割性，正是反映了社会和整个物质世界的联系，体现了世界的物质统一性。

辩证唯物主义和历史唯物主义一起，构成了马克思主义哲学的严密的科学体系和完整的世界观。因此，不能把历史唯物主义和辩证唯物主义割裂开来。既不能把马克思主义哲学归结为历史唯物主义，也不能把历史唯物主义从马克思主义哲学中排除出去，否认辩证唯物主义和历史唯物主义的有机统一。修正主义者伯恩施坦企图把历史唯物主义和主观唯心主义的新康德主义相结合，俄国的马赫主义者企图把历史唯物主义和主观唯心主义的经验批判主义相结合，这都是徒劳的。列宁指出："在这个由一整块钢铁铸成的马克思主义哲学中，决不可去掉任何一个基本前提、任何一个重要部分，不然就会离开客观真理，就会落入资产阶级反动谬论的怀抱。"[1]

现代资产阶级的思想家散布种种谬论，继续否认历史发展的客观规律性，用历史唯心主义反对历史唯物主义。为了在思想战线上、在实际工作中坚持历史唯物主义学说，必须以历史观的基本问题为中心，严格划清两种历史观的原则界限。

总体框架

绪　论

第一章　马克思主义哲学是无产阶级的科学世界观

一、哲学和哲学的基本问题
　　世界观和哲学
　　哲学的基本问题
　　唯物主义和唯心主义的对立

二、哲学史上唯物主义和唯心主义的斗争
　　奴隶社会唯物主义和唯心主义的斗争
　　封建社会唯物主义和唯心主义的斗争
　　资本主义社会产生前后唯物主义和唯心主义的斗争

三、马克思主义哲学的产生和发展
　　马克思主义哲学的产生
　　哲学发展史上的伟大革命

---

[1] 《列宁选集》，2版，第2卷，332～333页，北京，人民出版社，1972。

　　　　马克思主义哲学的发展
　四、马克思主义哲学在社会主义社会发展中的作用

辩证唯物主义

第二章　世界的物质性
一、世界是物质的世界
　　自发的唯物主义和哲学唯物主义
　　哲学的物质概念
二、运动是物质的存在方式
　　运动和物质是不可分的
　　运动的绝对性和静止的相对性
　　运动形式的多样性
三、空间和时间是物质存在的基本形式
　　空间、时间和运动着的物质是不可分割的
　　空间、时间的无限性
四、世界的物质统一性

第三章　意识的本质和作用
一、意识是物质高度发展的产物
　　意识是物质世界长期发展的结果，是社会的产物
　　意识是人脑的机能
　　人工智能与人的思维
二、意识是物质的反映
三、意识对物质的能动作用

第四章　物质世界的联系和发展
一、物质世界的普遍联系
　　事物联系的客观性和普遍性
　　事物联系形式的多样性
　　事物作为系统而存在
二、物质世界的永恒发展
　　事物的相互联系构成运动
　　事物作为过程而存在
　　事物运动、变化和发展的规律性
三、唯物辩证法是关于联系和发展的科学

第五章 对立统一规律
一、矛盾和矛盾在事物发展中的作用
唯物辩证法的矛盾概念
矛盾的同一性和斗争性
矛盾是事物发展的源泉和动力
矛盾的普遍性和矛盾分析方法
二、矛盾的特殊性
物质运动形式和发展过程的矛盾特殊性
矛盾及其各个方面的地位和作用的特殊性
矛盾斗争形式的特殊性
三、事物矛盾问题的精髓
共性和个性、绝对和相对
社会主义社会矛盾的特点

第六章 质量互变规律
一、事物是质和量的统一
质
量
度
二、量变和质变
质量互变的客观性和普遍性
量变和质变的辩证统一
总的量变过程中的部分质变
三、量变质变的特殊性
量变引起质变的不同情形
飞跃形式的多样性
社会主义社会量变质变的特点

第七章 否定之否定规律
一、辩证的否定
否定是事物的自我否定
否定是发展和联系的环节
辩证否定的实质是扬弃
二、否定之否定
否定之否定的客观性和普遍性

　　　　发展是前进性和曲折性的统一
　　　　新生事物是不可战胜的
　　三、**否定之否定的特殊性**
　　　　否定方式的多样性
　　　　曲折前进的复杂性
　　　　社会主义社会否定之否定的特点
第八章　唯物辩证法的基本范畴
　　一、**本质和现象**
　　二、**内容和形式**
　　三、**原因和结果**
　　四、**必然性和偶然性**
　　五、**可能性和现实性**
第九章　认识和实践
　　一、**马克思主义的认识论是能动的革命的反映论**
　　　　唯物主义的反映论
　　　　科学的可知论
　　　　能动的革命的反映论
　　二、**实践是认识的基础**
　　　　马克思主义哲学的实践概念
　　　　实践和主体、客体
　　　　实践是认识的来源和动力
　　三、**认识对实践的指导作用**
　　　　认识的相对独立性
　　　　认识对实践的指导作用
　　四、**真理和检验真理的标准**
　　　　客观真理
　　　　实践是检验真理的唯一标准
第十章　认识的辩证过程
　　一、**认识事物的辩证途径**
　　　　从感性认识到理性认识
　　　　从理性认识到实践
　　　　认识和实践的多次反复
　　二、**真理发展的辩证过程**
　　　　相对真理和绝对真理
　　　　真理在克服谬误过程中发展

三、认识世界和改造世界
　　实践和认识的螺旋式上升运动
　　改造客观世界和改造主观世界
　　自由和必然

历史唯物主义

第十一章　历史唯物主义是无产阶级的科学历史观
一、历史唯物主义是马克思主义哲学不可分割的组成部分
二、社会存在和社会意识的关系是历史观的基本问题
　　社会历史观的基本问题
　　历史唯心主义的根源
　　历史唯物主义对历史观基本问题的科学解决及其意义
三、生产方式是社会发展的决定力量
　　地理环境在社会生活中的作用
　　人口因素在社会生活中的作用
　　生产方式在社会发展中的作用

第十二章　生产力和生产关系
一、生产方式是生产力和生产关系的统一
　　生产力是人们改造自然的物质力量
　　生产关系是人们在生产过程中结成的社会关系
二、生产力和生产关系的辩证关系
　　生产力和生产关系的相互作用
　　生产力和生产关系的矛盾运动
　　生产力和生产关系矛盾运动的历史形式
三、社会主义社会的生产力和生产关系
　　社会主义生产关系的建立
　　社会主义社会生产力和生产关系的矛盾运动

第十三章　经济基础和上层建筑
一、社会经济形态是经济基础和上层建筑的统一
　　社会的经济基础
　　社会的上层建筑
　　社会经济形态理论及其意义
二、经济基础和上层建筑的辩证关系
　　经济基础决定上层建筑

　　　　　上层建筑对经济基础有反作用
　　　　　经济基础和上层建筑的矛盾运动
　　三、社会主义社会的经济基础和上层建筑
　　　　　社会主义经济基础建立的特点
　　　　　社会主义上层建筑的能动作用
　　　　　社会主义社会经济基础和上层建筑的矛盾运动
　　四、原始的社会共同体　民族　家庭
　　　　　原始的社会共同体
　　　　　民　　族
　　　　　家　　庭

第十四章　阶级、阶级斗争和社会革命
　　一、阶级和阶级斗争
　　　　　阶级的产生和阶级的本质
　　　　　阶级斗争是阶级社会发展的直接动力
　　二、社会革命
　　　　　社会形态的更替必须通过社会革命
　　　　　社会革命的类型
　　三、从阶级社会向无阶级社会的过渡
　　　　　过渡时期的阶级和阶级斗争
　　　　　社会主义社会的阶级和阶级斗争
　　　　　消灭阶级和阶级差别是历史的必然

第十五章　国家是阶级统治的工具
　　一、国家的起源和本质
　　　　　国家是阶级矛盾不可调和的产物
　　　　　国家是阶级统治的暴力工具
　　　　　国家的类型和形式
　　　　　资产阶级国家的阶级实质
　　二、无产阶级专政是新型的国家
　　　　　无产阶级专政是新型的民主和新型的专政
　　　　　社会主义社会必须建设高度的社会主义民主
　　　　　无产阶级专政的基本任务
　　三、国家的消亡

第十六章　社会意识及其形式
　　一、社会意识是社会存在的反映

二、社会意识的相对独立性
三、社会意识的作用
四、社会意识的各种形式
　　政治思想和法律思想
　　道　　德
　　艺　　术
　　宗　　教

第十七章　科学及其在社会生活中的作用
一、科学的本质和社会职能
　　科学是知识的理论体系
　　科学是社会分工的特殊部门
　　科学在认识世界和改造世界中的作用
二、科学的历史发展及其条件
　　科学发展的社会条件
　　科学发展的相对独立性
三、科学和社会主义社会的发展
　　科学在社会主义社会发展中的作用
　　社会主义社会发展科学的条件

第十八章　人民群众和个人在历史上的作用
一、人民群众是历史的创造者
　　两种历史观在人民群众历史作用问题上的对立
　　人民群众创造历史的伟大作用
　　人民群众在社会主义社会发展中的作用
二、个人在历史上的作用
　　历史发展的客观规律性和个人的作用
　　杰出人物在历史上的作用
　　无产阶级领袖的作用
　　正确理解个人的作用，反对个人崇拜
三、党的群众路线
　　树立正确的群众观点
　　从群众中来，到群众中去

马克思主义哲学基础

高清海

人民出版社 1985 年出版

总　论：马克思主义哲学是辩证唯物主义 *

一、马克思主义哲学：辩证唯物主义

　　唯物主义在意识与物质本原关系上肯定物质第一性、意识第二性的观点，是人们认识世界及其各种现象的唯一正确的原则。马克思主义哲学在这一原则问题上，它的观点同其他一切唯物主义的基本观点是一致的。所以，按照世界观的派别，马克思主义哲学属于唯物主义一派，而与唯心主义派别相对立。

---

* 本章内容选自《马克思主义哲学基础》绪论第三节。文中标题由编者所加。

马克思主义哲学在对物质、意识以及它们统一关系种种问题上的具体观点,又是既不同于自发唯物主义,也不同于机械唯物主义的。旧唯物主义主要是建立在对自然的笼统直观,或机械力学科学发展基础上的理论。它们不了解人的意识在认识外部世界活动中所具有的能动性,也不了解人的实践活动在解决意识与物质统一问题上的基础作用。它们对自然物质性的了解,对意识活动本质的了解,都具有明显的片面性。马克思说:"从前的一切唯物主义——包括费尔巴哈的唯物主义——的主要缺点是:对事物、现实、感性,只是从客体的或者直观的形式去理解,而不是把它们当作人的感性活动,当作实践去理解,不是从主观方面去理解。所以,结果竟是这样,和唯物主义相反,唯心主义却发展了能动的方面,但只是抽象地发展了,因为唯心主义当然是不知道真正现实的、感性的活动本身的。"① 旧唯物主义关于在物质基础上意识与物质统一的观点,只是一个笼统直观的抽象结论,或者是依靠抹杀世界现象的多样性质、抹杀意识的能动作用,把物质运动的高级形态还原为它的低级形态这种方法而得出的一个抽象结论。这种观点不仅不能用以指导人们科学认识的活动,而且在现实中也不可能贯彻到底。马克思主义哲学唯物主义则是建立在自然科学和社会学统一基础上的科学理论。在这个基础上,它把唯物主义与辩证法统一起来,并且彻底贯彻了唯物主义观点,克服了旧唯物主义的直观性、片面性,使它成为包括社会生活在内的完备彻底的理论。马克思主义唯物主义是唯物主义发展的最高形态,即科学形态的唯物主义。

关于这种更高形态的唯物主义,在马克思和恩格斯著作中,通常按照历史发展的顺序称为"现代唯物主义"或"新唯物主义"以区别于旧唯物主义。关于这一新唯物主义的内容,由于旧唯物主义只能唯物主义地说明自然,不能唯物主义地解释社会历史,而马克思主义哲学是把唯物主义彻底贯彻到了历史领域的,所以恩格斯说:"现代唯物主义把历史看作人类的发展过程,而它的任务就在于发现这个过程的运动规律。"② 对于这一全新的历史观,马克思和恩格斯使用了一些特殊术语,称之为"唯物主义历史理论"、"唯物主义历史观"(中译简称"唯物史观")和"历史唯物主义"。哲学不仅包括历史观,同时还包括自然观、认识论。在所有这些领域,现代唯物

---

① 《马克思恩格斯选集》,1版,第1卷,16页,北京,人民出版社,1972。
② 《马克思恩格斯选集》,1版,第3卷,422页,北京,人民出版社,1972。

主义所不同于旧唯物主义的，正如恩格斯所说，就在于"现代唯物主义都是本质上辩证的"①。"辩证的"唯物主义，标示出了马克思主义唯物主义整个理论内容与旧唯物主义不同的性质。马克思和恩格斯在他们的著作中没有直接使用过"辩证唯物主义"这一名称，但他们使用过"唯物主义辩证法"的名称，二者的基本含义是一致的。

"辩证唯物主义"一词是马克思和恩格斯思想的追随者、德国工人哲学家狄慈根（1828—1888）最先使用的。狄慈根在1886年发表的《一个社会主义者在认识论领域中的漫游》一文中，按照恩格斯在《反杜林论》一书中所阐发的思想，明确地指出，现代唯物主义不同于18世纪形而上学的唯物主义，它是吸收了德国古典哲学成果的"辩证唯物主义"②。五年之后，俄国马克思主义哲学家普列汉诺夫（1856—1918）在1891年发表的《黑格尔逝世六十周年》纪念文章中，也使用了"辩证唯物主义"一词。在《论"经济因素"》一文中，他更确切地指出："据恩格斯的意见，现代唯物主义正是辩证的唯物主义。"③普列汉诺夫的这些文章恩格斯都读过，并且给予了很高的评价。

列宁在其著作中，明确地把马克思主义哲学称作辩证唯物主义。列宁说，"马克思主义的哲学是辩证唯物主义"；而且根据马克思和恩格斯自己所阐明的思想指出，"马克思一再把自己的世界观叫做辩证唯物主义"④。关于历史唯物主义，列宁则称之为"科学的社会学"，认为"唯物主义历史观始终是社会科学的别名"⑤。按照列宁的观点，辩证唯物主义已经内在地包括了历史唯物主义的基本原则。他明确地说过，"马克思和恩格斯的辩证唯物主义比百科全书派和费尔巴哈更进一步，它把唯物主义哲学应用到历史领域，应用到社会科学领域"⑥。

近代资产阶级一方面创立了形而上学的机械唯物主义，另一方面创立了唯心主义的概念辩证法，在它们的理论中唯物主义和辩证法是相互分割地存在着的。机械唯物主义理论完全忽视意识的能动

---

① 《马克思恩格斯选集》，1版，第3卷，422页，北京，人民出版社，1972。
② 《狄慈根哲学著作选集》，239～256页，北京，三联书店，1978。
③ 《普列汉诺夫哲学著作选集》第2卷，310～311页，北京，三联书店，1960。
④ 《列宁选集》，2版，第2卷，10、378页，北京，人民出版社，1972。
⑤ 《列宁选集》，2版，第1卷，10页，北京，人民出版社，1972。
⑥ 《列宁选集》，2版，第2卷，378页，北京，人民出版社，1972。

性,自然界的统一性只能建立在僵死的和片面的抽象物质的基础之上。概念辩证法不懂得意识必须以物质为基础,又只能在神秘的形式中片面地发挥意识的能动性。一方面是僵死的物质,另一方面是能动的意识,用僵死的物质无法说明意识能动性的根源。资产阶级哲学虽然提出了意识与物质必须统一的原则,却无法找到使二者统一起来的基础,因而它们所讲的统一原则不能不限于空论。

费尔巴哈提出了一个命题。在他看来,意识与物质、思维与存在只能在人的身上才能统一起来,人就是思维与存在统一的主体和基础。他称自己的哲学为"人本学"或"人类学",就是意在用人去解决二者统一的课题。费尔巴哈的这一命题是正确的,他提出这一命题也反映了哲学发展的必然趋势。思维和存在的矛盾是作为主体的人与客体的矛盾关系的一个侧面,不了解人及其活动的本质,是不可能正确解决思维与存在的统一的问题的。资产阶级哲学所以不能克服能动的意识与僵死的物质的矛盾,关键就在于它不懂得人改造客体的活动既是能动的物质活动,又是意识的能动活动,在这里意识与物质二者就统一了。费尔巴哈虽然提出了这一正确命题,他却既不完全懂得这一命题所包含的含义,又未能正确地阐明这一命题的基本内容。费尔巴哈的贡献主要在于提出问题,指明了哲学前进的方向,而不在于解决问题,他也不能解决这一问题。

揭示人及其活动的本质和规律的问题,属于历史观的基本内容。到 19 世纪中叶,哲学已经发展到了这样的阶段,必须解决从历史观中清除唯心主义,把历史理论建立在唯物主义基础上的问题。这一问题不解决,意识与物质的统一问题就得不到根本的解决,辩证法与唯物主义就不能从内容上统一起来,唯物主义观点也不能成为完备彻底的理论。马克思和恩格斯在批判黑格尔唯心主义哲学和费尔巴哈直观唯物主义的活动中,明确地意识到了这一点。所以他们在 40 年代中期,就把自己理论活动的重点转向研究历史观问题。在这一期间,他们重新审查并深入研究了人类历史的全部发展过程,由此创立了历史唯物主义理论,并在这一基础上实现了哲学向科学理论的革命性转变。

以往的历史理论所以一直为唯心主义观点统治着,从理论自身来说,主要是因为它们从抽象的观点去看人及其活动,因而往往停止于支配人们活动的思想动机上面,不懂得人所从事的物质生产活动的重大意义。费尔巴哈所了解的人就是如此。他只看到人是一个感性存在物，没有看到人的感性活动。作为感性存在的人，不过是生物学上的人，从这样的抽象的人出发，必然要把历史运动的根源归结为抽象的人性意识。马克思和恩格斯根本改变了资产阶级哲学的观察方法，他们不是从抽象的人出发去了解人的活动及其历史过程，而是从人的历史活动去了解人。这样，他们就发现了一个很明显而以前完全被人忽略的简单事实，即"人们首先必须吃、喝、住、穿，就是说首先必须劳动，然后才能争取统治，从事政治、宗教和哲学等等"①。从这一事实出发，他们不仅找到了把人理解为现实的人、用社会存在去说明人们的意识的道路，而且找到了把历史的发展归结为"自然历史过程"、揭示出历史运动客观规律的道路。在他们看来，物质生活资料的生产活动是人及其组成的社会的最基本的历史活动。人是什么，是同他们的现实活动相一致的。人们生产他们所必需的生活资料，就间接地生产着他们的物质生活本身。人们按照自己的物质生产的发展建立相应的社会关系，又按照自己的社会关系创造了相应的原理、观念和范畴。总之，马克思和恩格斯在劳动发展史中，找到了理解全部社会史的钥匙。

1859年马克思在为《政治经济学批判》一书写的序言中，对于历史唯物主义的基本观点作了系统的和扼要的说明。他说："人们在自己生活的社会生产中发生一定的、必然的、不以他们的意志为转移的关系，即同他们的物质生产力的一定发展阶段相适合的生产关系。这些生产关系的总和构成社会的经济结构，即有法律的和政治的上层建筑竖立其上并有一定的社会意识形式与之相适应的现实基础。物质生活的生产方式制约着整个社会生活、政治生活和精神生活的过程。不是人们的意识决定人们的存在，相反，是人们的社会存在决定人们的意识。社会的物质生产力发展到一定阶段，便同它们一直在其中活动的现存生产关系或财产关系（这只是生产关系的法律用语）发生矛盾。于是这些关系便由生产力的发展形式变成生产力的桎梏。那时社会革命的时代就到来了。随着经济基础的变更，全部庞大的上层建筑也或慢或快地发生变革。"②

历史唯物主义理论，是人类认识史的最伟大的发现之一。由于这一发现，唯心主义从它的最后避难所——历史观中被驱逐出来了，社会历史理论被建立在唯物主义基础之上，从此才有了社会科学理

---

① 《马克思恩格斯选集》，1版，第3卷，41页，北京，人民出版社，1972。
② 《马克思恩格斯选集》，1版，第2卷，82~83页，北京，人民出版社，1972。

论；由于这一发现，把唯物主义彻底贯彻到了社会历史领域，为理解意识与存在的统一提供了现实的理论基础，由此唯物主义才能成为完备的理论，哲学才能变成科学；由于这一发现，为政治经济学和社会主义学说奠立了科学的历史理论基础，才有可能揭破资本主义生产的秘密，从而创立剩余价值学说，同时使社会主义由空想的理论变成科学的学说。

二、辩证唯物主义与历史唯物主义的关系

从一个方面说，没有历史唯物主义，不可能有完备的辩证唯物主义理论。在另一个方面，历史唯物主义也就是体现在社会历史观上的辩证唯物主义，同样可以说，没有辩证唯物主义，也不会产生历史唯物主义理论。辩证唯物主义和历史唯物主义就是这样地紧密联系在一起的。列宁曾经用"一整块钢铁"来形容它们在内容和观点上的密切关系。列宁说："一般唯物主义认为客观真实的存在（物质）不依赖于人类的意识、感觉、经验等等。历史唯物主义认为社会存在不依赖于人类的社会意识。在这两种场合下，意识都不过是存在的反映，至多也只是存在的近似正确的（恰当的、十分确切的）反映。在这个由一整块钢铁铸成的马克思主义哲学中，决不可去掉任何一个基本前提、任何一个重要部分。"[①] 很明显，正如列宁所说的，任何企图割裂它们的联系的观点，都是不正确的。我们不能设想，否认了社会存在决定社会意识的原理，还能够成为彻底的唯物主义者；同样否认了意识来源于存在的原理，也不能够成为历史唯物主义者。

辩证唯物主义与历史唯物主义的关系，就它们的理论的性质来说，一般世界观与历史观的关系，它们在内容和观点上是相互内在地包含着的，而不是外在地结合在一起的。辩证唯物主义作为研究自然、社会和思维运动和发展的普遍规律的一般世界观、认识论和方法论的理论，在它的内容中必然包含着历史唯物主义的基本原则。如果从辩证唯物主义理论内容中摘除历史唯物主义的基本原则，那它就不可能成为辩证唯物主义，而变成和旧唯物主义一样，仅仅限于自然观上的抽象的唯物主义原则。所以，也不能把辩证唯物主义和历史唯物主义二者拆开并列起来，变成外在结合的联系。这样做

[①]《列宁选集》，2版，第2卷，332页，北京，人民出版社，1972。

也不符合辩证唯物主义与历史唯物主义固有的统一关系。

一般世界观也不是由自然观、历史观等不同部分拼合而成的。世界观与自然观、历史观属于理论的不同层次。世界观是哲学中的基础理论，这就是辩证唯物主义。自然观（自然辩证法）和历史观（历史唯物主义）是把世界观一般原理运用于自然领域和社会历史领域的中介性理论。正如一般不能完全概括个别一样，辩证唯物主义也不能完全包容自然辩证法和历史唯物主义。同样地，亦如个别不能完全归于一般，自然辩证法和历史唯物主义的理论内容中也必然同时包含着两部分内容：一部分是体现在各自领域的一般世界观内容，一部分是同相关学科（自然科学、社会科学）联系着的科学内容。因此，把辩证唯物主义和历史唯物主义看作并列关系，或者看成可以以其中一方去取代另一方，也是不符合它们固有的关系的。

历史唯物主义对于马克思主义哲学的形成有着特殊的意义。在马克思主义以前，旧哲学对自然观已经达到唯物主义的理解，而在历史观上无例外地都限于唯心主义见解。所以在马克思和恩格斯的著作中，特别是在他们的思想形成时期的著作中，阐述历史唯物主义原理的内容比论述哲学其他部分的内容要多。这种情况是很自然的。但不能由此就认为，马克思主义哲学主要就是历史唯物主义。马克思和恩格斯创立的历史唯物主义是改造全部旧哲学的出发点。他们由此不仅解决了旧哲学所不能解决的那一系列矛盾，而且能够在这一新的基础上克服旧哲学的片面性，把它们的观点以新的形式包括在自己的哲学体系之中。从这一意义说，马克思主义哲学不仅是历史上最富有科学性的理论，也是历史上内容最丰富的理论。

在一个相当长的时期，学术界形成了一种观念，认为马克思主义哲学就是辩证唯物主义和历史唯物主义。这种把辩证唯物主义和历史唯物主义拆开来加以平列的做法，既不符合它们具有的内在统一的关系，也限制了哲学内容的进一步丰富和发展。这一提法来源于斯大林的著作。1938年斯大林为《联共（布）党史》写的第四章第二节，曾以《论辩证唯物主义和历史唯物主义》为标题。此后，"辩证唯物主义和历史唯物主义"就成为马克思主义哲学体系的结构模式，被哲学教科书广泛采用。在斯大林的原著中，辩证唯物主义和历史唯物主义也并未被看作世界观的两个并列部分。他是把它们作为马列主义党的理论基础（哲学理论基础和历史理论基础）加以并列的。关于这两种理论的性质，斯大林讲得很清楚，"辩证唯物主义是马克思列宁主义党的世界观",而"历史唯物主义就是把辩证唯物主义的原理推广去研究社会生活,把辩证唯物主义的原理应用于社会生活现象,应用于研究社会,应用于研究社会历史"[①]。但斯大林只注意到历史唯物主义是辩证唯物主义在社会领域的应用,忽略了历史唯物主义同时是辩证唯物主义理论得以形成的基础。因而在具体论述二者的内容时,未能全面地贯彻辩证唯物主义和历史唯物主义的内在统一关系。他所论述的辩证唯物主义原理,不包括历史唯物主义的基本原则,历史唯物主义的一些观点仅仅作为推广和应用的结论被包括在内。后来在哲学教科书中,在采用斯大林论文所列标题的提法时,不仅保留了斯大林在具体论述中的缺点,而且还进一步发展了这些缺点。所以,对于目前通行的"马克思主义哲学是辩证唯物主义和历史唯物主义"这一提法,应当以分析的态度来对待;对于马克思主义哲学教科书根据这一提法而定型的体系结构,也值得进一步加以研究。

三、马克思主义哲学是科学性与革命性高度统一的理论

马克思主义哲学的产生,使哲学及其斗争的社会性质也发生了重大变化。

以前的哲学,主要是剥削阶级的思想体系。以往的哲学斗争,也主要是在剥削阶级意识形态之间进行的。劳动人民也有他们对世界的看法,这些看法构成了反映劳动人民利益和要求的哲学观念。但由于在阶级社会剥削阶级掌握着物质生产资料,同时垄断了精神生产的手段,因而制造抽象的哲学理论成了它们所有的特权。劳动人民承担着繁重的体力劳动,丧失了精神生产手段,由于历史条件的限制很难把他们对世界的看法上升为系统的理论。所以,在历史上只有极少数表达劳动人民观点的哲学体系,大部分只限于零散的思想。

马克思主义哲学属于无产阶级的世界观体系。它是历史上代表劳动人民利益的第一个具有完备理论形式、并能够同剥削阶级哲学相抗衡的哲学体系。它的出现,标志无产阶级和广大劳动群众不仅是物质生产活动的主体,也开始成为精神生产活动的主力军。由于它的产生,就在认识史上开辟了主要在劳动群众同剥削阶级之间进行斗争的哲学发展的新时期。

---

① 《斯大林文选》上册,177页,北京,人民出版社,1962。

劳动人民的世界观向来与剥削阶级哲学具有不同特点。剥削阶级的哲学是为剥削阶级利益服务的。剥削阶级的狭隘利益限制着它们的哲学，使它一般地也都具有某种狭隘性、不彻底性、保守性甚至反动性。即使处在上升发展阶段的剥削阶级，由于它同劳动群众具有深刻的矛盾，它的哲学所具有的革命性也要受到很大的限制。剥削阶级哲学在认识史上一般都具有这样的两重作用：它们一面要破除已经落后的、不适于自己利益的思想传统（即使在这一点上也是有限度的）；另一面又要为传统思想添加上为自己利益所需要的新的精神枷锁。一旦它取得巩固的统治地位以后，就要转而维护腐朽的思想传统。近代英国和法国的资产阶级哲学都表现了这一特点。

与剥削阶级哲学不同，历史上那些代表劳动人民利益的哲学理论或思想，大都具有反抗压迫、要求解放的炽烈的革命精神，具有尊重事实、重视生产活动、相信群众力量、同实践斗争紧密结合的种种特点。在18世纪法国传教士梅叶（1664—1729）的著作中，那些猛烈抨击剥削制度、无情揭露宗教神学荒谬本质及其反动社会作用的言辞，连资产阶级激进派代表人物伏尔泰看后都要"吓得发抖"，更不必说其他人了。当然也须看到，由于种种条件的限制，如狭小的生产条件、被奴役的经济地位等，历史上劳动人民的哲学观念中，也有许多保守的思想，迷信的思想，以及剥削阶级思想的影响。

马克思主义哲学继承和发扬了劳动人民的优秀传统，是具有最彻底的革命精神的理论。马克思主义哲学是无产阶级和劳动群众的批判的、革命的理论武器。这一理论坚决否定一切落后的和保守的思想，否定一切阻碍历史前进的陈腐的传统。它敢于同宗教迷信、唯心主义哲学以及一切错误理论进行不妥协的斗争。它立足于现实，着眼于未来，以改造世界为宗旨，以革命的批判的态度对待现实的和理论的问题，以推动历史不断向前发展为目的。这些特点，使马克思主义哲学具有任何其他哲学都不可比拟的理论上的坚定性、彻底性和一贯性。

阶级性与科学性是对立的统一关系。不论哪个阶级的哲学，它的阶级性都和科学性既有对立的一面，又有统一的一面。区别只在于，二者对立和统一的性质、形式和程度各不相同。剥削阶级由于它的阶级利益与历史发展规律的要求只能在一定条件下达到有限度的一致，这点决定了它们在哲学上的阶级性与科学性在本质上是相互对立的，只在特定条件下才能达到统一。所以剥削阶级不可能创立具有完全科学性质的哲学理论。

马克思主义哲学则不同。因为无产阶级是历史上最后一个被压迫、被剥削的阶级，从它的立场看来，不解放全人类，它自己也不会获得彻底解放。这种要求与人类历史发展规律的客观要求是完全一致的。这一阶级特点决定了，在马克思主义哲学中，科学性乃是它的阶级性的内在要求，二者在本质上是统一的。所以恩格斯说："科学愈是毫无顾忌和大公无私，它就愈加符合于工人的利益和愿望。"[①]

马克思主义哲学是历史上最富于革命性，同时又是最讲究实际，最尊重事实，也是最为通情达理的理论。"实事求是"是马克思主义全部理论的精髓。辩证唯物主义是实事求是的理论观点和思维方法。它的基本要求只有一点，就是彻底地按照事物的本来面貌去认识客观事物，而不附加以任何外来的成分。马克思主义哲学对待现实如此，对待各种理论也如此。对于以往剥削阶级所创造的哲学，马克思主义的观点要求必须采取科学分析的态度，只要是合于科学的内容，哪怕只是一些思想因素，也要给予肯定，并把它们继承下来加以发扬光大。所谓批判，不是为了别的，只是为了发展真理。应当看到，在历史上还从未有过哪一种哲学能够像马克思主义哲学，具有如此的博大胸怀。

人们的认识要受到主观和客观各种条件的限制，不可能在特定发展阶段完全认识客观规律。无产阶级的阶级性要求按照事物的本来面貌去认识客观事物，但要达到这一认识，必须经历一个发展过程，常常是要经过一个漫长的发展过程。所以阶级性要求必须具有科学性，而在实际认识过程中二者又总是有差别，不可能达到完全一致的。无产阶级的利益也有根本利益和局部利益、长远利益和暂时利益、这一方面利益和那一方面利益之别，利益本身就是很复杂的，反映在与科学性的关系上也不可能只有统一没有差别。再者，阶级利益的要求要通过人们的意志、愿望才能表现出来，不同的人表现利益的意志、愿望往往有很大差别，这些意志、愿望与它们所表现的利益之间也不可能是完全统一的。这些情况表明，在马克思主义哲学中，阶级性与科学性并非不存在对立，只是这种对立是非根本性的，它可以通过自觉的调整和认识去加以克服。但无论在何种情况下，也不可能达到绝对的一致。认识这一点具有重要的意义。只有承认阶级性与科学性是对立的统一关系，才能避免把阶级要求

---

① 《马克思恩格斯选集》，1版，第4卷，254页，北京，人民出版社，1972。

当作衡量科学性的准绳，用政治需要去冲击或取代科学研究，才能在为维护无产阶级和劳动群众利益的斗争活动中坚持发挥马克思主义哲学的指导作用。

四、马克思主义哲学是理论与实践内在统一的理论

马克思主义哲学的产生，使哲学理论的性质、内容和任务都发生了深刻的变化。

马克思主义以前的旧哲学一般都具有以下两个特点：一是脱离实践，二是脱离群众。在剥削阶级占统治地位的时代，脑体分工处于尖锐的对立之中。剥削阶级不直接参加体力劳动。剥削阶级的思想家也都脱离生产实践、脱离劳动群众。由此决定了旧哲学理论脱离实际的倾向。以往的哲学家们，都否认理论对实践的依赖关系，他们或者认为哲学来自神灵的启示、头脑的杜撰、顿悟，或者认为哲学来自概念的推演、思维的自由创造。旧哲学从宗教的信条、权威的结论、概念的体系出发，不可避免地带有很大的片面性、虚幻性和主观随意性。它们大都是书斋里的思辨理论，在主观活动的圈子里解释世界。

马克思主义哲学与旧哲学不同，它是在实践基础上产生的科学理论。实践是这一哲学的理论核心，也是它的一切理论活动的最终目的。理论与实践相统一，既是马克思主义哲学的根本原则，又是马克思主义哲学的根本特点。

马克思主义哲学直接来自无产阶级和广大劳动群众的革命实践。马克思主义的创始人马克思和恩格斯正是从接触实际生活中，意识到资本主义社会剥削阶级与劳动者阶级的尖锐矛盾，意识到无产阶级所蕴藏的变革世界的巨大物质力量，从而打破了剥削阶级的传统偏见，转换阶级立场，投身到无产阶级和人类解放的伟大事业中来。他们也是从参加实践斗争中才领悟到，以往一切哲学从抽象的人及其概念出发所建立起来的理论都具有致命的弱点，只有从劳动实践和以劳动实践为基础的人类社会以及决定人类社会状况的物质生活条件出发，才能把哲学理论从神秘的和虚幻的形式中解放出来，使它从思辨的天国下凡到现实的人间，成为人类争取自由和解放的斗争武器。马克思和恩格斯在历史上第一次把哲学放在实践的基础上去加以理解，从此，哲学理论才既摆脱了停止于外部偶然联系的直观性，又摆脱了追求抽象本体的超验性，成为以揭示客观规律为主

要内容、具有可检验性的科学理论。

在理论上,马克思主义哲学第一次正确地阐明了理论与实践的统一关系,把实践的观点提到首要和基本观点的地位。马克思主义哲学并且把这一原则彻底贯彻到哲学全部内容之中,建立了以实践为基础、与实践内在统一的哲学体系,由此解决了旧哲学不可克服的内在矛盾。以前的哲学由于不懂得从实践观点出发去对待人与自然的关系问题,在它们的理论中一直存在着客观实在性与主观能动性相互对立的矛盾,始终不能科学地解决哲学的基本问题。旧唯物主义对事物只是从客体的或直观的形式去理解,不是从主观的方面去理解,它只看到客体的客观实在性,看不到主体的主观能动性。唯心主义对事物只是从主观的或抽象的形式去理解,不是从客观的方面去理解;它又只看到主体的主观能动性,看不到客体的客观实在性。唯物主义者的基础是实际的,结论却是消极的;唯心主义者的基础是虚幻的,结论却是积极的。这一矛盾,只有把它放到主体改造客体的活动中,才能得到解决。实践是马克思主义哲学全部理论内容的核心。马克思主义哲学从实践活动中去理解主体和客体的性质及其相互关系,由此不仅克服了旧哲学无法解决的理论认识与生活实际的矛盾、思维活动与感性存在的矛盾、意志自由与历史必然性的矛盾,而且为人们实现主观与客观的统一、理论与实践的统一和主体与客体的统一,指出了正确的道路和方法。马克思主义哲学第一次使哲学内容具有了科学性质。

由于把哲学奠立在实践基础之上,马克思主义哲学也改变了哲学一向为现存事物进行辩护的狭隘功能。马克思主义以前的哲学家大多耻于谈论哲学的实际功用。他们的典型的说法是:哲学就是不实际,讲实际就不会有哲学了。在他们的眼里,哲学的任务只在于提供说明世界的原则,提供对理论认识进行批判、估价的方法。归根到底,他们的哲学只是为了解释现存世界,为一己阶级利益进行辩护。马克思主义哲学一反这种传统,提出了"哲学家们只是用不同的方式解释世界,而问题在于改变世界"[①]的战斗纲领。马克思主义哲学是行动的指南,它所提出的一切观点和信念,都是为了指导人们从事改造世界的实际活动。马克思主义哲学变革世界的任务,是无产阶级推翻旧世界、创造新世界的革命要求的反映,也是这一

[①] 《马克思恩格斯选集》,1版,第1卷,19页,北京,人民出版社,1972。

理论与实践统一原则内在要求的必然表现。以往的哲学家也曾对旧社会制度的某些不合理性进行过道义上和逻辑上的批判，并且也提出过改革社会现状的某种方案。但由于他们不了解人类历史活动的本质，不懂得社会发展的客观规律，从而他们的理论既不能彻底批判旧世界，使现存世界革命化，更找不到创造新世界的实际力量和现实道路。只有以改变世界为宗旨的理论，才能提出从客观对象出发、把握现实规律的要求。马克思主义哲学从变革世界出发，揭示出了主体改造客体活动的规律，只有这样的理论才能指导人们正确地发挥主观能动性，按着客观规律去改造世界，实现主体与客体的统一。

在哲学中贯彻理论与实践的统一，是哲学的重大变革。马克思主义哲学的科学性和革命性都统一于实践性。只有能够在实践中指导人们去变革世界的理论，才能具有革命性。只有来自实践，能够实事求是地反映客观事物，并经得起实践检验的理论才是具有科学性的理论。实践性是马克思主义哲学革命性的基础，也是马克思主义哲学科学性的基础。

马克思主义哲学来自实践又能指导实践，随着实践的发展，理论也在不断发展。这是马克思主义哲学具有的理论与实践统一性质的必然表现和结果。

不以理论与实践的统一为原则的哲学也在发展，但它所采取的完全是另一种形式。剥削阶级哲学家把他们的理论说成是由思维自由创造出来的真理。在他们看来，这种真理一经创造出来，就成为万古不变的教条，它不可能随实践的发展而发展。实际上，没有一种理论能够超越实践，违抗实践的强大力量。不能自觉地改变由于实践发展而变成陈旧的理论，那就要被不断发展的实践强制地加以改变。在哲学史上，一个哲学体系出来，推翻另一个自称为绝对真理的体系，而后这个宣布为永恒真理的体系又为更新的哲学体系所推翻，从来没有一个体系能够如其所愿地那样永世长存下去，就是这种发展形式的表现。

马克思主义哲学并不把自己看作是已经穷尽了的真理。恰恰相反，马克思主义哲学认为自己只是开辟了真理认识的道路，哲学必须倾听实践的呼声，回答实践提出的新的课题，不断从实践中汲取新的养料以丰富自己、发展自己。因此马克思主义哲学才具有了强大的生命力，在与实践相互转化、相互促进的统一联系中永葆创造的活力。

马克思主义哲学产生以来，一百多年中历史经历了重大变化，科学得到了飞速发展，马克思主义哲学的内容也随着愈来愈丰富、愈来愈深入。马克思和恩格斯在创立了他们的新的世界观之后，并没有像以往哲学家惯常所做的那样把精力耗费在构造完备的体系上面，而是立即把这一新世界观用于研究历史和科学，运用于改造政治经济学，运用于分析工人阶级斗争的战略和策略问题，运用于批判资产阶级的和机会主义的各种错误思潮等现实斗争中去。马克思和恩格斯一再公开申明，他们的理论不是教条，而是"行动指南"，不是"套语"，而是科学的"认识工具"。他们一生的理论活动，也始终信守这一原则，始终保持着与革命实践斗争的紧密联系。他们的哲学著作就是这种斗争的产物。正是由于这一特点，他们才能使他们所创立的理论常在常新，不断为新的内容所丰富。

列宁的哲学活动主要在20世纪初的20年间，这是历史的一个重要转折时期。资本主义已发展到帝国主义阶段，无产阶级的社会主义革命已成为历史的直接现实。列宁在新的条件下，并未停留在马克思和恩格斯已经获得的认识上面，而是力求总结实践斗争的新的经验，汲取科学发展所取得的最新成果，以新的思想、内容去加深、扩展和推进这些认识。为了解决现实斗争中所提出的那些新的课题，列宁着重研究了辩证法和认识论理论。列宁在其所写的哲学著作和笔记中，关于这一理论提出了许多著名的论断和思想。例如，关于辩证法也就是认识论的论断，关于逻辑、辩证法与唯物主义认识论三者统一的思想，关于对立统一规律是辩证法的实质与核心的思想，关于认识过程运动规律的论断，关于真理的客观性、绝对性与相对性的思想，以及其他方面的许多重要思想。这些思想都是马克思和恩格斯在他们的著作中未加阐明或未作具体发挥的，属于列宁从实践和科学的最新发展中总结出来，添加到马克思主义哲学宝库中的新的内容。列宁对历史唯物主义理论的发展也作出了重要贡献。

马克思主义是普遍的真理，在把它运用于不同历史条件和不同国家时，要求必须与具体条件结合起来。如何把马克思主义理论与具体实践结合的问题，是无产阶级革命必然要碰到的现实问题，也是马克思主义发展中必须加以解决的具有方法论性质的重大理论问题。列宁曾经从方法论原则上指出过,具体地分析具体的情况,就是马克思主义的活的灵魂。斯大林在总结苏联共产党运用马克思主义理论指导实践活动的经验中,也提出过类如"一切以条件、地点和时间为转移"①的著名思想。这一问题在中国的革命斗争中表现得更为突出,具有更加重大的意义。革命前的中国是一个生产十分落后的半殖民地半封建的社会。在这样的历史环境中要取得民主主义革命和社会主义革命的胜利,如何把马克思主义的普遍真理与中国的革命实践结合起来,是一个具有极其重要意义的关键性问题。毛泽东作为伟大的马克思主义者,他的最重大的贡献就表现在,能够把马克思主义理论创造性地运用于中国的具体条件,由此找到了在中国进行民主主义革命和社会主义革命的具体道路和方法;他进一步又从总结在中国运用马克思主义理论指导革命取得胜利的经验中,丰富和发展了马克思主义理论。《实践论》和《矛盾论》是毛泽东结合中国革命的丰富经验写成的两部马克思主义哲学的伟大著作。在这两部著作以及其他许多著作中,毛泽东在认识论上抓住了实践这一中心环节,在辩证法理论上抓住了矛盾这一核心思想,以此为基础全面分析和具体论证了理论必须与实践相统一、具体矛盾必须具体分析和具体解决的理论和方法。毛泽东提出的关于矛盾问题的"精髓"学说,把应用理论解决实践问题的方法上升到理论形态,为辩证法的方法论理论增添了新的内容,为马克思主义哲学的发展作出了重要贡献。毛泽东在哲学理论的其他许多方面,也有许多重要的发挥和发展。

列宁和毛泽东的哲学思想,已构成马克思主义哲学有机组成的重要内容。我们今天学习马克思主义哲学,决不能局限于马克思、恩格斯著作中已阐明的内容,必须包括他们逝世以后新增加到马克思主义哲学中的那些内容。

马克思主义哲学的实践性质,决定这一理论只能在不断发展中存在。它存在一天,就要发展一天,永无止境。发展马克思主义哲学不是几个人或少数人的事业。每一个能够运用马克思主义哲学去解决实践提出的问题,并能总结实践经验使之上升到理论的人,都会对马克思主义哲学的发展作出自己的贡献。专门从事哲学理论研究和宣传的人,通过总结实践斗争经验、人类认识史的成就和最新

---

① 《斯大林文选》上册,183页,北京,人民出版社,1962。

科学成果，同样会丰富和发展马克思主义哲学。而这一方面的工作越来越显示出了它的重要性。不能把发展马克思主义哲学这件事神秘化。马克思主义是科学，在对待马克思主义哲学的发展问题上，也必须采取科学的态度。

总 体 框 架

绪　论——马克思主义哲学是科学的世界观认识论方法论的统一

第一节　哲学的性质和对象
一、哲学作为社会意识形式的特点
　　——哲学具有双重性质——哲学是"时代精神的精华"——哲学是具有党性和阶级性的理论
二、哲学对象的历史演变
　　——哲学对象是历史地变化着的——古代哲学——以知识总汇形式表现的"智慧"——近代哲学——"科学之科学"的理论——哲学对象变化的规律性
三、科学的哲学是世界观认识论方法论的统一
　　——哲学对象的深刻变革——哲学是关于外部世界和人类思维的运动的一般规律的科学——哲学是世界观认识论方法论统一的科学

第二节　哲学基本问题与哲学派别划分
一、哲学的基本问题
　　——哲学基本问题的性质和含义——哲学基本问题在历史上的不同提法——哲学基本问题的内容——哲学基本问题与哲学其他问题的关系
二、哲学中基本派别的划分
　　——划分哲学派别的科学依据——哲学中的基本派别——唯物主义与唯心主义的区分——唯物主义与唯心主义的关系——两种发展观的对立——辩证法与形而上学——辩证法与形而上学的关系——哲学中的其他非基本派别
三、历史上的基本哲学形态
　　——哲学中形成不同派别的根源——自发的唯物主义——原始的唯心主义——经院哲学——机械唯物主义——近代

主观唯心主义——唯心主义的概念辩证法

第三节 马克思主义哲学的产生是哲学中的伟大革命

一、马克思主义哲学是人类认识发展最高成果的结晶

——历史和阶级条件——理论认识条件——哲学自身的继承联系——哲学的革命性变革

二、马克思主义哲学是完备彻底的唯物主义理论

——马克思主义哲学就是辩证唯物主义——创立历史唯物主义的伟大意义——辩证唯物主义与历史唯物主义的关系

三、马克思主义哲学是科学性与革命性高度统一的理论

——无产阶级的革命的思想体系——革命性和科学性的高度统一

四、马克思主义哲学是与实践内在统一的理论

——理论与实践的内在统一——在实践中不断发展的理论

第四节 学习马克思主义哲学掌握认识世界和改造世界的科学武器

——树立辩证唯物主义世界观掌握理论思维的科学方法——认识客观规律树立为共产主义奋斗的世界观和人生观——提高行动自觉为实现"四化""振兴中华"作出积极贡献

第一篇 意识与存在的关系——认识的基本矛盾

第一章 人类认识的基本矛盾及其历史发展

第一节 认识的基本矛盾

一、哲学的开端

——哲学是从把握认识自身矛盾开始的——历史上不同哲学形态的开端

二、认识的本质

——认识在人类活动中的地位和作用——认识是主体对客体的能动的反映

三、认识的基本矛盾

——认识是主观和客观的对立的统一——主观和客观的矛盾是认识的基本矛盾

第二节 人类认识发展史的基本线索

一、人类认识史的本质内容及其发展阶段

——人类认识史的本质——人类认识发展的基本阶段

二、直观认识阶段中原始认识的特点
　　——未分化的认知意识——幻想形式的理解意识
三、直观认识的高级阶段
　　——从原始认识到古代直观认识——意识和存在从本能的统一走向分裂——精神和物质分裂为两个对峙的世界
四、反省的认识
　　——意识从外界对象走向对自身的反省——物质实体和灵魂实体的统一——在认识论基础上世界的重新分裂
五、自觉的认识
　　——对认识基本矛盾的自觉——在唯心主义基础上思维和存在的统一——从唯心主义的统一向唯物主义的转变
六、中国哲学解决思维与存在关系问题的历史特点
　　——中国哲学揭示思维与存在关系问题的历史特点——中国哲学认识史的线索和阶段

第二章　马克思主义哲学对存在与意识关系的科学解决
第一节　马克思主义哲学解决思维与存在关系问题的出发点
一、旧哲学的终点和马克思主义哲学的起点
　　——先前哲学的基本成就——近代哲学的主要局限——马克思主义哲学的起点
二、实践的观点是马克思主义哲学解决思维与存在关系问题的出发点
　　——发现了思维与存在统一的真实基础——实践是思维与存在统一的基础

第二节　马克思主义哲学关于思维与存在关系问题的基本观点
一、马克思主义哲学和唯心主义观点的对立
　　——对主观唯心主义的否定——对不可知论的否定——对客观唯心主义的否定
二、马克思主义哲学对旧唯物主义局限性的克服
　　——从唯物主义哲学向马克思主义哲学的转变——马克思主义哲学关于社会存在决定社会意识的理论

第三章　客体的规定性
第一节　事物的规定性
一、存在和事物
　　——客体及对客体的认识——客体与对象——存在和事物
二、质和量
　　——质和量范畴的提出——质和量范畴的含义——质和量

的关系
三、一和多
——一和多范畴的提出——一和多范畴的含义——一和多的关系——一和多范畴在认识中的意义
四、本质和现象
——本质和现象范畴的提出——本质和现象范畴的含义及其辩证关系——本质和现象的客观性
五、内容和形式
——内容和形式范畴的历史演变——内容和形式范畴的含义——内容和形式的关系——内容和形式范畴的意义
六、实体和属性
——实体和属性范畴的提出——实体和属性范畴的含义——实体和属性的关系

第二节　过程的规定性

一、过　程
——事物和过程——存在和非存在的统一——评过程哲学
二、运动和静止
——运动和静止概念的提出及历史发展——运动、变化和发展的含义——运动和静止的关系
三、原因和结果
——原因和结果范畴的提出——原因和结果范畴的含义——原因和结果的关系——因果联系的客观性
四、根据和条件
——根据和条件范畴的提出——根据和条件范畴的含义——根据和条件的关系
五、必然和偶然
——必然和偶然范畴的提出——必然和偶然范畴的含义——必然和偶然的关系——必然和偶然的客观性
六、可能和现实
——可能和现实范畴的提出——可能和现实范畴的含义——可能性和现实性的关系
七、有限和无限
——有限和无限范畴的提出——有限和无限范畴的含义——有限和无限的关系——关于无限的认识和论证
八、绝对和相对
——绝对和相对范畴的提出——绝对和相对范畴的含

义——绝对和相对的关系——过程是绝对和相对的统一
第三节 关系的规定性
一、关　系
——关系和普遍联系——关系的中介性和相互性——关系的种类——对象、过程与关系
二、系统和要素
——系统和要素、整体和部分——系统和要素的特征及其相互关系——对象、过程都是系统
三、结构、层次、功能
——结构和层次——简单和复杂——结构与实体——结构和功能
四、相互作用
——作用和反作用是关系的基本内容——作用的主动性和反作用的被动性——控制和反馈——信息——世界是事物相互作用的总体
五、个别、特殊和一般
——个别、特殊、一般的含义——个别、特殊、一般的关系——个性与共性

第四章　客体的规律性
第一节 规　律
一、规律的一般特点
——认识从客体规定性向客体规律性的深入——规律的含义——规律的客观性
二、规律的分类
——一般规律和特殊规律——自然规律、社会规律、思维规律——统计学规律的本质——具体科学规律与辩证法规律
第二节 质量互变规律
一、发展是质变和量变的统一
——对运动、变化、发展实质的探索——只有从量变和质变的统一上才能理解发展
二、质变和量变的区别
——度是质和量的统一——量变的含义——质变的含义
三、从量到质和从质到量的变化
——从量到质的变化——从质到量的变化——发展是连续性和间断性的统一

四、飞跃的形式
　　——飞跃形式的多样性——社会飞跃的特点
第三节　对立统一规律
一、发展是对立面的统一
　　——矛盾观念是认识发展合乎逻辑的必然结论
　　——认识史上矛盾概念的提出和形成
二、对立面以及对立和统一的关系
　　——对立面是构成矛盾的基本要素——对立关系与统一关系
三、矛盾的同一性和斗争性
　　——对立双方的同一性——对立双方的斗争性——矛盾的斗争性和矛盾的同一性之间的关系
四、矛盾的产生、发展和解决
　　——矛盾是普遍存在的、永恒存在的——矛盾的解决和矛盾的产生
五、矛盾的特殊性及其类型
　　——矛盾的特殊性——矛盾的类型
第四节　否定之否定规律
一、发展是一个否定之否定的运动过程
　　——认识史上对发展过程的理解——发展是前进性和曲折性的统一
二、肯定、否定
　　——肯定和否定范畴的含义——肯定和否定的关系——辩证的否定观及其意义
三、否定之否定
　　——否定之否定的实质及其形式——否定之否定是客观事物、人类思维的普遍规律
第五章　世界统一于运动着的物质
第一节　辩证唯物主义的物质观
一、两种物质观
　　——物质问题的提出——马克思主义哲学的物质观——机械论的物质观
二、物质和场
　　——对物质和场的关系的不同理解——"场是物质的一种形态"说法的疑难
　　——解决分歧的方向

三、社会的物质性
　　——社会存在是物质存在——社会发展是自然—历史过程——自然的物质性与社会的物质性

第二节　运动是物质的根本属性
一、物质是运动着的
　　——物质与运动不可分离性问题的提出和论证
　　——运动是物质本身所固有的根本属性
二、物质运动的基本形式
　　——运动基本形式的区分——思维运动也是运动的一种基本形式——运动形式之间的相互关系——物质层次与运动形式的对称性和不对称性——相对运动和绝对运动的区分

第三节　空间和时间是物质的存在形式
一、空间、时间和物质的关系
　　——物质的运动是空间和时间的本质——物质和空间、时间的不可分离性——空间和时间对物质的依赖性
二、空间和时间的特性
　　——空间和时间的相对性和绝对性——空间和时间的统一——空间和时间的有限性和无限性
三、关于空间概念和时间概念的历史
　　——古代的时空观——近代的时空观

第四节　世界是多样性的物质统一体
一、自然界、人类社会是物质进化的结果
　　——自然是人类的活动对象——自然界是一个物质进化系列——社会与自然的统一
二、意识是物质高度发展的产物
　　——意识产生的物质基础——意识、思维是物质的特殊属性
三、世界的统一性
　　——世界的统一性问题的含义——世界的统一性在于世界的物质性

第二篇　主体——人作为主体的规定性及其主体能力的根据和发展

第六章　人作为主体的基本规定性
第一节　自主性
一、最高存在

——主体客体问题的实质——主体是人——人是一切存在物中的最高存在者——在人的身上实现了物质固有的能动本质
　二、自我创造性
　　　——自动性的存在系统——创造与创造性活动——人的自我创造
　三、对象化的本质
　　　——存在的对象性——对象化概念——对象世界的创造
第二节　主观性
　一、具有意识的存在物
　　　——具有意识是主体的本质规定之一——主观性与主体——客观的存在与意识到的存在
　二、自我意识
　　　——自我与非我——自我意识——自我肯定
　三、自由自觉的能动性
　　　——自觉性——理想存在和现实存在——自觉能动性
第三节　自为性
　一、价值主体
　　　——价值概念——价值原——价值评价
　二、人的价值
　　　——最高价值——自我评价——人生价值
　三、自为的存在
　　　——自在与自为——主体的自为性
第四节　人对自身主体性认识的发展
　一、从对主体的幻想意识到人的自我发现
　　　——主体客体分化在意识上的最初反映——欧洲中世纪在对象性存在中贯注的主体意识——近代对人的自我发现——近代关于自然主体与意识主体的争论
　二、中国哲学史主体意识的发展
　　　——人学的历史传统及其特殊形式——天人、心物关系的争论及其意义
　三、马克思主义关于人的科学学说
　　　——马克思主义哲学人的学说的创立——人的本质的发现
第七章　主体能力的自然基础
　第一节　主体是自然演进到社会的最高产物
　　一、主体能力的性质及其形成

　　　　　——主体能力概念——身体与心灵的统一体——自然性与社会性统一的结果
　　二、种系演进与劳动的作用
　　　　　——种系发生与进化——劳动创造了人本身
　　三、个体能力的发生
　　　　　——个体发生与种系进化——个体发生与社会遗传
第二节　主体能力的生理基础
　　一、主体实践能力与生理机制
　　　　　——人体与动物体的共同点和区别点——人体自动性特征及其生理机制
　　二、主体意识能力与生理基础
　　　　　——神经活动与心理活动的关系——当代脑科学的成果——评现代西方学者研究意识活动的成就和局限
　　三、生理能力的改造与提高
　　　　　——生理能力的可变性——自然变异与自我提高——天赋与天才
第三节　主体能力系统与智能模拟
　　一、主体能力与工具的运动
　　　　　——以身心统一体为基础的主体能力系统——工具的演进与主体能力的提高
　　二、现代科技发展与智能模拟
　　　　　——智能模拟的可能性和现实性——智能机的出现对主体的意义——评"人工主体"、"人机主体"说

第八章　主体的社会规定性
第一节　主体的存在形态
　　一、主体是在社会中存在的人
　　　　　——主体的社会化——社会是主体的存在形式——主体的社会规定性
　　二、主体的不同存在形态
　　　　　——主体形态概念——主体的个体形态——主体的集团形态——主体的社会总体形态——人类主体形态——四种主体形态的区别和联系
第二节　社会条件对主体活动的制约性
　　一、社会发展的基本规律
　　　　　——社会规律的特殊性——社会历史规律的基本内容

二、社会条件对主体能力的制约性
　　——社会条件对主体实践能力的制约——社会条件对主体意识能力的制约
三、主体能动性的发挥与社会的发展
　　——主体能力的受动性与超越性——个人奋斗的意义

第三节　主体的历史发展及其规律
一、主体的发展是有规律的
　　——马克思揭示出了主体发展的规律——研究主体发展规律的意义
二、主体在不同历史阶段上的特征
　　——原始社会的主体——奴隶社会、封建社会的主体——资本主义社会的主体——未来共产主义社会的主体——主体发展的规律性

第三篇　主体与客体的统一
　　——在实践基础上真善美的统一与自由的实现

第九章　主客体统一的规定性
第一节　主客体对立统一关系的本质
一、主体与客体对立的本质
　　——主客体对立的基础——需要和主体需要——主客体对立的本质
二、主客体的统一
　　——主客体统一的含义——主客体统一的本质

第二节　主客体对立统一的内容
一、真与假——观念状态的对立统一
　　——映象与本象——真实与虚幻——真理和谬误
二、善与恶——实在形态的对立统一
　　——利与害——善与恶——义与不义
三、美与丑——主体与其对象化的自身本质的对立统一
　　——占有与欣赏——美与丑——真、善、美是主客体的全面统一

第十章　实　践
第一节　实践的本质
一、实践本质的发现
　　——人类对实践本质的寻求与探索——马克思对实践本质

的发现
二、实践的本质及其基本特性
——实践概念的含义——实践的特性——实践的本质
三、实践类型的划分
——实践的基本类型——实践活动的多样性

第二节 实践的系统结构
一、实践的基本要素
——目的——手段——结果
二、实践系统中的理性结构
——理性在实践系统中的地位和作用——理论理性——实践理性——评价理性
三、实践的社会结构
——社会关系范畴的实质——分工与社会实践结构——社会主义社会机构改革的必要和可能
四、实践的系统发展机能
——实践的系统发展特征——实践的继承性机能——实践的选择性机能——实践的自我革新机能

第三节 实践的作用
一、实践是主客体分化与统一基础
——实践是主体对客体关系的本质内容——实践是主客体分化与统一的基础
二、实践使主观存在转化为直接现实性的存在
——现实性观念存在的源泉——主体自我实现的基本手段
三、实践使自在之物转化为为我之物
——存在具有客体意义和价值的依据——自在之物向为我之物的转化——事物从必然性向应然性的转化
四、实践是人类社会发展的基础和动力
——实践是人的主体力量和能力发展的动力——实践是推动社会发展、改造社会结构的决定力量
五、实践是认识的真理性的检验标准
——真理标准与检验真理的标准——实践标准与逻辑标准——实践标准的绝对性与相对性

第十一章 认 识
第一节 认识活动的本质
一、立足于实践了解认识的本质

——关于认识不同观点的根源——作为认识的反映是摹写、选择、创造的统一——认识与信息

二、认识在主客体统一中的作用

——认识是主客体矛盾的集中表现——认识对实践的作用——认识与实践的对立统一

第二节 认识活动的要素及其内在机制

一、认识的基本形式和要素

——感性与理性——符号、语言与逻辑——联想与想象、直觉与统觉

二、认识活动的内在机制

——从生动直观到抽象思维——直接经验与间接经验，先验与后验——情感，意志，幻想在认识中的作用

第三节 辩证思维与知性思维

一、辩证法与形而上学对立的认识论本质

——思维把握存在运动的两种理论——客观辩证法与主观辩证法——自发的辩证法与自觉的辩证法

二、辩证思维与知性思维的区别和联系

——知性与理性、形式逻辑与辩证逻辑——概念的双重本性——概念运动的特点——对概念灵活性的两种运用——辩证思维的目的在于形成具体概念

三、辩证思维模式与知性思维模式

——辩证思维模式与知性思维模式——传统思维模式与现代思维模式

第四节 认识的发展及其规律

一、认识发展过程的规律性

——认识规律范畴——感性——理性——实践的圆圈——实践——认识——实践的圆圈——相对真理——绝对真理的圆圈

二、认识成果的发展

——知识的发展——理论的发展

第十二章 自 由

第一节 自由的本质

一、自由的规定性

——自由的一般规定——自由概念的历史演变——现代西方哲学的自由观

二、自由的本质
　　　　——自由与实践——自由和历史规律——自由与真善美
第二节　自由的实现
　　一、实现自由的条件与道路
　　　　——实现自由的条件——占有和异化——异化的克服和占有的实现
　　二、人的解放和人的全面发展
　　　　——自由的实现和人的解放——人的全面发展和共产主义

马克思主义哲学导论

辛敬良

复旦大学出版社 1991 年出版

总　论：马克思主义哲学是实践的唯物主义[*]

一、马克思主义哲学：实践的唯物主义

马克思主义哲学关心的中心问题是人和物（外部世界）的关系。在实践基础上去把握人和物的关系，去理解人和物的统一，是马克思主义哲学区别以往哲学的显著特征。尽管旧唯物主义也强调人和物的统一，但只是归结于没有分化的纯自然的统一，这是最低层次的统一。只有在人类实践基础上分化为自然和社会以后，才产生意义深刻的统一。正因为如此，马克思才强调自己的哲学是实践的唯

[*] 本章内容选自《马克思主义哲学导论》引论，并略有删节。文中标题由编者所加。

物主义。

马克思批评以往的哲学家们"只是用不同的方式解释世界，而问题在于改变世界"①。古代哲学解释自然，中世纪哲学解释上帝，近代哲学解释理性和人性。谁是谁非？马克思认为，人的思维是否具有客观的真理性，这并不是一个理论问题，而是一个实践的问题，离开实践的思维是否具有现实性的争论，是一个纯粹经院哲学的问题。实际上，人的理性并不具有解释一切的绝对权威，理性要想超越现实必须依赖实践。从前的一切唯物主义，包括费尔巴哈的唯物主义在内，其主要缺点是"对事物、现实、感性，只是从客体的或者直观的形式去理解，而不是把它们当作人的感性活动，当作实践去理解，不是从主观方面去理解"②。马克思强调指出，对实践的唯物主义者，即共产主义者说来，全部问题都在于使现存世界革命化，实际地改变事物的现状。虽然，自然界先于人类而存在，人是自然界长期发展的产物，归根到底是属于自然的，这是一切唯物主义共同的基本前提，马克思主义当然不否认自然界的优先地位和一般唯物主义的共同前提。然而，时间上的先在，并不就是逻辑的起点。作为理论形态的哲学，其逻辑起点，不单独是自然界本身，而是由人的活动所引起的自然界的变化，即人的现实的、感性的活动——实践。人的感觉和思维及其形式，都是人的实践的产物。只有在实践的基础上，才产生出主体和客体的关系，思维和存在的关系，才会有以研究这种关系为主题的哲学。物质无疑是物理学和机械唯物主义哲学的最基本范畴，但是离开实践就不能确证物质的客观实在性，也不能阐明人的物质性——实践的存在物。马克思之所以强调要从主体方面去理解，其意正在于此。

事实上，早在马克思以前，哲学研究的主题就已经从自然本体论转到了认识论，提出主体和客体的关系问题。经验论与唯理论之争正是围绕着主客体关系问题展开的。前者只承认感性知识的实在性，实际上只承认客体的实在性；后者只承认理性知识的实在性，实际上只承认主体思维的实在性；彼此各执一端，否认对方的实在性而互相对立着，以至于在大量科学知识已经实际存在的情况下，仍然提出"科学知识何以可能"的问题，实质上就是主客体如何统

---

① 《马克思恩格斯选集》，1版，第1卷，19页，北京，人民出版社，1972。
② 同上书，16页。

一的问题。

从康德开始到黑格尔的德国古典哲学，正是在这一理论背景下兴起的。康德认为，科学知识既来源于客体，又来源于主体，两者都是实在的。但是，他强调"物自体"所提供的只是个别性的杂乱无章的感性经验，不能构成科学知识，必须由主体提供具有普遍性和必然性的知性范畴，将它们综合起来，才能构成科学知识。所以，主体不是白板一块，认识不是简单的直观，离开主体的能动性，知识就不可能发生和形成，主客体就不可能达到统一。这是非常重要的思想，可惜他不懂得实践的真正意义，结果并没有使两者统一起来。费希特进一步发展了主体能动性的思想，直截了当地提出"自我"创造"非"我。值得注意的是他将实践的概念引进认识论，强调主体在活动中创造出客体，然后又通过重新占有自己的创造物而回到自身。他把主客体看作是在实践中不断生成和互相转化的，从而深化了主体能动性的原理。谢林用客观唯心主义取代费希特的主观唯心主义，认为主体和客体都只是相对的，两者都来源于绝对精神，都是绝对精神的相对形态。在绝对精神那里，两者是"无差别地同一"，即绝对的同一。这样一来，他就取消了主客体的差别，从而也否定了主客体的辩证关系。这一缺陷，后来被黑格尔所克服。黑格尔集德国古典哲学之大成，继承和发展了自康德以来关于主体能动性的思想。他辩证地解释实践以及实践和理论的关系，制定了辩证唯心主义的主客体统一的理论。这一理论首先确立统摄自然和精神于自身的独立的精神实体——绝对精神。它既是主体，又是客体（实体）。然后，主体能动地实践其自身为自然界，这是主体的外在化或异在形式。进而又扬弃自然界，绝对主体又重新回归自身，从而实现了主客体的统一。这种统一不是主观的、直接的统一，而是表现为间接的、能动的、相互转化的过程。他正确地提出：人为了自己的需要，通过实践和外部自然界发生关系，他借助自然界来满足自己的需要，征服自然界，同时起着中间人的作用。这实际上已把唯心主义推进到新唯物主义的"前夜"。马克思的《关于费尔巴哈的提纲》正是对德国古典哲学的扬弃，贯彻于《提纲》始终的是主体能动性，即实践性的原则。长时期来，这个重要原则却被人们忽视了。这样强调"实践"，是否会导致以实践代替物质？这种担心是不必要的。事实上从物质出发并不能使唯物主义贯彻到底，旧唯物主义在社会历史领域中陷入唯心主义，早就证明这一点。"实践的唯物主义"含义十分明确，即以实践为特征的唯物主义。它既继承了唯物主义的传统，又超越了以往的唯物主义，克服了旧唯物主义的直观性，把唯物主义哲学提高到新的阶段。列宁指出："必须把人的全部实践——作为真理的标准，也作为事物同人所需要它的那一点的联系的实际确定者——包括到事物的完满的'定义'中去。"①毛泽东写的《实践论》连"唯物"两字都不提，谁人说它背离了唯物主义？

马克思主义哲学是统一的整体，这似乎没有人反对。但是，现行的辩证唯物主义与历史唯物主义两大块模式，无论从形式和内容上来看，都很难说得上是统一的。人们通常都根据《反杜林论》和《唯物主义与经验批判主义》来阐述辩证唯物主义的原理，依据《〈政治经济学批判〉序言》来阐述历史唯物主义的原理。自从斯大林的《辩证唯物主义与历史唯物主义》发表以后，这一哲学模式很快就影响到马克思主义哲学界。按他的说法，将辩证唯物主义的原理推广去研究社会生活，应用于研究社会历史，就是历史唯物主义。这样似乎把两大块统一起来了。其实不然，根据"推广应用说"，势必要承认马克思先创立好辩证唯物主义，然后再去推广应用于社会生活，才产生历史唯物主义的。众所周知，这不符合马克思主义哲学产生和形成的历史，事实上辩证唯物主义和历史唯物主义是同时产生和形成的。不仅如此，马克思在实现哲学革命的过程中，主要精力恰恰是放在创立唯物史观上，这从恩格斯强调唯物史观是马克思一生两大发现之一的说法中得到证明。

事实上，在马克思以前，无论唯物主义或辩证法，都早已存在。为什么不能把两者结合起来，创立辩证唯物主义，然后推广应用于历史而产生历史唯物主义？难道是哲学家们的偶然疏忽吗？当然不是。这恰恰说明，辩证唯物主义不就是费尔巴哈的"基本内核"和黑格尔的"合理内核"机械相加，历史唯物主义也不就是辩证唯物主义的"推广应用"，事情没有这样简单。"推广应用"说不仅不符合马克思主义哲学产生和形成的历史事实，而且不能说明马克思主义哲学是统一的整体，甚至在形式上也没有统一起来。辩证唯物主义和历史唯物主义统一的真正基础是科学的实践观。离开实践，两者是无法统一起来的。只有实践的唯物主义，才能既是辩证的又是

---

① 《列宁选集》，2版，第4卷，453页，北京，人民出版社，1972。

历史的唯物主义。

虽然马克思以前的哲学家早已论述过"实践"范畴。如康德把实践理解为伦理道德范畴；费尔巴哈将实践看作是人的利己主义活动；黑格尔把实践作为绝对主体活动过程中的不可缺少的环节；等等。他们都没有科学地理解实践。马克思把实践规定为人的现实的、感性的活动，主客体互相交融的活动，是主体见之于客体的东西。实践是联结主客体的中介和基础，它体现出人类认识世界和改造世界的统一。只有这样的"实践"，才是整个马克思主义哲学的基石。马克思主义哲学的各个组成部分，只有在这一实践观的基础上，才能构成有机的统一整体。因此，与其称马克思主义哲学为辩证唯物主义与历史唯物主义，还不如恢复它自己的称谓——"实践的唯物主义"好。

实践的唯物主义强调哲学的任务在于改变世界，同时又指出人必须对实践的结果进行自觉的控制，环境的改变和人的活动的一致，只能被看作是并合理地理解为革命的实践，实践决不是不顾一切的蛮干。马克思在自己的著作中分析了实践本身具有积极和消极二重性。从积极的方面看，实践是人自我肯定的本质力量，它表现为人对外部世界的改造和超越，表现人的自我创造和自我超越——自觉的能动性。从消极方面看，实践导致人的自我异化。尤其在私有制和旧式分工的条件下（私有制和旧式分工也是实践发展一定阶段的产物），实践成为否定人的异己力量，它使创造变为破坏，使超越变为沦落。这种情况的出现，在社会发展的一定阶段上是不可避免的。人类必须通过不断的历史的实践，最终才能使自己"成为自然界的自觉的和真正的主人"，同时"成为自己社会关系的主人"，实现从必然王国向自由王国的飞跃，即人对自己的实践结果进行自觉的控制。实践的唯物主义所表达的正是主客体相互作用中主体自我控制的精神，它是当今时代精神的精华。

恩格斯指出："每一时代的理论思维，从而我们时代的理论思维，都是一种历史的产物，在不同的时代具有非常不同的形式，并因而具有非常不同的内容。因此，关于思维的科学，和其他任何科学一样，是一种历史的科学，关于人的思维的历史发展的科学。"[①] 根据这一思想，哲学也是历史的科学，它的内容和形式都是特殊历

---

① 《马克思恩格斯选集》，1版，第3卷，465页，北京，人民出版社，1972。

史时代的产物。马克思主义哲学也不能例外，它并不是已经完成了的终极真理，只是为认识真理开辟道路。事实上，迄今为止，人类所发现的一切规律，都是在各个特定历史阶段上认识到的规律，都只是在有限的范围内得到证明的规律。换言之，都是历史的规律。如果说，以往的哲学家都力求建立一个绝对真理的体系，譬如黑格尔就是这样，他把自己的哲学看作是全部真理的终结；那么，与之相反，对于实践的唯物主义来说，思维和存在的统一只能是在实践基础上具体历史的统一，不可能是一劳永逸的统一。因此，一切真理都是具体的、相对的，不可能是终极的、绝对的。我们说，马克思主义哲学的基本原理没有过时，丝毫也没有企求垄断真理和封闭认识真理道路的意思。马克思主义哲学永远是开放的，它和一切"宗派主义"和"独断论"都是不相容的。

哲学不是直接研究自然和社会本身的规律的，而是研究作为主体的人和作为客体的自然和社会的关系，即思维和存在的关系及其矛盾运动的规律的。自然和社会只有作为与思维相对应的存在范畴时，才成为哲学范畴。直接揭示自然、社会发展的规律是各种实证科学的任务，非哲学所能承担得了的。事实上，随着近代工业的发展和科学技术的进步，揭示、说明自然和社会规律的功能，早已由精确得多的具体科学所承担了，哲学已经从自己力所不能及的领域里退出。当然，马克思主义哲学必须不断吸取和概括实证科学的新成果，首先是自然科学的新成果。但是，这种吸取和概括决不应是将实证科学的知识、概念、范畴直接移入哲学。马克思和恩格斯生活的年代，已经发现原子、细胞等等，他们并没有将这些知识概念、范畴直接移入哲学。列宁也没有将电子、能量等概念直接移入哲学，相反地，他批判用这些概念来篡改哲学的"物质"概念。企图使哲学自然科学化或实证科学化的要求和做法，并不能使哲学现代化；相反，这样做只是在新形式下恢复哲学是"科学之王"。

二、马克思主义哲学的核心：唯物史观

马克思在《关于费尔巴哈的提纲》中明确表达了这样一个思想：旧唯物主义的立脚点是"市民"社会，新唯物主义的立脚点是人类社会或社会化了的人类。他批评费尔巴哈把实践只是理解为"卑污的犹太人活动"，不了解"革命的"、"实践批判"活动的意义。这种直观的唯物主义，即不是把感性理解为实践活动的唯物主义，至多

只能做到对"市民社会"单个人的直观,不理解人的本质并非是单个人所固有的抽象物,在其现实性上它是一切社会关系的总和。他强调社会生活在本质上是实践的,等等。所有这些观点,都是从唯物史观的高度上提出的。

自然科学的发展对哲学的发展有重大的影响,恩格斯说:"甚至随着自然科学领域中每一个划时代的发现,唯物主义也必然要改变自己的形式。"但是,不能由此就认为哲学的发展纯粹取决于自然科学。恩格斯紧接着上述这段话写道:"自从历史也被唯物主义地解释的时候起,一条新的发展道路在这里开辟出来了。"[①] 正是唯物史观的创立,导致旧哲学体系的根本变革,它揭示出哲学生长和发展的真正根源,是各个时代人们的社会实践,这同马克思的观点是完全一致的。

在马克思看来,人和外部世界的关系是双重的。一是实践的关系,即人对世界的改造,从物质上占有世界;二是理论关系,即认识世界,从思想上占有世界。前者是基本的和首要的关系。在实践活动中,一方面,人不能违反对象的尺度,必须以它为前提,另一方面,人又不是全部和无条件地接受对象的尺度,而是通过自身内在的尺度去把握和接受对象的尺度,达到改造对象之目的。实践是人作为自然的存在物和自觉的社会存在物统一的确证,它体现了自然尺度和社会历史尺度的统一。它首先是人类改造世界、创造历史的活动,是社会历史的范畴,然后才是认识论的范畴。因此,就不能将实践唯物主义的含义局限于马克思主义认识论上,它是包括历史观和自然观在内的整个马克思主义哲学体系,其立足点则是唯物史观。恩格斯不仅指出唯物史观是马克思两个伟大发现之一,而且一再称唯物史观是新的世界观,把它看作是马克思主义哲学区别于以往旧哲学的主要标志,正是说明了这一点。

先从认识论来看,马克思主义哲学始终不是脱离人的历史的实践活动去考察认识问题的。虽然承认外部世界的"客观实在性"是进行正确认识的前提,但是,如果仅仅停留在这一前提上,那就不会有认识的发生和发展。拿人类对物质的认识来说,从古代朴素的物质观到近代机械唯物主义的物质观,再到马克思主义的物质观的发展,始终是以人类历史的实践为基础的。离开这种历史的实践,

---

① 《马克思恩格斯选集》,1版,第4卷,224页,北京,人民出版社,1972。

就没有人对物质认识的历史。离开唯物史观的物质观，必然是抽象、空洞和贫乏的。诚然，反映论无疑是一般唯物主义认识论的前提，但是，如果把马克思主义的认识论仅仅归结为反映论，那就把认识过程看成只是客体决定主体的单向过程，而不是主客体相互作用的过程，这仍然没有阐明它和一般唯物主义认识论的区别。马克思主义哲学既不否定反映论，又不停留在反映论上，它的认识论是实践论，把实践看作是认识的出发点和归宿。实践论并没有背离反映论，相反地正是发展了反映论。事实表明，人类创造历史活动和认识活动是同时开始、平行发展的，实践则贯彻于历史和认识的始终，它是打开历史大门和认识大门的同一把钥匙，历史观和认识论同样古老。

认识活动中的主体和客体，实际上也就是历史活动中的主体和客体，两者都是在人类历史实践的基础上产生的，并随着历史的实践的发展而变化的。历史发展到什么水平，人的认识也就发展到什么水平。人类思维的至上性和非至上性的矛盾，只能在历史发展的无限系列中不断求得解决。人对世界的认识不是单纯取决于感觉器官，更重要的决定于"以社会这种形式形成社会的器官"①。基本粒子不是由德谟克利特、亚里士多德、狄德罗、牛顿等人发现，并非因为他们的感觉器官不完善或大脑结构不如现代人。爱因斯坦、玻尔等人之所以能作出划时代的发现，也并非由于他们的感觉器官和大脑结构特别完善，根本原因是现代人比古人和近代人有着更完备发达的社会器官。毛泽东的《实践论》开首第一句话是："马克思以前的唯物论，离开人的社会性，离开人的历史发展，去观察认识问题，因此不能了解认识对社会实践的依赖关系"②，正是指出了马克思主义的认识论和历史观之间的不可分割的联系。

离开唯物史观的自然观，只是空洞的抽象。虽然自然界的客观实在性是不容怀疑的，即使经过人类活动改变过的自然界，也是客观实在的，人服从于自身固有的规律，它以人的主观意志为转移，但是，承认自然界的客观实在性和它的固有规律性，并没有阐明人和自然界的现实关系。事实上，从人类产生以后，自然界便成为人的生活环境，人的劳动对象、认识对象和审美对象，它作为对象化的存在物，进入了社会历史过程，从而具有社会历史性。这也是一

---

① 马克思：《1844年经济学—哲学手稿》，78页，北京，人民出版社，1979。
② 《毛泽东选集》第1卷，259页，北京，人民出版社，1966。

种客观实在性。实践体现出人既依赖于自然，又超越自然支配自然。它将潜藏于自然中的对人的各种有用性不断开发出来，使自然界不断人化。所有这些，离开唯物史观是无法阐明的。马克思指出："只要有人存在，自然史和人类史就是彼此相互制约的。"① 他批评费尔巴哈看不到周围的物质世界是随着人的实践活动而不断改变的，自然界决不是开天辟地以来就已存在的、始终如一的东西。它是工业和社会状况的产物，历史的产物，是世世代代人活动的结果。在工业中向来就有"人和自然的统一性"，而且这种统一性在每一个时代都随着工业或快或慢的发展而不断改变，就像人与自然的"斗争"促进生产力在相应基础上的发展一样。不难看出，马克思不是简单地承认自然界的物质性就了事，而是从人的实践和社会历史发展的高度认识和把握自然的。

对于思维运动的考察，同样不能脱离唯物史观。恩格斯指出："人的思维的最本质和最切近的基础，正是人所引起的自然界的变化，而不单独是自然界本身；人的智力是按照人如何学会改变自然界而发展的。"② 这正是强调人的思维离不开人创造历史的社会实践。皮亚杰的发生认识论对人的思维工具、图式、认识结构作了具体的考察和描述，既区别于经验论又区别于先验论，深化了关于主体能动性的思想，对研究主体性原则很有启示。但是，仅仅局限于心理机制上的考察是不够的，应当从更宽广的社会基础上进行探索和研究。实际上，人的思维工具有相对的稳固性，它渗透于一个社会一个民族人们的心理中，形成一种社会性和习惯性的思维规范、规则、程序，即形成一定的思维模式，成为人们思维活动的框架。不仅是思维的内容，它的形式也是人类历史实践的结果。拿感觉来说，它是思维的门户，感官本身就是历史地形成的，是历史的产物。社会人的感觉不同于非社会人的感觉，对于不辨音律的耳朵，再美好的音乐也是不存在的。在私有制条件下，人的一切感觉都被"拥有"的感觉所代替，只有当我"拥有"它，它才是我的感觉对象。我有多少钱和财产，我的眼睛就看到多远，我的耳朵就听到多大范围内的声音。穷苦人连最美丽的景色都没有感觉。这是立足于唯物史观基础上的全新的感觉论。概念、范畴等思维形式，更是在长期历史实践中产生和形成的。列宁指出，只有通过人们亿万次的实践

---

① 《马克思恩格斯选集》，1版，第1卷，21页注，北京，人民出版社，1972。
② 《马克思恩格斯选集》，1版，第3卷，551页，北京，人民出版社，1972。

活动，人的意识重复各种不同的"逻辑的格"，才获得公理的意"义"。不仅如此，任何一种思维方式实际上也都是历史的产物，并随着历史的发展而变化的。各个时代人们思维方式的变革总是同社会生产力水平的提高，科学技术的发展和社会进步密切相联系着的。

总而言之，只有立足于唯物史观，才能达到自然、社会、人三位一体，使马克思主义哲学各个组成部分有机地统一起来，构成完整的世界观。在这个哲学体系中，作为主体的人居于中心的地位，它不是消极地听命于自然界和社会的支配，而是把自然和社会作为自身活动的条件和对象，能动地改造自然和社会，同时改造自身。在这个意义上说，马克思主义哲学就是以人的活动为中心的主客体统一的哲学。

哲学只有关心人的问题，并以人为本位，人们才会关心哲学。长时期以来，在我们的哲学书刊中，虽然不是没有讲人，但主要倾向是将人置于消极服从外部世界的地位。与此同时，在宣传教育中又不断向人们灌输"听话"、做"驯服工具"等思想，严重地压抑着人的自主性和能动性。出现像"文化大革命"这样的谬误，虽然有许多复杂的社会历史原因，但人的主体性长期受压抑无疑是一个重要的思想原因。根据这一深刻的历史教训，我们的社会主义现代化建设的目标，不能只限于物（客体），必须重视人（主体）自身的现代化。对于马克思主义来说，实现"物"的现代化并不是最终目的，最终的目的是为每个人的全面发展创造条件，实现人类的真正解放。

三、实践唯物主义的本性和功能

实践的唯物主义是对旧唯物主义的扬弃。马克思在《关于费尔巴哈的提纲》中揭露旧唯物主义的出发点或前提是唯客观主义或纯客观主义，它对事物"只是从客体的或者直观的形式去理解"[①]，完全撇开人的主观能动性，站在人自身活动之外，纯客观地去解释世界。与此相反，唯心主义则从人的主观出发，纯主观地解释描绘以致虚构世界，抽象地肯定和发展人的主观能动性。两者虽然各有一定的真理性，却都人为地割裂了主观与客观、主体与客体的联系，各持一端，因而都是片面的。马克思提出实践范畴来统一主观性和客观性，以克服上述的片面性。他把实践理解为人的感性活动，进

---

① 《马克思恩格斯选集》，1版，第1卷，16页，北京，人民出版社，1972。

而明确地说,是革命的实践、批判的活动,这就肯定了人的主观能动性。与此同时,他又确认实践是人的现实的"客观活动",以区别于唯心主义的抽象的能动性。可见实践既是主观的又是客观的,是主观性和客观性的统一。这样,实践的唯物主义就扬弃了旧唯物主义与唯心主义的僵硬对立。马克思指出,主观主义和客观主义、唯物主义和唯心主义、能动和受动,只有在社会实践中才能失去它们彼此间的对立,从而不再作为这样的对立而存在。"理论的对立本身的解决,只有通过实践方式,只有借助于人的实践力量,才是可能的;因此,这种对立的解决不只是认识的任务,而是一个现实生活的任务。"① 旧唯物主义及唯心主义显然不能解决这个任务,因为它只是这样或那样地解释思维和存在的统一,即仅仅当作理论的任务。只有立足于实践的基础上,才能全面地揭示出思维与存在的关系,并指导人们现实地达到思维和存在的具体历史的统一。

马克思以前的哲学家都以探索万事万物的本原为目标,并为此而进行追根究底的思考,力求对世界本原(包括宇宙、社会和人自身存在的本质)作出终极性的解释。尽管每个哲学家都认为自己的哲学已经完成了追根究底,达到了终极真理。然而,后人的哲学却总是否定前人的哲学,由此表现为哲学理论的不断更新。实践的唯物主义跳出这种无休止地追根究底思考的困境,从人的实践出发并以实践为归宿来规定哲学研究的对象,这就是人和外部世界的关系。即在人类实践基础上产生和发展的主体和客体、主观与客观、思维和存在等关系。实践的唯物主义的任务,就是以理论思维的形式全面地把握这些关系的矛盾运动及其规律,指导人们在实践中达到具体历史的统一。这样就打破了旧哲学的封闭体系,将它变成开放的。

实践的唯物主义不企求自己成为包罗万象的知识体系。在生产极不发达的古代,人们凭着直观经验去认识世界,不可能形成系统精确的理论,"精确的自然研究只是在亚历山大里亚时期的希腊人那里才开始"②。这种情况下,哲学思考是人们解释世界的主要方式,它就成为包罗万象的知识体系。随着近代工业的兴起,产生出各种严密精确的可供实用的科学知识,这些实证科学远比哲学切实可靠地说明了许多自然现象。如果说,在科学不够发达的情况下,哲学尚能凌驾于各门科学之上,以"科学的科学"自居,用幻想虚构的

---

① 《马克思恩格斯全集》,中文1版,第42卷,127页,北京,人民出版社,1979。
② 《马克思恩格斯选集》,1版,第3卷,60页,北京,人民出版社,1972。

联系解释科学还未探明的真实联系；那么，随着科学的进一步发展，自然界各种现象之间的真实联系逐一被揭示出来以后，哲学就再也不能以"科学的科学"自居了。黑格尔哲学体系的"巨大的流产"，就是证明。哲学原先那种解释世界的功能，已被各门实证科学所取代，它不断地从自己力所不及的领域中退出，只剩下了作为思维方式、方法和规范的功能。

与以往的哲学不同，实践的唯物主义不是把世界当作与人的活动无关的纯客观的实在，而是把它作为人的实践活动的对象来把握。这个世界是属于人的，即人生活着的世界，它是按照人的实践活动水平而存在和变化发展的。从而，实践的唯物主义提供的是人们实践能力所达到的现实世界的一般图景，不是无限宇宙的终极的图景，所以是历史的、相对的。事实上，任何一种哲学企图完成只有全人类在其前进的发展中才能完成的任务，都是不可能的，这种要求本身就是一种形而上学的思维方式。一切哲学都是一定历史时代的产物，都是历史的哲学。马克思主义哲学也不例外，同样是特定历史时代的产物，是人类哲学发展史上的一种哲学，从而也具有历史的局限性。只有承认这种历史局限性，才是实事求是的科学态度。如果把马克思主义哲学看作是穷尽了一切的终极真理，那就谈不上发展了。正因为实践的唯物主义扬弃了作为终极真理的奢求，所以才富有生命力。

实践的唯物主义不是把实践理解为康德式的道德活动，也不是费尔巴哈式的谋取私利的活动。实践的真实内容是无产阶级改造世界的现实活动，是体现无产阶级实际利益的活动。实践的唯物主义不是从抽象的实践概念出发去构造理论体系，相反地，是从无产阶级改造世界的具体实践出发去把握自己生活的现实世界及其运动规律，去争取自身的解放。无产阶级的实践活动是马克思主义哲学所依托的实体，马克思说："哲学不消灭无产阶级，就不能成为现实，无产阶级不把哲学变成现实，就不可能消灭自己。"[①] 在这个意义上说，实践的唯物主义既是马克思主义哲学的理论体系，又是无产阶级的价值体系。它不是纯客观地"公允"地解释世界，而是体现认识和价值的统一、合规律性和合目的性的统一、科学性和革命性的统一。

---

① 《马克思恩格斯选集》，1版，第1卷，15页，北京，人民出版社，1972。

马克思说："哲学家们只是用不同的方式去解释世界，问题在于改变世界。"① 这并不是说，以往的哲学不具有改造世界的功能。事实上一切反映时代精神精华的哲学，都在时代变革中发挥着先导的作用。众所周知，欧洲文艺复兴时期的人文主义曾积极推动着人的觉醒，反抗神对人的统治，为新时代的到来鸣锣开道。18世纪法国唯物主义高举理性的大旗，把理性当作一切现存事物的唯一裁判者，一切事物都要站到理性的审判台前接受审判，凡是同理性相矛盾的东西都要被解除。这一哲学在变革中世纪封建制度的过程中起着非常革命的作用。总之，改变世界的功能并不是马克思主义哲学所独有的。问题在于怎样改变世界，按照谁的利益和要求去改变世界。无产阶级为了成功地改造世界，就必须科学地解释世界。问题是怎样才能达到科学地解释世界？旧唯物主义依靠单纯的直观，唯心主义只要主观猜想和虚构，显然都不可能科学地解释世界。马克思主义哲学认为，只有在改变世界的实践活动中，即在主客体相互作用中，才能达到正确地解释世界，这一哲学以实践为出发点并以实践为归宿来建构自己的理论体系，把实践作为哲学最基本的范畴，从而扬弃了抽象的物质和精神的两极对立，实现了对旧哲学的超越。

作为理论思维形式的哲学，对客观世界的作用不是直接的，而是间接的。它只是给人们以理论武器，改变人们的观念和思维方式，指导人们改变世界的活动。正如马克思所说："批判的武器当然不能代替武器的批判，物质的力量只能用物质力量来摧毁，但是理论一经掌握群众，也会变成物质力量。"② 企图用实证科学的尺度来要求马克思主义哲学，这是对马克思主义哲学本性和功能无知的表现。当前，我国正处于探索社会主义现代化建设的征途上，在某种程度上不得不依靠具体经验。但是如果因此而轻视理论思维，那就不能不令人担忧了。恩格斯说，没有理论思维，就会连两件自然的事实也联系不起来，或者连二者之间所存在的联系都无法了解。他强调指出："一个民族要站在科学的最高峰，就一刻也不能没有理论思维。"③ 事实证明，那种急功近利，只讲眼前实利，轻视理论和哲学的态度，对我国的社会主义现代化建设事业不可能有益，只能有害，实际支配着他们头脑的是一种最坏的哲学——庸俗的功利主义。

---

① 《马克思恩格斯选集》，1版，第1卷，19页，北京，人民出版社，1972。
② 同上书，460页。
③ 《马克思恩格斯选集》，1版，第3卷，467页，北京，人民出版社，1972。

为了发挥改变世界的功能，马克思主义哲学必须使自己民族化。在哲学史上，黑格尔是一位自觉追求"世界精神"，力图创造世界哲学的哲学家，同时他又是一位自觉意识到哲学必须民族化的哲学家。如同路德要使《圣经》说德语一样，黑格尔力求使哲学说德语，他获得了巨大的成功。今天的我国，在社会主义现代化建设的进程中，一方面必须高扬理性和主体能动性，批判蒙昧主义和专制主义思想的影响，确立理性、科学和民主的权威地位。另一方面，也要提防在西方曾经出现的唯理性主义和人本主义的狂热。中国人必须认真研究中国社会主义现代化建设中出现的实际问题，并采取适合中国的方式去解决。西方文化中对我们有用和有益的东西必须学习，但"全盘西化"，走西方的老路，是没有前途的。我国传统哲学中关于天道和人道、自然和人相通、天人合一的思想、知行统一的思想，应当继承和发扬。为了使马克思主义哲学民族化，即具有中国的特色，还必须让它说中国话。毛泽东是努力使马克思主义哲学具有中国风格和中国气派的自觉的代表，在他的哲学著作中表现出来的中国民族特色，至今仍然是我们的典范。他写的《实践论》以论知行的关系为副标题，对中国传统的知行学说进行马克思主义的改造，给人以巨大的民族感和历史感，同那些语言晦涩费解的著作相比，形成鲜明的对照。为了使马克思主义哲学中国化，表达出中国的历史、文化和心理，哲学工作者除了要深刻地理解马克思主义哲学的基本原理之外，还必须熟识我国的历史、文化和当代现实状况。只有这样，才能使马克思主义哲学在社会主义现代化建设中发挥思想指导的作用。

总 体 框 架

引　论

第一编　马克思主义的实践观

第一章　马克思主义实践观的创立及其意义
第一节　马克思主义实践观产生的历史背景与理论渊源
第二节　马克思主义实践观的基本特征
第三节　实践唯物主义对传统哲学的超越

第二章 实践与主客体关系
　　第一节　主客体的分化与统一
　　第二节　客体的属性与形态
　　第三节　主体的属性与形态
　　第四节　主客体之间的双向关系

第三章 实践是马克思主义哲学大厦的基石
　　第一节　实践与哲学基本问题
　　第二节　马克思主义哲学体系的现实基础
　　第三节　实践是马克思主义的生长点

第二编　以实践为中介的自然过程

第四章 自然界的客观性及对人的优先地位
　　第一节　马克思主义自然观的根本特征
　　第二节　自然界的客观性
　　第三节　自然界对人的优先地位

第五章 自然界的对象性及向人的呈现
　　第一节　从自在的自然到为他的自然
　　第二节　自然向人的呈现

第六章 自然界的历史性及与人在社会中的统一
　　第一节　自然界的历史性：从自然的进化到自然的人化
　　第二节　人与自然在社会中的统一

第三编　以实践为本质的社会历史过程

第七章 社会有机体
　　第一节　社会有机体的本质特征
　　第二节　社会有机体的生成和发展
　　第三节　社会有机体的结构和功能

第八章 历史的主客体和历史过程
　　第一节　社会历史是主客体交互作用的过程
　　第二节　需要、利益、价值取向和历史过程中的作用
　　第三节　历史过程中的必然性和偶然性
　　第四节　历史必然性和人的自由

第九章 社会物质生产
　　第一节　物质生产活动是人类最基本的实践活动

第二节　生产力的要素、结构和本质
　　第三节　生产关系的本质和结构
　　第四节　生产力和生产关系的统一
第十章　人自身生产和人群共同体
　　第一节　人自身生产及其在历史中的作用
　　第二节　人群共同体及其历史演变
第十一章　社会精神生产
　　第一节　精神生产的本质
　　第二节　精神生产的主客体
　　第三节　精神生产与历史动因
第十二章　精神产品的两大类型——意识形态和科学
　　第一节　意识形态
　　第二节　科学
第十三章　社会形态及其演进序列
　　第一节　五种社会经济形态演进序列的理论
　　第二节　三大社会形态演进序列理论
　　第三节　社会形态演进过程是多样性的统一
第十四章　人、人性和人的全面发展
　　第一节　马克思以前的人的学说概念
　　第二节　马克思的人的学说的形成
　　第三节　人性、人的阶级性、人的价值
　　第四节　人的发展和社会发展的统一

第四编　以实践为基础的意识和认识过程

第十五章　意识的发生和结构
　　第一节　意识和自我意识
　　第二节　意识发生的生理机制和社会文化机制
　　第三节　意识的结构和认识活动
第十六章　认识过程
　　第一节　认识过程的实质及主客体关系的特点
　　第二节　认识的辩证途径、具体形式及理性、
　　　　　　非理性因素的作用
第十七章　实践与真理
　　第一节　真理是主客观的统一

第二节　真理是过程
　　第三节　实践是检验真理的唯一标准
第十八章　思维的规律和方法
　　第一节　逻辑思维的产生和发展
　　第二节　辩证思维的基本规律
　　第三节　辩证思维的基本方法

马克思主义哲学原理

肖 前 黄楠森 陈晏清

中国人民大学出版社 1993 年出版

总　论：马克思主义哲学是以实践范畴为核心的完整的理论体系[*]

一、实践的观点是马克思主义哲学的首要的基本的观点

　　实践概念的完备规定和实践观点的确立，是实现哲学上的伟大变革的关键。实践的观点规定了马克思主义哲学解决哲学基本问题的独特方式，它是唯物论与辩证法的统一、自然观与历史观的统一、认识论与本体论的统一的基础。马克思主义哲学以体现能动性与受动性的统一的实践范畴作为自己理论体系的核心，它也就必然具备

---

[*] 本章内容选自《马克思主义哲学原理》第二章第二节。文中标题由编者所加。

革命性与科学性高度统一的理论特征。

马克思主义哲学区别于其他一切哲学的根本之处，在于它解决哲学基本问题的独特方式。马克思主义哲学首先是一种唯物主义哲学。从对于哲学基本问题的解决方式上看，一切唯物主义哲学都是肯定物质第一性、意识第二性的。一般说来，唯物主义是以不以人的意识为转移的、具有空间特征或可感特征的外部客观存在作为第一性的存在去说明世界的。但是，如何规定这种客观存在，则进而凸显出了唯物主义不同形态之间的区别。古代唯物主义是独断论的，它只是提出了解释世界的原则，却不能证明这种原则的合理性。近代哲学已经清楚地意识到了思维与存在的对立，在这种背景下的近代唯物主义试图以感觉经验为基础去说明世界，去解决思维与存在的关系问题，因而多是经验论的。但经验论原则由于其固执于受动性的一面，而必然导致认识论上的怀疑论以及历史观中人与环境关系上的二律背反等严重的理论困难。德国古典哲学以唯心主义的方式改造了经验概念，康德把经验理解为一种思维范畴对所予感性材料的能动的构成作用，黑格尔进一步把经验理解为一种"意识对它自身——既对它的知识又对它的对象——所实行的这种辩证运动"①，从而抽象地发展了人的能动性。马克思主义哲学扬弃了对于经验概念的这两种抽象规定，把它改造为能动性与受动性相统一的实践概念，并以它作为基础去解决思维与存在的关系问题，使唯物主义获得了现代的形态。马克思主义哲学解决哲学基本问题的物质实践活动原则，就是一种唯物主义的现实的能动性原则。实践活动作为人类"在一定的物质的、不受他们任意支配的界限、前提和条件下能动地表现自己"的活动，是一种人与自然相互作用的客观的活动，本身即构成了一种客观的存在。同时，它又是一种能动的活动，通过这种活动，人"不仅使自然物发生形式变化，同时他还在自然物中实现自己的目的"②。因此，实践是人与外部自然之间的一种客观的关系，一种物质性的否定性关系。自然界作为先于人类的存在，其直接的存在形态是不完全合乎人的生存需要或目的的。人类要以人的方式生存，就必须以自己的物质性活动在一定程度上否定外部自然的直接存在形态，使之成为合乎人的目的的存在，成为人类存在的一种要素。这种表现人对于外部自然的物质性的否定性

---

① ［德］黑格尔：《精神现象学》上卷，60页，北京，商务印书馆，1979。
② 《马克思恩格斯全集》，中文1版，第23卷，202页，北京，人民出版社，1972。

关系的实践，也就成了人类存在的本质，构成了人类的基本的存在方式。

马克思主义哲学把实践理解为一种客观的活动，一种能动的现实存在，与此同时就克服了旧唯物主义与唯心主义的经验概念的缺陷。旧唯物主义的感觉经验概念单纯地是一种受动性原则，唯心主义的精神经验概念单纯地是一种抽象的能动性原则，二者是正相对立的，但它们都不理解人与外部自然的否定性关系是一种真正的客观的活动，而把这种关系视为主体的内部状态，在这一点上可以说是殊途同归的。唯心主义所说的经验作为精神主体的产物，固然是限于主体内部的；旧唯物主义所说的经验虽然被视为外部刺激的产物，但其本身也仍只是一种主体的内部状态，而且在不能证明其客观性的情况下更不可能超越这种内部状态。这样，无论是旧唯物主义还是唯心主义，都由于缺乏一种沟通内部世界与外部世界的中介而不可能真正合理地解决思维与存在的关系问题。实践作为一种能动的客观的活动，却提供了这样一种连接、沟通思维与存在的中介。在实践概念的基础上，思维与存在的关系就不仅仅被理解为一种存在于主体内部的状态，而首先直接地就是一种客观存在。在这种理解中，思维与存在的统一既非旧唯物主义所坚持的那样是人被动地统一于外部自然，亦非唯心主义所主张的那样是自然统一于精神，而是思维与存在辩证地、现实地统一于物质实践，而且，"这种统一性在每一个时代都随着工业或快或慢的发展而不断改变"①。理解了这种现实的统一性，困扰着旧唯物主义的那些难题就迎刃而解了。首先，旧唯物主义把思维与存在的关系理解为仅仅是存在于主体内部的状态这一理论困难得到了克服。实践是主观见之于客观的东西，实践本身就是思维的客观性的直接证明，只有实践才是对于怀疑论的最令人信服的驳斥。其次，旧唯物主义遇到的所谓"人是环境的产物"与"意见支配世界"的二律背反，也将为"人创造环境，同样环境也创造人"的辩证命题所代替。所谓环境就是人生活于其中的社会，社会也就是人的社会实践活动。所谓环境决定人，就是人的活动决定人。人通过自己的社会实践活动，一方面改变环境，一方面又改变人自身，这就是人和环境在实践基础上的具体的历史的统一。

---

① 《马克思恩格斯选集》，1版，第1卷，49页，北京，人民出版社，1972。

以实践概念为基础，唯物论和辩证法这两种哲学传统获得了统一。在以往的哲学特别是近代哲学中，这两种传统基本上是彼此分离的。古代唯物论之中尚包含着某种朴素的辩证法思想，近代的唯物论则把自身抽象化了。"唯物主义在它的第一个创始人**培根**那里，还在朴素的形式下包含着全面发展的萌芽"，"唯物主义在以后的发展中变得**片面了**"，"唯物主义变得**敌视人了**"①，以致成了17、18世纪特有的形而上学思维方式的俘获物。它把人的本质归结为肉体感受性，完全否认了人的能动性，否认了人与自然之间的相互作用，否认了思维与存在之间的矛盾运动。与此相反，德国古典哲学特别是黑格尔哲学则以一种抽象的形式发展了辩证法，把辩证法理解为思维与存在之间的矛盾对立或相互否定，并最终走向扬弃对立即否定之否定的历史性的运动过程，当然这一过程是局限于观念或精神的领域之内的。显然，这两种哲学传统在以往不仅是分离的，而且是对立的。但它们都包含着各自的合理性，只是在现有的形式上无法把它们结合起来。马克思主义哲学从物质实践活动来规定人的本质，这就为唯物论与辩证法的统一提供了现实的基础。以实践概念为基础，在黑格尔那里是抽象的精神运动的主体便被转换成了"现实的人和现实的自然界"；在黑格尔那里是绝对精神的自我异化、自我对立的矛盾运动便被转换为或现实化为人与自然之间的矛盾运动，思维与存在的关系问题的解决也就被理解为人与自然之间的现实的相互作用过程。这样，辩证法就被置于唯物主义的基础之上，成为唯物主义的辩证法或辩证的唯物主义。

以实践概念为基础去解决哲学的基本问题，把思维与存在的统一理解为人与自然相互作用的现实的历史过程，揭示了人的实践的本质和人类社会生活的实践的本质，也就逻辑必然地要将唯物主义的原则贯彻于社会历史的领域，使哲学唯物主义彻底化，成为完备的唯物主义。

旧唯物主义仅仅在自然观的领域里才是唯物主义的，而在社会历史观的领域则与唯心主义殊途同归，完全背叛了自己。它之所以在历史观上陷入唯心主义，主要的就是由于它缺乏实践的观点，对事物、现实、感性只是从客体的或直观的形式去理解，而不是把它们当作人的感性活动、当作实践去理解，因而也就不能把人的活动

---

① 《马克思恩格斯全集》，中文1版，第2卷，163、164页，北京，人民出版社，1957。

本身理解为客观的活动。这样，一方面，人类生活于其中的自然被视为纯粹客观的自在的东西；而另一方面，人类的活动本身却被视为纯粹主观的东西，从而由人类活动构成的社会历史也就被视为一种主观的过程了。马克思主义哲学以体现受动性和能动性之统一的实践概念为基础，把实践理解为人类存在的基本形式，历史过程的客观性质就被清楚地揭示了出来。社会历史就是人的社会实践活动，而基础性的实践活动则是解决人与自然的矛盾的物质生产实践活动，因此，人类历史在本质上也就是物质生活资料的生产方式的历史。由物质资料生产方式的发展去说明人类历史，也就是用物质的原因去说明人类历史，这才有了历史的唯物主义，才把唯心主义从历史观这一最后的避难所驱逐了出去。

显然，马克思主义哲学对于社会历史的唯物主义理解，并不是脱离开对于自然的唯物主义理解的。这不仅在于它肯定了自然界对于人的先在性，即肯定了人周围的自然界构成了人类历史的前提，而且更在于它把人与自然之间的物质交换关系即物质生产实践作为全部人类历史的现实基础。以往历史观的根本错误恰恰在于它忽视了这一历史的现实基础，把人对自然界的关系排除于历史之外，因而造成了自然界和历史之间的对立，并由此而陷入了历史的唯心主义。同样地，马克思主义哲学对于自然的唯物主义理解也不是脱离开对于社会历史的唯物主义理解的。它把实践视为人类存在的基本形式，把物质生产实践视为人类历史的现实基础，也就把历史的观念带进了自然领域。从历史唯物主义的观点看来，人们"周围的感性世界决不是某种开天辟地以来就已存在的、始终如一的东西，而是工业和社会状况的产物，是历史的产物，是世世代代活动的结果"①。人类在其中生活的自然界，是处处打下了人类实践活动的印记的自然界，是人化了或人化着的自然界。旧唯物主义由于没有对于人类历史的以实践概念为基础的唯物主义理解，因而它对自然的理解也只能是直观的。恩格斯在批评旧的自然观时指出，"自然科学和哲学一样，直到今天还完全忽视了人的活动对他的思维的影响；它们一个只知道自然界，另一个又只知道思想。但是，人的思维的最本质和最切近的基础，正是**人所引起的自然界的变化**，而不单独是自然界本身"②。这就是说，旧唯物主义即使在自然观上也并没有

---

① 《马克思恩格斯选集》，1版，第1卷，48页，北京，人民出版社，1972。
② 《马克思恩格斯选集》，1版，第3卷，551页，北京，人民出版社，1972。

真正合理地解决思维与存在的关系问题，它在自然观上的唯物主义也是不彻底的。

可见，实践概念不仅是唯物主义历史观的基础，也应是唯物主义自然观的基础。自然过程和历史过程是密切相连的。"只要有人存在，自然史和人类史就彼此相互制约。"① 马克思主义哲学运用实践的观点，揭示了自然史和人类史的相互制约关系，从而使自然观与历史观统一起来。

在马克思主义哲学中，认识论与本体论也在实践概念的基础上达成了统一。实践是整个现存感性世界的非常深刻的基础，从而也是人类把握现存感性世界的认识活动的非常深刻的基础。因此，马克思主义哲学既在实践概念的基础上建立了作为存在论或本体论的自然观和历史观，也在同一实践概念的基础上建立了它的认识论。在马克思主义哲学看来，人的认识不是对于外部世界的静观，不是一种同实践无关的纯粹理性的活动，它本身就是实践过程的一个方面或一个环节，是实践过程的内化。实践是以物质工具为中介而对于对象世界的实际的把握，认识则是以语言符号为中介而对于对象世界的观念的把握或象征性把握。这两种把握活动应当是彼此一致且互为前提的。由于语言符号可以超越物质工具的时空限制，因而认识活动作为对于对象的观念的把握可以极大地超越对于对象的实际的把握。但认识归根到底是以实践为基础的，实践不仅是认识的源泉，而且是认识的真理性、客观性的标准；认识来源于实践，又必须回到实践。所以，实践的观点不仅是马克思主义哲学的本体论即自然观和历史观的首要的基本的观点，它也是马克思主义哲学认识论的首要的基本的观点，这两个方面在实践概念的基础上获得了统一。

总之，实践范畴是马克思主义哲学最为核心、最为基础的范畴。只是在实践范畴的基础上，马克思主义哲学才超越了以往的全部哲学，构成了一个唯物论与辩证法相统一、自然观与历史观相统一、本体论与认识论相统一的完整严密的理论体系。

实践范畴对于马克思主义哲学来说是如此重要，它也就不免会受到来自各个方面的非难或曲解。由于实践既是一种客观的活动又是一种自觉的能动的活动，是能动性与受动性的统一、主体性与客

---

① 《马克思恩格斯选集》，1版，第1卷，21页，北京，人民出版社，1972。

观性的统一,因而对它的误解或曲解也就主要在于两个方面。一个方面的曲解是抹杀实践的客观性、受动性一面,而只是把它看作一种人的能动的活动。这在理论上的最突出的表现是忽视或否认自然对于人类实践活动的先在性、独立性以及它对人的能动性的限制作用,而将自然消融于人类活动的社会历史形式之中。如卢卡奇写道:"自然是一个社会的范畴。这就是说,在任何特定的社会发展阶段上,无论把什么看成自然,这一自然总是与人相关的,也不论人与自然的联结采取什么形式,即不论自然的形式是什么,自然的内容、范围和客观性总是受社会制约的。"① 葛兰西也写道:"是不是可以说,在某种意义上,而且直到某时,自然所提供的机会并不是对于预先存在的力量——对物质的预先存在的性质——的发现和发明,而是同社会兴趣、同生产力的发展和进一步发展的必然性紧密相连的'创造'?"② 显然,卢卡奇和葛兰西是过分地夸大了实践活动的能动性、主动性一面,并由此而走向了唯心主义。另一个方面的曲解是抹杀实践活动的能动性的一面,把人类活动归结为纯粹客观的、受动的物质运动。这在理论上一般表现为把人类历史自然化,把历史过程等同于自然过程。这实际上是竭力把马克思所创立的新唯物主义混同于费尔巴哈和18世纪法国的唯物主义。其代表人物当首推考茨基等第二国际的"正统派"和普列汉诺夫。这种理解由于抹杀了实践的能动性,也就不懂得观念的东西转化为实在的东西的辩证法,并由此而滑向了列宁反复斥责的庸俗唯物主义。这两种曲解从结论上看似乎相反,但在方法论上却是相同的。二者都是割裂了实践的能动性和受动性的统一,各自抓住了其中的一个方面而把实践概念抽象化了。要把握马克思主义哲学的基本内容和基本精神,就首先要正确地把握实践范畴,而要正确地把握实践范畴,就必须清除对于实践范畴的上述种种曲解。

二、马克思主义哲学是革命的批判的哲学

马克思主义哲学在本质上是革命的、批判的。马克思主义哲学的革命性、批判性特征,不仅在于它公开申明自己服务于无产阶级批判旧世界、创造新世界的人类解放事业,而且更在于这种哲学本身就内在地包含着革命性、批判性的规定。这种革命性、批判性的

---

① [匈]卢卡奇:《历史和阶级意识》,英文版,234页,麻省理工学院出版社,1971。
② [意]葛兰西:《实践哲学》,162页,重庆,重庆出版社,1990。

规定在逻辑上内含于作为马克思主义哲学之基石的实践概念之中。实践作为人类的基本存在方式,是人对于外部自然的一种否定性关系。人不是像动物那样肯定自然的直接存在状态,使自己消极地适应自然,而是以自身的活动否定自然的直接存在状态,赋予它以合乎人类目的或需要的形式,使"自在之物"成为合乎人的目的的"为我之物"。这种客观的、实在的否定性活动,是人类一切革命性、否定性活动的原初形态,也就是说,物质生产作为人对自然的否定性关系,是人类一切否定性即革命性活动之源。物质生产活动是最基本的实践活动,它构成了全部人类活动的基础。因此,物质生产领域的革命性变化必然导致人类活动的所有其他领域的革命性变化,即人对外部自然的关系的革命性变化必然导致人与人之间的经济的、政治的以及精神的交往关系的革命性变化。这也就说明,只有当人与外部自然的否定性关系的进展能够提供人的解放的现实条件时,解放才是可能的。"只有在现实的世界中并使用现实的手段才能实现真正的解放;没有蒸汽机和珍妮走锭精纺机就不能消灭奴隶制;没有改良的农业就不能消灭农奴制。"① 马克思主义哲学把人类的自由解放作为自己的宗旨,它也就必然要把革命地改造现实的实践提到首位。可见,马克思主义哲学把内含否定性、革命性规定的实践概念作为自身的基础,便从根本上决定了它的革命的批判的本质。

革命性、批判性作为马克思主义哲学的本质特征,也必然要体现在它的方法论之中。马克思通过对旧唯物主义的批判,指出对于现存事物不能只是从客体的或直观的形式去理解,而要同时把它们当作人的感性活动、当作实践去理解,要从主观方面去理解。这里提出的不仅是一个世界观或存在论的原则,而且也是一个根本的方法论原则。对现存事物从主观方面去理解,也就是要从人与对象的否定性关系上去理解。现存感性世界是人类世世代代实践活动的结果,又是人类实践活动的前提和对象,它在人类实践活动中不断地、永远地经历着革命性的改造和变革。因此,从人与对象的否定性关系去理解,也就是把现存事物作为人类实践活动的历史进程中的一个暂时性环节去理解。马克思说:"辩证法在对现存事物的肯定的理解中同时包含对现存事物的否定的理解,即对现存事物的必然灭亡的理解;辩证法对每一种既成的形式都是从不断的运动中,因而也

---

① 《马克思恩格斯全集》,中文1版,第42卷,368页,北京,人民出版社,1979。

是从它的暂时性方面去理解。"① 这正是马克思主义哲学的革命的批判的本质在方法论上的体现。

实践作为人对外部世界的否定性活动，固然是一种客观的物质性的活动，却不是一种盲目的活动，而是一种有意识、有目的的活动，一种赋予外部世界以合目的性形式的创造性活动。一切属人的活动都是有意识、有目的的，这是它与动物的活动的根本不同之处。这也就是说，人的活动是一种主体性的活动，而动物的活动则是无主体性的受动的活动。人远远超越于动物之处，在于他不仅拥有一个客观的世界，而且拥有一个主观的世界。人有思想，就可以超出现存事物的思想范围，即在对现存事物的直接存在状态实行实在的否定之前，可以实行观念的否定。而且，观念的否定是实在的否定的先导，或者说，观念上的否定性活动是构成实践这种实在的否定性活动的一个内在环节。人们活动的目的就是对于现存事物的观念上的否定。人们以其所选择的目的为范型而进行实践活动，将目的实现于外部世界，就是对于现存事物的实在的否定。人类的实践活动不断地使观念的东西转化为实在的东西，它充分表现了人的主体性。因此，以内含否定性、革命性规定的实践概念为基础的马克思主义哲学，必然高度尊重和弘扬人的主体性。现实的而非抽象的主体性原则，是马克思主义哲学的一个基本原则。

马克思和恩格斯在标志着他们的新世界观创立过程的成熟阶段的《德意志意识形态》中曾经宣布："实际上和对**实践的**唯物主义者，即**共产主义者**说来，全部问题都在于使现存世界革命化，实际地反对和改变事物的现状。"② 这里表达的正是马克思主义哲学的基本精神。马克思主义哲学就是一种实践的唯物主义哲学，因而也就是一种革命的批判的哲学。

三、马克思主义哲学是完整严密的科学的理论体系

马克思主义哲学以实践范畴作为解决思维与存在关系问题的基石，不仅决定了它在本质上是革命的和批判的，而且决定了它在本质上是科学的和客观的，是革命性与科学性的高度统一。

理论的科学性是理论内容的客观真理性和逻辑形式的严密性、完整性。马克思主义哲学的客观真理性不仅在于它是在实践中产生

---

① 《马克思恩格斯选集》，1版，第2卷，218页，北京，人民出版社，1972。
② 《马克思恩格斯选集》，1版，第1卷，48页，北京，人民出版社，1972。

并经过一个多世纪的实践检验过的真理体系，而且在于它本身就内在地包含着客观性原则，这一客观性原则也同样是由作为马克思主义哲学的基础的实践概念所规定的，因为实践概念就内含着客观性、受动性的规定。人类的物质实践活动是有目的的能动的活动，但实践活动的目的的实现却是受着既定的物质条件制约的。作为实践对象的外部自然界是不受人们任意支配的、具有自身规律的存在，自然规律预先限制了人类活动的可能范围。同时，实践活动目的的实现也受着既定的实践手段的限制。虽然这后一种限制是历史地变化的，但在特定的时空条件下却又是一种十分确定的限制。由于外部条件的种种限制，人类的每一种特定实践可能进行的范围都是确定的、客观的。正是实践概念内含的这种客观性的规定，决定了建立在这一概念基础上的马克思主义哲学整个理论体系的客观真理性。

马克思主义哲学的科学性还体现在它逻辑上的严密性、完整性。马克思主义哲学运用实践的观点彻底唯物地解决了思维与存在的关系问题，从而为彻底唯物主义的自然观、历史观、认识论和价值论的建立确定了自觉的理论前提。马克思主义哲学的自然观、历史观、认识论和价值论都是建立在同一实践概念的基础之上的，因而这几个方面是相互贯通的，是具有内在的一致性的，它们共同构成了马克思主义哲学的完整的理论体系。

马克思主义哲学的客观真理性是理论的内容方面，逻辑的严密性、完整性则是其形式方面。内容和形式不是相互外在的。内容上的客观真理性必须以严密完整的逻辑形式才能表达出来，而又只有当其内容具有客观的真理性时，逻辑上的完整性、严密性才是可能的。理论内容上的客观真理性和逻辑形式上的严密性、完整性的统一，构成了马克思主义哲学科学性的完整表现。

科学性作为马克思主义哲学的基本特征，体现于方法论上，便是要求以客观的态度对待事物，对待人的实践活动。客观性原则同样是马克思主义哲学的一个基本原则，它不仅是一个构建科学的世界观的原则，也是一个科学的方法论的原则。毛泽东把马克思主义哲学的客观性原则精辟地表述为"实事求是"的原则。坚持客观性原则或"实事求是"的原则，就是要如实地反映客观事物，尊重客观规律，承认包括现实的实践手段体系在内的各种客观条件对于人的活动的制约。唯心主义否认人的活动的客观制约性，旧唯物主义则把外部条件看成不变的、僵硬的，否认人的活动改变外部条件的能动作用，它们都违背了或偏离了客观性原则。

马克思主义哲学的科学性与革命性都是它的内在的本质规定，二者不是相互分离的，而是在实践基础上的辩证的统一。正因为马克思主义哲学是在实践中产生并经过实践检验的具有客观真理性的科学理论，它才能够成为无产阶级指导实践、变革现实的武器，才能在实践中充分展示它的革命的、批判的本质；也正因为这个哲学的实践的本性要求它超出思想理论的主观范畴，化为群众批判现实、变革现实的革命实践，它才谈得上在实践中检验和发展自己，才能获得并保持自己的客观真理性、科学性。

总体框架

第一章　哲学是时代精神的精华
　第一节　哲学及其社会功能
　　一、什么是哲学
　　二、哲学的特点
　　三、哲学的功能
　第二节　哲学的基本问题
　　一、哲学基本问题的形成和提出
　　二、哲学基本问题的两个方面
　　三、唯物主义和唯心主义两个基本哲学派别
　第三节　哲学的历史发展
　　一、哲学的历程
　　二、科学的分化与哲学的发展
　　三、哲学的发展与文明的创造和演进
第二章　马克思主义哲学是无产阶级的科学的世界观
　第一节　马克思主义哲学是人类历史发展和哲学发展的必然产物
　　一、马克思主义哲学创立的社会历史前提
　　二、马克思主义哲学创立的理论前提
　　三、马克思主义哲学创立的进程
　第二节　马克思主义哲学是以实践范畴为核心的完整的理论体系
　　一、实践的观点是马克思主义哲学的首要的基本的观点
　　二、马克思主义哲学是革命的批判的哲学
　　三、马克思主义哲学是完整严密的科学的理论体系

第三节　马克思主义哲学与当代世界
　　一、马克思主义哲学的历史发展
　　二、马克思主义哲学与现代自然科学
　　三、马克思主义哲学与现代西方哲学
　　四、马克思主义哲学与中国的社会主义事业

第三章　世界的物质统一性
　第一节　世界的物质性
　　一、对世界统一性的不同认识
　　二、辩证唯物主义的物质概念
　　三、现实世界的客观实在性
　第二节　物质世界的存在方式
　　一、运动是物质的存在方式
　　二、时间和空间是物质运动的基本形式
　　三、物质世界的无限性
　第三节　意识对物质的依赖性和相对独立性
　　一、意识是物质的最高产物
　　二、意识是客观世界的主观映象
　　三、意识的能动作用
　第四节　世界物质统一性的证明
　　一、自然界的物质统一性的证明
　　二、人和自然的物质统一性的证明
　　三、世界物质统一性原理的哲学意义

第四章　物质世界的联系和发展
　第一节　世界的普遍联系
　　一、事物之间的普遍联系
　　二、普遍联系中的系统
　　三、辩证唯物主义的条件论
　第二节　世界的运动发展
　　一、运动、变化、发展
　　二、世界发展的方向性及其表现
　　三、辩证唯物主义的过程论
　第三节　世界联系和发展的规律性
　　一、世界联系和发展的规律体系
　　二、辩证唯物主义的决定论

第五章 世界联系和发展的基本环节
第一节 整体与部分
一、整体与部分的含义
二、整体与部分的辩证关系
三、作为思维形式的整体与部分
第二节 个别与一般、特殊与普遍
一、个别与一般、特殊与普遍的含义
二、个别与一般、特殊与普遍的辩证关系
三、作为思维形式的个别与一般、特殊与普遍
第三节 相对与绝对
一、相对与绝对的含义
二、相对与绝对的辩证关系
三、作为思维形式的相对与绝对
第四节 原因与结果
一、原因与结果的含义
二、原因与结果的辩证关系
三、作为思维形式的原因与结果
第五节 偶然与必然
一、偶然与必然的含义
二、偶然与必然的辩证关系
三、作为思维形式的偶然与必然
第六节 形式与内容
一、形式与内容的含义
二、形式与内容的辩证关系
三、作为思维形式的形式与内容
第七节 现象与本质
一、现象与本质的含义
二、现象与本质的辩证关系
三、作为思维形式的现象与本质
第八节 可能与现实
一、现实与可能的含义
二、可能与现实的辩证关系
三、作为思维形式的可能与现实
第六章 世界联系和发展的基本规律
第一节 量变质变规律
一、质、量、度

二、量变和质变
三、量变和质变的相互转化
第二节　对立统一规律
一、辩证矛盾
二、矛盾是事物发展的动力
三、矛盾的发展和解决
第三节　否定之否定规律
一、辩证否定
二、否定之否定

第七章　人类社会生活的实践本质
第一节　实践和人类社会的产生
一、人类社会的产生
二、人类实践活动的本质
三、社会同自然的区别
四、社会与自然的相互作用
第二节　人的本质
一、实践是人特有的存在方式
二、人是进行自我创造的主体性存在
三、人是社会历史的存在
第三节　社会存在和社会意识
一、历史观的基本问题
二、两种历史观的根本对立
三、社会存在和社会意识的关系
四、社会历史的规律性与人的自觉能动性的关系

第八章　物质生产
第一节　物质生产实践是全部社会生活的基础
一、生产实践的基本内容与形式
二、物质生产实践是根本的实践形式
第二节　物质生产力
一、物质生产力的构成
二、物质生产力的内在矛盾及其历史演变
第三节　现代生产实践的特点及其发展趋势
一、现代生产实践的特点
二、大力发展生产力是建设具有中国特色社会主义的根本任务

第九章　物质生产基础上的社会有机系统
第一节　社会交往与社会有机系统
一、社会是人类个体之间的交往关系
二、社会交往的特征和分层
三、社会交往关系的规范化、制度化
四、社会有机系统及其基本结构

第二节　社会的生产力和生产关系
一、社会的生产关系
二、生产关系和生产力的矛盾运动

第三节　社会的经济基础和政治上层建筑
一、社会上层建筑赖以竖立的经济基础
二、社会的政治上层建筑
三、政治上层建筑与经济基础的矛盾运动

第四节　社会的思想上层建筑
一、人类的精神生活
二、精神生活的意识形态化
三、社会思想上层建筑在社会有机系统中的地位

第五节　社会有机系统的演化
一、社会的整体运动
二、社会形态的演进
三、社会有机系统的演进是一个自然历史过程
四、社会有机系统演进过程的统一性和多样性

第十章　阶级斗争的历史地位
第一节　阶级和阶级斗争
一、阶级的起源和社会阶级结构的演变
二、阶级斗争及其历史作用
三、无产阶级的革命斗争

第二节　国家和无产阶级专政
一、国家的本质
二、无产阶级专政的新型国家
三、无产阶级专政的历史任务

第三节　社会主义的政治民主和政治自由
一、从资本主义民主到社会主义民主
二、政治自由的历史形态

第十一章 人民群众和个人在历史中的作用
第一节 历史规律和人的自觉活动
  一、历史是人的活动的总和
  二、人的历史活动的客观制约性
第二节 人民群众在历史中的作用
  一、贬低或否认人民群众的历史作用是唯心史观的重要特征
  二、唯物史观确认人民群众是历史的创造者
  三、人民群众历史作用的具体表现
第三节 个人在历史中的作用
  一、个人及其历史作用的一般原理
  二、普通个人的历史作用
  三、历史人物的历史作用
第四节 无产阶级政党的群众观点和群众路线

第十二章 科学及其社会功能
第一节 科学的一般特征和社会作用
  一、科学的形成和本质
  二、科学的分类及其类别特征
  三、科学活动是社会总劳动的特殊部分
  四、科学是推动历史前进的巨大杠杆
第二节 科学发展的社会条件
  一、社会生产决定科学的发展
  二、社会制度和阶级关系制约科学的进步
  三、政治、哲学、教育等社会因素影响科学的发展
第三节 现代科技革命和人类社会发展的前景
  一、现代科技革命的性质和特征
  二、科学技术是第一生产力
  三、现代科技革命和社会发展

第十三章 认识的本质和特征
第一节 认识的本质
  一、认识是在实践基础上的能动的反映
  二、反映是人与世界关系的一个重要方面
  三、反映概念的演进
第二节 实践及其在认识中的基础地位
  一、科学的实践概念
  二、实践在认识中的基础地位

第三节　认识的系统结构和基本属性
一、认识的系统结构
二、认识的基本属性
第四节　认识的历史演化和现代发展趋势
一、认识的历史演化
二、现代认识的特点和发展趋势

第十四章　认识的辩证过程
第一节　由感性认识到理性认识的能动的飞跃
一、感性认识和理性认识
二、感性认识和理性认识的辩证关系
三、由感性认识到理性认识
四、理性认识的深化
第二节　由理性认识到实践的能动的飞跃
一、理性认识向实践飞跃的必要性和重要性
二、实践理念
三、理性认识向实践飞跃的前提和途径
第三节　认识辩证运动的全过程
一、认识辩证运动过程的合规律性与合目的性
二、非理性因素在认识辩证运动过程中的作用
三、实践、认识、再实践、再认识
四、认识和实践的具体的历史的统一

第十五章　思维方法
第一节　方法和方法论
一、方法的发生和发展
二、形式逻辑和辩证逻辑
三、方法论
第二节　辩证思维方法
一、辩证思维的基本形式
二、辩证思维的基本方法
第三节　现代科学思维方法
一、现代思维方式的基本特点
二、现代科学思维的一般方法
三、辩证思维方法和现代科学思维方法的关系

第十六章　真理和价值
第一节　真　理
一、客观真理

二、实践是鉴别真理和谬误的根本标准
　　三、绝对真理和相对真理
第二节　价　值
　　一、什么是价值
　　二、价值的特征
　　三、价值与评价
第三节　真理和价值的统一
　　一、真理原则和价值原则
　　二、真理与价值的具体的历史的统一
　　三、真、善、美

第十七章　文化、文明和社会进步
第一节　文化的实质和人的发展
　　一、文化的内涵
　　二、人类发展和文化存在
　　三、两种不同的文化理论
第二节　文化的分类、结构和功能
　　一、文化的分类
　　二、文化的一般结构
　　三、文化的社会功能
　　四、文化的认识功能
第三节　文化和文明的发展
　　一、传统文化与民族精神
　　二、传统文化与现代化
　　三、文明是文化进步程度的标志

第十八章　人的全面发展和人类的解放
第一节　人的全面发展
　　一、人性的具体性
　　二、人在历史发展中达到自身的全面性
第二节　人的价值
　　一、人的价值的内涵
　　二、人的价值的实现
　　三、人的价值的评价
第三节　人的自由
　　一、必然和自由
　　二、必然王国和自由王国
　　三、人类从必然王国向自由王国的飞跃

马克思主义哲学高级教程

陈晏清　王南湜　李淑梅

南开大学出版社 2001 年出版

总　论：传统哲学教科书的根本缺陷与马克思哲学的基本特征[*]

一、传统哲学教科书的根本缺陷：主体性维度的缺失

改革前的哲学教科书并不是有什么错误。一些编得比较好的教科书对马克思主义哲学基本理论和基本知识的阐释是正确的，它们在传播马克思主义方面有不可抹杀的历史作用。但是，作为"体系"，作为一种对于马克思哲学的解释框架，又是有着严重缺陷的。缺陷不等于错误。旧的教科书体系要改革，并不是因为它有错误，

---

[*] 本章内容选自《马克思主义哲学高级教程》引论和第二章第二、三节，并略有删节。文中标题由编者所加。

而是因为它有缺陷。这是首先必须说明白的。

那么，旧的教科书体系的缺陷是什么呢？它的缺陷首先就在于主体性维度的缺失，即纯客观主义的倾向或本体论化的倾向。旧教科书给人的印象是，似乎哲学家只是在静观世界，只是在描绘世界的图景即单纯地解释世界，似乎这个世界不是人创造的，它和生活在其中的人没有什么关系，人在这个世界中如何生活，是什么样的生存状况，都几乎难以进入哲学的视野。这种纯客观主义的倾向正是一种旧唯物主义的倾向，是一种前马克思唯物主义的哲学特征。马克思在哲学上实现的革命，直接革掉的就是这个东西。被恩格斯称之为"包含着新世界观的天才萌芽的第一个文件"的费尔巴哈论纲里，第一条就开宗明义地写道："从前的一切唯物主义（包括费尔巴哈的唯物主义）的主要缺点是：对对象、现实、感性，只是从客体的或者直观的形式去理解，而不是把它们当作感性的人的活动，当作实践去理解，不是从主体方面去理解。"① 这里说的不是旧唯物主义的一般性缺点，不是缺点之一，而是主要缺点。所谓对对象、现实、感性"不是从主体方面去理解"，就是主体性维度的缺失。这第一条论纲可谓纲中之纲，它一针见血地指明了马克思所进行的哲学变革的根本指向，指明了马克思哲学变革的实质所在。令人遗憾的是，正是这个对于理解马克思哲学的精神实质具有决定意义的主要之点，被后来马克思哲学的解释者们遗忘了或忽视了。

对于以往以教科书为代表的解释体系的这种缺陷，不仅是从历史的研究中发现的，而且主要地是从哲学教育与实际生活严重脱节的现实中逐渐认识到的。马克思主义哲学本来是具有陶铸人们的心灵、唤起人们在实践中改天换地的巨大激情的理论魅力的，但为什么在一些哲学课的课堂上却显得苍白乏力？为什么进入20世纪80年代以后，哲学体系改革的呼声越来越高，而且哲学的改革首先和直接触发的就是关于主体性问题的大讨论？这首先是因为，我国的改革开放和现代化建设的现实实践在强烈地呼唤人的主体性。一方面，它要求人有更高的主体性的自觉，即要求人更加有所作为；另一方面，人也需要寻找新的生活意义的支撑，要弄清楚自己在新的条件下该如何作为。生活在大变革时代的人们最需要的正是哲学，需要哲学去阐明新生活的意义，需要哲学提供生活意义的支撑，提

---

① 马克思、恩格斯：《费尔巴哈》，83页，北京，人民出版社，1988。

供坚定明确的价值观念的支撑。那种不关心人，不关心人的精神生活，不能为人提供终极关怀的"哲学"，是绝难受人欢迎的。可见，关于主体性问题（包括"实践唯物主义"问题）的讨论，以及随着讨论的深化而展开的对于马克思哲学中主体性思想和实践论思想的充分阐发，都是为恢复马克思主义哲学的主体性维度所做的努力，都是在实际上顺应了中国社会现实的深刻变化的。换言之，是中国社会生活的变革推动了哲学的变革（首先是以教科书体系变革为主要内容的哲学教育的变革）。

世界范围的现代化进程，尤其是包括中国在内的后发国家现代化进程的经验和教训，都告诉人们必须把人的现代化提到首位，因而在哲学上也不能不使主体性维度的意义更加凸显。现代化是一种全新的生活方式，它必然要求有与之相应的思想观念作为精神支撑，而这种思想观念的核心正是哲学中称之为主体性的东西。主体性的维度，是现代性哲学的根本特征。马克思主义哲学是真正具有现代性的哲学，主体性维度是它本身所固有的。失去或削弱主体性的哲学维度，马克思主义哲学就难以实现其引导现代化潮流的社会功能，我们也就难以做到坚持马克思主义，更谈不上发展马克思主义。言重一点，可以说丢掉主体性的维度是马克思主义哲学的本性的失落，是在哲学上向前现代、前马克思的倒退。因此，恢复和强调主体性维度，是改革以往哲学教科书体系的关键所在。

说以往教科书的根本缺陷是主体性维度的缺失，有些人对此颇为不解，认为以往的教科书并不是不讲主体性，例如意识的能动性，人民群众的作用，以及革命、阶级斗争等等，这些不都是主体性的内容吗？这种理解是不到位的。我们说的主体性的缺失，不是内容的缺失，而是维度的缺失。主体性作为一种哲学维度，主要是指哲学思考和立论的角度，是指哲学思维的向度，即费尔巴哈论纲里说的对对象、现实、感性"从主体方面去理解"。如果缺乏主体性的哲学维度，即使是对于主体性的内容也难作出正确的思考，就像对于完全由人的活动所构成的社会，也可以被看成同人的活动无关的抽象物。以往教科书的问题正在于此。说它的缺陷首先在于主体性维度的缺失是符合实际的。说明这一点，对于理解上述全部议论，对于阅读本书，都至关重要。

主体性维度的缺失固然是旧的哲学解释体系的根本缺陷，是马克思主义哲学本性的一种失落，但恢复了主体性的维度也不一定就是恢复了马克思主义哲学的真精神。在费尔巴哈论纲的第一条里，马克思在批评了旧唯物主义对对象、现实、感性"不是从主体方面去理解"的缺点之后，紧接着说："和唯物主义相反，能动的方面却被唯心主义抽象地发展了。"① 近代唯心主义哲学也是强调主体性的。马克思批评旧唯物主义，显然决不是要回到唯心主义的哲学立场上去。我们在思考哲学体系改革时提出恢复马克思哲学的主体性维度，也显然决不可到此止步。这就是说，在主体性的哲学维度背后，还有更具根本性、基础性的东西需要去深入探寻。

哲学的变革归根到底是哲学观念的变革及由它所决定的哲学思维方式的变革。前面所说的哲学思维的维度，是哲学思维方式的重要方面，它当然是与基本的哲学观念密切相关的。这里所说的哲学观念是关于哲学是什么、干什么的观念，即关于哲学的性质和功能的观念，实际上讲的是哲学理念，或者叫做哲学观。哲学家都是带着各自的哲学理念去从事哲学活动的。过去流行的哲学解释体系之所以未能充分和准确地表达马克思主义哲学的精神实质，首先也在于它所体现的基本哲学理念不完全是马克思主义的哲学理念，甚至不完全是一般哲学的理念，而常常是一种旧哲学的甚至是非哲学的（科学的、实证的）理念。

哲学是什么？这自古以来就说不清楚，现在更是众说纷纭，可以说一个哲学家一个说法。就当代哲学而论，有学者将其归纳为普遍规律说、认识论说、语言分析说、存在意义说、精神境界说、文化样式说、文化批判说、实践论说八种主要的哲学观。这恐怕也只是一个大致的归纳。上述各种哲学观分属于各不相同的哲学思维范式。如果从哲学思维范式的区分去看，它们之间甚至包含着巨大的时代差异。这些基本的哲学观当然有优劣之分或哲学思维水平的高下之分，但都有各自的道理，即各自据以提出的理由。就哲学体系改革的研究来说，可以对上述种种哲学观进行比较研究，但无须作出非此即彼的选择，也无须把它们综合起来再创造出一种新的哲学观。以马克思主义哲学命名的教科书，作为马克思哲学的解释体系，只能有一种选择，那就是马克思本人的哲学观。

二、马克思的哲学理念：哲学是人类对自身活动的反思

马克思的哲学观是什么？这是马克思哲学的研究者、解释者们

---

① 马克思、恩格斯：《费尔巴哈》，83页，北京，人民出版社，1988。

一直有所争论的问题，也正是 20 世纪八九十年代我国哲学体系改革所讨论的中心问题。这个问题，只能联系欧洲哲学史的背景，从马克思本人的哲学著作，特别是马克思哲学形成时期的著作中获得答案。从最直接的关系上说，马克思是从批判费尔巴哈中形成自己新的哲学世界观的。费尔巴哈是黑格尔哲学与马克思哲学之间的"中间环节"。"马克思在 1844—1847 年离开黑格尔走向费尔巴哈，又超过费尔巴哈走向历史（和辩证）唯物主义。"① 可见，研究马克思批判费尔巴哈的著作，对于理解马克思的哲学观具有关键性的意义。

费尔巴哈在近代哲学史上的功绩在于他恢复了唯物主义的权威，同时恢复了人在哲学中的地位。这也正是马克思离开黑格尔走向费尔巴哈的原因。但费尔巴哈的哲学又存在着严重的缺陷。"他紧紧地抓住自然界和人；但是，在他那里，自然界和人都只是空话。"② 由于他对人的理解是抽象的，因而他对自然界的理解、对人和自然界的关系的理解也都是抽象的。找到从抽象的王国通向活生生的现实世界的道路，关键就在于从费尔巴哈的抽象的人转到现实的、活生生的人，即在于使人主体现实化。马克思所做的超出费尔巴哈而进一步发展费尔巴哈观点的工作，就是用关于现实的人及其历史发展的科学代替对抽象的人的崇拜，而这也正是马克思的哲学变革的任务。马克思由《1844 年经济学—哲学手稿》从"人的类本质"出发，到《神圣家族》从"利己主义的人"出发，再到《德意志意识形态》从"现实的个人"出发，一步步地实现了使人主体现实化的任务，同时也就实现了哲学变革的任务。

新的哲学出发点的确立，是哲学观念和哲学思维方式的根本转变。现实的人是在历史中行动的人，是从事现实活动的人。从现实的人出发，就是从人的现实活动出发。现实的人是对象性的存在物，是从事对象性活动的存在物。哲学从现实的人出发，它所关注的便是人的对象世界，即同人发生对象性关系的世界，而不是抽象的、同人无关的世界。关注对象世界，也是关注这个世界同人的对象性关系。马克思哲学的唯物论、辩证法，都是对于人的活动的根本理解、根本观点，也都是对于人和世界的对象性关系的根本理解、根本观点。

可见，马克思的哲学思考总是指向人的现实活动或从事现实活

---

① 《列宁全集》，中文 2 版，第 55 卷，293 页，北京，人民出版社，1990。
② 《马克思恩格斯选集》，1 版，第 4 卷，236 页，北京，人民出版社，1972。

动的人，即指向人类世界，他明确地把哲学视为人类对于自身活动的反思，这就是马克思的基本的哲学理念。马克思的哲学观可以称之为人类活动论的哲学观。人类活动论的哲学观的确立，也就开创了一种新的哲学思维的范式即人类活动论的或人类学的哲学思维范式，它标志着人类的哲学思想发展到了一个全新的阶段。由于物质实践在人类活动中具有基础性的地位，人类的精神性活动归根到底要由物质性实践活动去说明，因而也可以说，马克思的人类活动论的哲学观和哲学思维范式的核心是实践论的思想。只有把握了马克思哲学的这一基本理念，理解了马克思开创的人类活动论思维范式的意义，才能对马克思哲学的主体性维度有真正的和正确的理解。这也就说明了，为什么20世纪80年代中期，在关于主体性问题的讨论进行到一定阶段的时候，转向了关于"实践唯物主义"问题的讨论。关于"实践唯物主义"问题的讨论的发起者的旨意，就是要把马克思哲学的主体性维度，牢牢地奠立在实践观点的基础之上，以防止和克服种种抽象地发展人的主体能动性的倾向。

本书所力求做到的，就是牢牢把握住马克思的这一基本哲学理念，建构起一个符合马克思的人类活动论思维范式的解释框架。全书把实践的观点作为整个马克思主义哲学的首要的和基本的观点，把"实践"作为马克思主义哲学体系的核心范畴，据此去阐明马克思主义的实践论的唯物论和实践论的辩证法的基本特征，并在此基础上，阐明实践论的自然观念、社会观念、历史观念、知识观念及作为其全部哲学观念之综合的自由观念，建构起一个将实践观点贯通到底的马克思主义哲学的解释体系。

旧的解释体系是将哲学的基本问题，作为基本线索，并宣称它是贯穿于整个体系的，但实际上并没能贯穿得了。究其原因，首先在于思维和存在的关系问题为什么成为哲学的基本问题就未能得到清楚的说明。而这一问题之所以不能得到清楚的说明，则在于解释者的解释框架仍滞留于旧的哲学思维范式。烂熟于嘴的解释是：世界一切现象可归结为物质现象和精神现象，因而这二者之间的关系就成为作为对于世界统一性之认识的哲学的基本问题。至于为什么世界会分裂为物质世界和精神世界即为什么世界会二重化？它是如何二重化的？哲学为什么要去面对和探讨这个二重化了的世界？这一类更为深入的问题就无意去追问了。这样，似乎哲学的基本问题只是哲学家在观察和描绘客观世界时提出的问题，而不是从人的活动中去思考和提出的问题。因此，思考旧的解释体系时，首先应当思考的是思维与存在的关系问题为什么成为哲学的基本问题，它作为哲学的基本问题究竟是什么意义？

这个问题的解答，当然需要从对于整个哲学史的研究中去探寻，但哲学作为人类对于自身活动的反思，归根到底应当在对于人类自身的思考即对于人类存在、人类活动的本性的思考中去探寻。

人类的存在是一种独特的存在。"人是什么？一半是天使，一半是野兽"，这很形象且很深刻地道出了人类存在的特殊本质。人是从自然界进化而来的，他还不能脱离自然世界，所以，一半还是"野兽"；但人又从自然界超拔出来了，如恩格斯说的从动物中"提升"出来了，即又拥有了一个专属人的理想世界，所以，一半又是"天使"。总之，人既超出了自然世界而又未脱离自然世界，既指向理想世界而又未达于理想世界，人同时拥有自然世界和理想世界这样两个世界。这就是对人来说的世界的二重化。

本来是统一的世界，有了人才分裂成了两个世界，这种分裂正是由人的活动造成的。人就是不安分，他只能在现实世界中生活，却又要为自己构建一个理想世界，要在自己所构建的理想世界的牵导下生活。人的活动就是要把自然世界改造为适合于人的目的的理想世界，就是不断地制造这个世界的分裂又实现着这个世界的统一。哲学作为人类自身活动的反思，主要就是要反思这件事情，即思考这个世界的分裂和统一。哲学是要把握世界的统一性的，只是需要强调，它所要把握的不是那种离开人类活动的统一性，即那种从来就有的原始的统一性，而是要把握因人类活动而分裂了的世界的统一性。

人类活动论视野中的世界统一性，即因人类活动而分裂了的世界的统一性，在实质上归结为人类活动中的必然和自由的统一性。人类拥有两个世界，它无可避免地要面对这二重世界，在这二重世界的制约下存在和活动。一方面，人同普通自然存在物一样生存于自然界，要吃要喝，要同自然界进行物质交换，因而不能不受制约于自然必然性；另一方面，人又不同于普通的自然存在物，人有理想有追求，总是在给自己构想、设定某种理想世界，而理想世界的本质或存在规律即是自由，是扬弃了自然必然性的，这就是说，人又不能不受作为理想世界之存在规律的自由的支配。因此，自由和必然的关系构成了人类存在的本原性矛盾，它与人类共存亡。

人类的全部活动都是要把自然世界改造成为适合自己目的的理想世界，都是在分裂了的世界中追求其统一，实质上，也就是在解决必然和自由的矛盾，追求必然与自由的统一。哲学作为一种特殊的理论活动，作为对于人类自身活动的反思，它的任务就是求得人类必然与自由问题的总体性和终极性的解决。这就是哲学的精神。所谓"哲学是人类争取自由的武器"一类的话所表达的正是这种哲学的基本精神。很显然，从马克思主义的人类活动论的哲学思维范式看，只有对于作为人类活动的本原性矛盾的必然与自由的关系问题的思考和解决，才是哲学思考、哲学发展的基本线索。

　　思维与存在的关系正是自由与必然的关系的最抽象的表达。自然世界、动物世界是没有自由可言的，只是人类世界才有所谓自由的问题，因为人有意识，有精神活动。有意识出现，就有自觉的选择。从多种可能性中进行选择，这就是自由。人类生活的理想世界不是现实存在的，是通过人的精神活动设想出来的，是人在多种可能性中选择其中一种作为努力实现的目标。所以，自由是同人类的精神活动直接联系在一起的。自由是一个最具体的哲学范畴。在"自由"范畴形成的逻辑进程中要扬弃一系列的范畴，而把"自由"抽象至极则可归结为思维。这就是说，思维是自由得以可能的终极根由，是自由的最基本的前提。同样，把与自由对立的"必然"抽象至极便可归结为思维之外的存在，只有承认思维之外的存在即客观的存在，才谈得上必然性。所以，思维与存在的关系是自由与必然的关系的最抽象的表达，对于思维与存在的关系问题的解决是解决自由与必然的关系问题的最基本的理论前提，因而它也就成为哲学的基本问题。

　　这也就说明，对于思维与存在的关系问题，只有把它同自由与必然的关系问题联系起来，把它作为解决自由与必然的关系问题的前提，才能弄明白它对于人类活动的意义，弄明白它为什么会成为哲学的基本问题。从马克思主义的哲学观来看，可以说，任何哲学都是依据于对思维与存在的关系问题的回答（当然，这一问题的提出方式、回答方式乃至表达方式在不同的时代、不同的哲学家都是各不相同的），提供对于自由与必然的现实对立的解决方式。哲学中的唯物主义和唯心主义，是解决这一问题的不同进路；哲学中的辩证法和形而上学，以及辩证法的不同形态，也都不过是解决这一问题的不同方式。马克思主义哲学就是一种在现代条件下，以其特有的方式解决思维与存在的关系问题并进而解决自由与必然之现实对立的哲学体系。

三、马克思走向新哲学的历程

变革旧哲学，使主体现实化的任务是由马克思完成的。马克思实现哲学上的变革，创立新哲学的过程，正是一个确立人类世界客观实在性和现实化主体的过程；当马克思最终达到把实践活动规定为客观的活动并以"现实的个人"为出发点之时，也就实现了哲学上的革命性转变。大体上说来，马克思哲学变革的历程可以划分为三个大的阶段，即《1844年经济学—哲学手稿》阶段、《神圣家族》阶段、《关于费尔巴哈的提纲》和《德意志意识形态》阶段。在这三个紧密相关而又明显区别的阶段上，马克思从不同方面探讨了使主体现实化的道路，经过了出发点或主体的三次转换这样一个否定之否定的辩证扬弃过程之后，马克思终于以"现实的个人"为出发点，而达到了对于人类世界客观实在性的理论确证，从而为现实地解决思维与存在、自由与必然问题确立了一个坚实的基础。

1. 《1844年经济学—哲学手稿》：从"人的类本质"出发

在《1844年经济学—哲学手稿》中，马克思还是沿着费尔巴哈的思路向前推进的。但与费尔巴哈把人的类本质归结为类意识不同，马克思认为人的类本质是一种"自由的自觉的活动"，即"改造对象世界"的物质生产劳动。他说："正是在改造对象世界中，人才真正地证明自己是类存在物。这种生产是人的能动的类活动。"① 这种作为类本质的生产活动，是一种有意识的活动，因而它不似动物般地只是在直接的肉体需要的支配下的片面生产，而是一种能够按照任何尺度进行的全面的生产，亦即按照美的规律进行的生产。② 但人的这样一种类本质在某种条件下却可能导向相反的东西，使人失去其自由的本质，而陷入被奴役与被支配之中。这种条件便是"被国民经济学作为前提的那种状态"，即私有财产的状态。在这样一种条件下，"劳动的这种实现表现为工人的失去现实性，对象化表现为对象的丧失和被对象奴役，占有表现为异化、外化"③。于是，劳动者在"自己的劳动中不是肯定自己，而是否定自己"。这种异化劳动进

---

① 《马克思恩格斯全集》，中文1版，第42卷，96、97页，北京，人民出版社，1979。
② 同上书，97页。
③ 同上书，91页。

而导致"人的类本质""变成人的异己的本质，变成维持他的个人生存的手段"。异化劳动最终造成"人同人异化"，亦即造成工人与资本家的对立，造成私有财产。至于"宗教、家庭、国家、法律、道德科学、艺术等等，都不过是生产的一些特殊的方式，并且受生产的普遍规律的支配"①，它们在异化劳动的条件下也必然是异化的。这就是说，异化劳动是造成人与自然之间、思维与存在之间、自由与必然之间等等在全部历史中对立的根源。因此，马克思认为，对作为人的自我异化的私有财产的积极的扬弃，是一切异化的积极扬弃，而共产主义则正是这种积极的扬弃的历史形式。"共产主义是私有财产即人的自我异化的积极的扬弃，因而是通过人并且为了人而对人的本质的真正占有；因此，它是人向自身、向社会的（即人的）人的复归，这种复归是完全的、自觉的而且保存以往发展的全部财富的。这种共产主义，作为完成了的自然主义，等于人道主义，而作为完成了的人道主义，等于自然主义，它是人和自然之间、人和人之间的矛盾的真正解决，是存在和本质、对象化和自我确证、自由和必然、个体和类之间的斗争的真正解决。"② 而"历史的全部运动，既是这种共产主义的现实的产生活动即它的经验存在的诞生活动，同时，对它的能思维的意识来说，又是它的被理解到和被认识到的生成运动。"③

这里的可注意之处，首先在于马克思批判地继承了黑格尔精神异化理论——当然还有费尔巴哈的类本质异化理论——中的历史主义方法，将人与自然、个人与社会、自由与必然的对立及其克服理解为一个历史的过程，即一个否定之否定的过程，从论证异化、对立存在的必然性中去论证异化、对立扬弃的必然性。其次，马克思在此把异化劳动的扬弃、人的类本质的恢复与共产主义直接联系起来，将共产主义视为解决人与自然、自由与必然之间对立的历史形式，是有着极为重大的理论意义的。在这里，作为人类存在之本原性矛盾的理论解决的哲学，与作为一种社会理想与社会运动的共产主义直接地相关了起来。这一方面使得哲学走向了现实的历史，另一方面则将共产主义提高到哲学理论的水平，从哲学上论证了共产主义的必然性。这两个方面结合的意义是极其深远的，此后，马克

---

① 《马克思恩格斯全集》，中文1版，第42卷，121页，北京，人民出版社，1979。
② 同上书，120页。
③ 同上书，120页。

思哲学的每一进展都是以这种结合或统一为核心的。再次,更为重要的是马克思在此把人的类本质规定为"自由的自觉的活动",即"改造对象世界"的生产劳动,并用这一本质去说明宗教、国家、法、道德、科学、艺术等等,这实际上是初步提出了物质实践的概念,并力图把人的本质、社会生活的本质归结为实践,从而跨出了超越费尔巴哈哲学的重要一步。此外,用人的这一类本质的异化和异化的扬弃去说明全部历史,说明私有财产的形成和消灭,说明历史发展过程的矛盾对立性,把全部历史归结为生产劳动的异化与扬弃异化的辩证运动过程,这就在某种意义上赋予了黑格尔的唯心主义辩证法以现实的生命,使之在某种程度上成为唯物主义的历史的辩证法。因此,我们可以说,在《1844年经济学—哲学手稿》中,马克思已经构成了一个新世界观的雏形,为进一步发展打下了一个良好的基础。

但是,在这里仍有某种不成熟之处。马克思在此仍是从人的类本质出发的,这就把人的类本质看成了一个现成的东西,因而在一定程度上仍是抽象的。因为这样一来,人的类本质就被当成一个不变的、理想性的东西了,它既是人的原始本质,又是人类预悬的理想目标,而历史向理想的发展也就成了向这原始的东西的回复了。与从人的类本质出发密切相关,作为人的类本质之规定的生产劳动也具有某种抽象性,即这里只强调改造对象世界的活动是"自由的自觉的活动",而未确认物质生产的首要目的乃在于生产满足人们自身的物质生活需要的资料这一事实。这样一来,人的类本质作为一种总体性、理想性的东西,在某种意义上可以说是与现实存在的个体不同的东西,是一种超个体的东西,因而这种作为类本质的活动的目的便只在于为了类本质的实现,而无关乎个体的现实存在。易言之,生产劳动在这里首先是为了人的类本质的确证,而不是首先为了个体的生存,只是在异化劳动的条件下,劳动本身才"成为维持个人生活的手段"。因此,这种类本质就不是与人的自然特性直接相关的,而毋宁说是超乎自然之外的理想之物。由于这种类本质的超自然性,以它为出发点去解决问题,便导致了无以说明劳动异化的原因的困难。异化劳动本来是用于说明私有财产和种种矛盾对立的产生的,但这里又以私有财产作为异化劳动的前提。这在逻辑上是一种循环论证。这种逻辑上的循环性表明了从人的类本质出发并未能合理地解决思维与存在、自由与必然的关系问题。

无以说明异化发生的原因,其实是以往一切异化理论都难以克服的困难。因为既然未异化的原初本质是圆满的,那么,这圆满的东西为何会异化自身便是难以理解的。这一困难在黑格尔、费尔巴哈的异化理论那里同样存在,只是为思辨的语言所掩盖了。如黑格尔在其《精神现象学》中,借用席勒的诗句,把绝对精神自我异化的原因解释为上帝或绝对精神由于没有朋友,孤家寡人,寂寞难耐,便创造出诸多精神形态来,作为其幸福完满的象征,以求心赏意悦。① 这当然算不得是一种解释,而只能说是一种神秘的寓言故事。这一理论上的困难在马克思对于人类现实存在的分析中却是无可回避的,当然也容不得诉诸任何神秘的寓言故事去搪塞。在《1844年经济学—哲学手稿》中,马克思本人已意识到了这一困难,因而在探索着新的解决方式。马克思在其中讲过"考察分工和交换是很有意思的"②,意欲从分工与交换入手解决上述困难。这预示了一个全新的方向。但在《手稿》中这一方向却未能展开,因为这里仍然视"分工和交换是私有财产的形式",而未达到视分工为私有财产之原因的理解。但要能达到这种理解,从分工的后果上探讨私有财产的起源,就必须对生产劳动的实质有新的理解,看到生产劳动首先作为人类为维持自身生存所不得不从事的活动的自然必然性。而这又需要一种不同于人的类本质的新的出发点,这一出发点应当能指明劳动对于维护人类生存的首要性。这一出发点的转换,也意味着突破德国哲学的传统,从另一视角审视所面临的问题。

2. 《神圣家族》:从"利己主义的人"出发

《1844年经济学—哲学手稿》的主题是以哲学的劳动异化理论论证共产主义作为历史运动的必然性的,《神圣家族》的主要内容虽然是批判鲍威尔等人的,但其正面的阐述仍然是论证共产主义的,只是这里的论证方式或出发点改变了。如果说在《1844年经济学—哲学手稿》中,马克思是受费尔巴哈的人本主义影响,通过改造黑格尔的思辨唯心论,把其唯心主义的精神异化论的辩证法引向唯物论的方向,以为共产主义提供论证的话,那么,由于这一方向上所遇到的理论困难,在《神圣家族》中就暂时放下了劳动异化理论而转到了另一方向上。这一方向可以说是力图改造法国唯物主义,将其引向辩证法的方向,从一个新的角度论证共产主义。当然,这个方

---

① 参见[德]黑格尔:《精神现象学》下卷,275页,北京,商务印书馆,1979。
② 《马克思恩格斯全集》,中文1版,第42卷,148页,北京,人民出版社,1979。

向是与从唯物主义立场上对鲍威尔等人的以"自我意识"为出发点的唯心主义的批判完全一致的。科尔纽对此评论说:"在马克思思想发展的这一个阶段,对他产生影响的主要是18世纪的唯物主义和法国社会主义。马克思全面研究了18世纪的唯物主义和法国社会主义的理论家们的学说和观点,并从中得出这样一个结论:环境对人的形成起着决定性的作用。"①通过对18世纪唯物主义学说的研究,马克思对于自然、物质利益在人类生活中的作用形成了新的看法:"正是自然的必然性、人的特性(不管他们表现为怎样的异化形式)、利益把市民社会的成员彼此连接起来。他们之间的现实的联系不是政治生活,而是市民生活。因此……他们不是神类的利己主义者,而是利己主义的人。"② 这些与《1844年经济学—哲学手稿》有着重大差异的思想,显然是直接来自法国唯物主义的。在《神圣家族》中,马克思还认为源于洛克的法国唯物主义这一派"直接汇入社会主义和共产主义的总流"。因为"并不需要多大的聪明就可以看出,关于人性本善和人们智力平等,关于经验、习惯、教育的万能,关于外部环境对人的影响,关于工业的重大意义,关于享乐的合理性等等的唯物主义学说,同共产主义和社会主义之间有着必然的联系"③。很明显,马克思在这里对法国唯物主义的观点基本上是肯定的,他还抱着好感引证了爱尔维修、霍尔巴赫,甚至他后来极为鄙视的边沁④的著作中的一些特别具有代表性的段落,以证明"18世纪的唯物主义同19世纪的英国和法国的共产主义的联系"⑤。这一切表明,马克思在这里转换了方向,转换了出发点,试图从根本不同于德国古典哲学传统的法国唯物主义传统出发,对于共产主义提出更具现实性的论证。这里作为出发点的,就是马克思在书中反复强调的人们的物质利益,或者说"利己主义的人"。而共产主义的必要性和不可避免性则在于:"既然人是从感性世界和感性世界中的经验中汲取自己的一切知识、感觉等等,那就必须这样安排周围的世界,使人在其中能认识和领会真正合乎人性的东西,使他能认识到自己是人。既然正确理解的利益是整个道德的基础,那就必须使个别人的私人

---

① [法]科尔纽:《马克思的思想起源》,79页,北京,中国人民大学出版社,1987。
② 《马克思恩格斯全集》,中文1版,第2卷,154页,北京,人民出版社,1957。
③ 同上书,166页。
④ 关于马克思后来对边沁的评论,可参见马克思:《资本论》第1卷,669页,北京,人民出版社,1953。
⑤ 《马克思恩格斯全集》,中文1版,第2卷,169页,北京,人民出版社,1957。

利益符合于全人类的利益。既然从唯物主义意义上来说人是不自由的，就是说，既然人不是由于有逃避某种事物的消极力量，而是由于有表现本身的真正个性的积极力量才得到自由，那就不应当惩罚个别人的犯罪行为，而应当消灭犯罪行为的反社会的根源，并使每个人都有必要的社会活动场所来显露他的重要的生命力。既然人的性格是由环境造成的，那就必须使环境成为合乎人性的环境。"① 总之，马克思在这里对于空想社会主义者们从18世纪唯物主义出发论证共产主义，"把唯物主义学说当作现实的人道主义学说和共产主义的逻辑基础加以发展"是持肯定的态度的。在这部著作中，马克思的一些观点，诸如要求从经济状况和工业状况的不同去理解古代国家和现代国家的不同，从工商业发展的历史去理解犹太人问题的实质等，虽然都已超出了法国唯物主义的眼界，但就出发点而言，马克思仍然主要地强调了物质利益的基础作用，而尚未明确地把自己的立场与法国唯物主义的出发点区别开来，对于由此出发而对共产主义的论证，也持有一种肯定的态度。不言而喻，以此为出发点也必然会遇到法国唯物主义曾经遇到的困难。

对于在《神圣家族》中马克思解决思维与存在、自由与必然的关系问题，论证共产主义的合理性与必然性的出发点的这种转换，以往的研究似乎未予以足够的注意。人们一般地认为从《1844年经济学—哲学手稿》到《神圣家族》，主要是受费尔巴哈的影响，所经历的是一条连续的直线。但如果我们从马克思所由之出发的德国古典哲学和法国唯物主义两种十分不同的哲学传统来看，就很容易看到这其间的主要倾向的跳跃性。《1844年经济学—哲学手稿》中的基本倾向是继承了德国思辨哲学包括费尔巴哈的半思辨哲学的传统，以其辩证法考察生产劳动，将之把握为一个异化和扬弃异化的历史的过程。这里的出发点是人的类本质，其规定性虽然不同于唯心主义由以出发的理性、精神之类的东西，也不同于费尔巴哈的"类本质"，但在作为一种总体性、理想性的存在上却与之相类似。因而这一出发点就不是完全现实的，不是完全唯物主义的。而《神圣家族》中的基本倾向，则是继承了法国唯物主义的传统，从人作为一个生物体而有维持自身生命存在的"利己主义"的需要之点去解释历史，说明社会关系的形成，论证共产主义的合理性的。这种从人的自然

---

① 《马克思恩格斯全集》，中文1版，第2卷，166～167页，北京，人民出版社，1957。

特性出发的立场，无疑是唯物主义的。因此，很明显，在《1844年经济学—哲学手稿》和《神圣家族》的出发点之间有一种跳跃，一种方向的转换。如果说在《1844年经济学—哲学手稿》中是力图使抽象的思辨哲学接近现实，是一种"自上而下"的方向的话，那么，在《神圣家族》中就是一种力图提高旧唯物主义的"自下而上"的方向。在前一方向，是从作为总体的类本质出发去说明现实的人的状况，在后者，则是从"利己主义的人"出发去说明作为总体的社会状况。前者继承了把历史把握为一个矛盾运动过程的辩证法传统，后者则继承了从自然存在出发的唯物主义传统。这两种出发点在某种意义上是正相反对的。但正相反对的东西往往也就是具有互补性的东西，即所谓相反相成。因而这两种出发点便都有着各自的真理性，不可互相取代。当然，它们都在某种程度上是抽象的，而不是完全现实的东西，因而由之出发去说明历史、解决思维与存在以及自由与必然的关系问题的两种方向都遇到了严重的困难。这种情况提示着，必须将两种出发点综合起来，必须把德国哲学传统的辩证法与法国哲学传统的唯物论内在地结合起来，建立起新的出发点，才可能克服既有理论的困难，真正合理地说明人类世界，说明人类存在的历史过程。

3.《德意志意识形态》：从"现实的个人"出发

将法国哲学传统的唯物论与德国哲学传统的辩证法的两种出发点综合起来，就是一方面把德国哲学的能动性、历史性原则引入唯物论，另一方面则对唯心的辩证法进行改造，使之现实化。这是同一问题的两个方面。这一综合工作是在《关于费尔巴哈的提纲》中开始的。在这里，马克思在批判唯心主义对人的能动性的抽象发展的同时，着重批判了旧唯物主义原则的直观性、受动性，指出其"主要缺点是：对事物、现实、感性，只是从客体的或者直观的形式去理解，而不是把它们当作人的感性活动，当作实践去理解，不是从主观方面去理解"[①]。这一批判表明，马克思已深刻地理解了法国唯物主义的缺陷及其理论上的困难（"环境决定一切"与"意见支配世界"的二律背反），改变了先前的好感态度。这两个方面批判的结果，就是对于人类社会生活的实践本质的揭示，即"把人的活动本身理解为客观的活动"[②]，把"环境的改变和人的活动的一致""理

---

① 《马克思恩格斯选集》，1版，第1卷，16页，北京，人民出版社，1972。
② 同上书，16页。

解为革命的实践"①。这样，人类世界本身便直接被视为客观实在的，人类活动本身就被视为这样一个客观实在的世界，从而人作为活动主体也就是现实的了。易言之，人的感性活动被视为客观的存在，逻辑地蕴涵着对作为出发点的活动主体的现实性规定。当然，反之亦然。但这一点在《关于费尔巴哈的提纲》这样一个简短的文件中还没有发挥出来，只是在《德意志意识形态》中，才充分地展开了对于这一出发点的规定。这也就是在这部著作中马克思反复强调从"现实的个人"出发的重大意义之所在。作为出发点的"现实的个人"是这样一种活动主体，他们"是从事活动的，进行物质生产的，因而是在一定的物质的、不受他们任意支配的界限、前提和条件下能动地表现自己的"②。因而，现实的个人作为主体就既非唯心主义所理解的那样，是纯粹能动的，亦非旧唯物主义所理解的那样，是纯粹受动的，而是能动与受动的统一，是受动制约下的能动，是对其受动条件的能动改造。这样一种能动性与受动性相统一的主体的活动，就既非旧唯物主义的纯然被动的自然感受性，亦非唯心主义的精神的想象活动，而只能是一种"感性的物质活动"，亦即物质实践或物质生产活动。这种活动一方面是受既定的、不受人们任意支配的界限、前提和条件制约的，但另一方面，在此既定条件所限定的范围或可能性空间内，主体是能够"能动地表现自己"，亦即能够在此范围内选择某一特定的、适合于自己的目的的存在形式而通过自身的活动去使之实现的。而且，限定人们自由活动的既定条件虽然在每一特定时间之中是不能任意改变的，但在历史的进程中这些条件则"为新的一代所改变"。当然，这种改变也是非任意的、受限制的。这种受前一代传下来的生产力、资金和环境这些既定条件限定，而又能动地改变这些既定条件的物质实践活动的一代一代的延续，就构成了人类世界或人类存在的历史的最基本的内容。"历史不外是各个世代的依次交替。"在这种交替中，"人和自然的统一性"便由于人的这种活动而"在每一个时代都随着工业或快或慢的发展而不断改变"③。这样一种"人创造环境，同样环境也创造人"的过程就是主客体之间相互创造、互相规定的辩证的历史运动。

但人作为实践主体不是或者说不可能是直接地面对自然，亦即

---

① 《马克思恩格斯选集》，1版，第1卷，17页，北京，人民出版社，1972。
② 同上书，29～30页。
③ 同上书，49、51页。

不可能直接地、不假中介地仅仅与自然发生关系，而是在与自然发生关系的同时，必然地与他人发生关系。"生产本身又是以个人之间的交往为前提的。"① 社会是人类存在的必然形式。现实的主体必然是处在一定的社会关系之中，为一定的社会关系所规定的。因此，"现实的个人"作为现实的主体就既不同于旧唯物主义所理解的那种只具有生物感受性的、原子式的抽象个人，亦不同于唯心主义的总体性的精神或理性；进而，"现实的个人"既不同于1844年《手稿》中的费尔巴哈式的抽象的总体性、理想性的"类本质"，亦不同于《神圣家族》中的"利己主义的人"。"现实的个人"是对唯心主义的总体性的存在物和旧唯物主义的原子式的抽象个人的扬弃与综合，因而它是总体性与个体性的统一，是总体中的个体，是社会关系中的个人。以"现实的个人"为出发点，肯定了旧唯物主义从作为自然存在物的个体出发，用个人间的交往活动（订立契约即为一种交往形式）去说明社会的起源的唯物主义基本立场，但批判了它把人们之间的联合或社会关系看作是任意的、由个人的意见支配的主观行为的观点，而认为这种关系、"这种交往形式""是由生产决定的"，因而是必然的。② 从现实的个人出发，同时也就否定了唯心主义从总体性的理想性存在物出发，"把意识看作有生命的个人"，"把所有前后相继、彼此相连的个人设想为从事自我产生这种神秘活动的唯一个人"，把真实的个人设想为"作为主体的社会"或"类的自我产生"的结果的唯心主义观点，而坚持"社会结构和国家经常是从一定个人的生活过程中产生的"，用个人之间的为物质生产状况所制约的交往活动去说明社会，说明总体的唯物主义立场。③ 但对于从总体性的存在物出发，用主体与客体之间在异化、对立中的矛盾运动去把握历史过程的辩证法思想，则在新的唯物主义的立场上予以接受与改造，并由之而建立了一种实践的历史的辩证法。

实践的历史的辩证法的主体是"现实的个人"。这种主体既然是同时处在一定的与自然的关系和与他人的社会关系之中的，那么，这两种关系之间便也必然会发生一定的交互中介关系，即"生产本身又是以个人之间的交往为前提的。这种交往的形式又是由生产决定的"。这种中介的具体形式就是分工。分工是必然与生产力同步发

---

① 《马克思恩格斯选集》，1版，第1卷，25页，北京，人民出版社，1972。
② 同上书，25页。
③ 同上书，29、31、42页。

展的。一方面作为人与自然的交往关系的生产力的每一重大进步，都会引起分工的发展；另一方面，分工本身也构成了生产力发展的必要手段或条件。而且分工作为劳动主体在不同劳动部门中的分配，它也会引起交往形式或社会关系方面的重大变化。因为分工，特别是物质劳动和精神劳动之间的分工，"不仅使物质活动和精神活动、享受和劳动、生产和消费由各种不同的人来分担这种情况成为可能，而且成为现实"①。这就必然地导致私有制的出现。事实上，"分工和私有制是两个同义语，讲的是同一件事情，一个是就活动而言，另一个是就活动的产品而言"②。由于分工和私有制的存在，"受分工制约的不同个人的共同活动产生了一种社会力量，即扩大了的生产力。由于共同活动本身不是自愿地而是自发地形成的，因此这种社会力量在这些个人看来就不是他们自身的联合力量，而是某种异己的、在他们之外的权力。关于这种权力的起源和发展趋势，他们一点也不了解；因而他们就不再能驾驭这种力量，相反地，这种力量现在却经历着一系列独特的、不仅不以人们的意志和行为为转移，反而支配着人们的意志和行为的发展阶段"③。这就是说，由于人与自然之间的关系同人与人之间的关系的相互中介而造成的分工的发展，导致了私有制和社会的分裂，导致了人们活动的异化，导致了人自身产生的力量反对人自身。或者说，本应导致人与自然或主客体统一性发展和人的个性发展的生产力的增长，却由于人与人之间的交往关系的中介，由于由此而导致的分工的发展，而造成了主客体对立的加剧，造成了物的力量对人的支配，造成大多数个人的片面发展，使之成了"偶然的个人"、"抽象的个人"。这样，马克思就从"现实的个人"出发，用生产力和交往形式之间的互相中介理论即分工理论，完全现实地、合理地说明了人类世界发展的矛盾对立性，为以往的劳动异化理论提供了一个完全现实的基础；亦即用分工理论中介了劳动异化理论，把异化最终归因于生产力的状况，从而消除了1844年《手稿》中的逻辑困难，使作为历史辩证法的劳动异化理论完全地建立在了唯物主义的基础之上。

现实的个人作为主体，其活动的目的亦是对于从抽象的个体出发和从抽象的总体、类出发的目的的扬弃与综合。从抽象的生物个

---

① 《马克思恩格斯选集》，1版，第1卷，36页，北京，人民出版社，1972。
② 同上书，37页。
③ 同上书，39页。

体出发，主体的活动目的便只能被理解为纯粹的生物式的"自保"、"自爱"、"避苦趋乐"，即生命的自我保持。从抽象的总体或类本质出发，主体的活动目的便只能是某种先在的本质的实现。而从现实的个人出发，主体的活动目的就被理解为维持生命存在与自然所赋予的潜能的全面发展的统一。这里，维持生命存在是最基本的和首先的目的，而每个人的能力的自由而全面发展则是最终的和最高的目的。这两个方面的统一在于，维持生命存在是全面发展的前提，而全面发展亦只是这一生命存在的全面发展，但这种统一却是辩证的。在人类历史之初，二者之间有一种原始的统一，而在生产力发展所导致的分工和私有制的条件下，这种原始的统一便分裂了。一方面，大多数个人由于屈从于分工和丧失了对生产力的支配权而成为抽象的、丧失了个性的个人，单纯为了生存而劳动的个人；另一方面，只有极少数统治阶级的成员才获得了自由发展的条件。人的活动目的的这种分裂，只有在生产力高度发展的条件下，才能通过消灭分工和私有制加以克服；而未来的"共产主义所建立的制度，正是这样的一种现实基础，它排除一切不依赖于个人而存在的东西"，因而它就由此而使每个人获得了全面发展的条件，使得少数人获得发展的垄断权与大多数人失去发展的可能性这二者之间的对立不再存在，使得以往社会中"抽象的个人"、"偶然的个人"成为"完整的个人"、"有个性的个人"。因此，共产主义也就是解决人的有目的的活动与历史过程的客观必然性的对立、思维与存在的对立、自由与必然的对立，实现"以每个人的全面而自由的发展为基本原则的社会形式"。

我们看到，以"现实的个人"为出发点，把实践理解为这种主体在一定的物质条件制约下和在一定的交往关系形式中的能动的活动，马克思就最终既辩证又唯物地解决了思维与存在、自由与必然的关系问题，建立起了全新的世界观即现代唯物主义。

四、马克思哲学变革的意义

马克思在哲学上所进行的变革有着极其巨大的理论意义与现实意义。这一变革的现实意义可以从新世界观与共产主义运动的关系去理解，而其理论意义则可以从理解哲学问题的方式的根本转变以及马克思主义哲学在现代哲学中的地位两个方面去理解。

1. 新世界观：理想社会的哲学基础

追求理想是人类的一个本质规定，人之为人，从某种意义上说就在于他具有不同于动物的理想性之维。一部人类历史,可以看成是人类追求理想的历史。至少从有文字记载的历史时期开始,人类就已经在构筑种种理想世界。在中国,有儒家的"大同之世"、老子的"小国寡民"理想,陶渊明的"桃花源"亦可视为一种较为平凡的理想世界;在西方,则有柏拉图的"理想国"、基督教的"千年王国",以及近代以来的种种"乌托邦"。

任何一种理想世界都不是凭空而来的。直接地看上去,所有的理想世界都带有或轻或重的幻想色彩,但这些幻想却并非完全任意的,从根本上说,都是现实的人间苦难或现实的人类生活矛盾的一种曲折的反映,一种消除现实苦难或矛盾的设计。一般说来,现实生活中的矛盾是形形色色、千差万别的,不同的人群、民族、个人可能有着完全不同的矛盾,但是,人类生存的基本结构也决定了他们有着一些共同的矛盾。人类作为一种生物体,若要生存下去,首先必须有足够的物质生活资料,同时人类作为一种社会存在物,必须有一定的社会秩序才能保证基本的生存条件。因此,生活资料的富足与能够保证每一个体生存的社会公平便构成了最为基本的共同问题,而那些充分地表达了解决这些问题的社会设计,便也就构成了影响最为广泛的社会性理想。就此而言,中国儒家的"大同"说是具有相当的典范性的:"大道之行也,天下为公,选贤与能,讲信修睦。故人不独亲其亲,不独子其子。使老有所终,壮有所用,幼有所长,鳏寡孤独废疾者皆有所养,男有分,女有归,货恶其弃于地也,不必藏于己;力恶其不出于身也,不必为己。是故谋闭而不兴,盗窃乱贼而不作,故外户而不闭,是谓大同。"① 但儒家的这一学说是以历史退化论为前提的,是作为"大道既隐"、"天下为家"的前史来回顾的。希腊人的人类由金时代、银时代、铜时代到铁时代的每况愈下的历史观亦相类似。而基督教的"千年王国"说则指向了未来,预言基督将再次降临人世,作王统治一千年,那时罪恶将受到管束,神将擦去一切人的眼泪。② 然而,无论人们是前瞻还是后顾,他们都从未想到过要通过自己的力量去实现某种理想社会。19世纪的空想社会主义者们迈出了巨大的一步。他们面对着资本主义发展所带来的种种社会苦难,不仅一般地描绘了未来的理想社会,而且力图针对现存社会的弊端设计出某种可实行的建立理想社会的

---

① 《礼记·礼运》。
② 参见《圣经·启示录》。

方案来，如圣西门的"实业制度"、傅立叶的"协作制度"、欧文的"劳动公社"等等，有人甚至试图采取实际行动去实现之。但毫无疑问，这些美丽的设计也都是空想的，因为它们不是奠基于人类历史发展的客观规律之上，而是依据理性和抽象的人性推演出来的。因此，必须为理想社会寻找到坚实的世界观基础，以便使之成为真正可实行的。

马克思在哲学上所实现的变革的巨大意义，首先正在于它第一次将作为一种思辨活动的哲学与千百万人对于理想社会的追求内在地结合了起来，为理想社会奠定了坚实的哲学基础，同时也为哲学思维找到了最为深厚的现实源泉。前面曾指出过，马克思的哲学活动从一开始就与共产主义运动结下了不解之缘。在《1844年经济学—哲学手稿》中，他试图沿着德国历史主义辩证法的思路，用异化劳动理论去论证共产主义的合理性、必然性。由于这一思路遇到了巨大的理论困难，在《神圣家族》中又转向沿着法国唯物主义的思路，以人的某些天性去论证共产主义的合理性和不可避免性。至《德意志意识形态》，马克思已经找到了"现实的个人"这一坚实的出发点，将德国辩证法与法国唯物主义有机地结合在一起，完全现实地依据人类实践活动的客观规律论证了共产主义的必然性。至此，在以往人类历史上分离的两种运动线索就内在地汇合在了一起。一方面，自有人类历史以来，对于理想社会的向往便存在于每一个人的心田之中，并不时以某种形式将其付之于实际行动，特别是自近代社会确立以来，更是如此；另一方面，一代又一代的哲学家们则在其书斋中苦思冥想着人类的终极目标，以枯燥晦涩的语言描述着人类存在的基本矛盾获得终极解决的"极乐世界"。但数千年来，哲学家的思考与普通民众对于理想社会的向往之间好像不存在什么关联似的。行动与思考，生活与理想，各自走着自己的路，就像两股道上跑的车，看不出有汇合的可能。现在，现实的历史与理论的历史终于走到了这一步，将现实提升到了理论，在理论中注入了现实。而这，正是马克思在哲学上所实现的变革的根本性意义。

将现实提升到理论，在理论中注入现实，就一方面使得以往仅仅作为一种美好向往的理想社会获得了理论的论证，而不再仅仅是一种解决人类生存矛盾的主观愿望；另一方面亦使得以往仅仅作为抽象思辨的哲学理论获得了现实的躯体，而不再仅仅是一种无生命的阴影王国的存在。用黑格尔的术语来说，就是以往作为"善的理念"的理想社会由此获得了客观性、普遍性的证明,而不再仅仅是一个"应当";而以往作为"真的理念"的哲学思辨亦由此获得了直接的现实性,而不再只是一个抽象的"是"。黑格尔把真理理解为"真"与"善",或者说理论与实践的统一,是极其深刻的。真理并不是一种现成存在等待我们去领取的东西,而是一种存在于理论与实践交互中介过程中的具体之物。① 因此,对于人类生存矛盾的解决而言,达致一种理论与实践的交互作用状态,便具有根本性的意义。据此,我们可以说,在以往的历史上,就其生活的终极目标或终极理想而言,人类并未把握住全面的真理,而只是在不同方面抓住了一些真理的片断。在相互分离的条件下"应当"与"是"均非真正意义上的真理。而一旦达到了这二者的统一,人类历史就进入了一个新的阶段。由于理想社会所具有的对于人类生存矛盾解决的终极性,因而这一统一所具有的意义之巨大和深远,是没有任何事件可以与之比拟的。如若一定要找一个与之相类的事件的话,那么,在人类历史上,与此统一差强可作比拟的,也只有作为在特定方面的理论与实践相统一的近代经验科学的兴起。我们知道,在历史上,人类的物质生产活动与关于科学技术的理论活动之间一直是分离着的。这种分离既阻碍了生产的发展,也造成了理论的停滞不前。而近代科学与生产之能获得空前巨大的发展,正得力于所谓思辨传统与工匠传统的结合,得力于集理论与实践于一身的以实验为基础的经验科学的兴起。这种科学理论与生产实践的统一的结果,便是人对自然关系的根本性改变,物质财富的巨大增长,及其所产生的一系列革命性后果。与之相类似,但比其意义更为巨大得多的人类追求理想社会的实践与社会历史理论的汇合,其所产生的结果则是众所周知的世界历史进程的根本性改变,人对历史过程关系的根本性改变。不管人们怎么评价这一改变所产生的一系列后果,但对其空

---

① 毫无疑问,黑格尔的真理观仍在很大程度上是抽象的、非现实的,因为他所理解的真与善或理论与实践,并不是人类现实的、有限的活动,而是绝对精神或神的无限的活动的环节。但如果我们按照马克思的思路,不再以神或绝对精神之类抽象物为活动的主体,而是直接以"现实的个人"作为活动的主体,那么,我们就能够看到黑格尔的思想中所蕴涵的真正有价值的东西,这就是,真理乃是一种内在于人类生活中的东西,是人类的理论活动与实践活动交互中介的形成物,是人类世界之内在本质。这也就是马克思主义哲学创始人之强调理论与实践相统一的最根本意蕴之所在。理论与实践的统一的深层含义,并不如通常所理解的那样,是两个各自外在的东西的联系,或者将某种理论付诸实施,而是强调真理乃是真与善、理论与实践的统一,是二者的交互中介过程。

前巨大的革命性却不能不予以承认，或者说，即便这一汇合所导引的社会运动出现了这样或那样的挫折和错误，甚至引发了种种严重的社会后果，但人们对其意义的巨大却不能漠然置之。而且，其所以出现种种错误与挫折，根本原因正在于人们对于真理之为理论与实践、真与善的统一这一真精神未能充分把握，在于由于历史的惯性以及种种主、客观条件的限制，理论与实践、真与善未能真正实现其统一。因此，只要人类历史存在，只要人类追求理想社会的愿望存在，只要自由与必然的矛盾存在，马克思将理论与实践相统一的哲学事业就将永远葆有其巨大的魅力。

2. 哲学思维方式的现实化：马克思哲学变革的关键

马克思之能实现哲学上的变革，端赖其解决哲学问题方式的现实化。哲学思维方式的现实化可以说是马克思哲学变革的实质所在。根据前面的分析，哲学的基本问题乃是人类生存的根本问题——自由与必然之矛盾的一种特殊表现，是既不同于自然世界又不同于理想世界的人类世界所特有的问题，那么，一个合乎逻辑的结论就是，解决这一问题的合理的出发点只能是人类世界。我们指出过，马克思的哲学变革在哲学思维中确立了以物质性实践活动为基础的人类世界的实在性，而人类世界之实在性的确立，正是其哲学思维方式现实化之基础。以往的哲学思考无一不把人类世界抽象化了，即或将人类世界还原为单纯的自然世界，或将人类世界抽象为单纯的理想世界，或则将之分别归结为互不相干的自然世界和理想世界的并列存在。在各种归结中，我们看到作为根基性存在的只是自然世界或理想世界，而唯独不见人类世界自身。因而，毫不奇怪，当从这种抽象存在出发去解决哲学问题时，陷入困境也就在所难免了。因为在这种抽象化的思维方式中，人类世界既然不具有根基性、实在性，而只是自然世界或理想世界之表现，则人类世界的特有的矛盾也就被忽视了，从而也就谈不上真正的解决了。不仅如此，这种抽象化思维方式由于采取一种"空间式的"还原或归结，因而也就完全忽略了人类世界的时间之维或历史性，忽略了人类世界内涵的独有的矛盾所造成的特有的历史性。自然世界由于只是一个必然性王国，不存在自由与必然的关系，因而是没有这种矛盾的；理想世界由于只是一个纯粹的自由王国，因而也是无矛盾的。这样，在自然世界和理想世界中都是不存在真正意义上的历史的。人类世界由于内含了自由与必然的矛盾，便决定了它不可能像自然世界与理想世界那样，被归结为非历史的纯粹空间中的存在，不可能仅仅在一种无历史的空间性关系中被理解；而只能借助于一种历史过程观念方可。然而，源于希腊文化分析传统的哲学思维中却迟迟未发展出历史观念来。只是在康德之后的德国古典哲学的进展中，历史观念才逐渐地清晰起来，最终在黑格尔哲学中达到了一个高度。黑格尔以其"巨大的历史感"来解决哲学问题，在思维方式现实化的道路上迈出了巨大的一步，但黑格尔视为历史过程真正主体的并不是活生生的人，而是绝对精神之类的抽象存在，因而，黑格尔的现实化是极不彻底的，人类世界的实在性在这里仍未得到确立，只有当马克思以"现实的个人"作为历史主体时，思维方式的现实化方告实现。以往哲学否定了人类世界存在的真实性、根基性，也就同时否定了人际交往关系、个体与社会之间关系存在的真实性，或者从社会原子主义观点出发，把生物性的个体作为活动主体，而把个体之间的关系只看作是一种主观的契约关系；或者从整体主义出发，把精神、类本质之类东西作为活动主体，把个体只视为类本质、精神之类存在的表现样式。否定了人际交往关系存在的真实性，便失去了从人际交往关系和人与自然关系之间的交互中介作用去理解人类存在历史性的可能，因而是不能不陷入抽象性之中的。只有以"现实的个人"作为历史主体，把人际交往关系的实在性确立起来，才能最终达成思维方式的现实化。

我们看到，作为马克思哲学变革之实质的思维方式的现实化是一个由诸多方面构成的总体性过程，这些方面互相中介或规定，达成了现实化思维方式之完整意义。因此，当我们说实践的观点是马克思主义哲学之首要的和基本的观点时，我们所说的实践概念乃是这样一种具体的实践概念，是马克思所特有的实践概念，而非一种泛泛的、为许多哲学家所使用的实践概念。这种作为其全部哲学之基础的实践概念，必然包含有客观实在性、历史性、以现实的个人为主体这相互统一的三个方面的基本规定。

3. 走向具体性：马克思哲学变革的哲学史意义

马克思以包含客观实在性、历史性以及作为主体的"现实的个人"这三重规定的实践概念为基础所实现的哲学思维方式的现实化，就其克服了以往哲学的抽象性而走向了具体性这一根本点而言，在现代哲学中是具有典范意义的。与古代、近代哲学不同，现代哲学在总体上的一般趋势可以说是以各种不同的方式克服抽象性而走向具体性。

哲学作为一种解决人类生存的根本问题——自由与必然的矛盾的特殊努力，本身也经历了一个从抽象到具体的发展过程。如果我们把迄今为止的哲学发展划分为古代、近代、现代三个发展阶段的话，那么，哲学从古代中经近代到现代的运动本身便是一个从抽象到具体的过程，同时，在每一个发展阶段中，也有一个从抽象到具体的运动过程，只是在不同阶段中，由于该阶段在整个哲学发展过程中所处的位置不同而具有相当不同的表现形态。

哲学作为一种不同于经验科学的求根性的理论活动，对于人类生存的根本问题即自由与必然的矛盾的解决，是从解决这一矛盾的最抽象的本质规定即思维与存在的关系问题开始的。古代哲学由于尚未达到自我意识的自觉，只是一种实体性的哲学，因而思维与存在的关系表现为感性存在与理性存在，或个别存在与一般存在之间的关系，而对这一问题的解决则是或者从感性存在出发去说明世界，将一般存在归结为个别存在，或者从一般存在出发去说明世界，将个别存在归结为一般存在。前者为唯物主义的进路，后者则为唯心主义的进路。无论是唯物主义的"水"、"火"、"气"、"原子"等，还是唯心主义的"理念"、"数"等，不仅在未意识到思维的作用的意义上是抽象的，而且在它们各自分别坚执一种片面的感性存在或理性存在原则的意义上亦是抽象的。在古代哲学这种实体性哲学思维方式范围内企图克服唯物主义与唯心主义各自的片面性、抽象性的是亚里士多德哲学。亚氏高于前人的地方是他不再把现实的存在物归结为某种感性存在物或某种理性存在物，而是直接将个体事物规定为"第一实体"，并用形式与质料的统一去说明作为第一实体的个体事物。亚氏常常被人们斥为二元论，但以形式与质料的结合来说明世界，这恰恰是其深刻之处。因为正是这种二元结合在某种意义上极为深刻地揭示出了人类世界或人类活动的本质特征。我们将会看到，亚氏的范例在后来的哲学家身上得到了何等的回应。当然，亚氏并未超越古代哲学的实体性思维方式，因而尽管在这种思维方式范围内他达到了可能达到的具体性，但在总体上其哲学仍是抽象的、片面的。

古代哲学的抽象性在于它缺少了一个主观性或主体性环节，而近代哲学则恰恰是一种主体性哲学。近代哲学充分意识到了思维的作用，因而它对全部哲学问题的解决都是从思维自身出发的。因此，顺理成章，认识论而不是存在论成了近代哲学的范式或第一哲学，并且，思维与存在的关系问题也直接提到了面前。但近代哲学一般地只是以认识论的狭隘视角看待思维与存在的关系问题，因而，哲学基本问题便被仅仅归结为知识何以可能的问题。在对这一问题的解答上，一方面是从感性经验出发的经验论，另一方面则是从天赋观念出发的唯理论。前者欲用感性经验来说明人类知识，后者则试图以天赋观念为据说明人类知识。前者较易说明知识的客观性，但无以说明知识的普遍性；后者则较易说明知识的普遍性，但难以说明知识的客观性。但既然普遍性与客观性是任何知识的必要规定，那么，不言自明，经验论原则与唯理论原则便都是片面的、抽象的。近代哲学中试图克服这种抽象性的是康德哲学。康德思考这一问题的进路与亚氏有相似之处，即他亦是反对从片面的单纯感性原则或单纯理性原则去说明人类知识，而主张用理性原则与感性原则的结合去说明人类知识，以作为知识之形式的知性范畴与作为知识之质料的感性材料的结合来说明人类知识何以可能，或用他的术语来说，就是先天综合判断何以可能。无疑，康德在近代主体性或主观性哲学的范围内达到了可能达到的具体性，但受限制于近代哲学片面的主体性或主观性原则，拘泥于纯粹认识论的立场，就总体而言，康德哲学亦像亚里士多德哲学一样，是失之于抽象性的。

古代哲学的缺陷是其单纯的实体性原则，完全未意识到思维的作用；近代哲学的缺陷则在于单纯的主体性原则，亦即一种以认识论为核心的唯理智主义倾向。因此，现代哲学对于近代哲学的超越，一般说来首先是对于唯理智主义的克服，即超出单纯的认识论立场，而从更为广阔的人类存在论或人类活动论立场去理解和解决思维与存在的关系问题，并以某种方式将实体性原则与主体性原则结合起来。在这一进路上，唯意志论特别强调了一种非理性的"生存意志"的创造活动来弥合主体性原则与实体性原则的背离；海德格尔的存在主义则试图以"此在""在世界中的存在"来消解主客体的二元对立；胡塞尔晚年提出的"生活世界"理论和后期维特根斯坦的"生活形式"理论，亦当视为超越唯理智主义之努力；卡西尔之将康德的理性批判扩展为文化批判，将理性活动扩展为甚至包括生产劳动在内的符号活动，亦不出此进路。不言而喻，马克思的实践论更是一种克服抽象的主体性原则的哲学理论。但与其他现代哲学流派不同，马克思的实践原则以最具根本性的感性物质、活动为基础，因而在现代哲学诸原则中是具有典范的意义的。

马克思哲学的典范意义还在于他的实践概念所具有的双重规定性。实践作为人类世界的基础，也是一种形式与质料的结合物，是作为形式的目的—工具体系对于作为质料的自然物的"综合"作用或赋形作用，是主体性原则与实体性原则的统一。这与康德及亚里士多德解决问题的进路是非常相似的。这一相似启示着我们，马克思的实践原则可以扩展为一种全面地综合了现代哲学诸原则的更为具体的原则。既然在古代哲学阶段，哲学要有一个扬弃诸抽象原则，达于这一阶段内最为具体的范畴的过程，在近代哲学中亦有类似的过程，那么，在现代哲学进行一次这样的综合，便也是势所难免的。而在这一综合中，马克思哲学的实践原则所包含的类似于康德、亚氏的进路表明，以马克思哲学为基础并加以推广而达成现代哲学的综合发展，是必要而且可能的。

总 体 框 架

引　论
第一章　哲学的精神
　第一节　走向人类学思维范式
　　一、哲学思维的基本范式
　　二、人类学思维范式的合理性
　　三、人类学思维范式的基本方法原则
　第二节　人类学范式视野中的哲学活动
　　一、自由与必然：人类存在的本原性结构
　　二、哲学：解决自由与必然问题的一种独特努力
　　三、哲学解决自由与必然问题的可能方式
第二章　马克思的哲学变革
　第一节　近代哲学的进程及其所面临的困境
　　一、近代哲学的基本趋向
　　二、近代哲学的进程及缺陷
　第二节　马克思走向新哲学的历程
　　一、《1844年经济学—哲学手稿》：从"人的类本质"出发
　　二、《神圣家族》：从"利己主义的人"出发

三、《德意志意识形态》：从"现实的个人"出发
第三节 马克思哲学变革的意义
一、新世界观：理想社会的哲学基础
二、哲学思维方式的现实化：马克思哲学变革的关键
三、走向具体性：马克思哲学变革的哲学史意义

第三章 合理形态的辩证法
第一节 辩证法的概念与历史
一、辩证法概念的辨析
二、辩证法的三种形态
（一）直观形态的辩证法
（二）反思形态的辩证法
（三）历史主义形态的辩证法
第二节 马克思的实践论辩证法
一、对黑格尔唯心主义辩证法的批判改造
二、辩证法的实践原型与其理论抽象
三、如何理解自然辩证法
第三节 作为思维方式的辩证法
一、辩证思维的逻辑起点与逻辑进程
二、辩证思维的基本规律
三、辩证思维的共时性之维与历时性之维

第四章 现代形态的唯物主义
第一节 唯物主义的概念与历史
一、唯物主义概念的一般含义
二、唯物主义的三种形态
（一）唯物主义的古代形态：独断论的唯物主义
（二）唯物主义的近代形态：经验论的唯物主义
（三）唯物主义的现代形态：实践论的唯物主义
第二节 现代唯物主义的基本特征
一、现代唯物主义的实践性
二、现代唯物主义的辩证性
三、现代唯物主义的历史性

第五章 人化自然的观念
第一节 自然观念的历史演变
一、古代哲学的有机论自然观

二、近代机械论自然观的兴起
　　三、有机论自然观的复活
　　四、走向实践论的自然观
　第二节　人化自然观念的基本内涵
　　一、人类活动的本质
　　二、作为人化自然之前提的自在自然
　　三、人化自然的三种样态
　　　（一）实在的人化自然
　　　（二）观念的人化自然
　　　（三）审美的人化自然
　第三节　人与自然的统一性
　　一、人与自然关系的历史进展
　　二、人化自然的当代景观之透视

第六章　社会生活的实践本质
　第一节　社会观念的进展
　　一、原子论的社会观念
　　二、整体论的社会观念
　　三、交往实践论的社会观念
　第二节　社会交往与社会结构
　　一、人类生活的社会形式产生的必然性
　　二、社会交往活动的基本特征
　　三、社会交往活动的分层
　　四、社会交往关系的制度化与社会结构
　　　（一）生产技术交往的制度化与生产组织
　　　（二）经济交往的制度化与经济结构
　　　（三）政治交往的制度化与政治上层建筑
　　　（四）精神交往的制度化、规范化与意识形态
　　　（五）社会结构的有机整体性

第七章　人类历史的辩证过程
　第一节　历史观念的演变
　　一、思辨的历史观念
　　二、主观分析的历史观念
　　三、唯物辩证的历史观念
　第二节　人类历史的发展进程
　　一、人与自然的关系和人与人的社会关系的交互作用
　　二、人类历史演进的必经之路：异化和异化的扬弃

（一）异化在历史上的发生
　　　（二）异化的历史发展
　　　（三）异化的扬弃
　第三节　人类历史演进过程的统一性和多样性
　　一、马克思的"世界历史"思想和现代社会发展趋势
　　二、马克思的东方社会理论和中国社会发展的特殊道路
第八章　人类认识的辩证过程
　第一节　认识论的历史发展
　　一、近代基础主义的认识论
　　二、现代西方反基础主义的认识论
　　三、马克思主义实践论的认识论
　第二节　认识的社会性结构
　　一、人的实践活动的结构
　　二、认识活动和实践活动的同构性
　　三、认识结构的演进
　第三节　认识发生和发展的过程
　　一、对象的观念化
　　二、观念的对象化
　　三、认识的历史发展

第九章　人类自由——真、善、美的统一
　第一节　人类认识的直接任务——求真
　　一、认识真理性的规定
　　二、认识真理性的检验
　　三、真理性认识对于人类生活的意义
　第二节　人类活动的价值指向——求善
　　一、善的规定
　　二、善的追求是理想的追求
　　三、人类历史按照善的规律发展
　第三节　人类对自身无限创造能力的向往——求美
　　一、美的本质
　　二、劳动创造了美
　　三、美的规律在人类生活中的意义
　第四节　真善美的统一
　　一、真、善、美的相互关系
　　二、真、善、美及其统一对于人类自由的意义
　第五节　人类从必然王国向自由王国的飞跃

附 录

哲学导论

张世英

北京大学出版社 2002 年出版

序　言：什么是哲学[*]

小　引

1. 思考普遍性问题是哲学的开始

我们的日常生活，包括衣食住行，男女之事，人对自然的使用、改造，人与人之间的各种社会交往等等，大多是一些针对具体的、个别的、或局部的事物和现象的活动，人们较少自觉地考虑普遍性的问题，特别是把世界（包括人在内）作为一个整体来考虑的这样一种最大最高的普遍性问题，而这种最大最高的普遍性问题正是哲

---

[*] 本章选自《哲学导论》导言，并略作删节。文中标题由编者所加。

学研究的对象。德国古典唯心主义哲学家黑格尔（C. W, F. Hegel, 1770—1831）说："哲学以思想、普遍者为内容，而内容就是整个的存在。""什么地方普遍者被认为无所不包的存在……则哲学便从那里开始。"① 英国现代哲学家罗素（B. Russell, 1872—1970）也说过："当有人提出一个普遍性问题时，哲学就产生了，科学也是如此。""提出普遍性问题就是哲学和科学的开始。"② 哲学所讲的普遍性主要是指我所说的最大最高的普遍性。科学所讲的普遍性、规律性是较小范围的普遍性，但只要是思考普遍性问题，就有着哲学的起点。古希腊的哲学，原本把科学包括在内，哲学与科学尚未分化，原因之一，就是因为他们都是讲的普遍性。这就是为什么人们总觉得哲学距离现实生活比较遥远抽象而不切实际的根本原因。但是另一方面，这种关于整个世界的普遍性问题又经常渗透到人们的现实生活中，特别是一些好奇心较强的人们的现实生活中，例如那本畅销全球的哲学史通俗读物《苏菲的世界》，一开始就提出了两个最大最高的普遍性问题："你是谁？"和"世界从哪里来？"这就表明，即使是最大最高的普遍性也是与具体的、个别的事物和现象相联系的，表明哲学是与人们的现实生活相联系的。（在当今市场经济繁荣、科学技术日益发达的时代，人们一方面热衷于功利追求，热衷于对具体的东西的占有，一方面也常常要追问人生的意义究竟何在，追问一些最大的普遍性问题。）有一位大富豪甚至感叹自己精神空虚，一无所有，另有一位企业家站在上海金贸大厦的顶层还念着唐代诗人陈子昂的诗句："前不见古人，后不见来者，念天地之悠悠，独怆然而涕下。"这都说明生活在现实世界中的人，大都也作哲学的思考。

2. 哲学思考源于惊异

古希腊最伟大的百科全书式的哲学家亚里士多德（Aristotle, 384 B.C.—322 B.C.）说过："由于惊异，人们才开始哲学思考（'惊异'又译'好奇心'）。"③ 惊异是从无知到知的"中间状态"④。完全无知，不会起惊异之感，完全知道了，明白了，也无惊异之可

---

① [德] 黑格尔：《哲学史讲演录》第1卷，93页，北京，三联书店，1956。
② [英] 罗素：《西方的智慧》上，6、14页，北京，文化艺术出版社，1997。
③ [古希腊] 亚里士多德：《形而上学》A2, 982 b；见《形而上学》，5页，北京，商务印书馆，1959（译文有改动）。
④ [古希腊] 亚里士多德：《形而上学》A2, 982b；并参阅《黑格尔著作》（G.W.F. Hegel Werke in Zwanzing Bänden, Suhrkamp Verlag, 以下简称 Hegel·Werke），第13卷，410页，1970。并参阅朱光潜译黑格尔《美学》第2卷，24~25页，北京，商务印书馆，1982。

言，只有在从无知到知的那一过渡状态中，才产生了惊异。

哲学究竟源于一种什么样的惊异呢？对芝麻大的一点小事、小问题容易惊异、好奇的人，比起对任何事、任何问题都麻木不仁的人来，显然更具哲学头脑，更有哲学的起点，但哲学之为哲学，或者说严格意义下的哲学，乃是源于对世界整体性把握这样一种最大最高的普遍性问题的惊异。或者倒过来说也一样，有了对这种普遍性问题的惊异、好奇，就意味着哲学问题的提出和哲学的产生。

我们平常说，哲学源于实践。我以为这个观点当然是正确的，但它并不是与亚里士多德所说的哲学源于惊异的观点互相对立、互相矛盾的。人只有在现实生活中，在实践中（我理解的实践，不只是指生产斗争、阶级斗争的实践，我把它更广泛地理解为人生的一切活动，既包括生产，也包括日常生活），才有可能产生惊异，但仅有现实生活和实践并不一定产生惊异，有的人尽管生活着、实践着，却麻木不仁，很少惊异之心，这种人就缺乏哲学头脑。说人天生有好奇心，这是就广义而言。人的好奇心有强有弱，好奇心非常弱的人是难以步入哲学之堂奥的，他们的现实生活也是很贫乏的。只有在现实生活中、在实践中对事物易起好奇心的人，才可能成为有哲学头脑的人。把哲学起源于实践同哲学起源于惊异对立起来，用前者反对后者，这种观点未必妥当。

一、哲学史上对哲学的界定

1. "哲学"一词的渊源

哲学最初所提出的最大最高的普遍性问题究竟是什么呢？"哲学"这个词原来是中国古典的典籍中所没有的，它来自19世纪日本学者西周对源于古希腊的西方哲学思想的翻译。中国晚清的学者黄遵宪（1848—1905），首先把"哲学"这个词从日本介绍到中国。所以要讲"哲学"一词的渊源，还得从古希腊哲学讲起。我们今天讲的中国哲学史上的哲学思想，乃是指中国典籍中一些同古希腊哲学与西方哲学相似、相通的内容而言的，如先秦的"诸子之学"、魏晋的"玄学"、宋明清的"道学"、"理学"、"义理之学"等。

按照德国现代著名哲学家海德格尔（M. Heidegger, 1889—1976）的考证和说法[1]，古希腊早期思想家赫拉克利特（Heraclitus,

---

[1] 以下见［德］海德格尔：《哲学何物》（Was ist das-die Philosophe? Günther Neske Pfullingen, 1956), 21～38页。

约 544 B.C.—483 B.C.）最早用了 φιλόσοφος 这样一个形容词，这个形容词应译作"爱智慧的"（"爱智的"），就像爱银子的、爱荣誉的一样，不过这里不是爱银子、爱荣誉，而是爱智慧。这就是说，对赫拉克利特来说，还没有在他以后所说的"哲学"这个词。"爱智慧的"这个形容词与后来所说的"哲学的"完全不是一个意思。"爱智慧的"中的"爱"是指事物之间的和谐一致、相互适应的意思。"智慧"是指所有存在的东西（存在者）都在存在之中，都属于存在，都集合于存在之中，存在（又译作"是"，"是"在希腊文中是及物动词"聚集"、"集合"的意思）把存在的东西（存在者）集合为一。也就是说，"一"（整体）统一着一切的东西，一切存在的东西都在存在中统一为一个整体。如果可以用一句中国哲学的术语来说，"智慧"颇有些类似"万物一体"。所以"爱智慧"在赫拉克利特那里，就是指人对万物（一切存在者）合而为一的一种和谐一致的意识。

如果可以用中国哲学的术语来解释，我以为赫拉克利特所说的"爱智慧"约略类似中国传统哲学所讲的"天人合一"，这里的"天"，取其万物（一切存在者）之意，而不是指意志之天，道德之天。海德格尔指出，由于智者派在市场上需要对所有的东西做理智的说明和解释，以便能为大家所理解和接受，于是理智性的、概念式的东西成了智者派的追求目标，而理智性的、概念式的东西是和先前"爱智慧"所讲的对万物统一的爱的思想相矛盾的，它背离了这种思想，因为对万物统一的爱是人和万物合一、人和存在合一，而对概念的追求则是把人与概念看成是彼此外在的东西。希腊人认为人对万物合一的爱是最值得惊异的东西，也是最值得珍惜的东西，他们为了"反击"智者派的"理智的进攻"，以"拯救和保护"这些最值得惊异、值得珍惜的东西（即存在者统一于存在中的思想），于是，存在者统一于存在的思想，即"智慧"，也变成了一种概念式的追求，变成了一种为人们所"渴望"的东西。由"爱"到"渴望"的转变是一种由人与存在合一、和谐一致到人与存在的相互外在性的转变："爱智慧"是指人与"智慧"原本内在地、原始地在一起，"渴望"则是把人与"智慧"变成彼此外在的东西，把"智慧"变成一种外在的概念而需要加以追求的东西。通过这种转变，"爱智慧"就变成后来的"哲学"。"哲学"不是先前的"爱智慧"的意思，而是对哲理的渴望与追求。这种追求所追问的问题从此就变成了"什么是存在者?"海德格尔说:"由智者派做准备的到达'哲学'(Philosophie)的这一步,首先由苏格拉底和柏拉图实现。"苏格拉底(Socrates,469 B.C.—399 B.C.)、柏拉图(Plato,427 B.C.—347 B.C.)致力于追问"什么是存在者?""哲学就是追问当存在者存在时,存在者是什么。"例如人是"什么"? 火是"什么"? 这样的概括是柏拉图的弟子亚里士多德说的。亚里士多德对这一概括解释说:问存在者是什么,实际上意味着问"存在者的存在性是什么",哲学的任务就是追问"存在性"。"存在性"就是存在者的根底,所以,问存在者是什么,实际上意味着问"存在者到底是什么"。柏拉图认为存在者的"存在性"或根底是"理念"(概念),例如某一存在者,桌子或方的东西、圆的东西,其"存在性"或根底在柏拉图看来就是桌子的概念、方的概念、圆的概念,某一方的东西之所以是方的东西,或者说,之所以作为方的东西而存在,其根由就在于它符合方的概念:有四个边,每个边都是等长的,有四个角,每个角都是90度。亚里士多德对"存在性"的看法不同于柏拉图,他把它规定为"第一理由或原因"即最高最后的原因。

这种对哲学的界定是西方自苏格拉底、柏拉图以后几千年来思想史上所谓"哲学"的主要含义和内容。苏格拉底、柏拉图以前的早期思想家,如赫拉克利特、巴门尼德等人,按照海德格尔的说法,应该叫思想家,不叫哲学家,如前所述,这些思想家们认为一就是一切,人与万物融合为一。其实,黑格尔也说过,古希腊人"同时也有一个前提,这就是精神的东西与自然的东西的合一的东方式的实体性","希腊人以自然与精神的实体性合一作为基础,作为他们的本质"[①]。黑格尔所谓古希腊人以之为基础和本质的"自然与精神的实体性合一"就是类似中国的"天人合一"的意思,所谓"东方"当然包括中国在内,所谓"实体合一"就是一种不分主体与客体的原始性的合一。古希腊早期的思想家们是不分主体与客体的。灵魂与肉体,精神与物质在他们那里都是浑然一体的。以万物都有生命的"物活论"在古希腊早期的自然哲学家那里比较流行,就是一个明证,尽管"物活论"还不等于泛灵论。

2. 哲学的传统界定

从苏格拉底、柏拉图开始,哲学家们(不同于以前的思想家)

[①] Hegel·Werke,第18卷第176页。《黑格尔哲学史讲演录》第1卷,160页,北京,三联书店,1956。

主要不是讲人与存在的"契合"或人与万物的融合为一,不是讲自然与精神的"实体性合一",而是逐步地把抽象的概念如思维、存在、普遍性、特殊性、本质、现象、一、多、质、量、必然、自由等等当作一种独立于人以外的东西来加以追求。哲学就是以进入抽象概念的王国为最终目标的学问,就是渴望进入抽象概念王国的学问,西方现当代哲学家把这种传统的哲学称为"概念哲学"。黑格尔在肯定和赞赏柏拉图关于哲学以把握普遍性概念、理念为自己的任务的思想时说:"认识理念就是哲学的目的和任务。"[1] 对哲学的这种界定,在西方统治了几千年,一直到黑格尔死后,包括马克思主义在内的西方现当代哲学才改变了这种界定。在中国,半个世纪以来,我们所广为宣传的哲学基本上属于西方传统的"概念哲学"的框架。改革开放以来,人们对哲学的看法有所改变,但未脱旧的窠臼。时至今日,人们一听到我这里讲的"哲学是什么"这个题目,首先想到的答案很可能就是,哲学是在抽象概念里打圈圈的学问。自柏拉图到黑格尔,在西方哲学史上占统治地位的这种概念哲学尽管与西方科学的繁荣发达有密切联系,但他又的确把哲学变成了苍白无力、抽象乏味的东西,把人生引向枯燥而无意义的境地。

3. "后哲学"

西方现当代哲学家特别是欧洲大陆的一些人文主义思想家不满意这种传统的哲学观,对它提出了各种批评,其中被称为"后现代主义者"的一些思想家提出了哲学应当终结的口号,他们往往把自己的思想称为"后哲学"(After Philosophy)。我以为,西方那种奉抽象概念为至尊的哲学诚然应该终结,或者说得更确切一点,应该被超越、被扬弃了。超越、扬弃不是绝对否定和抛弃,而是经过它又超过它。马克思也说过哲学应该终结的话。他在《黑格尔法哲学批判导言》中谈到他赞成"消灭哲学"、"否定哲学"。显然,他所谓应该否定、终结的哲学,也是指传统的概念哲学,指那种抹杀现实、崇尚抽象概念王国的哲学。马克思强烈要求"在现实中实现哲学"[2]。

西方现当代的哲学家们所提倡的在"哲学终结"之后的思想观点究竟是一种什么样的思想观点呢?他们中间一些人所谓的"后哲学"的哲学,究竟是一种什么样的哲学呢?他们各有各自独特的哲学和观点,但大体说来,他们大多反对和批评那种独立于人之外的

---

[1] 《黑格尔哲学史讲演录》第 2 卷,195、197 页,北京,三联书店,1957。
[2] 《马克思恩格斯选集》,1 版,第 1 卷,7、8 页,北京,人民出版社,1972。

概念王国，主张哲学应从抽象的天国回到具体的人世和现实生活；反对主体与客体二分，强调人与世界合一、物我交融的生活世界。西方现当代的这种哲学思想似乎又回到了苏格拉底、柏拉图以前古希腊早期思想家们的观点，但这不是一种简单的回复，他们所讲的人与世界合一、物我交融的思想是经过了西方几千年传统的主客关系式的洗礼之后的一种超越主客关系的合一或物我交融。

4. 西方哲学史上对哲学的三种界定

综上所说，哲学是什么的问题在西方哲学史上约有三个不同阶段的回答：第一个阶段是苏格拉底、柏拉图以前古希腊早期思想家们的回答：哲学是爱智，即一即一切，人与万物融合为一。按照海德格尔的说法，爱智在这个时期还没有苏格拉底、柏拉图以后西方传统的"哲学"这个名词所表示的意义。第二个阶段的回答是从苏格拉底、柏拉图到黑格尔几千年的传统哲学的回答：哲学是把存在当作独立于人以外的概念来加以追求的学问。当然，这期间的诸多哲学家们对哲学是什么的问题的回答又是众说纷纭，各有各自的特点的，但上述对哲学的这种界定在这个时期占据主导的地位。第三个阶段的回答是黑格尔死后现当代哲学家们的回答：哲学是讲人与世界交融合一的生活世界的意义的学问。我这里主要讲人文主义思想家们的回答，不包括英美分析哲学的回答，不过英美分析哲学家们也和欧洲大陆的人文主义思想家一样反对传统的抽象概念的形而上学，尽管角度不相同。这三种回答和界定中，第一种界定尚无哲学之名，第三种界定叫做"后哲学"，但我们仍然可以广义地把这三者统称为哲学的三种不同的界定。这三种界定都是关于包括人在内的世界整体的最大最高的普遍性问题，都是广义的哲学。

5. 哲学与宗教的区别

宗教也是讲的世界整体问题，也是讲最大最高的普遍性，那么，哲学与宗教如何区别呢？首先，宗教是以感性表象的形式讲无限的、普遍性的整体，而哲学则总是要通过概念、推理来说明这无限性或整体，即使是主张无限性整体是不可言说的观点也终究要对它做概念式的说明，而不是靠默祷来与无限整体合一。其次，与此相联系的是，宗教诉诸外在的权威（如神的启示）和独断的信念，哲学则诉之人类的理性。值得特别提出的是哲学与宗教虽有区别，但又是紧密联系在一起的，在西方历史上，宗教意识里往往渗透着哲学问题。哲学与宗教的关系是一个非常复杂的问题，作为一本哲学导论式的书，这里没有必要做更详细的探讨。

6. 哲学在中国哲学史上的含义

中国古典的典籍中，如前所说，没有哲学这个名词，当然也没有对哲学的明确界定。在鸦片战争以前的中国哲学史上，天人合一、万物一体的思想占主导地位，那种类似西方主客关系式的天人相分的思想不算主流，像战国时期名家公孙龙强调抽象概念的那种类似西方概念哲学的思想观点也是少有的。所以从总体上来看，如果说中国传统哲学对哲学是什么的问题有某种回答与界定的话，那么，这种回答与界定似乎可以说与古希腊早期的"爱智"之学和现当代的"后哲学"有更多相似相通之处。

近半个世纪以来，我们所广为宣传的哲学，一般是把哲学界定为自然科学与社会科学的概括与总结，是关于自然、社会和思维的本质和最普遍的规律的学问。例如世界本质上是物质性的，普遍联系、对立统一等等是自然和人都要遵守的最普遍的规律。

二、哲学是关于人对世界的态度或人生境界之学

1. 哲学是追求人与万物一体的境界之学

综合中西哲学史上种种对哲学的界定，也通过对这些界定的发展过程和趋势的审视，我以为哲学应是以进入人与世界融为一体的高远境界为目标之学。我对于哲学目标的这一界定，意在把中国传统哲学的人与万物一体的思想和西方现当代关于人与世界融合为一的思想同西方近代的主客关系思想结合起来。所以，这种境界不是抛弃主客关系，而是需要和包括主客关系却又超越之；这种境界不是不需要知识和规律性、必然性，不是"弃智"，而是需要广泛的知识和规律性、必然性而又超越知识、超越规律性、必然性；不是不要功利追求，而是既讲功利追求又超越功利追求。总之，这种境界不是单纯精神上的安宁或精神享受，而是对人世间一切现实活动的高远态度。人生在世，总想投身社会，实现自我，创造一个辉煌的世界，但这一过程也是一个充满矛盾斗争和痛苦的过程，我所主张的哲学是一种教人以经得起痛苦和磨炼的人生态度之学。现在大家都在谈论提高人的素质。其实，素质也就是境界，就是人生态度。提高人的素质就是要提高人的精神境界。

2. 哲学超越知识和科学

半个世纪以来习惯于认哲学为关于最普遍的规律之学的人，也许会觉得我的这种哲学观太空洞了。如果把哲学看成是一种知识，

那么，哲学的发展史也许可以说是内容越来越贫乏空洞的历史。前面说过，在古希腊，哲学囊括了所有的科学，内容可谓是最充实了，但是随着人类思想文明的进步与发展，以寻找不同现象范围内普遍规律为己任的各门具体科学都纷纷从哲学中分化独立出去了，哲学便不得不退而把自己界定为关于"最"普遍的规律的学问。从某种角度来看，也许这一历史现象就可以叫做哲学内容的贫乏化、空洞化。但是我们都知道，最普遍的规律不是离开具体现象范围内的普遍规律而得来的，关于最普遍的规律的哲学不是离开关于各具体范围内普遍规律的具体科学而独立存在的。各门具体科学在从哲学分化独立出来以后，其所涉及的本范围内的普遍规律会得到更深入的研究，而以概括和总结各门具体科学为己任的哲学，其内容也会愈益深化丰富，而决非愈益空泛。但是随着科学门类的扩展与增加，特别是由于当前交叉学科的研究越来越受到广泛的重视，规律性的范围越来越普遍、宽广，哲学所研究的所谓最普遍性的规律的范围也越来越多地被交叉科学所"侵占"。交叉学科的发展趋势启发我们，只要我们把哲学当作一种知识体系来看，那么，哲学作为一种关于最普遍规律的学问，其内容将会越来越被科学（科学就是有体系的、有规律的知识）所代替。更进而言之，不管是讲某一现象范围的普遍规律的学问也好，或者是讲最普遍的规律的学问也好，他们都是讲的知识体系，就此而言，它们都是科学。现在有的主张哲学是关于最普遍规律的学问的人不是在大讲哲学是科学吗？的确，只要把哲学界定为关于讲普遍规律之学，它就是科学。但我认为，把这样的学问冠以哲学之名的时代应该终结了。这种意义的哲学是与前面讲到的西方传统的概念哲学相联系的，它应该与概念哲学的终结一样地终结。

这样的哲学终结以后，是否还另有哲学的领地呢？是否还另有可以称之为哲学的学问呢？我的回答是肯定的，那就是以提高境界为目标的学问，这种学问不是以追求知识体系为目标，而是讲的人对世界的态度，或者简称为人生态度。一个人或一个群体（包括不同时代的人或群体）抱着什么样的态度来面对世界或世事，或者说，一个人或一个群体有什么样的境界，他或他们就有什么样的哲学。对世事抱悲观态度的人有悲观主义的哲学，反之，持乐观态度的人就有乐观主义的哲学，如此类推，于是就有唯物主义的哲学和唯心主义的哲学，有人类中心论的哲学和民胞物与的哲学，有经验主义与理性主义的哲学，有功利主义与道德义务论的哲学，如此等等，我这里无意列举全部的或比较全面的哲学派别，也无意对这些派别做界定，我只是举例说明，一个人、一个群体、一个时代有什么样的人生态度或境界，就有什么样的哲学。

这里需要特别强调的是，人生态度或境界不是独立自在、随意产生的，任何一种人生态度或境界都有它之所以产生的科学依据、经济基础、社会环境、时代背景、民族性格、历史文化传统等等为缘由，就一个人来说，甚至与他的禀性、血型、出身等都有或多或少的联系。以讲人生态度或境界为基本内容的哲学当然也与以上种种复杂的因素有密切联系，例如英国的经验主义就有它自己的认识论方面的科学依据，还有英国独特的思想文化方面的传统为背景。就个人来说，甚至有的西方哲学家说，硬心肠的人主张唯物主义的哲学，软心肠的人主张唯心主义的哲学。我举这个例子不是表示我同意这种观点，这种说法没有什么科学依据，至少是很片面的。但这个例子也多少说明一个人之所以有某种哲学，除上述许多深刻的、根本的原因外，还与他个人的性格有某种联系。

可以清楚地看到，西方传统的概念哲学终结以后以及所谓关于最普遍的规律的哲学终结以后，以提高人生境界为目标的哲学决非抛弃普遍概念和普遍规律，决非抛弃知识，而是在它们的基础上提高我们的人生境界。一个不识不知的人，既不懂自然科学的普遍规律，也没有社会历史方面的知识，如何能提高自己的人生境界呢？（当今的世界正处于普遍性、必然性知识日新月异、迅猛扩展的时代，我们该以什么样的哲学和人生态度来面对这样的世界呢？）我们的哲学和人生态度将如何不断更新自身以适应不断更新的世界并指导我们的行动呢？哲学比科学有更多更高的任务，它既要广泛的科学知识而不只是某一具体科学范围内的知识，而且又要超越科学知识，超越科学的普遍性、规律性和必然性。我的哲学导论这门课程要求听众们今后要广泛涉猎各种知识，自然方面的，社会历史方面的，文学艺术的，古代的，当今的，中国的，外国的，越广越好，就是说，知识越广，哲学的内容就越深入越宽阔，尽管哲学本身不是知识体系。哲学所讲的最大最高的普遍性问题是渗透到各种具体现象和具体知识领域中的。所以，哲学如要使自己现实化，就不能老是停留于一般地讲哲学本身，而要具体地讲各门现象和知识的哲学，如经济的哲学、政治的哲学、科学的哲学、审美的哲学，如此等等。那种一听到讲提高境界之学就是"绝圣弃智"、"心斋"、"坐忘"的想法，和我所讲的哲学境界毫不相干。罗素也说过，哲学不是像具体科学那样讲"确切的知识"①,但认为哲学家可以对任何东西一无所知的看法却是"相当错误的"②。当代德国哲学家哈贝马斯(Jürgen Habermas,1929—)在分析批评美国当代哲学家罗蒂(Richard Rorty,1931—)的"陶冶哲学"(edifying philosophy,"教化哲学")时指出,"哲学尽管被归结为'陶冶的对话'(edifying conversation),但它决不能外于科学而找到自己的适当位置"③。

3. 当今中国需要提倡的人生境界和哲学

人生境界各异,哲学亦不能强求一致,但出现一种能为一个时代、一个群体(包括一个阶级、一个阶层、一个民族等)的人们所共鸣的哲学则是必然的。历史上各个时代、各个民族、各种群体的哲学,并非其所涵盖的人们普遍一致具有或同意和接受的,它们彼此之间存在着千差万别的差异,但也存在着共鸣,这种共鸣就构成一个时代、一个民族、一个群体的哲学。

当今的中国需要提倡一种什么样的哲学呢?我们今天亟须发展科学,需要有经世致用或者说实用(但不是实用主义)的哲学观点,但现在人们过分地热衷于功利追求,对自然采取人类中心主义,对人采取自我中心主义,破坏了人与人之间、人与自然之间的和谐(在以后的章节中,我还要详细论述这方面的问题)。针对这些情况,我主张在重视实用的同时,更多地提倡诗意境界和"民胞物与"的精神及其理论基础"万物一体"的哲学。总之,我认为人与天地万物一气相通,融为一体,因此,人对他人、他物应有同类感,应当以仁民爱物的态度和赤诚之心相待。这是一种真善美相统一的境界,也是一种人与万物一体的哲学。我所主张和提倡的境界或人生态度以及与之相应的哲学就是如此。本书的各个篇章将对这种境界和哲学所包含的各个环节之间的关系做具体说明。

三、哲学的分类

下面谈谈哲学内容的分类。

1. 西方主要哲学家的分类法

哲学的内容如何分类,自古迄今,众说纷纭,莫衷一是。试举

---

① [英]罗素:《西方哲学史》上卷,11页,北京,商务印书馆,1963。
② [英]罗素:《西方的智慧》上,《序》第Ⅱ页。
③ Kenneth Baynes 等合编:《后哲学——终结或变形?》(*After Philosophy—End or Transformation*? The MIT Press, London), 308~309 页, 1987。

几例如下：亚里士多德按照人类的活动把所有的学科（当时的哲学包括所有的学科）分为三类：一、针对理论或认识活动的理论学科，其中包括数学、物理学（包括现在所说的自然科学和自然哲学）和形而上学（即亚里士多德著作的编纂者、吕克昂（Lykeion）学院第十一代继承人安德罗尼柯（Andronikos Rhodios，前1世纪）所称的"后物理学"）。安德罗尼柯把亚里士多德关于自然现象的研究著作编在一起，取名《物理学》，又把一些讨论超感觉、超经验的抽象对象问题的文章编在《物理学》之后，取名《物理学以后诸篇》，拉丁文转写成 Metaphysica，中文译者曾把它译作《玄学》，后来严复把这个词译作形而上学。形而上学一词在西方不仅指亚里士多德的一本书名，而且从13世纪起成了一个专门的哲学术语，即关于超感觉的、经验以外的对象的学问。从黑格尔开始，形而上学一词又兼有与辩证法对立的一种思维方法的意思。二、针对实践活动（包括政治方面的和伦理方面的活动）的实践学科，其中包括政治学和伦理学。三、针对创造活动的创造性学科，其中包括诗学和修辞学。至于逻辑学，亚里士多德则把它放在这三类之外，称之为工具学科。

古希腊晚期的斯多葛派把哲学分为逻辑学、物理学和伦理学三部分，其内容的范围都比现在的这几个词之所指为广。这个三分法实源于亚里士多德以前的哲学派别，特别是柏拉图的哲学：古希腊最早的伊奥尼亚派已经创立了自然哲学（相当于斯多葛派所说的物理学的内容），苏格拉底创立了道德哲学（伦理学），柏拉图吸收前人的思想，又加上了思辨的或逻辑的哲学（即古代哲学家所称的辩证法，相当于斯多葛派所说的逻辑学的内容），柏拉图虽然没有明白把哲学分为以上三类，但他的思想和著作，却明显地可以按这种三分法来划分。

中世纪的神学哲学家托马斯·阿奎那（Thomas Aquinas，1224—1274）只按照亚里士多德的三类学科之一理论学科把哲学分为物理学、数学和神学（形而上学）三部分。

西方近代哲学的创始人笛卡儿（René Descartes，1596—1650）将哲学分为（一）形而上学，他喻之为大树的树根，（二）物理学，这是树干，（三）树枝是包括伦理学在内的各门具体学科。他的分类法较多地继承了斯多葛派的观点。

17世纪到18世纪的德国哲学家沃尔夫（Christian Wolff，1679—1754）将哲学分为理论哲学和实践哲学两类：前者包括本体论、宇宙论、心理学和神学，它们又统称为形而上学；后者包括伦理学、政治学、经济学。逻辑学乃是一切学科的导论。沃尔夫的哲学分类法在后世有很大影响。

黑格尔将他的哲学体系分为三大类：第一部逻辑学（他的逻辑学不是形式逻辑，而是与形而上学合流的逻辑学），第二部自然哲学，第三部精神哲学。他的分类基本上继承了斯多葛的三分法。

意大利新黑格尔主义哲学家克罗齐（Benedetto Croce，1866—1952）把他的哲学体系分为两大部分，每部分又包含两个分支。第一部分理论哲学，包含美学和逻辑学两个分支；第二部分实践哲学，包含经济学和伦理学两个分支。

举这些哲学家对哲学分类的例子，目的是为了让初学哲学的人知道哲学内容的一个大概。每个哲学家都各有其分类的理由，这些理由同他们各自的哲学思想观点有紧密的联系，而这是哲学史的任务，这本《哲学导论》就略去不讲了。

2. 一般流行的分类法

如果不细究各个具体哲学家的具体观点和与之相联系的分类，而只是综合性地概述西方哲学史上普遍流行的分类法，那么，哲学的内容大体上可分为这样三个部分：第一部分，"本体论"（ontology）。"本体"一词来自拉丁文 on（是、存在、有）和 ontos（存在者），16 世纪末 17 世纪初德国经院学者郭克兰纽（Rudolphus Goclenius，1547—1628）第一次使用"本体论"一词，并把它解释为"形而上学"的同义语。一般地说，在西方哲学史上，"本体论"指关于存在本身（being as such）的理论或研究。18 世纪由于理性主义哲学家沃尔夫使用"本体论"一词以表示关于存在者（beings）的本质的研究，这个词便比它的同义语"形而上学"更具有突出的地位。20 世纪，由于对形而上学的革新，"本体论"或本体论的思想变得更为重要，特别是在现象学和存在主义哲学家如海德格尔那里。[①] 但英美分析哲学则反对任何形而上学和"本体论"。"本体论"在西方哲学史上有两种用法；一是包括"宇宙论"（cosmology）在内，一是不包括"宇宙论"。"宇宙论"一词最早也是由沃尔夫使用的。该词在哲学史上一般指关于宇宙的起源、结构、发生史和归宿等等的研究。我在这里采取把"宇宙论"包括在"本体论"中的做法。

---

① 《不列颠百科全书》（*Encyclopaedia Britanica*），Chicago，1993 年第 15 版，第 8 卷，第 958 页。

关于存在之本性的问题，从本体性质上分，有唯物论、唯心论、中立论、合一论等；从本体数量上分，有一元论、二元论、多元论。关于宇宙之起源、生成的问题，可分为机械论或决定论和目的论。

第二部分"知识论"或"认识论"（epistemology）是关于人类认识的来源、能力、范围、限度和真伪标准的研究。这个词来源于希腊字 epistēmē（知识）和 logos（理论、学科）。从认识能力来分，有独断论、怀疑论、实证论，或分为可知论与不可知论；从知识之来源来分，有理性主义、经验主义、批判主义；从知识之真伪标准来分，有反映论、融贯说、实用说，如此等等。

第三部分"价值论"（axiology）。这个词源于希腊文 axios（有价值的）和 logos。价值原指商品交换价值，19—20 世纪，在一些思想家的影响下，扩大到不仅指经济现象，而且包括伦理道德、美学甚至逻辑的现象之中，于是形成了一种综合的专门学问，叫做价值论。此词最早由法国哲学家拉皮埃（Paul Lapie，1869—1927）使用。价值论是关于事物对满足人的需要、兴趣和目的的意义的研究。西方哲学史上的各派哲学家早已对价值有自己的研究和看法。北美现代哲学家、新实在论者蒙太葛（W. P. Montague，1873—1958）在他的哲学分类（他把哲学分为方法论（相当于认识论）、形而上学（相当于本体论）、价值论三部分）中，价值论包括伦理学和美学两个分支。蒙太葛的分类法在西方现当代哲学中颇有代表性。

中国传统哲学中谈天道与性命的方面较多，天道方面约略相当于西方哲学史上的本体论（包括宇宙论），性命方面约略相当于西方哲学史上的价值论。中国传统哲学中相当于西方认识论方面的内容，相对而言则较少。①

总 体 框 架

导　言　什么是哲学

小　引

1. 思考普遍性问题是哲学的开始
2. 哲学思考源于惊异

---

① 参阅冯友兰：《中国哲学史》上卷，7 页，北京，商务印书馆，1944。

一、哲学史上对哲学的界定
　1. "哲学"一词的渊源
　2. 哲学的传统界定
　3. "后哲学"
　4. 西方哲学史上对哲学的三种界定
　5. 哲学与宗教的区别
　6. 哲学在中国哲学史上的含义
二、哲学是关于人对世界的态度或人生境界之学
　1. 哲学是追求人与万物一体的境界之学
　2. 哲学超越知识和科学
　3. 当今中国需要提倡的人生境界和哲学
三、哲学的分类
　1. 西方主要哲学家的分类法
　2. 一般流行的分类法
　3. 本书内容安排

第一篇　本体论与认识论

第一章　"人生在世"的两种结构
　　　　——"人—世界"和"主体—客体"
一、"人—世界"和"主体—客体"两种在世结构的含义、区别与关系
　1. 两种在世结构的含义与区别
　2. 两种在世结构的关系
二、两种在世结构在中西哲学史上的表现
　1. 两种在世结构在西方哲学史上的表现
　2. 两种在世结构在中国哲学史上的表现
三、对于人与世界关系的具体回答

第二章　精神发展的阶段
一、划分精神发展阶段的原则
　1. 海德格尔关于人与世界合一先于主客关系的观点为划分精神发展的阶段提供了理论依据
　2. 克罗齐关于精神发展阶段的划分
二、个人精神发展的阶段
　1. 原始的"天人合一"阶段

2. "主体—客体"关系阶段
3. 高级的"天人合一"阶段

第三章 两种超越：纵向超越与横向超越；
　　　　两种目标：相同与相通
一、纵向超越与横向超越
1. 纵向超越
2. 横向超越
3. 横向超越包括对理性认识的超越
4. 由纵向超越到横向超越的转向
5. 从有底论到无底论的转向

二、相同与相通
1. 不相同而相通
2. 中国的天人相通
3. 相通的关键在于全宇宙的唯一性
4. 时间上的不同的相通性
5. 内在的体验与外在的认识

第四章 两种超越的途径：思维与想象
一、想象不同于思维的特点
1. 两种不同超越的目标决定两种不同的途径
2. 对想象的现当代解释

二、从重思维转向重想象
1. 重思维轻想象的传统观点
2. 重想象的现当代转向突破了思维的极限和范围

三、想象的重要意义
1. 想象使人回到现实
2. 想象赋予"物"以意义
3. 想象让隐蔽的东西得以敞亮而显示事物的意义
4. 想象与科学

第五章 两种无限观："思维的无限"与"想象的无限"
一、两种无限的含义
1. 黑格尔的两种无限源于斯宾诺莎的划分
2. 黑格尔的"真无限"是主客的对立统一，是"纯思维"

二、对黑格尔"真无限"的批评
1. "真无限"的绝对完满性不可能在现实中实现

2. "真无限"仍然保留了人与万物之间的限隔

三、"真无限"的整体与"坏无限"的整体

1. "有底论"以抽象的"真无限"为底,"无底论"置一切于"坏无限"的现实中
2. 恒在的整体与动态的整体

四、"人生在世"的全过程

1. "在场形而上学"所讲的认识只停留于在场的一边
2. "人生在世"的全过程

第六章 两种真理观:符合说与去蔽说

一、从符合说到去蔽说的转向

1. 符合说
2. 去蔽说为符合说提供本体论的基础
3. 去蔽说的真理的真实性

二、真理的本质在于超越和自由

1. 真理在于从个别存在者的束缚中解放出来
2. 真理与实践
3. 执著与绽出

第七章 论境界

一、境界的含义及其在中西哲学史上的意义

1. 境界的含义
2. 中国的"境界"与西方的"生活世界"

二、境界的形成

1. 境界的独创性与客观性
2. 人往往不能自觉到自己的境界

三、不同境界之间的沟通问题

1. 境界的划分
2. 境界的固执性和可移易性

四、用"万物一体"、"民胞物与"的思想精神提高和沟通不同的精神境界

1. "万物一体"是不同境界之间得以沟通的本体论根据
2. 多提倡一点"万物一体"、"民胞物与"的思想和精神

第八章 超越自我

一、禅宗关于超越自我的思想

1. 康德的自我的空灵性

2. 禅宗关于自我的分析
　　3. 禅宗的"无"与西方传统哲学的"有"
二、超越自我在于超越主客二分式
　　1. "自我"与"本我"
　　2. "本我"决定"自我"
　　3. "本我"的观点在于不执著
　　4. "本我"与"自我"、"无"与"有"、"中"与"西"的结合

第九章　超越之路
一、哲学的"奥秘性"与"公开性"
　　1. 中西哲学都有其"奥秘性"
　　2. 哲学都有其可以为人所接受的"公开性"
二、哲学的彻底的"公开性"在于永不脱离时间性和有限性
　　1. 黑格尔哲学的"公开性"的不彻底性
　　2. 哲学的"公开性"的彻底性在于从在场到不在场的超越始终不脱离时间和有限的现实
三、超越有限的历程
　　1. 进入人与自然融合为一的超越之路
　　2. 进入人与人融合为一的超越之路
四、超越有限是一种长期磨炼的过程
　　1. 中国传统哲学的超越之路包含磨炼
　　2. 黑格尔的"经验"概念的磨炼意义
　　3. 超越在场是不断磨炼的过程
　　4. 人类思想史上对有限性的两次巨大超越

第二篇　审美观

第十章　审美意识的在世结构：人与世界的融合
一、审美意识：人与世界融合的产物
　　1. 审美意识在于"天人合一"与"情景合一"
　　2. "无我"——"有我"——"忘我"
二、审美意识的特点：超越性
　　1. 审美意识的直觉性
　　2. 审美意识的创造性
　　3. 审美意识的愉悦性
　　4. 审美意识的超功利性

5. 审美意识的诸种特性都在于超越主客关系和认识
三、审美意识给人以自由
1. 自由在于超越必然
2. 审美意义上的自由高于道德意义上的自由

第十一章　审美意识的灵魂：惊异
一、传统哲学与惊异的对立
1. 哲学与惊异对立之先河
2. 黑格尔：哲学超出惊异
3. 黑格尔：艺术超出惊异

二、审美意识的惊异起于超越主客二分
1. "人天生都是诗人"源于从不分主客到区分主客之"中间状态"的惊异
2. 真正的诗人境界或审美意识在于超越主客关系而激起的惊异

三、缺乏审美意识或诗意的传统哲学的终结
1. 传统哲学是缺乏审美意识的哲学
2. 诗意哲学的建立

四、惊异是哲学和审美意识（诗意）的灵魂
1. 哲学本质上应具有审美意识的惊异
2. 惊异使世界敞亮

第十二章　典型说与显隐说
一、典型说及其哲学基础
二、显隐说及其哲学基础
1. 超越主客关系的境域
2. 显隐说的审美意识要求回复到人与万物一体之本然
3. 显隐说在于说明事物"怎样"从隐蔽处显示自身
4. 显现与隐蔽的共时性

三、真理的场所——艺术品
1. 科学技术不能显示事物的隐蔽性
2. 只有艺术品能显示事物的真理
3. 在艺术中回到人生的家园

四、中国古典诗论的"隐秀"说
1. 对我国文艺理论观点的一点评议
2. 中国古典诗的一个特点：意在言外

五、超越在场与功利追求
1. 超越在场的审美态度高于功利追求

2. 哲人、诗人的鸽子应乘着气流在天地之间飞翔

第十三章 审美意识：超越有限
——再论典型说与显隐说

一、理 论

1. 艺术不是对有限事物的简单模仿，而是以有限显现无限
2. 艺术品所显现的是人人共同生活于其中的唯一无限性宇宙
3. 艺术品所显现的无限性包括因不同时代和不同人的观赏、参与而引起的无限自我扩充
4. 典型所显现的无限的有限性和显隐说所要求显现的无限的无穷尽性

二、历 史

1. 古希腊的模仿说及其扩展
2. 中世纪对古希腊模仿说的超越
3. 典型说在西方近代美学史上的主导地位
4. 现当代的显隐说对传统的典型说的超越

第十四章 审美价值的区分

一、黑格尔论艺术价值的区分

1. 语言的艺术（诗）具有最高的审美价值
2. 黑格尔不懂一切艺术品皆有语言性和诗性

二、超越有限性的程度决定审美价值的高低

1. 一般的美与诗意境界之区分
2. 模仿处于艺术价值的最低层次
3. 典型具有较高的审美价值和诗意
4. 以在场显现不在场的"意在言外"的艺术具有最高的审美价值和诗意
5. 崇高是美的最高阶段
6. 超越有限的目标——万物一体的崇高境界

第十五章 两种哲学，两种语言观

一、西方古典哲学到现当代哲学的转向

1. "人类自恋"的三次冲动
2. 对"人类自恋"的三次打击
3. 哲学从天上回到人间

二、语言学转向

1. 世界由于语言而敞开

2. 语言独立于主体和对象的出场
　三、语言意义的转换
　　1. 语言的意义由指向感性对象和抽象概念转换为指向无底深渊的世界
　　2. 诗的语言可以独立于感性对象和概念的出场
　四、"大言"与"小言"
　　1. "大道"不作"小言"之盲
　　2. 知觉中的东西言说着"道言"

第十六章　语言的诗性与诗的语言
　一、语言的诗性
　　1. 精神科学重在研究个人的独特性如何为他人所理解
　　2. "万物一体"保证人与人之间相互理解的可能性
　　3. 语言一般皆有诗性
　二、诗的语言与非诗的语言的区别
　　1. 执著于当前在场者与聆听"异乡"的声音
　　2. 抽象性语言与一次性语言
　三、中国古典诗的语言的特征和要求
　　1. 言约旨远
　　2. 象征性与暗喻性
　　3. 画意性
　　4. 音乐性

第十七章　美与真善
　一、古希腊时期
　　1. 实际兴趣重于审美兴趣
　　2. 美从属于真
　　3. 美从属于善
　　4. 古希腊美学已区分了审美兴趣与实际兴趣
　二、中世纪到文艺复兴时期
　　1. 普罗提诺：神是真善美的统一
　　2. 阿奎那：美属于"形式因"
　三、近　代
　　1. 康德以前：美仍从属于真和善
　　2. 康德：力图凸显美的首要地位
　　3. 席勒："审美的人才是完全的人"

4. 谢林："审美直观"居于哲学的最高层次
5. 黑格尔：美高于善而低于真
6. 近代美学的主要趋势：审美兴趣高于实际兴趣；美高于善而仍受真的制约

四、现当代
1. 美居于比真更高的地位
2. 从古至今，美的地位日益提高

五、真善美统一于"万物一体"
1. "万物一体"集真善美于一体
2. 对"万物一体"观的分析与概括

第三篇　伦理观

第十八章　审美意识与道德意识

一、哲学史上的道德观
1. 西方传统哲学导致轻视感情欲望的道德观
2. 卢梭置道德于人己一体的同类感基础之上
3. 儒家的人己一体的道德观

二、审美意识超越道德意识
1. 无道德意识—道德意识—超道德意识
2. 审美意识优于道德意识
3. 善是美的必然结论

三、西方一些思想家关于审美意识与道德意识的关系的论述
1. 康德论审美意识与道德意识
2. 谢林论"审美直观"的首要地位
3. 荷尔德林论诗意的自由高于道德
4. 审美意识的崇高境界更能促进道德意识的提高

四、审美意识的超越性与现实性的统一
1. 精神发展的诸阶段往往同时交织在一起
2. 审美价值决定道德追求和科学技术发展的目标
3. 哲学的现实化即是诗化

第十九章　人与世界的两重性
一、"被使用的世界"与"相遇的世界"
二、人生并非只是使用对象的活动
三、人生的最高意义：万物一体的领悟或"我—你"之间的相互回应

1. 把一切都看成是使用对象的人只能生活在过眼云烟中
2. "我—你"间的相互回应与"我—它"（主—客）间的相互限隔
3. 对自然物亦可因人的"仁爱"态度而相互回应
4. 人生的最高意义在于对人与万物一体或"我—你"一体的领悟

四、有"民胞物与"精神的人，能唤醒万物与之作语言交流
1. 人与万物皆可作语言交流
2. "前语言门槛"
3. "语言门槛"
4. "大言炎炎"

五、"我—你"关系的优先地位
1. "宇宙不曾限隔人，人自限隔宇宙"
2. 人"不能死于""我—它"公式而不悟

六、让科技事业充满"民胞物与"和"仁爱"精神之火与光

第二十章　人类中心主义和民胞物与说

一、中国哲学史上民胞物与和人类中心思想的统一
1. 张载的民胞物与说
2. 王阳明：人与自然物之间的轻重厚薄乃"良知上自然的条理"
3. 荀子、戴震关于"人最为天下贵"的思想
4. 程朱的"理一分殊"说
5. 万物一体、民胞物与说包容人类中心的思想

二、西方极端神秘主义者的非人类中心主义
1. 极端神秘主义者的非人类中心主义
2. 极端神秘主义者面临的问题
3. 极端神秘主义者的非人类中心主义抹杀人与物的分殊

三、超越人类中心主义与非人类中心主义
1. 人类中心思想应从属于万物一体和民胞物与精神
2. "物与"和"民胞"的联系

第二十一章　和谐相处：人与人，人与自然
　　　　　　——顺应与理解

一、和谐论的本体论根据——万物一体
1. 任何人和自然皆以万物一体为其根源

2. 万物一体之爱包含矛盾斗争

二、人与自然的和谐相处
1. 人与自然的和谐相处不是没有斗争
2. 自然不理解人
3. 与自然和谐相处的关键：对自然规律采取主动顺应的态度

三、人与人的和谐相处
1. 人能相互理解
2. 和谐相处包含容忍和尊重他人的独特性
3. 相互尊重和容忍不等于互不相涉

第二十二章　建立道德律的方式：对话与独白

一、从独白到对话
1. 从"主体性"到"互主体性"
2. 康德的独白式与哈贝马斯的对话式
3. 儒家的独白式与西方传统的独白式和哈贝马斯的对话式

二、儒家的"万马齐喑"的伦理学与哈贝马斯的"交谈伦理学"
1. 哈贝马斯的"认知主义"伦理学
2. "理想的谈话环境"的"假定"
3. 儒家的"庶人不议"
4. "仁"与"互主体性"的区别
5. 墨子的"兼相爱"

三、理与情
1. 情的合理化
2. 排斥情于理之外的两种方式
3. 三种情理关系

第二十三章　知行问题的道德含义与认识论含义

一、知行合一的道德意义
1. 中国的知行问题与西方的认识与实践
2. 王阳明的知行合一说是以往儒家关于知行不可分离思想的总结与发展

二、从天人合一到主客二分，从道德意义的知行合一到认识论意义的认识与实践
1. 道德上的知行合一与天人合一
2. 认识论上的认识与实践和主客二分

三、"知"哲学与"行"哲学

1. 儒家传统重"为道":"知"哲学与"行"哲学的统一
2. 西方传统哲学重"为学":"知"哲学与"行"哲学的相对分离
3. 西方现当代哲学重"为道"的趋势

四、道家既"知""道"亦"行""道"

五、哲学与人生

第四篇　历史观

第二十四章　古与今

一、伽达默尔的古今融合论

1. 人与世界的融合和古与今的融合
2. 历史研究的最高兴趣不在恢复历史原貌,而在理解历史事件的意义
3. 人不可能离开"现在的视域"看待过去
4. "现在的视域"与"过去的视域"结合为一的"大视域"
5. "大视域"中的现在沉积着过去
6. "大视域"中的过去孕育着未来

二、王船山的"通古今而计之"的历史观

1. 以"势"为基础的"天"的视域
2. "天因化推移"
3. 王船山"通古今而计之"的历史观的意义
4. 内在体验和参与的方法

三、古与今之间的"紧张关系"

第二十五章　传统与现在

一、传统的性质与形成过程

1. 传统的主要特征
2. 传统的原本言行
3. 传统形成的过程也是远离原本的过程
4. 传统形成的过程又是不断扩大和更新原本内涵的过程
5. 传统的偏执与更新

二、对待传统的正确态度

1. 对老传统应做新解释
2. 对传统的新解释主要是指向当前
3. 解释是传统自身的活动过程
4. 对传统的新解释不能脱离传统

5. 对传统的新解释是一个受限制与打破限制的斗争过程
6. 由谁做出新解释？群体成员间的平等对话还是君临于群体之上的精神实体

第二十六章　历史的连续性与非连续性
一、连续性与非连续性的含义
1. 历史的特点：新旧交替的非连续性
2. 非连续性包含连续性
3. 连续性是对非连续性的超越，是新旧不同之间的相通
4. 通过对历史的理解，非连续性才具有连续性
5. 历史的变迁随着不断更新的理解而愈益远离其"宗"
6. 理解过去是辞旧迎新的原则

二、时间距离的意义
1. 时间距离加深对历史的理解，使连续性更具生命力
2. 时间的"超出自身"性
3. 时间的"超出自身"性决定着人的自我超越

三、人生的意义在于按照历史，不断超出自身而不执著
1. 历史统一体需要想象
2. 历史以死亡获新生
3. 谭嗣同的"微生灭"说
4. 瞬间质变的意义

四、历史性问题就是人生意义问题
1. 历史实际往往会被理性出卖自己
2. 历史研究的最高目标是追寻人的存在的意义

第二十七章　中心与周边
一、中心与周边关系的哲学基础
1. 在场不在场的关系和中心周边的关系
2. 自我—世界和中心—周边

二、"万变不离其宗"剖析
1. 没有独立于周边的不变之"宗"
2. 独立自在之"宗"的理论基础——抽象的同一性
3. 中心变化的滞后性构成"宗"的概念
4. 中心应聆听来自周边的声音

三、民族性与时代性
1. 时代性的灵敏性与民族性的惰性

2. 民族性的生命力需经时代性的冲击和检验

四、经济全球化与文化多元化

1. 经济的敏感性与文化的滞后性
2. 文化多元化是顺应经济全球化的精神产物
3. 文化融合是大趋势

第五篇　哲学发展的历程

第二十八章　西方哲学发展的历程

一、西方哲学史的主要问题和主要特点

1. 哲学与科学、宗教的关系问题
2. 思维与存在、主体与客体的关系问题
3. 普遍与个别、一与多的关系问题

二、西方哲学史的主要发展阶段

1. 古希腊哲学
2. 中世纪哲学
3. 近代哲学
4. 现当代哲学

第二十九章　中国哲学发展的历程

一、中国哲学史的主要问题和主要特征

1. 中国哲学史是从长期以天人合一为主导原则到转向主客关系式的发展史
2. 中国哲学史是从长期以研究人伦道德为主导到转而注重对自然的认识的发展史
3. 中国哲学史是从长期以"天理"压人的思想为主导到开始反"天理"的发展史

二、主要发展阶段

1. 先秦哲学
2. 秦汉至明清之际的哲学
3. 明清之际以后的近代哲学
4. 未来中国哲学之展望

马克思主义哲学教学体系：历史与现状

哲学导论

孙正聿

中国人民大学出版社 1999 年出版

序　言：哲学是什么[*]

学习或研究哲学，人们首先就会提出一个问题：哲学究竟是什么？

"哲学"这个词源于古希腊文的"philosophia"，意思是"追求"（philem）和"智慧"（sophia），即爱智。在汉语中，"哲"是聪明、智慧的意思，以"哲学"翻译和表达"philosophia"，往往使人把"哲学"视为"聪明之学"和"智慧之学"，亦即把"哲学"当作智慧的总汇或关于智慧的学问。然而，人类所创造的常识、宗教、艺术、伦理和科学，不都是人类智慧吗？由这些智慧所构成的人的常识世界、宗教世界、艺术世界、伦理世界和科学世界，不都是人类

---

[*] 本章选自《哲学导论》第一章，并略作删节。文中标题由编者所加。

智慧的结晶吗？由人类智慧所创建的物质文明和精神文明及其相互融合而形成的人类文明史，不也可以说是人类智慧的发展史吗？由此可见，哲学是智慧，但智慧并不就是哲学，仅仅把哲学视为智慧的代名词，显而易见是不恰当的。我们应当按照哲学的"爱智"的原义去思考哲学。

爱智，虽然它也是智慧的表现，但却不是通常意义的智慧，而是对待全部智慧的一种态度。这种态度，就是对智慧本身的真挚、强烈、忘我之爱，也就是"爱智之忱"。

爱智的哲学，不是回答和解决各种具体问题的"小智慧"和"小聪明"，而是关于人类生存发展和安身立命的"大智慧"和"大聪明"。它是理解和协调人与自然、人与社会、人与历史、人与他人、人与自我的关系的智慧，所以它是"世界观"、"历史观"、"人生观"和"价值观"，它要为人类的生存和发展提供"安身立命之本"和"最高的支撑点"。

爱智的哲学，不是既定的知识，不是现成的结论，不是实例的解说，不是枯燥的条文，而是追究生活信念的前提，探寻经验常识的根据，反思历史进步的尺度，探索评价真善美的标准。哲学智慧反对人们对流行的生活态度、思维方式、价值观念、审美情趣等等采取现成接受的态度，反对人们躺在无人质疑、因循守旧的温床上睡大觉。哲学智慧是反思的智慧、批判的智慧、变革的智慧。它启迪、激发和引导人们在社会生活的一切领域永远敞开自我反思和自我批判的空间，促进社会的观念更新、科学发现、技术发明、工艺改进和艺术创新，从而实现人类的自我超越和自我发展。

爱智的哲学，它要激发人们的想象力、批判力和创造力，它要弘扬人们的主体意识、反思态度和探索精神。学习哲学，需要高举远慕的心态、慎思明辨的理性、体会真切的情感、执著专注的意志和洒脱通达的境界，需要不断地激发自己的理论兴趣、拓宽自己的理论视野、撞击自己的理论思维和提升自己的理论境界。

一、作为世界观理论的哲学

人们通常是把哲学称作"世界观理论"或"理论化的世界观"，并试图通过这个定义来明确哲学的理论性质，确认哲学的研究对象，显示哲学的社会功能。然而，在对"世界观理论"的理解和解释中，却存在下述亟待回答的问题：其一，怎样理解"世界观理论"是以

"整个世界"为对象,并从而为人们提供关于"整个世界"的"普遍规律"的?其二,"世界观理论"与哲学的"基本问题"是何关系?能否离开"思维和存在的关系问题"去回答"世界观"问题?其三,"世界观"是人站在"世界"之外"观"世界,还是人把自己同世界的关系作为对象而进行"反思"?其四,"世界观"同"认识论"、"方法论"是何关系?为什么说哲学是世界观,也是方法论?为什么说世界观、认识论、方法论是统一的?其五,"世界观"同"历史观"是何关系?能否把"世界观"同"历史观"分割开来,离开"历史观"而谈论"世界观"?其六,"世界观"同"价值观"是何关系?人对世界的认知关系、审美关系和价值关系是不是统一的?对这些问题的思考,表现了当代哲学对智慧的强烈而真挚的忘我之爱。

这里我们讨论"世界观理论"与"普遍规律说"的关系。作为一种通行的哲学观,"普遍规律说"认为,各门科学只是研究世界的各种"特殊领域",并提供关于这些领域的"特殊规律";而哲学则以"整个世界"为对象,并提供关于整个世界的运动与发展的"普遍规律";因此,哲学是关于世界的根本看法的世界观理论。

这种"普遍规律说"的哲学观,具有深远的哲学史背景。在哲学的发展史上,从古希腊哲学"寻取最高原因的基本原理",到德国古典哲学寻求"全部知识的基础"和提供"一切科学的逻辑",就其深层实质而言,都是把哲学定位为对"普遍规律"的寻求。

这种"普遍规律说"的哲学观,具有深刻的人类思维的根基。人类思维面对千姿百态、千变万化的世界,总是力图在最深刻的层次上把握其内在的统一性,并以这种"统一性"去解释世界上的一切现象,以及关于这些现象的全部知识。思维的这种追求以理论的形态表现出来,就构成了古往今来的追寻"普遍规律"的"哲学"。

这种"普遍规律说"的哲学观,更具有深切的人类实践的根基。人类的实践活动,是以人类关于世界的规律性的认识为前提,并以人类自己的目的性要求为动力去改造世界,把世界变成对人来说是真善美相统一的世界。没有关于世界的规律性的认识,人类就无法成功地改造世界以造福人类自身。因此,人类在自己的历史性的实践活动中,总是不满足于对世界的不同领域、不同侧面、不同层次的认识,而总是渴求获得关于"整个世界"的"普遍规律"的认识。寻求"普遍规律"的渴望,激发起一代又一代人的哲学思考。

这种"普遍规律说"的哲学观,直接地与近代以来的科学发展密切相关。近代以来的科学，不仅分门别类地研究了自然界的各个领域，而且逐步分门别类地研究了人类社会历史的各个侧面和各个领域，特别是随着现代自然科学、社会科学和思维科学的蓬勃发展，"自然"、"社会"和"思维"这"三大领域"，日益成为科学的直接的研究对象。正是在这种背景下，人们从哲学与科学的关系出发，或者致力于区分二者的"对象"，或者强调划清二者的"领地"，或者探寻剥离二者的"职能"等，并由此提出，哲学以"整个世界"为对象，并从而提供关于"整个世界"的"普遍规律"。

然而，在对哲学的这种通常理解中，却存在两个值得认真思考的重要问题：

其一，这种通行的"普遍规律说"，只是从"哲学"与"科学"的二元关系（二者关系）中去理解哲学，而没有从"哲学"与常识、科学、宗教、艺术、伦理等等的多元关系中去理解哲学，因而无法解释和说明哲学的多重性质和多重功能。对此，哲学家罗素曾经提出，哲学是某种"介乎神学与科学之间的东西"，"它和神学一样，包含着人类对于那些迄今仍为确切的知识所不能肯定的事物的思考；但又像科学一样是诉之于人类的理性而不是诉之于权威的，不管是传统的权威还是启示的权威"①。由此，我们可以进一步追问：哲学不是宗教，为什么它也给予人以信仰？哲学不是科学，为什么它也赋予人以真理？哲学不是道德，为什么它也启发人向善？哲学不是艺术，为什么它也给予人以美感？难道哲学什么都是又什么都不是吗？这又启发我们，在对哲学的现代理解中，需要从人类把握世界的多种基本方式的相互关系中，重新理解哲学。

其二，在把哲学解释为关于"普遍规律"的学说时，常常是离开哲学的基本问题——思维和存在的关系问题——去看待哲学对"普遍规律"的寻求，把哲学当成经验常识或实证科学的"延伸"或"变形"，其结果往往把哲学理论混同为其他的实证知识。由此我们可以进一步追问：哲学如何研究"世界"？哲学是为人们提供某种关于"世界"的"知识"吗？为什么说哲学是"爱智"和"反思"？"反思"的哲学是以"世界"为对象，还是以关于"世界"的"思想"为对象？这就启发我们，在对哲学的现代理解中，需要从哲学的基本问题即"思维和存在的关系问题"出发，重新理解这种"普

---

① ［英］罗素：《西方哲学史》上卷，11页，北京，商务印书馆，1963。

遍规律说"的哲学观。

二、世界观理论与哲学基本问题

哲学如何研究"世界",并形成怎样的"世界观理论",是同哲学的"基本问题"密不可分的。恩格斯在总结哲学史的基础上提出,全部哲学,特别是近代哲学的重大的基本问题,是思维和存在的关系问题。从哲学的基本问题出发重新理解作为"世界观理论"的哲学,是十分重要的。

在探讨哲学基本问题的理论内涵和真实意义之前,我们有必要首先概述对哲学基本问题的通常解释。这种通常解释主要包括以下基本内容:

其一,认为"思维和存在"的关系问题也就是"精神和物质"的关系问题,因而实际上是以"精神和物质"的关系去概括和解释哲学的"基本问题"。

其二,由于把"思维和存在"的关系问题归结为"精神和物质"的关系问题,因而把哲学的基本问题分解为两个方面:一是思维和存在、精神和物质"谁为第一性"的问题,也就是精神和物质谁为"本原"、谁为"派生"的问题;二是思维和存在、精神和物质"有无同一性"的问题,也就是精神能否认识物质的问题。通常把前一方面称作"本体论"问题,而把后一方面称作"认识论"问题。

其三,由于对精神和物质"谁为第一性"问题的截然相反的回答,构成了贯穿哲学史始终的唯物主义与唯心主义的对立与斗争。凡是认为物质是第一性的而精神是第二性的,即认为物质是"本原"的存在而精神是"派生"的存在的哲学属于唯物主义;与此相反,凡是认为精神是第一性的而物质是第二性的,即认为精神是"本原"的存在而物质是"派生"的存在的哲学属于唯心主义。由于唯物主义和唯心主义都认为世界只有一个"本原"(物质或精神),因而是哲学的"一元论"。在哲学史上,还有主张精神和物质同为"本原"的哲学学说,这就是哲学"二元论"。但是,由于这种所谓的"二元论"往往需要设想一个凌驾于精神和物质之上的"上帝"的存在,所以总是最终导致哲学唯心主义。

其四,由于对精神和物质"有无同一性"问题的迥然相反的回答,又可以把各种不同的哲学派别区分为"可知论"与"不可知论"。凡是认为思维和存在具有"同一性"、精神能够认识物质的哲学学说均属于"可知论",反之则属于"不可知论"。

其五,承认物质第一性、精神第二性的唯物主义哲学,在哲学发展史上经历了三个基本发展阶段并构成了三种基本理论形态。这就是:古代的朴素唯物主义;近代的形而上学唯物主义;马克思主义的辩证唯物主义和历史唯物主义。在哲学史上,唯心主义有过许多派别,但归结起来有两种基本形式,这就是主观唯心主义和客观唯心主义。

其六,在哲学思想的发展过程中,除了存在唯物主义与唯心主义的矛盾和斗争之外,还同时交织着辩证法与形而上学的矛盾和斗争。辩证法和形而上学都有唯物主义与唯心主义之分;唯物主义与唯心主义也有辩证法与形而上学之别。

应当承认,关于哲学基本问题的通常解释,对人们理解哲学基本问题的基本内涵和把握哲学基本问题的基本内容,是必要的和重要的;同时,人们也只有在熟悉这种通常解释的基础上,才有可能进一步地思考各种哲学问题。但是,我们必须看到,在这种关于哲学基本问题的通常解释中,隐含着一系列需要认真思考和深刻反省的理论问题:

首先,关于哲学的基本问题,恩格斯的论断非常明确:全部哲学,特别是近代哲学的重大的基本问题,是思维和存在的关系问题。这个论断非常明确地告诉我们:哲学的重大的基本问题是"思维和存在"的"关系问题",而不是"思维"和"存在"的问题。这就是说:哲学不是以"思维"和"存在"为研究对象,去形成关于"思维"和"存在"的某种知识,而是把"思维和存在的关系"作为"问题"来研究,考察和追究"思维和存在的关系"。这种区别的意义是十分重大的。它直接地决定着人们能否以哲学的思维方式去思考哲学,或者说,它直接地决定着人们能否形成哲学的思维方式。

在通常的关于哲学及其基本问题的解释中,或者把哲学界说为"关于整个世界的学说",或者把哲学归结为"关于思维规律的科学",这正是把"存在"或"思维"视为哲学的对象,并把研究"思维"和"存在"当成哲学的基本问题。这种理解的结果,就把哲学归结为关于"整个世界"的知识了。

与此相反,恩格斯强调指出的是,哲学的基本问题是"思维和存在的关系问题"。为了使人们深刻地理解这个问题,恩格斯还作出重要的提示:作为哲学基本问题的"思维和存在的关系问题","只是"在近代哲学中才被"十分清楚"地提了出来并获得了"完全的意义"。这就告诉人们,考察近代哲学如何提出和探讨"思维和存在的关系问题",是理解"哲学的重大的基本问题"的必要前提。而只要人们了解了近代哲学,就会懂得,被称为"认识论转向"的近代哲学,它的突出特征就是从人的认识出发去反省"思维和存在的关系问题"。这种"认识论转向"的近代哲学,既不是提供某种关于"存在"的知识,也不是提供某种关于"思维"的知识,而是为人类确立了关于思维与存在之间的矛盾关系的自我意识,也就是为人类提供了一种不断深化的辩证的思维方式。

其次,哲学的基本问题是"思维和存在"的关系问题,不能把它简单地、直接地归结为或等同于"精神和物质"的关系问题。理解这一点,对于哲学的自我理解,对于掌握哲学的思维方式,对于解释哲学发展的历史与逻辑,都是非常重要的。

从哲学的发展史上看,"思维和存在的关系问题",是在对"精神和物质"的关系的再抽象的基础上发展起来的,因此两者既有着密不可分的历史联系,又有着重要的原则性区别。恩格斯说,作为哲学基本问题的思维和存在的关系问题,在远古时代就以"灵魂对外部世界的关系"而萌发了;在"中世纪的经院哲学"中,思维和存在的关系问题则表现为什么是本原的,是精神,还是自然界?世界是神创造的呢,还是从来就有的?而在近代哲学中,则不仅"十分清楚"地提出了"思维和存在的关系问题",而且使之获得了"完全的意义"。

"精神和物质"的关系,从根本上说,是一种何者为"本原"、何者为"派生"、何者为"第一性"、何者为"第二性"的"时间先在性"问题。在"时间先在性"的意义上,精神和物质的对立是僵硬的,其先后顺序是不能颠倒的,即:先有物质,后有精神;物质是第一性的,精神是第二性的;物质是精神的"本原",精神则是物质的"派生物"。

应当看到,强调"精神和物质"的关系问题在"思维和存在"的关系问题中的重大意义,是十分重要的。这有助于人们鲜明地区分哲学的唯物主义和唯心主义。但是,简单地把"思维和存在"的关系问题归结为"精神和物质"的关系问题,却会导致对哲学的简单化、经验化的理解,以至于丢弃哲学的"反思"的思维方式。

"思维和存在"的关系较之"精神和物质"的关系,其重要特征在于，其不仅具有"精神和物质"关系的"时间先在性"问题，而且具有超越"精神和物质"关系的"逻辑先在性"问题。这是二者的重大区别。在"精神和物质"的"时间先在性"问题中，精神和物质二者的关系是不可变易的，即"物质"是"本原性"的存在。而在"思维和存在"的"逻辑"关系中，则表现出极为丰富和极为复杂的矛盾关系。

显而易见，"存在"这个范畴不等同于"物质"这个范畴，它不仅包括"物质"的存在，也包括"精神"的存在。用近代哲学的方式说，"存在"不仅是"意识外的存在"，而且是"意识界的存在"。与这种"存在"范畴相对应，"思维和存在"的关系，至少就应当包括"精神和物质（意识外的存在）"的关系，也包括"精神和精神（意识界的存在）"的关系。

同样，"思维"这个范畴也不等同于"精神"或"意识"。从狭义上看，"思维"似乎只是"精神"或"意识"的一部分，但在哲学（特别是近代哲学）的意义上，"思维"就不仅是指"意识的内容"，而且也指"意识的形式"；不仅是指关于思维对象的"对象意识"，而且也指构成、把握、统摄和反省"对象意识"的"自我意识"；不仅是指"思想的内容"，而且也指"思想的活动"。

这表明，在哲学（特别是近代哲学）所自觉到的"思维和存在"的"关系问题"中，不仅"存在"范畴具有相对性和多义性，与之相对应的"思维"范畴也具有相对性和多义性。正是这种"思维和存在"的相对性和多义性，构成了"思维和存在"之间的极为错综复杂的矛盾关系，并从而形成了哲学的极其丰富多彩的理论内容。如果把作为哲学基本问题的"思维和存在的关系问题"简单地、直接地归结为和等同于"精神和物质的关系问题"，就会忽视甚至无视"思维和存在"之间的极其错综复杂的矛盾关系，因而也就会忽视甚至是丢弃哲学自身的极其丰富多彩的理论内容。

再次，在对哲学基本问题的理解中，不能把"辩证法"问题排斥在外，而把哲学基本问题仅仅归结为"本体论"问题和"认识论"问题。

正如人们所熟知的，在对哲学基本问题的通常解释中，是把辩证法排斥于"思维和存在的关系问题"之外的。按照通常解释，哲学基本问题被分解为关于思维和存在"谁为第一性"（何者为本原）的"本体论"问题，以及思维和存在"有无同一性"（思维能否认识存在）的"认识论"问题。辩证法则变成与哲学基本问题无关的另一类问题。

作为这种理解的逻辑延伸，辩证法被分别地解释为与"本体论"和"认识论"相联系的理论形态和理论内容：其一，与"本体论"相联系的辩证法，即关于客观世界矛盾运动的"客观辩证法"（包括"自然辩证法"和"历史辩证法"）；其二，与"认识论"相联系的辩证法，即关于人类认识和人类思维矛盾运动的"主观辩证法"（包括"认识辩证法"和"思维辩证法"）；其三，作为"客观辩证法"和"主观辩证法"的总和，辩证法则被解释为关于自然、社会和思维的发展的"普遍规律"的学说。

对此，我们应当提出的问题是：（1）能否把"客观辩证法"视为离开"思维和存在的关系问题"的关于"存在"的辩证法？（2）能否把"主观辩证法"视为离开"思维和存在的关系问题"的关于"思维"的辩证法？（3）能否把"关于普遍规律的学说"视为离开"思维和存在的关系问题"的关于"整个世界"的辩证法？

在《哲学笔记》中，列宁曾经尖锐地提出，如果一切都发展着，那么这是否也同思维的最一般的概念和范畴有关？如果无关，那就是说，思维同存在没有联系。如果有关，那就是说，存在着具有客观意义的概念辩证法和认识辩证法。列宁认为，这里所提出的问题，就是关于辩证法及其客观意义的问题。① 在批评普列汉诺夫把辩证法"当作实例的总和……而不是当作认识的规律（以及客观世界的规律）"时，列宁又进一步明确地提出，辩证法也就是（黑格尔和）马克思主义的认识论。因此，我们必须把辩证法同哲学基本问题统一起来，从思维和存在的关系问题去定义和解释辩证法理论，真正揭示辩证法理论的世界观、认识论和方法论的统一。

最后，在对哲学基本问题的理解中，我们还必须思考一个特别重要的问题：为什么"思维和存在的关系问题"只是哲学的重大的基本问题，而不是人类全部活动的"基本问题"？

作为哲学基本问题的"思维和存在的关系问题"，存在于人类活动的一切领域，贯穿于人类存在的全部过程。人类的认识活动是在"观念"中实现"思维和存在"的统一，人类的实践活动是在"行动"中实现"思维和存在"的统一。对于人类来说，"思维和存在的

---

① 参见《列宁全集》，中文2版，第55卷，215页，北京，人民出版社，1990。

关系问题"真可以说是"无处不在"、"无时不有"。

仅就科学而言，自然科学是以思维规律去表述自然的规律，社会科学是以思维规律去表述社会的规律，思维科学则是以思维规律去表述作为研究对象的思维的规律，一言以蔽之，全部科学都是以思维规律去描述存在（自然存在、社会存在和思维存在）的规律。因而，"思维和存在的关系"是作为贯穿于全部科学活动之中的根本问题而存在的。哲学把"思维和存在的关系"作为自己的"重大的基本问题"来研究，就使得全部科学都成为自己反思的对象。

扩而言之，不仅科学是以思维的规律描述存在的规律，从而实现"思维和存在"在规律层次上的统一，而且人类把握世界的全部方式都是实现"思维和存在"的统一，即使是以宗教的幻化的方式、艺术的想象的方式、常识的经验的方式，也都是以自己的独特方式去实现"思维和存在"的统一。因此，我们又可以说，"思维和存在的关系"是作为贯穿于人类把握世界的各种方式的根本问题而存在的。哲学把"思维和存在的关系"作为自己的"重大的基本问题"来研究，就使得人类把握世界的各种方式及其成果都成为自己反思的对象。

由此我们应当提出一个更加尖锐的问题：既然"思维和存在的关系问题"存在于人类活动的一切领域，并贯穿于人类存在的全部过程，为什么不把它称做人类活动的基本问题，而专门地把它称作哲学的基本问题？具体地说，任何一门科学都是以思维的规律去描述存在的规律，从而实现思维与存在在规律层次上的统一，为什么不把"思维和存在的关系问题"称作科学的基本问题，而特殊地把它确定为哲学的基本问题？这是因为，除哲学以外的各门科学以及人类把握世界的各种方式，都是把"思维和存在"的统一当作"不自觉的和无条件的前提"，现实地在观念上或实践中实现"思维和存在"的统一；与此相反，哲学作为人类把握世界的一种特殊方式，它不是现实地、具体地实现"思维和存在"的统一，而是把"思维和存在的关系"当作"问题"而予以"反思"。这就是说，虽然"思维和存在的关系问题"存在于人类的科学活动以及其他全部活动之中，但是，人类在这些活动中都不是"反思""思维和存在的关系问题"；唯有"哲学"，它在人类的全部活动中扮演了一种特殊的角色，就是对"思维和存在的关系问题"进行"反思"的角色。在这种"反思"中所形成的"世界观理论"，就不是像科学那样去表述自然、社会和思维的规律,而是关于理解和协调人与世界相互关系的"哲学智慧"。如何理解哲学的"反思"的智慧,就是我们在整部《哲学导论》中甚至是在整个学习和研究哲学的过程中探索的根本性问题。

三、世界观与人和世界的关系

"世界观"并不是人站在世界之外去"观世界",并从而形成关于"整个世界"的知识。如果是这样,哲学就不是以"思维和存在的关系问题"作为自己的"重大的基本问题",而是以"世界"本身的存在及其运动规律作为自己的研究对象和基本问题。如果这样理解作为"世界观理论"的哲学,就会混淆哲学与科学这两种方式之间的相互关系,就会把哲学视为一种具有最高的普遍性和最大的普适性的"科学",乃至总是把哲学当成凌驾于科学之上的"科学的科学"。

"世界观"是人对自己与世界的关系的理解,"世界观理论"是理解和协调人与世界之间关系的理论。正因如此,哲学不同于科学,它不是把"整个世界"作为自己的对象,而是把"思维和存在的关系问题"作为自己反思的对象;它不是为人们提供关于世界的知识,而是为人们提供理解和协调人与自然、人与社会、人与历史、人与他人、人与自我"相互关系"的"大智慧"和"大聪明"。为了深入地思考这个问题,在对"世界观理论"的理解中,我们需要提出和分析三个重要概念及其相互关系,即"自在世界"、"世界图景"和"人类把握世界的基本方式"及其相互关系。

所谓"自在世界",就是自然而然地存在着的世界,处于生生不息地运动和变化中的世界。把它称作"自在世界",不仅仅是指它外在于人而存在,不以人的意志为转移而存在,而且主要是强调"自在世界"这种提法本身就意味着还没有从人对世界的关系出发去看世界。一旦从人对世界的关系出发去看世界,世界就成了人的"对象世界",世界就成了人的"世界图景"。

所谓"世界图景",就是人以自己把握世界的各种方式为中介而形成的关于"世界"的"图景"。这种解释表明了"世界图景"的不可或缺的二重内涵:其一,世界图景是关于世界本身的图景,是关于人与世界关系的图景,而不是某种与人或世界无关的图景,即使是宗教的幻化的世界图景,也只能是以幻化的方式所构成的关于人与世界关系的图景;其二,关于世界本身的图景,关于人与世界关系的图景，不是自在的世界，不是自在的人与世界的关系，而是人以自己把握世界的多种方式为中介而构成的图景，这样的"世界图景"离不开人类把握世界的基本方式。因此，作为"世界观"理论的哲学，就不是直接地以"世界"为对象而形成关于"世界"的种种"思想"，而是从"思维和存在的关系问题"出发，以人类把握世界的各种方式，特别是科学方式所形成的关于"世界"的"思想"为对象，去反思"思想"与"世界"的关系、"人"与"世界"的关系，从而形成关于人与世界相互关系的"世界观"理论。由此，就凸显了"人类把握世界的基本方式"在"世界观理论"中的地位与作用。

所谓"人类把握世界的基本方式"，简捷地说，就是人类把"自在的世界"变成自己的"世界图景"的方式。人类在其漫长的形成和演进的过程中，逐渐地形成了人与世界之间的特殊关系，即：人类不仅是以其自然器官与世界发生自然的"关系"，而且特殊地以自己的"文化"为"中介"而与世界发生"属人"的"关系"。常识、宗教、艺术、伦理、科学和哲学等等，就是人类在实践活动的基础上所形成的与世界发生真实关系的"中介"，也就是人类"把握"世界的"基本方式"。

人类以自己"把握"世界的基本方式为"中介"而与世界发生关系，这表明人是历史的、文化的存在，人的"世界图景"是与人的历史性的存在与发展密不可分的，因此，不能从"纯自然"的观点去看待人与世界的关系，而必须从历史的、文化的观点去看待人与世界的关系。合理的"世界观理论"只能是从"现实的人及其历史发展"出发而构成的哲学理论。因此，在对"自在世界"、"世界图景"和"人类把握世界的基本方式"这三个重要概念及其相互关系的分析中，重新理解与阐释作为"世界观理论"的"哲学"，这本身正是意味着一种理解人与世界关系的真正的"世界观理论"。

人类把握世界的各种基本方式，在其直接性上，首先是为人类提供了丰富多彩的"世界图景"，即宗教的、艺术的、常识的、科学的和哲学的"世界图景"；而它们之所以能够提供各种各样的"世界图景"，则在于它们本身是人类把握世界的不同方式，即宗教的、艺术的、常识的、科学的和哲学的"基本方式"；这些基本方式不仅为人们提供各种各样的"世界图景"，而且为人们的思想和行为提供各自的"思维方式"和"价值规范"，即宗教的、艺术的、常识的、科学的和哲学的思维方式和价值规范。这样，人类把握世界的各种基本方式，就以"世界图景"、"思维方式"和"价值规范"的三重内涵而构成哲学反思的对象，并由此而形成了哲学作为世界观、认识论、方法论、历史观、人生观和价值观的极其丰富的理论内容。

四、世界观与认识论

人对世界的理解，人对人与世界关系的理解，是同人类的"认识"密不可分的，因此在讨论人对世界的理解之前，应当首先反思人类自己的认识。在现代哲学中，"认识论"不仅是哲学理论的重要组成部分，而且是对哲学的一种理解和解释方式，这就是作为哲学观的"认识论说"。了解这种哲学观，对于理解哲学本身是十分重要的。

从哲学史上看，作为一种哲学观的"认识论说"，是在反思"普遍规律说"的过程中形成的。这种"认识论说"的哲学观认为：哲学的研究对象不是"整个世界"，而是作为哲学基本问题的"思维和存在的关系问题"；哲学关于"普遍规律"的认识，不是通过研究"整个世界"而获得，而是以辩证法、认识论和逻辑学三者统一的方式来实现。

这种"认识论说"的哲学观，同"普遍规律说"一样，也具有深厚的哲学史背景。人们通常把西方哲学的发展史概括为古代的本体论哲学、近代的认识论哲学和现代的语言哲学，并把近代哲学的变革称作"认识论转向"。对此，有的西方学者作出这样的解释："首先，哲学家们思考这个世界，接着，他们反思认识这个世界的方式，最后，他们转向注意表达这种认识的媒介。这似乎就是哲学从形而上学，经过认识论，再到语言哲学的自然进程。"① 这种解释告诉人们：在哲学还没有从"思维和存在的关系"提出问题的时候，只能是直接地"思考这个世界"，并试图直接地揭示世界的"普遍规律"；当哲学开始"反思认识这个世界的方式"的时候，就出现了所谓的"认识论转向"，从"思维和存在的关系"提出问题，去寻求思维和存在所服从的同一规律，并把这个"同一规律"作为真正的"普遍规律"。

作为哲学基本问题的"思维和存在的关系问题"，之所以能够在

---

① [美] 斯鲁格：《弗雷格》，10页，北京，中国社会科学出版社，1989。

近代哲学中"被十分清楚地提了出来"并获得了它的"完全的意义",从哲学发展的历史与逻辑上看,就在于近代哲学实现了"认识论转向"。近代以前的哲学还没有自觉到"思维和存在的关系问题",而是离开思维对存在的关系,直接地寻求和断言某种经验的或超验的"存在",并把这种经验的或超验的"存在"归结为"万物的本原",用这种经验的或超验的"存在"去解释全部的经验世界以及关于经验世界的全部知识。"认识论转向",从根本上说,就是自觉到了"思维与存在"之间的矛盾,把"思维与存在的关系"当作最重要、最基本的哲学"问题"来进行研究,从而使研究思维与存在、主观与客观、主体与客体矛盾关系的"认识论"问题成为哲学的根本问题。

在这种"认识论转向"中,近代哲学以探寻思想的客观性为聚焦点,不仅研究了外在的世界与人的观念之间的关系,而且特别深入地考察了人的观念内部的诸种关系问题。对此,恩格斯曾经指出,我们的主观的思维和客观的世界服从于同样的规律,因而两者在其结果中最终不能互相矛盾,而必须彼此一致,这个事实绝对地支配着我们的整个理论思维。这个事实是我们的理论思维的本能的和无条件的前提。18世纪的唯物主义,由于其本质上的形而上学性质,只是从内容方面去研究这个前提。它只限于证明一切思维和知识的内容都应当来源于感性的经验,并且重新提出下面这个命题:感觉中未曾有过的东西,理智中也不存在。只有现代的唯心主义的,同时也是辩证的哲学,特别是黑格尔,才又从形式方面研究了这个前提。① 在这里,恩格斯在提出理论思维的"前提"问题的基础上,指出18世纪的旧唯物主义和辩证的唯心主义分别地研究了这个"前提"的"内容"与"形式"。恩格斯的这个论断对于我们理解世界观、认识论和方法论的统一是十分重要的。

围绕着"思维和存在"的关系问题,近代哲学主要是提出和研究了"客观世界与意识内容"、"意识内容与意识形式"、"对象意识与自我意识"、"外延逻辑与内涵逻辑"、"知性思维与辩证思维"、"分析判断与综合判断"、"思维规律与存在规律"、"理论理性与实践理性"等一系列关于"思维和存在"的"关系问题"。通过探索这些"关系问题",近代哲学揭示出对象与经验、经验与知觉、知觉与表

---

① 参见《马克思恩格斯选集》,2版,第4卷,364页,北京,人民出版社,1995。

象、表象与观念、观念与思维、思维与想象、想象与情感、情感与意志、意志与自我、小我与大我、理论与实践等极为错综复杂的矛盾关系，从而使"思维和存在的关系问题"获得了"完全的意义"，并表现了世界观、认识论和方法论的统一。

作为整个近代哲学的理论总结，18世纪末到19世纪初的德国古典哲学，进一步丰富和升华了"思维和存在的关系问题"。德国古典哲学的奠基人康德，从认识主体与认识对象的矛盾，以及认识内容与认识形式的矛盾去探索"思维和存在的关系问题"，集中地考察了主体的认识能力问题。德国古典哲学的集大成者黑格尔，则从思维的矛盾运动中去论证思维与存在的统一性，又从思维的建构与反思的对立统一中去展现思维的矛盾运动，力图在辩证法的"本体论"、"认识论"和"逻辑学"的统一中去解决"思维和存在的关系问题"。费尔巴哈在批判黑格尔的唯心主义的过程中，则把"思维和存在"的关系归结为思维与"感性存在"的关系。这就是马克思主义哲学以前的西方近代哲学所达到的关于哲学基本问题的认识水平，也就是西方近代哲学在"认识论"的意义上使哲学基本问题获得的"完全的意义"。

马克思主义哲学的产生是哲学发展史上的伟大革命。马克思和恩格斯从现实的人及其历史发展出发，以实践论的思维方式去回答作为哲学基本问题的思维和存在的关系问题，从而实现了世界观、认识论和方法论的统一。对此，我们在这里可以简要地作出这样的概括：由于马克思主义哲学所揭示的思维自觉反映存在运动的规律凝聚着、积淀着人类在其前进的发展中所创建的全部科学反映世界的认识成果，是"对世界的认识的历史的总计、总和、结论"，因此，在其客观内容和普遍意义上说，马克思主义哲学就是关于自然、社会和思维发展的普遍规律的理论，即哲学世界观；由于马克思主义哲学从认识和实践的主体与客体交互作用的丰富关系及其历史发展来研究思维自觉反映存在运动的规律，为人类的全部历史活动提供认识基础，因此，就其研究对象和理论性质上看，它就是关于思维与存在统一规律的理论，即哲学认识论；由于马克思主义哲学所揭示的思维自觉反映存在运动的规律，既是对思维的历史和成就的总结，又是思维自觉地向存在接近和逼近的方法，因此，就其理论价值和社会功能上看，它又是人类认识世界和改造世界的伟大工具，即哲学方法论。这就是我们从世界观、认识论和方法论的统一中对马克思主义哲学的理解和解释。

20世纪五六十年代以来,苏联的凯德洛夫、柯普宁和伊里因科夫等哲学家,以恩格斯关于哲学基本问题的论述和列宁关于辩证法、认识论和逻辑学三者一致的观点为出发点,以西方近代哲学的认识论转向为背景,比较系统地提出了"认识论说"的哲学观,并以这种哲学观重新解释马克思主义哲学。自80年代以来,"认识论说"的哲学观在我国哲学界产生了重要影响。许多学者试图以列宁《哲学笔记》中关于辩证法就是认识论,辩证法、认识论和逻辑学三者一致,哲学唯心主义的认识论根源,哲学与哲学史的统一,辩证法和认识论的基本知识领域等重要论述,去反思"普遍规律说"的哲学观。从总体上说,人们已经认识到,需要从辩证法、认识论和逻辑学的统一中去理解作为世界观理论的哲学。

五、世界观与历史观

哲学世界观是关于人与世界相互关系的理论,因而也是人们理解和协调人与世界相互关系的理论。在人与世界的相互关系中,人究竟是怎样的存在,这是一个最具根本性的理论问题。古往今来的哲学,正是由于对"人"的不同理解,从而导致了对人与世界相互关系的不同理解,并进而构成了不同的世界观理论。因此,"人"的问题在哲学中占有特殊的重要地位。

人是社会历史的主体,历史不过是追求着自己的目的的人的活动而已。在这个意义上,历史表现为人们自己创造自己的历史,表现为人的活动过程。但是,人们创造历史的活动又不是随心所欲的,不是在他们选定的条件下进行的,而是在既有的、给定的、别无选择的历史条件下进行的。在这个意义上,历史又表现为不以人的意志为转移的历史过程,表现为制约和规范人们的创造活动的历史规律。这表明,人与历史是不可分割的。人是历史性的存在,对"人"的理解,本质上是对"历史"的理解,"历史观"同作为"世界观"理论的哲学是息息相关的。

在历史观中,一个自古以来争论不休的根本问题就是人的创造历史的活动与历史的客观规律的关系问题,它具体地表现为"人决定环境"还是"环境决定人"、"英雄造时势"还是"时势造英雄"等问题。在哲学的发展史上,马克思从人的现实存在及其历史发展出发,合理地回答和解决了这个困扰哲学家们的历史观的"二律背反"问题，从而创立了唯物史观，实现了哲学发展史上的革命性变革。

马克思提出，人的存在是有机生命所经历的前一个过程的结果。只是在这个过程的一定阶段上，人才成为人。但是一旦人已经存在，人，作为人类历史的经常前提，也是人类历史的经常的产物和结果，而人只有作为自己本身的产物和结果才成为前提。[①] 人作为"历史的经常前提"，总是"前一个过程的结果"，他们的历史活动总是决定于在他们以前已经存在、不是由他们创立而是由前一代人创立的历史条件。因此，人们的历史活动并不是"随心所欲"的，人们的历史活动的结果表现为不以人们的意志为转移的历史发展规律。人作为"人类历史的经常的产物和结果"，他获得了创造历史的现实条件和现实力量，并凭借这种现实条件和现实力量去改变自己和自己的生存环境，实现社会历史的进步，为自己的下一代创造新的历史条件。因此，人们又是自己创造自己的历史，历史就是追求自己的目的的人的活动过程。现实的人既是历史的前提又是历史的结果。他作为历史的结果构成新的历史前提，他作为历史的前提又构成新的历史结果。人作为历史的前提与结果的辩证运动，就是人及其历史的辩证法。人们只有自觉到人作为历史的"前提"与"结果"的辩证发展，才能历史地、辩证地理解和解释人与世界的关系，并合理地形成哲学的"世界观理论"。

在哲学发展史上，马克思主义哲学以前的全部哲学的根本问题，就在于"非历史"、"超历史"地看待人以及人与世界之间的关系。作为马克思主义哲学的直接理论来源的德国古典哲学，也仍然是以"非历史"、"超历史"的观点去解决"思维和存在的关系问题"。在黑格尔那里，"思维和存在的关系"是马克思所批评的"概念规定"与"无人身的理性"的关系；在费尔巴哈那里，"思维和存在的关系"是马克思所批评的"感性对象"与人的"感性存在"的关系，"人"和"世界"在这样的关系中都是"非历史"、"超历史"的"抽象的存在"。与此相反，马克思主义哲学所理解的"思维和存在的关系"是以人的实践活动及其历史发展为基础的。"人"是从事实践活动的历史性的存在，"人"所面对的"世界"则是人类实践活动的对象，"人"与"世界"的关系是在人类的实践活动及其历史发展中形

---

① 参见《马克思恩格斯全集》，中文1版，第26卷Ⅲ，545页，北京，人民出版社，1974。

成和演化的，因此，必须"历史地"理解和解释人与世界、思维与存在的关系。这就是马克思主义哲学的世界观与历史观的统一。

关于马克思创立的历史唯物主义，我们在这里着重地提示两个问题。其一，马克思从现实的人及其历史发展出发，抛弃了关于合乎"人的本性"的社会条件的议论，而去考察和揭示人类历史的现实基础，从而在社会有机体众多因素的交互作用中，在社会形态曲折发展的历史进程中，在社会意识相对独立的历史更替中，发现了生产力的最终的决定作用，揭示了人类社会发展的客观规律。其二，马克思从宏观的历史视野，把人类存在的历史形态概括为"人的依赖关系"、"以物的依赖性为基础的人的独立性"和"以个人全面发展为基础的自由个性"。[①] 在"人的依赖关系"的历史形态中，个人依附于群体，个人不具有独立性，只不过是"一定的狭隘人群的附属物"。在"以物的依赖性为基础的人的独立性"的历史形态中，个人摆脱了人身依附关系而获得了"独立性"，但这种"独立性"却是"以物的依赖性为基础"的。人依赖于物，人受物的统治，人与人的关系受制于物与物的关系，人在对"物的依赖性"中"再度丧失了自己"。于是，对"神"的崇拜变成对"物"的崇拜。马克思的哲学，就是指引人们超越"人的依赖关系"和"以物的依赖性为基础的人的独立性"，实现"以个人全面发展为基础的自由个性"的哲学，也就是争取人类解放的哲学。

六、世界观与价值论

作为世界观理论的哲学，并不仅仅是解释人与世界关系的理论，从根本上说，它是改变人与世界关系的理论，即启迪、激励和指导人们以实践的方式改变人与世界的关系，从而让世界满足人的需求的理论。因此，哲学对人与世界的关系、思维与存在的关系的探索，在根本的意义上说，是为人的思想和行为提供根据、标准和尺度，也就是为人的思想和行为提供"安身立命之本"和"最高的支撑点"。这表明，哲学作为世界观理论，它最为关注的乃是人自身的幸福与发展，如何看待人与世界的关系、怎样评价人与世界的关系，这才是激发人们进行哲学思考的深层理论问题。这就是"价值论"问题。

人与世界的关系，是一种超越"自然"关系或"自在"关系的

---

① 参见《马克思恩格斯全集》，中文1版，第46卷上册，104页，北京，人民出版社，1979。

"自为"关系和"价值"关系。这就是说,人不是作为纯粹自然的存在而与自然的世界相统一,恰好相反,人是作为超越自然的存在,以实践的方式即否定世界的现存状态的方式而实现与世界的统一。世界不会满足人,人用自己的行动让世界满足自己。这就是人对世界的价值关系。

人对世界的价值关系,是一种目的性要求与对象性活动相统一的实践关系。人的生命活动,是一种创造生活意义的目的性、对象性活动。在人的目的性要求和对象性活动中,人是实现自己的目的性要求并诉诸自己的对象性活动的主体,而世界则是人的目的性要求和对象性活动的客体。这表明,人以自己的目的性要求和对象性活动为中介而构成的人与世界之间的实践关系,本质上是一种价值关系。

价值普遍地存在于人的各种活动之中,并制约人的活动的性质和方向,人的各种目的归根到底都是价值目的,是发现、创造、追求价值的目的。当人通过劳动实现了由"物种"到"人类"的提升,以改变世界的方式来维持和发展自身之后,价值就贯穿于人类的全部活动之中,作为目的性要求制约着人的全部活动,并使人与世界的关系成为一种真正的价值关系。

人类的实践活动,是把"自在的世界"变成"属人的世界"的过程,也就是把"自然界"变成"价值界"的过程。这种"属人的世界"或"价值界",才是人的现实的"生活世界"。人在现实的"生活世界"中与世界发生的价值关系,才是现实的人与世界之间的关系。这表明,作为"世界观理论"的哲学,不能离开人与世界之间的价值关系,孤立地从认知关系去理解和解释人与世界之间的关系。进一步说,人对世界的认知关系,本身就蕴涵着人对世界的价值关系。人们总是运用一定的方法去认识世界,而"方法"本身就是服从有效与无效、有利与不利、方便与麻烦等价值范畴的。价值观本身是作为如何看待人与世界之间的价值关系的方法而起作用的,就此而言,价值观与方法论是统一的:方法论是价值观,价值观也是方法论。

价值观既是如何看待人与世界关系的理论与方法,更是怎样评价人与世界关系的理论与方法。价值观的深层意义,在于它是对人的思想和行为的根据、尺度和标准的哲学反思。人的生命活动是创造意义的生活活动,然而,究竟什么是"有意义"的、什么是"无意义"的?怎样做是"有意义"的、怎样做是"无意义"的?区分

"有意义"与"无意义"的根据是什么？评价"有意义"与"无意义"的标准是什么？在理想与现实、个体与社会、进步与代价、历史的"大尺度"与"小尺度"的诸种矛盾中，如何确立评价的标准和选择的根据？在当代，日益严峻的"全球问题"构成哲学反思的当务之急。"治理环境污染"，"保护生态平衡"，"与大自然交朋友"之声不绝于耳。然而，生态危机的根源，却在于人的利益与心态。倘若以局部利益牺牲整体利益，以眼前利益牺牲长远利益，以一己私利牺牲人类利益，则生态问题只能日趋严重。早在20世纪50年代，我国哲学家梁漱溟就曾感慨万千地指出："科学发达至于今日，既穷极原子、电子种种之幽渺，复能以腾游天际，且即攀登星月，其有所认识于物，从而利用乎物者，不可谓无术矣。顾大地之上人祸方亟，竟自无术以弥之。是盖：以言主宰乎物，似若能之；以言人之自主于行止进退之间，殆未能也。"①毋庸讳言，梁先生是把"物质文明"、"科学技术"的"负效应"看得过头了。然而，在人类准备"跨世纪"的今天，环顾当下的世界，思考人类的未来，积极地协调个人之间、群体之间、阶层之间、民族之间、国家之间的"利益"与"心态"，不正是人类实现和平与发展的当务之急和长远之计吗？这表明，从价值论与世界观的统一中去理解哲学的"世界观理论"，不仅具有深刻的理论意义，也具有显著的现实意义。

价值论在现代哲学中得到了越来越广泛和越来越强烈的关注。现代哲学的价值论不仅一般性地探索价值的本质、起源和评价等问题，而且越来越具体地探索了价值与事实、价值与需要、价值与利益、价值与创造、价值与选择、价值与评价、价值导向与价值取向、价值规范与价值认同等问题。尤为重要的是，现代哲学的价值论是在与哲学的世界观、历史观和认识论的相互制约和相互渗透中发展的，这不仅实现了价值论本身的深化，而且有力地推进了哲学的全部理论内容的发展。

总体框架

第一章 哲学是什么
一、作为世界观理论的哲学

---

① 梁漱溟：《人心与人生》，1页，北京，学林出版社，1984。

二、世界观理论与哲学的基本问题

三、世界观与人和世界的关系

四、世界观与认识论

五、世界观与历史观

六、世界观与价值论

第二章　哲学的研究领域

一、马克思主义哲学

二、中国哲学

三、外国哲学

四、逻辑学

五、伦理学

六、美　学

七、宗教学

八、科学技术哲学

第三章　哲学与宗教

一、哲学与宗教的"历时态"关系

二、哲学与宗教的"同时态"关系

三、哲学与宗教的联系与区别

第四章　哲学与艺术

一、艺术的审美世界与哲学对美的追问

二、人类把握世界的哲学方式与艺术方式

三、艺术的哲学意蕴与哲学的艺术旨趣

四、时代的敏感的神经与时代精神的精华

第五章　哲学与常识

一、常识的世界图景、思维方式和价值规范

二、常识的经验性与哲学的超验性

三、常识的表象性与哲学的概念性

四、常识的有限性与哲学的无限性

五、常识的非批判性与哲学的批判性

六、哲学的常识化与常识的哲学化

第六章　哲学与科学

一、理论思维的两种基本方式

二、哲学对科学的反思关系

三、哲学反思科学的主要内容

四、反思时代的科学精神

五、超越当代哲学中的科学主义思潮
第七章　本体论的哲学追求
一、"本体"和"本体论"
二、终极存在、终极解释和终极价值
三、本体论的解释循环与自我批判
四、现代哲学的本体论问题
第八章　人类性的哲学问题
一、人与世界
二、生活与生存
三、主体与客体
四、小我与大我
五、理想与现实
六、标准与选择
第九章　民族性的哲学特色
一、哲学传统的民族性
二、哲学旨趣的民族性
三、哲学范畴的民族性
第十章　反思性的哲学思维
一、反思的维度
二、反思的思维
三、反思的对象
四、反思的特性
五、前提的反思
六、超越哲学的知识论立场
第十一章　批判性的哲学本质
一、"清理地基"的工作方式
二、"真"的哲学反思
三、"善"的哲学追问
四、哲学前提的自我批判
第十二章　派别性的哲学论争
一、自然与超自然：唯物主义与唯心主义
二、概念与表象：辩证法与形而上学
三、感性与理性：经验论与唯理论
四、事实与价值：科学主义与人本主义
五、哲学论争的派别性与时代性

第十三章 时代性的哲学理论
一、哲学理论的时代内涵
二、时代精神的理论表征
三、塑造和引导新的时代精神

第十四章 创造性的哲学探索
一、哲学的品格与哲学思维的训练
二、哲学的创新意识与实践论的反思方式
三、培养哲学的生活态度

哲学概论

唐君毅

中国社会科学出版社 2005 年出版

序　言：哲学之意义[*]

一、哲学，爱智及智之名之原义

我们要了解什么是哲学，当先知中国文中之哲字与学字之传统的意义。

哲字据《尔雅》释言，训为"智也"。学字，据伏生所传，《尚书大传》曰，"学效也"；据班固所编《白虎通》，"学之为言觉也，以觉悟所不知也"。《说文》教，亦训"觉悟也"。

如果依此学字之传统意义来看，则人之一切由未觉到觉，未效

---

[*] 本章选自《哲学概论》第一章，并略作删节。文中标题由编者所加。

到效之事，都是学。大约"觉"是偏从自己内心的觉悟方面说，即偏在知的方面说。"效"是偏从仿效外在的他人行为，社会的风习方面说，即偏在行的方面说。而在所谓"效法古人"，"效法天地万物"之语中，则人之所效者，亦包括历史世界，自然世界中之人与事物。凡人有所效而行时，内心方面亦必多少有一觉悟。人所效之范围，可无所不及，人所觉之范围，亦可无所不及。故依此中国传统之学之义，可以概括人在宇宙间之一切效法于外，而觉悟于内，未效求效，未觉求觉之全部活动。于是全部人生之事之范围，亦即人所当学之范围。

但是我们现把学字与哲字，连合成一名，则对于学字之意义，加了一限制、一规定。哲学二字，似乎应当是只限于"哲"或"智"之学之义。然则什么是哲学呢？

在此，我们必须说明：将"哲"与"学"，连为一名，乃一新名词。盖初由日本人译西方之 Philosophy 一字而成之一名，后为现代中国人所习用者。在中国过去，只有《庄子天下篇》所谓道术，魏晋所谓玄学，宋元明清所谓理学、道学、义理之学与西方 Philosophy 之名略相当。故亦有人直译 Philosophy 为理学者。数十年前章太炎先生亦说[①]日译哲学之名不雅驯，他主张本荀子之言译为"见"。其意是：所谓某人之哲学，即不外某人对宇宙人生之原理之所见而已。但理学之名，依中国传统，不能概括玄学等。"见"之名，其义更晦。而哲学之一名，既为世所习用，我们亦即无妨以之概指中国古所谓理学、道学、道术等名之义，及西方所谓 Philosophy 一名之所指。

我们以哲学一名兼指西方之 Philosophy 之所指，就二名之字原本义说，并不完全切合。因 Philosophy 原是 Philos 与 Sophia 二字之结合。Philos 为爱，Sophia 为智。而依中国以智训哲之意，则似缺了爱之义。而对智之爱，是西方之 Philosophy 之义中极重要的。在西方初自称为哲学家者，乃苏格拉底。他因不满当时自称为智者（Sophists）之人，乃自称为爱智者（Philosopher），即哲学家。他之所以自称为爱智者，是因他能时时自认无知。所以他常说："他所唯一知道的事，即什么都不知道。""The only thing I know is: I know nothing"。由此而西方之所谓哲学家，一直涵有"自认无知，或时时怀疑他人与自己之所知，又爱去寻找探求真知"之义。中国之哲

[①] 见章氏著《国故论衡明见》篇。

学，如只涵智义，则中国之所谓哲人，似正与苏格拉底所反对之智者 Sophists 为同义，而亦似缺乏了一自认无知而爱智之义。

但从另一方面说，则中国之所谓哲字之含义与智字之含义，又有进于西方之 Philosophy 一字，及一般所谓智识或知识之含义者。我们可以说，中国传统所谓智，并不只是西方所谓知识。知识是人求知所得之一成果。而中国传统所谓智，则均不只指人之求知之成果，而是指人之一种德性，一种能力。中国所谓智者，恒不是指一具有许多知识的人。而至少亦当是能临事辨别是非善恶的人，或是临事能加以观察，想方法应付的人，或是善于活用已成之知识的人。此种智与西方所谓 Wisdom 或 Intelligence 之义略同。至中国所谓智之更深义，则是如孔子之所谓能具知仁而行仁之德者。在西方似尚无全切合于此"智"之一名。从此说，则如中国之哲字训为智，其含义又可比西方 Philosophy 一字之原义为深。人要成为哲人，不只是要爱知识爱真理，以归于得知识得真理；而且要有智慧。不仅要有智慧，而且要使此能爱知识真理智慧，能得知识真理智慧之人之人格本身，化为具"智德"，以至兼具他德的人。① 中国哲人之自称哲人，盖始于孔子临终时之自叹说"哲人其萎乎"。孔子之为哲人，乃其一生学为人之成果。而非只因其具好学好问之态度。孔子固是具好学好问之态度的。他常说："吾有知乎哉？无知也。有鄙夫问于我，空空如也。"此自认无知的话，与上举苏格拉底之话同。然孔子之成为哲人，则在其临终回顾一生之所成就时，然后可说。为西方之哲学家 Philosopher 犹易，因凡研究西方哲学者，即在研究之始，能自认无知而求知，已无妨本此字之原义，而以之自称。而为中国之所谓哲人则更难。人亦恒不敢轻易以哲人自称。哲恒只是称美他人之辞。故在孔子以前人称古先圣王为"哲王"。称人自贻之命为"哲命"。称人之后嗣为"哲嗣"。此外尚有哲夫哲妇之名，要皆所以表状人之已成德性之状辞。纯将哲字连于我们自己之求知方面说，则我们之求知，亦当归于知"人之德性"为要。此乃最能表现我之智慧者。故《尚书》《皋陶谟》曰"知人曰哲"。如《皋陶谟（二）》一篇所载者为真，则此语为中国书籍中首见之对哲字之诂训。纵然此篇书为后人伪作，而我们亦仍可说，"知人之智"为中国之哲字之一主要含义。而知人之智，亦可说为一切智中之最难，亦当为人间

---

① 据苏格拉底谓智识即道德，亦涵此义。但仍不似中国先哲之特重此义。而在西方传统下来对哲学之观念，则并不重此义。此观后文自明。

一切智之归宿地者。① 由此而我们可说中国之哲字之原始含义，亦有进于西方所谓 Philosophy 之原始含义者在。

二、如何了解哲学之意义

我们以上只是解释中国所谓学字与哲字之意义，以明中文之哲学二字。及西方之 Philosophy 一字之传统的意义，约略相当，及不全切合之处。但是我们尚未讲到西方所谓 Philosophy，及我们所谓哲学，其本身所实指、能指、与当指的意义是什么。于此，我们首先当注意一个字的字原的意义，不必与后人用此字之意义相同。如西方之 Philosophy 一字之意义，即历代有变迁，以至可能每一哲学家用此字之意义，皆不相同。所以有许多西方哲学概论的书，根本不讨论哲学是什么之问题，或只留待最后讨论。② 而我们今之用中文之哲学二字，所当指之范围如何，更不易确定。我们亦不能说我们所谓哲学，全等于西方人所谓 Philosophy。西方人所谓 Philosophy，恒只指在西方历史中出现的哲学家之思想。其所谓哲学史，实皆只是西方之哲学史，而其不加此西方二字，亦等于不承认西方哲学以外之学术思想是哲学。③ 而我们则要以"哲学"之一中国字，兼指西方人所谓 Philosophy，与及西方以外如中国印度之一切同类之学术思想。然则我们当如何规定此中国字之哲学一名之含义与范围，以确定哪些是哲学，或哪些不是呢？

要解答此问题，我们不能诉诸中国传统所谓哲字学字之原义。如诉诸此原义，则我们只能说，哲学是智之学，或如何完成智德，如何为哲人之学。但以此原义，与数十年来哲学一名流行于中国社会后，大家所想之意义相较，便已见其不能处处相切合。然此数十年来中国社会中，大家所想之哲学之意义，又是什么呢？这中间还是有各种不同的想法，亦不易清楚说明。由此而我们要说明哲学是什么，在我们学哲学的开始，便是一不易决定之问题。一个简单的办法，似是仿照西方一些哲学概论的编法，根本不讨论此问题。或

---

① 何以知自然知上帝之不如知人之难，而知人为一切智之归宿地？此理由可说，在知自然知上帝皆人之事。而人之事不限于此知。故知人之事之全部中，包括知人之如何知自然知上帝，而又超过之。此义学者读完此书，当可自得之。
② 如 D. G Bronstein 等所编之 *Basic Problems of Philosophy*。
③ 据我所知，西方第一部哲学史，为黑格尔之哲学史。黑氏明谓东方无真正之哲学。西方人著西方之哲学，似只有罗素所著之 *History of Western Philosophy* 及近 W. T. Jone 著 *History of Western Philosophy*，标出西方之字。

只是向读者说，此书所说之一切思想，或一切哲学的言说著作之内容，即是哲学。这一种答复，虽可是最适切的答复，但这对于初学，却不方便。因初学需要能拿着一个把柄。另一个办法，则是姑就人类学问世界之范围中，大家在大体上公认属于其他学问范围者除掉，而将剩余的一部分，属之哲学。此亦即在各种学问之范围之外，去看出哲学一学问之存在。或在人类学问世界中，求发现哲学之一定的地位之办法。再一办法，即是就中西之学术思想中，我们一般认定为属于哲学者，顺历史的顺序，择其要者，看其所讨论研究的问题，以定各型类之哲学之已有意义，与其当有的意义。我们现在即由此二者，以一论哲学的意义，以便于初学之把握。而在本章，我们则专讨论如何从人类学问世界中去看出哲学一学问之存在，与其在学问世界中的地位。

三、广义之学问及以行为主之学问

我们问：哲学究竟在人类学问世界中之地位如何？对此问题，我们不拟以学之意义，同于西方所谓 Science 或 Wissenschaft，将哲学与科学神学相对讨论。我们今将以上述中国所谓学之原义为依据，而先肯定一切人之未知求知，未行求行，一切欲有所效所觉之人生活动皆是学。此即中国所谓"活到老，学到老"之学。凡有生之时，皆有所学之学。而此亦即全幅的学"生"之学。此一切学中，人时时须要问。或问他人，或问自己，或向自然，向神灵（如在宗教之祷告中）提出问题，以求答复。凡有学处，恒与问相俱，因而我们亦可称任何人之所学，为学问。

但在人类之学问范围中，我们可以方便分为二大类。一大类是主要关联于我们之行为的，一大类是主要关联于言语文字之意义之知的。我们可说，前一类之学，是以"效"或"行"为主，后一类之学，是以"觉"或"知"为主。

在前一类中，我们又可分为三种，第一种我们称之为实用的生活技能及生活习惯之养成之学。此是一种人自幼至老，无时或离之学。由小孩生下地之学发音、说话、学爬、学坐、学走路、学穿衣吃饭，与学裁衣煮饭，练习日常的礼仪，到学种植、畜牧、工艺之生活技能，皆是。大约人在此类之学之开始，恒是不自觉地对他人所为，有一自然的仿效；而且常不自觉地受他人之经验教训，与一般社会风习之指导、约束、规定者。而此类之学之起源，亦恒不外人在自然与社会中的实际需要。其最后之目标，亦常在求满足此实际需要，以使个人之生活，能与自然社会之现实情状，互相适应为止。

第一类中之第二种，我们称为艺术及身体之游戏一类之学。此如我们之学写字、绘画、唱歌、舞蹈等。此类之学，不好说全依于我们之实际需要而生，其目标亦不在求个人生活与自然或社会相适应；而常是缘于个人先有一某种自动自发的兴趣。人在从事此类之学时，人常多多少少有个人之自觉的目标，而想由身体之动作，把他实现表现出来。但人于此，除如此实现表现外，亦可另无其他之目标。如人绘画时，想绘出某一图像。唱歌时，想唱出某一调子。此即人在绘画唱歌之先，多多少少已自觉怀有之目标。而在绘画成功，唱完了歌以后，人亦可更不他求。在此，人之活动，固亦可是仿效他人。但此仿效，因是依于个人自觉的自动自发之兴趣，故常可不受他人之经验教训与社会风习之指导、约束、规定。而人之从事艺术之活动，人实可尽量运用其个人之自由的想象，而自由的创造。不似人之实用的生活技能之学，因必须满足一先已存在的个人在自然社会中的需要，与社会对个人之要求，遂必须受他人之经验教训与社会风习之指导、约束、规定。

第一类中之第三种之学，是自己自觉地规定其自己之如何行为，以达一为人之目标之学。此可谓之一道德的实践之学。此所谓道德的实践之学，其最浅之义，乃指人在日常生活中，对其自己身体之行为，自知其不妥当，并知何者为妥当时，即自觉地对其自己之身体行为，加以改变，重新安排之学。人在日常生活中之此学，可是知了就行，知行之间，尽可不经过语言文字之媒介。如陆象山说"我虽不识一字，亦须还我堂堂地做个人"。而此学亦恒与人在自然与社会中，所从事之实用的生活技能之学相连。但其目标，不在求与自然及社会相适应，而在使自己之行为，与自己做人之标准及理想相适合。人用一做人之目标理想，来规定自己之行为，而欲由自己之行为，加以实现表现时；亦略类似人心中之有一图像，而想加以画出，有一调子，而想加以唱出。但二者又不全同。因人之绘画唱歌等，只是创出一艺术品，此艺术品创作成了，便成存在于我们自己之外的东西。而在道德的实践之学中，则我们所要求的，初只是我们之身体行为之本身，能继续体现我们做人之目标理想，以成就我们之人格。此人格，却是存在于我们自己之内的。但我们要我们之身体行为，继续体现我们做人之目标理想，完成我们内在之人格；此又恒须我们之先在内心中，加强此目标理想之自觉。并在内心中，先自衡量其为人之目标、理想，是否为最善；并将与之相违之意念，在内心中，先加以清除。此外尚须有其他如何养心、养志（志即做人之目标理想）之种种工夫。由是而人之从事道德的实践之学，其最浅之义，虽即在人之任何对自己身体之行为，自觉地加以改变处，即可表现。然其最深义之工夫之所在，却可只在人之内心之修养。而其最后之成果，如我们所谓人格之完成者，亦可只是一心灵境界之体现，或一精神生活之成就。而此内心之修养工夫，及所成之心灵境界、精神生活，亦同样可是超出一般之语言文字之外的。然却不能离开人之觉悟而存在。不过此种觉悟，乃由外在的行为之实践，进至内心之工夫之实践——即内在的行为的实践——而来，所以我们仍将此学归于第一类。①

至于我们所谓第二类之学问，则是主要关联于我们对语言文字之意义之知的。

四、以知为主之学问

我们说历史、文学、科学三种之学，是主要关联于语言文字之意义之"知"的。此与前一类之学不同。在前一类之学中，我们虽亦时须用到语言文字，但我们之用语言文字，恒只是用以达行为之目标。如我们在日常生活之用语言文字，恒所以表示感情，传达命令、希望、要求。而在人了解此感情命令希望以后，我们亦即可不想此语言文字。在人之从事道德实践之行为与修养时，我们用语言文字，以自己命令自己后，亦复可超越舍弃此语言文字。但在历史、文学、科学中，则我们自始至终，都不能离开语言文字。其何以不离开之理由，可以讲到十分复杂。但亦可以简单说，即我们在此类之学问中，我们通常之目标，可限于以语言文字，表达我们之所知、

---

① 我们所谓内心修养之工夫，可概括西方宗教生活中所谓灵修之学，如何信仰、祈望、忏悔、祷告之学，及印度宗教佛学中之瑜伽行等。此皆在根本上不重在语言文字之知，而重在行为生活之学。

至于宗教中所谓神学之重在以语言文字研究神本身之属性者，则当亦为一种科学，所谓 Science of God 是也。宗教中之颂赞，则属文学。至如《旧约》中之《创世纪》之言神如何造世界等，而又设定之为真者，则为宗教性之历史观。

所见、所感。① 同时如果我们有种种所知、所见、所感，而不能以语言文字，加以表达时，则我们通常只承认人曾生活于此所知、所见、所感之中，而不算成就了科学、文学与历史之学。

在此三种学问之中，我们可以说，历史学是始于以语言文字，记载我们对于具体事物具体生活之变化发展的经验。由此而有对个人之历史之记载（如日记）。从此推上去，而有我们自己家庭之历史，国家民族之历史，人类之历史，生物之历史，宇宙之历史。而最初人于人之历史记载中的事物与生活，亦恒与我们上述第一类之学中，人之实用的生活技能，生活习惯之养成之学，直接相关者。

文学是始于以语言文字，抒发表现我们在接触具体事物之具体生活中，所生起之想象、感情、志愿等。简言之，即感情。此感情，可包括我们个人对我们自身之感情，以及对于家庭之感情，对国家民族之感情，对人类之感情，对自然之感情，对超自然者如神灵之感情等。文学上之美感，乃恒通于人对于一切具体存在事物之美感者。故文学中之语言文字，亦大均是借具体事物之形相、状态、动作，以为吾人感情之象征之语言文字。

科学是始于以语言文字，陈述表达人生活动中所接触之不同具体事物之共同普遍的抽象性相与关系。但纯科学之研究，恒自研究与人之日常生活，人之一般的想象情感，距离较远的自然事物开始。人之科学研究，恒先及于天文、地理、动物、植物、矿物之研究。然后再及于人之生理、心理与人类之社会、政治、文化之研究。而为一切科学之共同工具之科学，如数学几何学所研究者，则纯为抽象之形与数。故世间纵无任何具体存在之人生事物、自然事物，只须有抽象之形与数，数学几何学亦未尝不可照常成立的。一切纯粹科学，在根本上只是研究什么是什么，而并不直接告诉人应如何，人当如何修养他自己，完成其人格。从此说，纯粹科学与我们上述之为人之学，好似属于学问世界之两极。

五、哲学在学问中之地位与意义之初步的了解

此上对于人类学问范围中，二类六种之说明，或不能完备。以上之说明，重在使人由了解学问之范围之广大，而使我们能对于哲

---

① 此即谓人在此类之学中，以语言文字，表达其所见所思所感，为其成立之必需而充足之条件。然在超语言文字之学中，则语言文字之表达其所见、所思、所感，非其成立之必需条件，亦非其充足条件。

学之地位与意义,可渐有初步之了解。

我们可问:哲学究竟是什么学问?究竟与上述之各种学问中何者为类似,或与何者关系最为密切?或在我们上述之人类学问世界中,是否真有一处,可容许有哲学的地位之存在?

对于这些问题之前二个,并不容易答复,因从历史上说,各哲学家明有不同的答复。照我们的意思,是哲学与一切人类之学问,都可有相类似之点,亦都有关系。因哲学之所以为哲学,就是要了解各种学问之相互关系,及其与人生之关系。至于说到何种学问与哲学关系最为密切,此则系于我们之所采的哲学立场与我们从事哲学思维的方法。此在下一章,我们可提其要者,加以叙述。在此,我们所能说的,只是在上述之各种学问之外,人必须有一种学问,去了解此各种学问间可能有的关系;把各种学问,以种种方式之思维,加以关联起来,贯通起来,统整起来;或将其间可能有之冲突矛盾,加以消解。这种学问,可以说在各种学问之间,亦可说在各种学问之上,或各种学问之下。总之,这是人不能少的。这种学问,我们即名之为哲学。

(一)何以人会有一学问,求把各种学问,关联贯通统整,消除其间可能有冲突?此理由可以简单说,即:人在知道人间有各种学问时,人即同时承认了、肯定了,此各种学问之分别存在。然而人之能同时去如此如此加以承认、加以肯定之心,人却可直觉其是一整个的心①。人以一整个之心,去承认肯定各种学问之分别存在时,人即可不安于分别存在者之只是分别存在,而要求加以关联贯通统整起来,消除其间之可能有之冲突矛盾,以与此整个的心相印合。

(二)同时,人于此又可想到:此一切学问,既都是人造的,即都是分别联系于人生之一方面的;如果人生之各方面,不当亦不必相冲突矛盾,而当为亦可为一统一和谐的整体;或我们愿望有一统一和谐的人生,则此一切学问,在实际上亦当可有某一种关联贯通之处,能为我们所求得。由是研究其如何关联贯通之哲学,即不会全然徒劳无功。此上二点,即人之从事哲学思维之起源。

至于哲学之需要,所以在人生各种学问成立后,反可更感迫切者;则是因在此各种学问,分门别类成立以后,人便可各自只从事于一种专门学问之研究,以求在此专门学问中"至乎其极"。而当人

---

① 人是否有整个的心?此本身可是一哲学问题。但在常识上,人皆可直觉其有一整个的我,亦即有一整个的心。

只各求在一专门学问上，至乎其极，以至往而不返时，各种学问间，即有趣于彼此分裂之势。而此分裂之势，为我们所觉时，我们即更直觉其与我们每人所具有之整个的心之整个性，所愿望的人生之统一和谐有如相违反。而由此违反之直觉，遂使我们改而更自觉的，求化除各种学问之分裂之势；而更自觉地求各学问之关联贯通，以回复我之心灵之整个性，求达人生之统一和谐。此即人之哲学的需要，在人生各种学问成立后，反可更感迫切之理由。

六、哲学问题举例

对以上所说哲学之意义，可举一些哲学问题为例，加以说明。我们上述之各种学问中，有重在行之各种学问，有重在语言文字意义之知之各种学问。在后者中有文学，历史，科学。而每种中又各分为各种。现在我们大家所知道的，是科学中所分的门类最多，如数理科学、自然科学、社会科学，及其中之各种等。

在此，我们对于科学，首即可发生种种哲学性的问题，如各种科学何以共名为科学，其共性是什么？其共同或不同的方法是什么？其如何关联起来，以成一科学知识之世界？这些问题，明不好说只属于任一专门之科学。因任一专门科学中，皆可不论一切科学之共性之问题，及与其他科学之关联；亦可不需比较其所用方法，与其他科学所用方法之同或异。其次，我们说科学与历史，都是知识，则其同为知识之共性，又是什么？其不同处是什么？是否历史学亦是科学，或不是科学呢？如是，依何理由？如不是，又依何理由？如不是，历史与一般科学，又如何关联以存在于人类知识之世界中？这些问题，亦只好说在科学与历史之外。

此外，我们又说文学是抒情的，不算知识。则知识与非知识之界限，如何规定？知识世界中，除科学与历史以外，是否尚有其他？人之知识世界，是如何结构而成的，以别于非知识的世界？如果说文学非知识，则文学是什么？文学与科学历史知识，又如何关联？譬如文学与科学历史知识，同须用语言文字表达，则文学的语言文字，与科学、历史的语言文字，何处不同？是否处处不同？成就文学与科学历史的人之心灵活动，何处不同？是否处处不同？这些问题，亦在文学与历史之外。

再其次，我们说科学、历史、文学，都是主要关联于语言文字之意义之知的学问。而此外尚有主要关联于行为之学。但在我们上述之主要关联于行为之学中，仍须用到其他语言文字。而人之发出语言，写出文字，亦可说是一种行为。毕竟在此二类之学中，语言文字所占之地位，有何不同？何以不同？而此二类之学，如一偏在知，一偏在行，则人之知与行，实际上是如何关联起来的？毕竟在人生中，知为重，或行为重？可否说知只是行之中间一段事，所以解决行为之问题者？或可否说行亦是知之中间一段事，所以成就我们进一步之知者？何者为人所当知与当行？人又当如何将知行关联方为最善？这些问题，亦在知之学与行之学之本身以外。

我们说科学历史都是知识，但知识是属于人的。知识的对象是什么？是存在的事物，或非存在的事物？如皆是存在的事物，则数学几何学的对象，是否存在？其次，过去的历史中的事物，是否亦算存在？如说知识的对象，不必都可说是存在，只能说是一种"有"。则"有"有多种？如数学几何学中之对象之"有"，与现实存在之"有"，及历史事物之"有"，已是三种。此外是否还有其他的"有"？如文学中所想象的对象，是否亦一种"有"？如是，则"有"有四种。此外我们求知时，须用思想，思想有其进行的规律，与一定的方法。此规律与方法，算不算一种"有"？我们表达思想，要用语言文字，我们之运用语言文字，亦有其规律，此规律算不算一种"有"？如亦是"有"，则此"有"是依于外面的存在事物，或客观之有而有？或依于主观的心理，社会的习惯而有？或依于任意定此规律的我与他人而有？或依于能定如此规律的先天理性而有？或依于其他？这些问题，乃通常所谓哲学中，属于存在之理论与知识之理论之专门问题。这些问题，引我们到知识以外的存在，或知识与存在的交界，或知识本身之构造，与所含的成分之存在地位的思索。这些问题，可要求我们超出我们所谓知识，来思维我们的知识，成就"对知识与存在之关系"之知识。于是可要求我们超出我们一般用来表达知识的语言，而另用一种语言，来表达此知识与存在之关系之知识。但这些问题，亦可要求我们根本超出一切知识与语言之世界，以达于绝对的超知识界超语言界。

毕竟世间有无绝对的超知识界与超语言界？我们似可说莫有。因说其有，仍是在语言界知识界中说，则人似永逃不出知识界语言界。但我们亦可用语言来超出语言，用知识来超出知识。如我们说"不说话"之一句话，禁止人说话，则以后大家都可无所说。但如有超知识界超语言界，这是什么？是否一神秘境界或存在世界之自身？

此都可说。而我们亦尽有理由说:"一定有超知识超语言之存在世界之自身。因如果莫有,则人不能有对存在者之行为,亦即人不能再有行为之学问。而人有行为之学问,是一事实;则超知识界超语言界,是定然有的。但如果有,则人之知识界与语言界,与此超知识界超语言界之存在界,行为界之最后的关联会通,又当如何?而知道此关联会通之后,我又当在实际上如何行为?我当抱什么人生理想,文化理想,而后成就有价值的人生与文化?而这些问题,亦即常在一般人之分门别类的从事上述之各种学问时之外。"

我们以上所说这些问题,都是由要想把我们上述之六种学问之关联贯通,而产生的问题。这些问题,我今并未能一一完全地指出。但是我们可以说这些问题,与其直接引出之密切相关的问题,即是哲学所研究的问题。而这些问题的存在,即哲学必须存在之理由。

由上所述,我们可以对哲学之意义,可以有几种方便的说法。

(一)哲学是一种求关联贯通人之各种学问或消除其间可能有之冲突矛盾之一种学问。

(二)哲学是一种人感到各种分门别类之学问之分别独立,或互相分裂;与人所直觉之心灵之整个性,所愿望之人生之统一和谐,有一意义下之相违反,而求回复其整个性,以实现人生之统一和谐之一种自觉的努力。

(三)哲学是一种求将各种科学加以关联,并进而与文学历史相关联,再进与人之生活行为相关联之一种学问。

(四)哲学是一种去思维知识界、与存在界、及人之行为界、与其价值理想界之关系之学。

(五)哲学是一种以对于知识界与存在界之思维,以成就人在存在界中之行为,而使人成为一通贯其知与行的存在之学。

这些对哲学的意义之不同说法,尚可加以增加,然大皆只是不同之语言之变换。学者于此所当了解的是其意义之同一处,而非是其语言之变换之不同处。

总体框架

上　卷

第一部　哲学总论

第一章　哲学之意义
- 第一节　哲学，爱智及智之名之原义
- 第二节　如何了解哲学之意义
- 第三节　论广义之学问及以行为主之学问
- 第四节　论以知为主之学问
- 第五节　哲学在学问中之地位与意义之初步的了解
- 第六节　哲学问题举例

第二章　东西哲学中之哲学之意义
- 第一节　导言——重申上章结论
- 第二节　中国传统之哲人之学之兼贯通语言界与超语言界及知与行之意义
- 第三节　西方之希腊，中古及近代之文化中之哲学之性质与地位
- 第四节　现代西方哲学家之哲学意义观——关联于科学之哲学意义观
- 第五节　关联于历史之哲学意义观
- 第六节　关联于文学之哲学意义观
- 第七节　关联于超语言界之哲学意义观

第三章　哲学之内容　一、名理论　甲　逻辑
- 第一节　哲学之分类
- 第二节　名理论与逻辑、辩证法、知识论及因明之名辞
- 第三节　西方之逻辑一名之含义与内容之演变
- 第四节　略述印度之因明之特质及中国之逻辑思想

第四章　哲学之内容　二、名理论　乙　知识论
- 第一节　西方知识论之主要问题之演变
- 第二节　印度哲学中之知识论问题
- 第三节　中国哲学中之知识论问题

第五章　哲学之内容　三、天道论——形上学（上）

701

第一节　天道论与形而上学，存有论或本体论，宇宙论第一
　　　　　　哲学及神学之名义
　　　第二节　西方上古及中世之形上学之发展
　　　第三节　西方近代形上学之发展
第六章　哲学之内容　三、天道论——形上学（下）
　　　第四节　印度哲学中之形上学精神
　　　第五节　印度各派形上学之分野
　　　第六节　中国先秦之形上学思想
　　　第七节　秦汉以后中国形上学之发展
第七章　哲学之内容　四、人道论、价值论
　　　第一节　人道论与伦理学、人生哲学、美学、价值哲学之名义
　　　第二节　西方人生思想之发展——希腊与中世
　　　第三节　西方人生思想之发展——近代
　　　第四节　印度之人生思想之特质——其与西方之人生哲学问题
　　　　　　之不同
　　　第五节　印度人生思想之各型及其不重西方人生哲学中之若干
　　　　　　问题之理由
　　　第六节　中国之人生哲学之发展——先秦
　　　第七节　中国之人生哲学之发展——秦以后至今
第八章　哲学之内容　四、文化哲学
　　　第一节　文化哲学历史哲学与一般哲学
　　　第二节　数学与自然科学之哲学
　　　第三节　艺术哲学与美学
　　　第四节　法律哲学
　　　第五节　政治哲学
　　　第六节　经济哲学
　　　第七节　教育哲学
　　　第八节　社会哲学
第九章　哲学之方法与态度（上）
　　　第一节　泛论读文学、历史及科学书与读哲学书之态度
　　　第二节　如何引发对哲学之兴趣
　　　第三节　哲学方法及哲学中之科学方法之二型
　　　第四节　直觉法之二型
　　　第五节　发生论的哲学方法

第六节 纯理的推演法
第十章 哲学之方法与态度（下）
第七节 比较法
第八节 批判法
第九节 辩证法
第十节 超越的反省法与贯通关联法
第十一节 超越的反省法与逻辑分析
第十二节 超越的反省法与其他哲学方法
第十三节 超越的反省法与其他思维方法之分别
第十四节 哲学心灵之超越性与亲和性
第十一章 哲学之价值
第一节 怀疑哲学价值之诸理由
第二节 哲学家之消灭哲学论
第三节 哲学中之切问近思
第四节 哲学问题之答案
第五节 哲学思想中之混淆与精确
第六节 哲学思想相互了解之可能与道路
第七节 哲学对人生文化之价值与学哲学者之修养
结　论

第二部　知识论

第一章　知识论之意义
第一节 中文中知与识之传统的意义与今之所谓知识
第二节 知识与知识论
第三节 知识论与心理学
第四节 知识论与语言学各专门知识及形上学
第五节 知识论与逻辑
第六节 知识论之问题
第二章　知识之通性
第一节 直接经验之知之性质
第二节 直接经验之知或独知世界之相貌
第三节 知识之知之性质
第四节 知识世界之相貌
第五节 直接经验之知及其世界，与知识之知及其世界间之

关系与问题

第三章　知识与语言（上）

第一节　知识之知之外在的证明

第二节　语言之知识意义及其与自然符号之不同，与语言何以能表义之理由

第三节　语言如何取得一定之意义

第四节　语言意义之互相限制规定性，及确定之意义与限定之意义之分

第五节　定义之价值与其限度

第六节　语言意义之含浑与混淆之原因

第七节　语言意义之含浑与混淆乃应用语言所必经之历程

第八节　以表达共相之语言表达特殊的个体事物如何可能

第四章　知识与语言（下）

第九节　定义之方式问题

第十节　定义之各种方式——第一种至第四种

第十一节　定义之各种方式——第五种至第九种

第五章　知识的分类

第一节　中国书籍之分类与知识之分类

第二节　西方学问之分类与知识之分类

第三节　语言文字之知识

第四节　历史及地理类之知识

第五节　各类事物之原理定律知识

第六节　数学、几何学、逻辑等纯形式科学之知识

第七节　应用科学之知识

第八节　哲学知识

第六章　普遍者与知识

第一节　共相、概念与共名

第二节　东西哲学中之唯名论与实在论之争

第三节　唯名论反对共相概念为实在之理由

第四节　实在论者及非唯名论者以有共名必有概念共相之理由

第五节　共相概念与特殊具体事物之关系

第七章　经验、理性、直觉与闻知——知识之起源（上）

第一节　常识中之四种知识之分别及知识起源问题

第二节　中国及印度哲学中对于知识起源问题之理论

第三节　西方哲学中知识起源问题之争论及经验论之
　　　　知识起源论

第四节　理性论之知识起源论

第八章　经验、理性、直觉与闻知——知识之起源（下）

第五节　理性论与经验论之异同及加以融通之诸形态之
　　　　哲学思想

第六节　权威主义及直觉之诸义

第七节　直觉知识、理性知识与经验知识

第八节　闻知之种类与价值

第九章　知识之对象问题——能知与所知之关系（上）

第一节　知识对象或所知之意义

第二节　素朴实在论

第三节　代表实在论

第四节　主观观念论

第五节　休谟之纯印象观念主义

第六节　现象主义与不可知主义

第七节　新实在论

第八节　批判实在论

第十章　知识之对象问题——能知与所知之关系（下）

第九节　实用主义

第十节　逻辑经验论

第十一节　康德之能知所知之关系论

第十二节　客观唯心论之能知所知关系论

第十三节　能知之心灵与所知之对象之互为内外关系之种种

第十一章　解释与归纳原则

第一节　常识中之解释与推知

第二节　科学中之解释与普遍律则及其种类

第三节　因果律与函数律

第四节　归纳原则与其根据问题

第十二章　因果原则与知识

第一节　归纳原则与因果原则之关系

第二节　常识中对普遍的因果律之信仰及其疑难

第三节　因果律知识应用之疑难

第四节　因果律观念自身之疑难

第五节　原因与理由合一之理论
　　第六节　因果观念之废弃与现象之相承
　　第七节　康德之因果理论
　　第八节　因果关系为实事与实事之关系及因果关系之直觉的确定性
　　第九节　已成世界与方生世界之因果关系
第十三章　数学与逻辑知识之性质（上）
　　第一节　数学与逻辑知识及经验事物之知识
　　第二节　数学逻辑知识之根据于客观存在事物性质之说
　　第三节　数学之观念知识根据于客观存在事物性质之说之疑难
　　第四节　逻辑之观念知识根据于客观存在事物之性质之说之疑难
　　第五节　数学逻辑之观念知识根据于经验之说
　　第六节　经验主义之数学逻辑理论之批评及康德之数学逻辑理论
　　第七节　康德理论之批评
第十四章　数学与逻辑知识之性质（下）
　　第八节　数学与逻辑合一之理论
　　第九节　依类言数之理论在知识论中之价值
　　第十节　数之产生与理性活动及依类言数之理论之改造
　　第十一节　逻辑中所谓思想律之问题与各可能之答案
　　第十二节　逻辑之约定主义与逻辑之理性主义
第十五章　先验知识问题
　　第一节　西方哲学史中之先验知识问题
　　第二节　现代科学哲学中之先验知识问题
　　第三节　"先验知识命题必为分析的"一命题如何建立之问题
　　第四节　常识与科学中之先验综合命题
　　第五节　非欧里得几何学之解释
　　第六节　数学与逻辑之基本命题为兼综合与分析的
第十六章　知识之确定性与怀疑论
　　第一节　日常生活中之真知识与意见之难于分别
　　第二节　吾人对经验世界之事物及知识可能有之怀疑
　　第三节　怀疑态度之根源与消除以往怀疑之道路

第四节　不可疑的事物
　　第五节　怀疑与先验知识之确定性
　　第六节　怀疑与经验知识之确定性——辨物类定名之
　　　　　　知识之确定性
　　第七节　由辨物类而应用普遍律则以推断个体事物
　　　　　　知识之确定性
第十七章　真理之意义与标准（上）
　　第一节　真理问题与知识之确定性之问题之不同及非知识
　　　　　　意义之真理
　　第二节　观念、判断、意见、信仰、思想、语句是否皆具真假
　　　　　　之性质
　　第三节　真理之意义与标准论之种种
　　第四节　以大多数人及权威人物所说，及以能满足主观之要求
　　　　　　为真理之意义与标准之批评
　　第五节　符合说之分析与批评
　　第六节　符合关系中之四项关系者
第十八章　真理之意义与标准（下）
　　第七节　自明说之分析与反面之不可设想或反面之自相矛盾
　　第八节　自明说之批评
　　第九节　融贯说之说明
　　第十节　融贯说之批评与讨论
　　第十一节　实用主义之真理论之三型及其批评
　　第十二节　四种真理论之比较及其融贯
第十九章　知识之价值
　　第一节　不同之真理论与不同之知识价值观
　　第二节　表现负价值之认知心态
　　第三节　表现负价值之认知心态之转化
　　第四节　知识之实用价值，审美价值，及道德宗教价值
　　第五节　知识之价值之限制及其与其他价值之冲突

　　　　　　　　　下　卷
　　　　　　第三部　天道论——形而上学
第一章　形而上学之意义
　　第一节　中文中之形而上及天道之意义与西方所谓形而上学
　　　　　　之义之相通

第二节　形而上学与知识
第三节　形而上学与知识论
第四节　形而上学之问题
第五节　形而上学之系统性与本部各章之次第

第二章　现象主义
第一节　现象主义与形而上学
第二节　常识中现象主义与纯现象主义
第三节　纯现象主义之态度中之理或道
第四节　因果观念之超越与外在理由之舍弃
第五节　结　论

第三章　唯一之实有论
第一节　超现象主义之形上学——"有"之形上学及"无"之形上学
第二节　恒常纯一之唯一实有观之意义
第三节　依里亚派齐诺破斥变动与多之论证
第四节　齐诺所提问题之答复及齐诺所提论证之目标

第四章　无之形上学
第一节　无之形上学所由生
第二节　创造之歌及老庄之言
第三节　由无出有由有入无之切近义
第四节　道家思想中"无"之二义

第五章　生生之天道论与阴阳五行之说
第一节　儒家之形上学观点
第二节　由他家之万物观至儒家之万物观
第三节　性与阴阳之相继义
第四节　阴阳之相感义
第五节　五行与横面之万物之相互关系
第六节　五行与纵的生化历程

第六章　理型论
第一节　理型论之形上学之特征
第二节　形式对质料之独立性与人实现形式之目的性活动
第三节　形式之不变性
第四节　形式之客观性
第五节　实体及变动与四因

第六节　潜能与现实
　　第七节　形式及理性的思想与上帝
第七章　有神论之形上学
　　第一节　如何了解宗教家神秘主义者之超越的上帝之观念
　　第二节　新柏拉图派之太一观与其所流出之各层次之存在
　　第三节　圣多玛之上帝属性论
　　第四节　西方哲学中上帝存在之论证
第八章　唯物论
　　第一节　唯物论与日常生活中之物体
　　第二节　唯物论者之共同主张及物质宇宙之问题
　　第三节　唯物论对于有神论之批评
　　第四节　唯物论与实在论
　　第五节　唯物论之生理心理论证
　　第六节　唯物论之宇宙论论证
　　第七节　唯物论之方法论论证与历史论证
第九章　宇宙之对偶性与二元论
　　第一节　中国思想中阴阳之遍在义与交含义及存在义与价值义
　　第二节　中国思想中之阴阳之论，可根绝西方哲学之若干问题之理由
　　第三节　西方哲学中之二元论之思想之渊源
　　第四节　笛卡儿之心身二元论及心物二元论
　　第五节　心之思想与身体及脑之不同及唯物论之否定
第十章　泛神论
　　第一节　二元论之问题与由超神论至泛神论
　　第二节　心身二元论之问题
　　第三节　斯宾诺萨之实体论及神即自然论
　　第四节　心身一元论之说明
　　第五节　附论泛心论
第十一章　一多问题与来布尼兹之多元论
　　第一节　一多之问题与中国哲学中一多相融论及心身交用论
　　第二节　一物一太极义及道家之言一
　　第三节　来布尼兹以前西方哲学中对于多之说明之诸说
　　第四节　来布尼兹之多元论——物质观，知觉观与

　　　　　　一单子一世界之理论
　　第五节　来氏之上帝理论——实体存在之充足理由及可能的
　　　　　　世界之选择
第十二章　宇宙之大化流行之解释与斯宾塞之进化哲学
　　第一节　大化流行之科学的叙述与哲学的说明之不同
　　第二节　常识与东西传统思想中之大化流行观
　　第三节　传统之东西思想中之世界生成论之比较与科学的
　　　　　　进化论所引起之哲学
　　第四节　斯宾塞之进化哲学之根本原理
　　第五节　斯宾塞对于进化现象之最后的解释
第十三章　柏格森之创造进化论
　　第一节　绵延、直觉与理智
　　第二节　生命的宇宙观——矿物及动植物之分
　　第三节　智慧与本能
　　第四节　人之理智与同情的智慧及道德宗教
第十四章　突创进化论
　　第一节　突创进化论与柏格森之创造进化论之异同
　　第二节　突创进化论之要义
　　第三节　突创进化论之问题
　　第四节　亚力山大之时空观
　　第五节　亚氏之范畴论
第十五章　相对论之哲学含义
　　第一节　常识中之相对论
　　第二节　近代科学中之物理世界观
　　第三节　现代之新物理学之兴起
　　第四节　动静之相对性
　　第五节　时空之相对性
　　第六节　速度及形量质量之计量之相对性
　　第七节　物理世界即四度连续体中之全部物理事之和
　　第八节　物质之实体观念及机械的决定论之否定
第十六章　怀特海之机体哲学
　　第一节　怀特海哲学之方向
　　第二节　事与现实存在现实情境
　　第三节　摄握之方式

第四节　知觉之两式
第五节　具体存在与抽象对象
第六节　扩延连续体
第七节　存在事物之种类层级差别与自然创进中之冒险
第八节　上帝之根本性与后得性
第九节　价值之地位

第十七章　西方哲学中之唯心论
第一节　唯心论与理想主义之意义
第二节　西方唯心论思想之渊原
第三节　西方近代之唯心论
第四节　康德之超越唯心论中之认识的主体观
第五节　康德论自然之合目的性与美感及心灵之超越性
第六节　康德论上帝之存在与人之道德理性
第七节　后康德派唯心论哲学——菲希特之大我论
第八节　席林之自然哲学
第九节　黑格尔之绝对唯心论
第十节　黑氏以后英美之新唯心论之发展

第十八章　佛学中之唯识宗之哲学
第一节　由西方哲学到东方哲学之道路
第二节　印度之唯识论中之八识、三性、与四缘
第三节　实我实法之否定与缘生
第四节　境不离识
第五节　众生各有阿赖耶识义及阿赖耶识与种子之关系
第六节　妄执之起源与执我识
第七节　根本无明与转识成智

第十九章　中国之伦理心性论之形上学之含义
第一节　中国古代之宗教思想中之天命观及天意观
第二节　中国人伦思想之形上意义
第三节　孝友之道为人伦之本及其形上意义
第四节　尽心知性以知天之形上学道路
第五节　观乎圣人以见天心之形上学
第六节　孔孟以下儒家形上学之发展

第四部　人道论、价值论

第一章　人道论、价值论之意义
第一节　中文中之人道论伦理之学及西方之伦理学人生哲学或价值哲学之名义
第二节　人生人道之哲学、与宇宙或天道之哲学之相互关系
第三节　人道论中之价值问题

第二章　价值之存在地位（上）
第一节　价值一名之所指
第二节　价值与存在为同义语之说
第三节　以价值与"为人所实际欲望"为同义语之说
第四节　快乐之所在即价值之所在之理论
第五节　价值为客观事物所具之性质之说
第六节　自存之价值性之理论
第七节　完全存在与善
第八节　价值与存在事物之发展历程
第九节　价值为一关系性质之理论
第十节　存在事物之和谐关系为价值之所在之理论

第三章　价值之存在地位（下）
第十一节　心灵之理性的道德意志具本身价值之理论
第十二节　以"不存在"为价值实现之条件之价值理论
第十三节　具负价值者之超化而成为表现正价值者之理论及悲剧意识
第十四节　中国儒家之致中和之理论
第十五节　不存在与隐之本身价值
第十六节　不和与和之太和

第四章　价值之分类与次序
第一节　价值纯形式之分类
第二节　西方哲学中价值内容之分类
第三节　中国思想中善德之阴阳之分与价值之形式的分类
第四节　中国思想中之价值之本末之分与价值内容之分
第五节　二种价值分类法：相斥之价值分类法与相生之价值分类法
第六节　善之价值与心灵之仁智之价值，为一切价值之本之理由

第七节　仁德为审美之德及智德之本之理由
第八节　价值之本末次序

第五章　悲观主义乐观主义
第一节　悲观乐观之情调与思想
第二节　乐观主义之理由
第三节　悲观主义之理由
第四节　悲观主义乐观主义之争论，不能有确定答案之理由
第五节　悲观态度与乐观态度之价值之衡定

第六章　意志自由之问题（上）
第一节　意志自由之问题之来源
第二节　意志自由之否定论
第三节　意志自由之否定论之批评，与意志自由之事实上的存在
第四节　意志自由之事实之种种解释，及自然科学知识中之不确定原理等之无助于此问题之解决

第七章　意志自由之问题（下）
第五节　意志自由之真义，使意志成为原因或自因之自由
第六节　心灵之自性与自由
第七节　意志自因自由义释疑——心灵受认识对象之规定与自由
第八节　过去经验与理想生起之自由
第九节　理想之形态内容与自由
第十节　超越的外因论与意志自由
第十一节　信自由与信因果之调和，及自由之运用之颠倒相

第八章　价值选择之原则
第一节　选择的自由之肯定
第二节　价值选择之质之原则
第三节　价值选择之量之原则
第四节　具本身价值者高于只具工具价值之原则
第五节　心灵生命物质之价值之等差原则
第六节　适合原则
第七节　次第原则
第八节　理性原则及其与以上各原则之关系
第九节　超选择之境界

第九章　人道之实践

第一节　哲学问题之超拔与实践工夫
第二节　"自觉我是人"之哲学道路
第三节　"由人性之真实表现处自觉我是人"之道
第四节　"自觉我是人之一"及我之人性与我性
第五节　"自觉我是一定伦理关系中之人"之意义
第六节　"职分与所在群体之自觉"
第七节　"我之唯一性之自觉"

哲　学

［俄］布奇罗　丘马科夫　安启念 译

圣彼得堡皮特出版公司 2004 年出版

序　言：哲学的对象与社会功能[*]

一、初次接触时的哲学

在生活中，每个人都会自觉不自觉地接触到哲学，也常常会使用"哲学"这一概念，但是人们不借助于专门的哲学概念光靠自己是不能形成关于究竟什么是哲学、它是干什么的、它的任务是什么等问题的准确认识的。甚至在那些以哲学为职业的人中间，对这些问题也没有统一的回答。哲学已经存在了 2500 多年，但是对那些

---

[*] 本篇选自《哲学》第一章，并略作删节。文中标题由编者所加。

"永恒的哲学问题"一直未能给予最终的、意见一致的解决。这些问题是：人是什么？神存在吗？物质和意识的关系是什么？如何理解真理，真理的标准是什么？什么是精神？爱、恨、自由、公正、平等是什么意思？

人们要了解含义不大清楚的词的内容，考察它是什么时候、怎样以及为什么产生的，是个不错的办法。哲学概念产生于古希腊，它的本意是爱智慧。哲学家只是智慧的寻求者、爱好者。他们追求智慧不是借助于权威人物，而是依靠自己的理智，使用通过创造途径获得的知识与经验。为了弄明白哲学的实质及其产生的原因与条件，应该从讨论人的世界观开始。为什么？因为哲学是世界观的主要形式之一，是以理性原则为基础的世界观。谈论哲学也就是谈论人的世界观，谈论人的实质与人在地球上出现的历史。

这里涉及一个复杂的尚未得到充分研究的问题，因为人的诞生是人们永远都在试图猜测的最大的秘密之一。对于人为什么、从何处、由于什么原因、为了什么目的而出现等问题，迄今没有获得得到大家公认的答案。

从现代科学的观点看，人们在很大程度上可以确认人是地球上生命进化发展的结果。从已有的知识可以得出结论说，地球上类似于人的会制造简单劳动工具的动物最早出现于 300 万至 500 万年之前。人本身的年龄大约有 150 万年，只是在 4 至 6 万年前才出现了理性的人。于是，人开始从事原始的但却是真正意义上的智力工作——形成概念、表述判断、进行推理。

正是从这个时候开始，我们可以谈论人的世界观的形成和人们的一般意义上的世界观（即积累起来的知识、实践习惯与已经成型的价值）了。如果给世界观下一个更充分更全面的定义，那么可以说：世界观是人对客观世界和自己在世界中的地位，对他对周围现实以及他自己的态度的观点的体系，也是由这些观点决定的人们的基本生活立场、他们的信念、理想、认识与活动的原则和价值取向。只有人才有世界观，这与人有已经形成的知识和理性活动有关，这样的人不仅有能力形成概念与判断，进行概括提炼，建立规则，而且开始为获取新的知识而运用已有的知识。理性极大地促进了人以及社会的进化，成为人与动物相区别的主要标志。

二、作为世界观形式的哲学

随着理性的出现，人开始意识到自己是能够思维的存在物，

"我"与"非我"、"我们"与"非我们"等观念形成并得到发展。于是他开始认识自己与自己周围的现实，开始对自己与其他人、自己与周围环境进行区分，发现世界的越来越多的以往自己所不知道的方面。相关的观点构成了世界观的基础，世界观是作为人对自己以及周围现实的各种看法的总和而形成的。在世界观里，人对他喜欢的、不喜欢的作了区分，对它们作出评价，构建出排在优先地位的东西的系统，为了这样那样的目的采取相应的行动。世界观包含着人的主要功能——认识的、价值的和行为的功能。其中最重要的是认识功能。认识丰富并扩大着人们的世界观，随着社会的发展，世界观的内容越来越丰富、越来越深刻。

每个人的世界观都是独特的、不可重复的，因为在世界观中还有情感、心理因素与智力因素不可分割地联系在一起，对每一个人而言它们都是绝对地具体的、个体的。

智力、情感、心理诸因素与意志相结合产生了信念，即人们能动地采取的与他们的意识结构和生活意愿相适应的观点。还有一个重要的因素是怀疑，它使世界观摆脱了片面的、不能批评的、把某种观点当作在任何情况下都无可争议不容改变的真理的教条主义。

由上所述可以看出，人的世界观是相当复杂的现象，在那些组成其结构的个别因素中，最重要的是对世界的感觉、对世界的知觉和对世界的理解。对世界的感觉是对周围世界的感性认识，在对世界的感觉中，感觉、情绪赋予世界某种色彩，通过主观的、极具个体性的感觉描绘出世界的形象。对世界的知觉是基于对世界的感觉在各种理想形象中的对周围世界的表象，它可以是符合实际的，也可以是不符合实际的想象、幻想。对世界的理解是旨在揭示人及周围世界的本质及理解发生在自然界的各种事件与过程的联系的认识—智力活动。对世界的感觉和部分对世界的知觉是人与动物共有的，对世界的理解是只有人才具有的。

世界观的历史形式，或者说历史类型，最重要的是神话、宗教、哲学、科学，其中最初的形式是神话和宗教。

神话是经过整理的以某种形式系统化了的世界观，这种世界观传达着各民族关于世界的起源、各种自然现象、超自然存在以及神和英雄们的事迹的观念。神话思维的特点在于，它不仅是一种叙述，不仅是某种历史故事，而是一种共同体验，一种古代意识对口头的"神圣"文本的理解，这种文本被当作影响着各种事件的进程、人以及人生活于其中的世界的现实。神话，特别是人类历史早期阶段的神话，执行着人们行为及相互关系的调节者这样的重要功能，因为在神话中各种习惯得到巩固，表达着人们的道德观点以及人对现实的审美态度。一切都融合在一起，都是统一的、不可分的，自然界的各种对象、事物，其中也包括人，都遵照人的规则生活，都具有人的感觉、愿望和热情，这是神话特有的现象。神话世界观是一种整体的世界观，其中不允许有怀疑存在。

宗教是哲学产生以前的另一种世界观形式。它和神话一样，也建立在信仰、感觉和激情之上。可以把宗教定义为一种世界观、对世界的感受以及人们与之相应的建立在对超自然存在（神、最高理性、某种绝对等）的信仰之上的行为和专门活动。宗教是一种复杂的精神性构成物和社会历史现象，在其中信仰永远占据第一位，永远高于知识。宗教的功能比神话要复杂，主要是：（1）世界观功能。它回答这样一些问题——一切存在是怎样、什么时候和为什么出现的，在这里超自然力量的首要作用是如何表现出来的。（2）交流功能。它保证着交往和人际联系的一定方式，促进着社会的团结和整体性。（3）调节功能。它确定调节人们行为及其目标认定的各种规范和规则。（4）补偿功能。它弥补知识、信息、注意力、关心，以及自信心的不足，补充存在手段或者对未来前景认识的不足与缺乏，使人们在日常生活中得不到满足的需要得以实现。宗教有其认识根源。理性只能把握无比广大复杂的世界的一个部分，对人而言世界充满难解之谜和奇迹，人会面对不可解决的问题而感到自己的软弱与无助，从而求助于超自然的存在。宗教也有社会根源。社会中永远会有不平等、贫穷和毫无权力的人，虽然人们一直希望改变或者消除它们，并做了无数的努力，但这是任何时候都不可能做到的。由此产生的没有出路和绝望的感觉很容易转变为对死后生活的信仰。一切宗教都告诉人们，那是一个一切都安排得好的不能再好的世界。最后，宗教还有政治根源。任何政治力量都不会放过机会为了自己的目的而利用宗教，因此他们会直接间接地支持宗教，巩固它的社会地位和影响。

公元前7至6世纪，很大程度上要归功于神话和宗教，人的世界观不仅视野扩大了，而且大大地复杂了。由于拥有了进行抽象理论思维的能力，世界观达到新的水平。这样，大约在2500年前，在欧洲和亚洲实际上同时形成了一种更为发达的世界观形式，世界观的第三种形式——哲学，问世所需要的必要前提。哲学与神话及宗教的不同之处在于，它对世界的解释与其说是建立在信仰和感觉的基础上，不如说是建立在理性和知识的基础上。首先是作为一种理性地理解世界的方法，作为世界观形式，哲学几乎同时出现在印度、中国和古希腊。著名德国哲学家卡尔·雅斯贝尔斯把这一时期称作"轴心时代"，人类的发展在这个时期整个地完成了一次质的飞跃。这些变化的原因之一，是神话与萌芽状态的科学知识发生矛盾，这些知识的获得、发展与解释，需要的不是创造出新的神话，而是诉诸自然规律和自然—因果联系。于是人们的世界观在短时间内发生了巨变。知识、理性、分析性的思维开始起越来越大的作用，提出问题并求助于意识的教师（哲学家）取代了只知道信仰的神父、术士、祭司的地位。就这样，哲学诞生了。

三、关于哲学基本问题

什么是哲学，学术界众说纷纭。我们只指出作为特殊的、专门的世界观形式的哲学的最一般特点。哲学不仅仅是这个或者那个人的世界观的形式，而且是社会意识的形式，是一种精神性的活动，它反映人们存在与认识的一般原则以及他们对待世界的态度，揭示和表述了自然界、社会和思维的最普遍的规律，也就是说，它是对世界以及人在世界中的地位的各种观点的概括性体系。这些观点是理性地获得的知识的总和，这些知识的基础是问题和人回答这些问题的不知疲倦的欲望。哲学的目的不是追求确定的终极的结论，著名哲学史家 A. C. 伯格马罗夫强调："首先应该把哲学理解为发生在人的文化之中的，与各种各样的矛盾以及相互作用密切联系在一起同时能进入这些领域并在其中得到体现的精神过程。"

因此，哲学意味着提问、怀疑、寻求答案，并且重新回到昨天还认为已经解决似乎是无可争议的问题上。对哲学而言，没有"永恒的"、一劳永逸地确定下来的真理，没有"不方便的"、"不能碰的"问题或者禁止讨论的题目。

"哲学是研究什么的？"根据上面的内容，我们可以说：哲学的对象是任何引起人的认识兴趣，并产生力图依据已有经验、知识甚至在某种程度上是信仰、信念、直觉理性地加以回答的问题的那种客观的和主观的现实。这样看来，我们可以对哲学的对象作非常宽泛的理解，但是在不同的历史时代，由于这样那样的原因，通常有一些确定的问题是哲学首先要研究的。在古希腊,最初的哲学主要关注"宇宙"、"自然",后来在城邦时期关注社会问题、伦理、国家结构,中世纪则是关注"神正论",文艺复兴时期哲学研究艺术(美学),很大程度上是研究人,在近代,即17、18世纪,哲学集中力量研究认识和科学方法。19世纪下半叶,"经典哲学"和理性的危机凸显出非理性、直觉、无意识等的意义,20世纪上半叶哲学对逻辑、语言、解释产生兴趣。在20世纪最后几十年,"后非经典哲学"成为时髦,人们讨论现代文化危机、新信息技术扩张以及大众交流手段急剧发展带来的问题。

哲学在历史发展中形成了自己的知识的某种结构,其主要组成部分是:本体论、认识论、社会哲学、伦理学、价值论、哲学人类学。哲学知识的结构不是永恒不变的。它随着哲学的发展和研究范围的扩大而不断改变。当科学理论或者哲学思想陷入危机、显得不合时宜的时候,人们就要对它们在知识体系中的地位与作用重新评价,而这常常导致它们理论价值和实践价值的终结。的确,不少哲学思想现在正处于困难,甚至是深刻危机之中。但是哲学的本意是爱智,是寻求真理的方法,是一种精神状态,最终而言是一种世界观,因此哲学过去存在、现在也存在,只要有人它就仍将存在。在运用哲学方法对社会生活各种个别领域的研究中,产生了许多新的哲学知识:自然哲学、法哲学、科学哲学、历史哲学、政治哲学、艺术哲学、宗教哲学、技术哲学,等等。近几十年还产生了一个最新的极为紧迫的研究领域——全球化及由它产生的全球性问题的哲学。

有没有最重要、最主要、最基本的相对于其他问题居于首位的哲学问题呢?有的,这就是所谓的"哲学基本问题"。很难找到一个任何时候都不涉及意识、思维、精神、观念以及它们与物质、自然、存在的关系问题的哲学家。正是这一点给了恩格斯提出哲学基本问题的理由。他认为哲学基本问题有两个方面,其一是"什么是第一性的,物质还是精神(意识)";其二是"世界是可知的吗?"

依照对以上问题的回答,哲学家们分为唯物主义者和唯心主义者,其中唯心主义者又分为主观唯心主义者和客观唯心主义者。历史上有很多唯心主义者,如客观唯心主义者柏拉图、黑格尔、索洛维约夫、别尔嘉耶夫等,主观唯心主义者贝克莱、休谟、费希特等。唯物主义的学派、流派也不少,有古代朴素唯物主义,如中国的老子、杨朱，古希腊的赫拉克利特、德谟克利特等；近代的机械唯物主义，如霍尔巴赫、伽桑狄；费尔巴哈的人本主义唯物主义，福格特、莫莱肖特的庸俗唯物主义，马克思恩格斯的辩证唯物主义。

在哲学史上，人们在不同时期对哲学基本问题有不同的理解。对古代哲学家来说，最基本的问题是"世界是由什么构成的"；在中世纪，经院哲学家认为"哲学基本问题"可以这样表述："对上帝的存在做理性论证何以可能"；康德实际上把"人是什么"作为哲学基本问题；每个人都必须自己解决的问题——"是否值得生活"是存在主义的"哲学基本问题"。

四、哲学的基本功能

哲学有哪些基本功能？其最重要的功能有世界观功能、认识论功能、方法论功能、整合功能、文化学功能、价值论功能、伦理学功能，等等。世界观功能是哲学的首要功能，因为人对世界的关系，他对包括自己在内的存在的理解，以及它对各种事件、现象、自己的命运的认识，首先和直接地依赖于信仰、知识、感觉、激情、理性的东西和非理性的东西、经验、直觉，以及许多其他因素在其中紧密地交织在一起的他的世界观。通过发挥自己的认识论功能，哲学在认识中起着关键的作用。它以理性的方法解释那些经验所不能检验、记录或者最终反驳的东西。哲学的认识论功能还包括提出这样的问题："什么是真理"、"它的标准是什么"。哲学方法论是指哲学家开辟的研究途径，它帮助人们从理论上或实践上把握现实。此外它还制定在哲学以及其他科学中起重要作用的具有普遍意义的范畴。哲学的整合功能与科学紧密相关。为了更好地认识世界，人们建立了各种学科，从不同的角度研究它，但是随即产生把世界分解开来使之丧失整体性因而无法真正认识世界的危险。哲学的整合功能有助于克服这种危险。在现代科学中，每一门学科都有自己的语言，相互理解越来越困难。犹如《圣经》关于巴比伦塔的故事所说：由于没有共同语言，人们无法互相理解，也就不可能合作，陷入纷争，一事无成。这时，哲学就充当了使各个学科结合为一个整体的联系环节。哲学是通过扩大人们的视野、刺激他们的认识兴趣、发展理论思维来实现其文化学功能的。哲学式的研究有助于理解过去的和现在的文化，促进文化交流。哲学的价值论功能表现在探究诸如生命、死亡与永恒等问题的意义上，表现在以"好"、"坏"、"值得"、"有益"、"无益"等范畴评价这样那样的事件和现象上。道德等各种价值，他们的本性、根据以及在社会生活中的实际作用，是哲学研究的对象，这一研究极大地影响着人们的行为规范和规则。这些规范调节着人们的社会关系，在他们的相互作用中和相互理解中表现出来。

五、哲学与科学

考察一下哲学与科学的关系，揭示它们的共同性与区别，是很有必要的，因为二者的不一致并非总是受到人们的注意，其结果是哲学的特点不见了。

对于像科学这样的普遍现象，由于它的复杂多样性，未必能有一个被人们普遍接受的定义。广义的科学，是旨在研究并使关于客观现实的知识从理论上系统化的人的全部活动。只是到17至18世纪，科学才最终形成。一定意义上可以说，只是当牛顿经典力学基本规律问世之后，科学才形成了。随着科学的产生，开始了科学技术进步。其特点是：从此之后不论是科学还是技术，都不可能各自互不相干地发展了。科学技术在20世纪急剧发展，到20世纪的30至40年代，演化为科学技术革命。这时科学成为直接的生产力，对科学技术的物质与资金投入开始取得快速回报。在20世纪的最后几十年，科学技术革命进入信息（计算机）革命的阶段。其显著特点是：信息成为社会发展最重要的资源之一。科学以及与它相关的高技术，还有教育，决定着任何一个社会的文明发展程度。这时出现了对科学的作用问题上的两种对立观点——唯科学论和反科学论，科学与哲学的关系更加复杂与重要了。科学概念当表示物理学、化学、历史学、数学等具体的科学学科时，它是狭义上的，因而含义也更为严格。从事这些学科研究的也不再是"科学家"，而是具体的物理学家、化学家、历史学家等。每一种这样的具体科学，都有着只有它才具有的规律、方法、语言、范畴体系等。不论是这些科学的内容，还是它们取得的结果，对于一切民族、文化都是共同的，与某个人的立场、观点或者世界观没有关系。

哲学的情况就不一样了。哲学不是科学。用著名哲学家马马尔达什维利的话说：哲学"不是可以转给别人或教会他们的知识体系……哲学是某种状况的形成和借助普遍性概念向极端的发展，但是是在个人经验的基础上"。正因为如此，哲学史上总是同时存在着许多相互矛盾的有时是绝对互不相容的学说、流派、方向，而且不知道有多少。哲学知识没有明确的界限，这使得人们可能把哲学看作独立自主的哲学家个人的主观感受到的经验。与这样那样的科学知识不同，哲学没有统一的体系，没有各种科学学科中那样的奠基人和继承人，哲学研究途径是多种多样的。大部分哲学理论是互相矛盾甚至互相排斥的。换句话说，观点的多样性对哲学而言是正常的，而且是绝对必要的条件。形象地讲，哲学是"有个性的论个卖的商品"，而科学绝对不会是这样。康德说，可以教会人们哲学思考，但不可能教会人们哲学。叔本华则说："哲学家永远都不要忘记，哲学是艺术，而不是科学。"

但是，历史告诉我们，各种自然科学都是逐步地从哲学中分化出来的。因此人们说哲学又是一切科学之母。哲学不会因此而日渐贫乏，相反，从哲学中分化出来的科学越多，出现在哲学面前需要它解决的问题也就越多，哲学的内容会越来越丰富。

总之，科学和哲学不是一回事，虽然它们有不少共同之处。

它们的共同之处有：

（1）它们都力图获得理性知识。

（2）都以确立被研究客体和现象的规律、规律性为宗旨。

（3）都制定出一套自己的范畴（自己的语言）并致力于建构完整的体系。

它们的不同之处是：

（1）哲学总是"有主的"，属于这个或那个哲学家，他的思想、著作可以自给自足，不管其他哲学家是不是赞同。科学最终而言是集体劳动的成果。

（2）在哲学中（与具体科学不同）没有统一的语言和统一的体系，观点的多元论是它的规范。科学的规范则是一元论。就是说，起码是要求关于主要的原则、规律、语言的观点要统一。

（3）哲学知识是不可实验验证的（否则就成为科学知识了）。

（4）哲学不能给出准确的预测。个别哲学家在某种哲学观点体系的基础上可以提出预言，但不能预测或者建立模型，而科学家可以。

六、现代世界中的哲学

在现代世界中，哲学的地位是很重要的。在今天，速度和高科技的世纪,哲学还有用吗?这个问题的提出是完全可以理解的,但生活对它做了否定。生活向现代人提出了大量以往从未有过的哲学问题。例如在21世纪之初,国际社会越来越清楚地意识到了自己的统一性和对于生物圈的状况以及地球上生命继续存在所负有的责任。由于这个原因,人的和谐发展,建立人与人之间、各民族之间以及社会和自然界之间的友好关系,与那些永恒的哲学题目一道成为哲学研究的主要问题。与此相关,哲学家们对全世界教育的状况与水平深感忧虑。因为当前的大多数问题都与教育不足以及人没有得到应有的培养有关。现在,不仅是个别民族,而且是整个国际社会,从来没有像今天这样需要哲学,需要对哲学自己和自己在生活中的地位与使命进行哲学思考。这从近年来世界哲学大会的主题就可以看出。1998年波士顿举行的第20届世界哲学大会的主题是"全面教育。人类教育中的哲学";2003年伊斯坦布尔第21届世界哲学大会的主题——"面对世界性问题的哲学"。提出"全面教育"概念是要强调教育的重要。"全面教育"一词源自希腊语"pais"(儿童),古希腊人用它表示对人的全面教育培养,也即使决定着人的一切能力、潜力的肉体与精神协调发展的意思。如果教育能够有助于反对暴力和克服理性崇拜,它能改变人的本性。要记住古希腊哲人的话——"必须像培育好的葡萄一样培育人的神性"。一位美国哲学家说得好:"哲学不应该教人们记住某些事实,而应该发展人们推理与提出问题的能力。哲学工作的意义在于使人学会自己思考,遵循自己的理性而不是在每个问题上都求助于权威。因此,哲学的任务是——教导人交往、对话,以使他不是追求自我确证,而是去寻求真理。"不能像借掌握某些知识、规则、公式来学会科学一样学会哲学,这样说是很准确的。

总体框架

第一章 哲学的对象与社会功能

一、初次接触时的哲学

二、前哲学:哲学形成的主要阶段

三、前哲学:世界观的最初历史形式

四、作为世界观形式的哲学

五、关于"哲学基本问题"
六、哲学的基本功能
七、哲学在社会中的地位与作用
八、哲学与科学
九、现代世界中的哲学

第二章 基本哲学范畴
一、世界图景的演化与范畴的形成
二、辩证法的基础概念：联系和运动
三、个别、特殊、普遍
四、部分和整体
五、系统、结构、成分
六、内容和形式
七、本质和现象
八、质、量、度
九、原因和结果
十、偶然性和必然性
十一、可能和现实
十二、对立和矛盾

第三章 本体论（关于存在的学说）
一、关于存在的哲学
二、存在概念
三、无机界
四、有机界
五、人的存在
六、哲学中的实体问题
七、运动与发展
八、空间和时间
九、意识
十、世界的多样性与统一

第四章 认识论
一、哲学中的认识客体问题
二、认识主体
三、理解现实的方法
四、科学。它的形式和方法

五、知识及其形式
六、价值和认识：客观的真理性认识是可能的吗

第五章　自然哲学（自然界和社会的相互作用）
一、自然界概念
二、自然界与社会相互作用的历史阶段
三、地理环境
四、社会生态
五、智力圈

第六章　哲学人类学（关于人的学说）
一、作为哲学问题的人
二、人在哲学史中的地位
三、哲学人类学的形成与发展
四、人的生物社会本质
五、生命的意义和人的使命

第七章　实践理论
一、活动概念
二、活动在人的形成与发展中的作用
三、劳动和游戏
四、创　造
五、对人的活动的调节

第八章　社会哲学（关于社会的学说）
一、社会学思想的主要范式
二、社会概念。关于社会产生问题的假说
三、经济子系统
四、精神子系统
五、社会子系统
六、政治子系统
七、关于社会生活的基础问题
八、文化，它的结构与社会功能
九、历史过程中的必然与自由

第九章　价值论
一、价值概念
二、价值与评价
三、价值的种类

第十章 全球化的哲学问题
一、全球化——哲学的新题目
二、哲学在解决全球性问题中的作用
三、全球性问题的实质
四、全球性问题的分类
五、主要的世界性问题
六、具有全人类性质的价值取向
七、新人道主义

哲学导论

[美] 索西奥　王成兵 编译

圣智学习出版集团 2007 年出版

序　言：哲学和追寻智慧*

　　无论你了解与否，哲学总是你生活中一个最重要的部分。"哲学"这个词来自古希腊语词根，意思是"爱智慧"。最早的哲学家们被看成是聪明的男人和女人，或圣贤，因为他们致力于追问"大问题"：生活的意义是什么？万事万物来自何处？实在的本性是什么？在相当长的一段时间内，大多数哲学家是寻求智慧的业余爱好者。"业余爱好者"的原初意义就是那些受到爱的驱使而不是被利润所驱动的人们。就是说，对这些人来说，哲学是一种生活方式，而不是谋生的方式。

---

* 本章选自《哲学导论》第一章，并略作删节。文中标题由编者所加。

我们将一个人的基本的哲学考虑成他所生活的价值和信念的规范，我们是在相似的意义上使用"哲学"这个术语的。有的时候，我们讨论艾比的烹饪哲学或米基的赌马哲学。在这样的例子中，我们把哲学视为涉及了一般的原则或指导。从技术上说，这可以被称为"有一种哲学"。它与"成为一个哲学家"不是一回事。

你不必像一个哲学家那样去问问题，你成为一个有着自然而然的好奇心和有思想的人就可以了。下面是哲学家们研究的那些问题的样本：

上帝存在吗？

生活的意义是什么？

为什么无辜者要受苦？

所有的事物都是与想法有关的事情？

是不是所有的人都真的平等？如果是，在什么意义上？

政府的最好形式是什么？

以少数人为代价让大多数人幸福，或者以多数人为代价让少数人幸福，哪个更好？

心灵是如何与身体联系起来的？

有没有适用于每一个人的正确或错误的标准，或者说道德标准是相对的吗？

美是来自美的主体的眼睛吗？

强权即公理吗？

客观性是可能的和合乎愿望的吗？

尽管学习从几乎长达三千年的哲学活动（大部分是西方哲学）中挑选出来的突出部分的想法似乎是使人筋疲力尽的事情，但是，这并不意味着说，它穷尽了哲学的历史或所有哲学话题的探究。也就是说，本教材不打算"完全"包含每一个重要的哲学家或者该书包括的哲学家们所做的每一个重要的贡献。其实，本书力图成为价值、意义、知识和导致它们的文化条件问题的表现和引导性的介绍。

如果你把这本书作为学术课程的一个组成部分来阅读，我推荐你把哲学的导论当成一次对哲学上成熟的东西和实际上哲学化的东西进行区分的机会。仅仅是谈论哲学观念和对哲学观念的实际上哲学化之间的主要区分可能牵涉到严谨的程度和一些你运用你反思的能力的规范。

这样，我们可以说，哲学一般而言是由对特定种类问题的小心翼翼的推理工作所构成的。哲学的思考活动包括对术语的认真的评估、逻辑推理工作的评价、作出精妙区分的意愿，等等。哲学尤其对为我们的观念提供支持的论证（推论）感兴趣。

哲学的论题涉及终极价值、一般原则、实在的本性、知识、正义、幸福、真理、上帝、美和德性问题。哲学讨论其他学科根本不讨论的问题，而且它以一个更彻底的方式进行讨论。

然而，这并不是说，我们仅仅通过对某人的工作的描述就可以分辨出他是不是哲学家。物理学家、心理学家、医学家、文学批评家、艺术家、诗人、小说家、士兵、家庭主妇——各种各样的人——都参与了哲学的反思而不必被打上哲学家的标签。我们最关心的应当是哲学推理活动的质量而非"哲学家"这个标签。

鉴于哲学的本性，回答哲学问题的方式要有别于数学问题或实际问题（如"4"或"1066年"。）某些问题的差异来自于文化和每一个人觉悟到了亚里士多德所谓的哲学的诧异感。确实，那些有思想的个人一辈子纠结于哲学问题。

一、哲学的领域

在实践中，哲学由对某些聚焦于意义、解释、评价、逻辑或理性的连贯性的问题的系统性的和综合性的研究所构成。哲学基本的领域由如下方面所构成：

（1）形而上学。形而上学包括了对有时被称为"终极实在"东西的研究。因此，形而上学对超越感觉经验和日常科学的实在提出追问。形而上学的问题涉及自由意志、身—心关系、超自然的存在、个人的非道德性以及存在的本性等。某些哲学家对超越人类经验的实在的可能性提出疑问，而其他哲学家则将他们的哲学建立在形而上学的观念上。

（2）认识论。它来自希腊语"知识"，是追问关于知识、其本性和起源以及它甚至是否可能的问题的哲学分支。知识论问题涉及证据的标准、真理、信念、知识的根源、知识的等级、记忆和感知问题。知识论论题贯穿于所有其他的哲学分支中。

（3）伦理学。伦理学来自希腊语词汇"社会的精神气质"。它包括对道德问题、实际推论、正确与错误、好与坏、美德和邪恶、品格、道德义务以及涉及道德价值的本性、起源和范围等问题。当今，伦理学家们对医学伦理、商业伦理、环境伦理、学术伦理、人种和性别问题以及好的生活的本性等问题的研究，已经是司空见惯的事情了。伦理学论题包括说真话、相对主义和普遍性等。

（4）社会和政治哲学。它关注国家（政府）的本性和起源、主权、权力的运行、社会制度对个体的影响、种族、性别、社会地位、不同社会类型的强弱之处。

哲学的其他重要领域包括逻辑学，即对正确推理规则的研究；价值学，对价值的研究；美学，对知觉、感受、判断、与审美相关的观念、艺术、一般性的客体的研究；以及本体论，对存在和"存在"意味着什么的研究。

有的时候，哲学只集中在这些基础领域中的一个。当今，一些哲学家走得太远，他们将整个哲学领域都作为不适合进行研究的东西而加以抛弃。比如，逻辑学家可能把形而上学看作过于抽象和混乱；道德学家可能把对符号逻辑的研究归于数学而不是哲学。然而，无论何时，只要哲学家关注生活的意义或一般性的探究智慧，他们就要涉及所有这些基础性的领域，即便某些人并没有清楚地处理这些问题。

当代学术型的哲学家往往在这些领域中进行专门化，他们更关注历史的分期。也有某些特定的哲学家，如音乐哲学家、宗教哲学家、法律哲学家，或者特定的哲学问题，诸如什么是正义？客观性可能吗？美国"哲学文献中心"这家致力于编纂和传播有关哲学研究数据和文章的专业机构对这些纷繁的景象进行了反映——该中心目前列举的哲学专业领域超过两千个。

二、哲学的范型

在古代世界，有智慧的人被称为圣贤。在亚洲，有菩萨、瑜伽大师或教派领袖；在非洲，有巫医；在土著美洲人和亚洲游牧部落中，有巫师。在圣经中，预言家是有智慧的人。在许多文化中，"祖母"或"祖父"或某些其他的年长者代表着智慧者的基本形象。在西方，"智慧者"经常被描绘为一名男性，但不是总是如此。在卡通画中，"智慧者"经常被夸张地表现为一个古怪的人或者一个身穿长袍、手持拐棍、白髯飘动的隐士。

这种基本的影像有时被称为一种范型。根据心理学家 C.G. 荣格（1875—1961）的看法，一种范型就是一种从最早时候的所有人种起都分有的影像。在其最传统的意义上，一种范型代表着对特定种类的人的本质的看法。一种范型是某种类型的基础性的、原初性的类型形态：母亲、武士、恶作剧的精灵、愤世嫉俗者、圣徒、悲观主义者、乐观主义者、无神论者、理性主义者和观念论者，等等。一种哲学的范型就是一个以一种对后来的哲学家和非哲学家产生重要影响的方式表达一个原初的或有影响的见解的哲学家。

一种范型和一种理想之间的差异在于，范型不必是好的或完美的。一种范型和一个成见之间的差异在于它们的深度。成见是一种类型的人的最简单的歪曲。相反，一种范型是普遍经验的基本反应的有力表达。范型以不同寻常的纯粹方法示例了处理生活的普遍方面（遭遇、死亡、丧失、社会、财富、知识、爱、目的）的本质方法。存在着邪恶的范型以及聪明人的愚蠢的和好的范型。

这本哲学导论是围绕哲学典范组织起来的。即便那些没有研修过哲学的人也会承认许多哲学范型的基本特质。很可能你已经邂逅了与某些这样的范型相像的个体。我用两个简要的例子来给你示范我的意旨：

一种哲学范型是怀疑论。怀疑论者相信，对知识的任何断言必须得到人们用自己的感官经验进行的个人性验证。他们要看到、触及、品尝或度量一切事物。新约在"多疑的托马斯"这个人身上体现了这个范型的一个出色的例子，这个门徒直到自己仔细观察耶稣的伤口才相信耶稣是从坟墓中升起来的。

另一个哲学范型是功利主义者。功利主义者相信疼痛是固有的坏，愉快是固有的好，所有的动物都力图尽可能得到幸福。因此，功利主义者争辩说，我们私人的和集体性的行为应当总是让愉快最大化，让疼痛最小化。人们应当承认他们著名的公式：总是去行动，以便为最大多数人产生最大可能的幸福。你们可能还将承认所有的"多数规则"推论中的功利主义思维方式。

我们将要研究的哲学家包括这两种范型以及其他重要的哲学派别和倾向的范例。哲学的范型经常是它们所表现的学派的奠基者，但并非总是如此。有的时候，哲学的范型性的代表是那些精炼和发展其他观念的个人。除了在哲学史上的重要性之外，范型以继续有兴趣和迷人的方式遭遇着普遍重要的哲学问题。

范型图像所具有的一个特别的美德体现在它们的哲学信念的纯洁性和强度上。哲学范型是对哲学世界观或哲学方法的严格的拥护。它们对它们所持观点的热烈，与它们额外的哲学深度和严谨一起，几乎总是挑战我们自己的、经常是不清晰的信念——无论我们想被挑战与否。你自己总是对你所选择相信、拒绝或修正的东西负责。

学会关于哲学范型的东西是一种获得关于哲学倾向性和那些从中而来的哲学家的基本图像的良好方法，学会关于哲学范型的东西也可能给你一个更好的关于你自己目前的生活哲学的感觉，或至少是这个感觉的某些方面。

三、哲学和寻求真理

即便有其文化的局限和偏见，哲学可能是所有学科中最开放的。它的首要目标是表达和思想的净化，它的主要成分是理性、洞见、沉思和经验。在哲学中，没有任何问题或者观点是人们不可以讨论的。

最好的哲学家们——无论其个人信念如何——服从于最有说服力的论证而不顾它们的起源。我们随便列举几位，像柏拉图、奥古斯丁、托马斯·阿奎那、约翰·斯图尔特·密尔、克尔凯郭尔、弗里德里希·尼采、马丁·海德格尔那样的哲学家，在他们生命的路途上激进地质疑和修正自己的思想，他们对他们所见到的东西作为有说服力的证据加以回应。

当今，由女性和其他哲学的"圈外人士"提出的哲学论辩已经扩展了不断增加的哲学共同体。用沃特·考夫曼的话来说，哲学史就是异端的历史。

总有对现状提出挑战和对社会制度不满的有力量的哲学传统。最近的时代中，这个传统已经在关注环境、动物权利、家庭结构、种族主义和性别主义的哲学家那里找到有效的和有力的表达。

由于范型人物具有如此深远的影响，人们难以预言我们中的谁有确定性。可以理解的是，我们不能单独把范型地位赋予一个人——无论我们受到多大诱惑让我们那么做。在这个方面，哲学与其他领域没有什么不同。历史学教会我们，大多数给定的时代的重要和流行的人物的影响力通常在他们去世后就云消雾散了。因此，要小心翼翼地预言范型式哲学家的出现。在本书中，我们会考察某些重要的20世纪哲学家并反思哲学问题的恒久性。

哲学史是一个鲜活的东西。它在续写之中。你也可能给它做出一份贡献。最终，智慧的所有方面都会得到同等的欢迎——而且未来的教科书将不会具有像现在这样的章节。就像你们很快看到的那样，终极的问题不是谁说了什么或谁第一个说，而在于它是否真实和有价值。智慧似乎应当超越肤色、性别、社会阶级和种族。

(1)"这不都是一个想法的事情吗?"

你是否曾经想过,我们没有解决我们一直在讨论的那种哲学论题,因为它们只是关于信念和想法?你可能会相信"对别人来说是正确的东西对我来说可能不一定对。最好让别人相信他们想要的东西,而我相信我所需要的东西。"这种思维方式就是一种形式的"温和的"相对主义。相对主义是一种信念,它相信知识是由观察者的特殊的品质所决定的。换言之,关于真理的绝对的(普遍的)知识是不可能的——一个想法与另外一个想法同样好。

那些自认为是成熟的人有时在诸如生活的意义是什么或民主是最好的政府形式等"哲学"问题上采纳一种相对主义态度。这些人提出理由说,人们之所以对这些问题形成如此众多的答案,是因为有如此众多的生活方式、宗教、文化和个体存在。

这样,相对主义也可以被指向关于堕胎、死亡的权利、死刑、上帝的存在和本性、决定性的行为、移民政策、总统或历史上最伟大的摇滚、滚石歌星或篮球明星的道德特征等具有无限差异的想法上。在如下问题上,我们甚至没有多少共识:进化与智慧的设计、尸体解剖、男人是不是来自火星而女性来自金星、是否一种人种或性别要优越于另外一种人种或性别、同性恋是否适合养育孩子。由于这个看法上的差异,相对主义者甚至怀疑我们如何在我们到底谁更聪明问题上得到共识。

我们会听到非专业的相对主义者说:"哎,我们没有办法去决定这个特别的决定性的行动政策是否比那个政策更好。非洲裔美国人、妇女和其他被保护的阶级支持这项政策,是因为他们享受到了最好的工作、政府课题和奖学金。而中年白人男性不喜欢它,是因为现在轮到他们待在社会汽车的后部了。这总是一个视角的问题。"相对主义者会说:"教授,我认为我论文成绩不公平。这只是你的想法。我的意思是,它不应当像科学或数学那样去打分。这是哲学课,没有办法去决定哪种关于柏拉图的正义理论的想法是真实的。你有博士学位并不意味着你就对。你仍然要给出你的想法。"

这种相对主义的推论工作的更加成熟的版本是由某些社会科学家提出来的。他们争辩说,一种文化不可能去判断另外一种文化。比如,在美国,大多数人认为把妇女当作服从父辈、兄弟和丈夫的二等公民是错误的。但是,在一些中东国家中,妇女应当享有社会平等的观点被视为是绝对错误的。相对主义者提出，我们以何种身份去判断一种完全不同的生活方式？

相对主义和非相对主义之间的冲突贯穿于整个哲学史。确实，苏格拉底这位哲学家是作为一个公共人物出现的，部分原因在于他与早期的相对主义者，即智者学派的斗争。相对主义者和非相对主义者之间的斗争是观念史上最让人兴奋的事情之一。

无论我们是不是相对主义者，让我们在接受或拒绝哲学家的观点之前尽力给他们提供一个机会展现他们的观点。

(2) 智慧、知识和信念

智慧的主要目标是将实在理解成与过一个好的生活相关的东西。就其核心而言，智慧是合理的和实际的，它聚焦于真实的环境和每一个人的品格。这样，我们可以说，智慧是关于复杂情境的良好判断。因此，智慧涉及反思、洞察力、从经验中学习的能力以及对人类状况中某种合理性的解释。与要求规范的教育和专业化的理智能力的知识不一样，智慧以一种理论和理智知识都不使用的方式与经验发生关系。这就是为什么智慧经常与一个部落或氏族的年长者有关的原因。当然，年岁本身不能够确保智慧和理智。与知识相比，智慧与个人美德有着更多的关系。

一般而言，哲学家们认可知识是某种形式的真信念。这样马上会提出如何区分真实的信念和错误的信念的问题，而且就像你可能指望的那样，不同的哲学家给出了不同的答案，它涉及理性、知觉、经验、直觉和社会安排在这个过程中扮演的角色问题。一些哲学家走得太远，他们甚至全然否定知识的可能性。

哲学家们也区分了理论的知识和实际的知识。理论的知识涉及精确编排、评估事实和系统的信息及关系。实际的知识是由人们做事情所需要的技巧构成的，比如，弹钢琴、使用带锯、消肿或烤面包。

与其性质相关，对知识断言的评估涉及逻辑论证、科学试验和预测或某种熟练表演的演示。这样，了解 X 意味着：首先，X 实际上是真实的；其次，我相信 X 是真实的；最后，我可以通过提供精确的证据证明或确定我对 X 的信念。

知识的断言提出了某些有趣的和棘手的问题。比如，强烈的个人感受是不是充分的证据？多少证明是足够的？标准何在？哲学家要求我们提供证明我们自己的知识断言的理由。

与知识相反，信念关涉到主体心灵上接受某种断言是真实的——与知识不一样——但它不必真实。由于信念是主体的心灵状态，很可能在一个信念是错误的时候还被坚定地相信为正确的。另一方面，有时我们的信念是真实的，但是我们无法为此提供充分的证据。

尽管信念可真可假，但是，用专业的话说，"假的知识"是不可能的。这个说法本身就自相矛盾。在绝大多数情况下，我们的日常语言反映了我们对这个重要区别的理解。我们很少说"我过去有一个虚假的知识：桃仁提高智力。"实际上，我们这样说："我过去有充分的理由认为桃仁提高智力，但是现在我明白我的想法不对"，或者说："我曾经相信桃仁提高智力，但是现在我了解得更全面一些。"换言之，有的时候我们认为我们知道的东西被证明是错误的。

有些信念比其他信念更合理，而且在有信息量的信念和纯粹信念之间有着天壤之别。后者指称确信某种东西是真实的，而这个确信的唯一证据是确信自身。如果这听上去有一点循环论证，那是因为它本身就是循环论证。单纯信念以自己来证明有效——或者力图这样做。大多数哲学家和科学家都相信，真理不能还原到单纯相信某个东西上去。比如，把可靠的信念与有问题的信念区分开来的最好办法是让重要的观念服从细致的观察。在某种程度上，我们能够而且必须为我们自己这样做。

（3）无知不是一个选项

由于我们受制于我们的经验、能力和偏好，我们不能只依靠我们自己未经检验的思维活动。我们需要考虑他人的观念，我们需要让我们的信念服从于他人的考察。在哲学领域中，聪明的做法是利用经历了时间和重要性考验的思想家和观念。当然，我们并不是因为那些哲学家被认为是伟大的或重要的就去接受他们的论辩。

即便我们是为我们自己着想，在真正考虑那些哲学的论证之前冲动地或排他性地拒斥它们，也是愚蠢的和傲慢的。说其愚蠢，是因为如果我们不公正地倾听某个立场，我们不可能了解这个立场的真正价值。说其傲慢，是因为总体性地拒绝（甚至嘲弄）那些对过去和现在的认真的思想家们产生巨大影响的哲学家意味着，与那些多年倾心研究这些问题的哲学家、科学家和神学家相比，我们没有掌握任何背景知识。

最微妙的是，由于我们对它们的偏见，由于对它们的漫不经心和厌倦，或者由于没有探究而嘲笑某些见解，我们会关上对它们的问题进行挑战的智慧之门。当我们这样做的时候，我们让自己停留在一种信念而不顾事实的立场上。在这样的状态下，我们对错误的可能或启蒙的可能都无动于衷。有意志力的无知是这个夜郎自大式的态度的名称。它是与我能够想到的爱智慧的态度格格不入的。

对我们大多数人而言，无知不是一个严肃的选项。作为一个有思想的人，我们的选择不是在哲学的冷漠和哲学的探究之间，而是在一种有意识地和充分地过的生活与一个刚刚发生的生活之间。由于生活易碎和有限，生活太重要了，必须要进行哲学思考。我们要了解这种哲学思考。

总体框架

第一章 哲学和追寻智慧
一、哲学的领域
二、哲学的范型
三、哲学和寻求真理

第二章 亚洲圣贤：老子、孔子和释迦牟尼
一、天人合一
二、圣贤
三、"无为"的圣人：老子
四、社会的圣人：孔子
五、庄子的范例
六、释迦牟尼

第三章 智者：普罗泰戈拉
一、从智慧者到哲学家
二、实用主义者普罗泰戈拉

第四章 智慧者：苏格拉底
一、苏格拉底的品格
二、教师及其教义
三、辩证法
四、苏格拉底之死

第五章　哲学王：柏拉图
一、生平和著作
二、柏拉图的认识论
三、智慧的规则
四、民主的起源

第六章　自然主义者：亚里士多德
一、生平和著作
二、自然的变化
三、亚里士多德解释的等级
四、四　因
五、灵魂的等级

第七章　斯多亚学派：爱比克泰德和马可奥勒留
一、享乐主义
二、爱比克泰德主义
三、斯多亚主义的犬儒派根源
四、马可奥勒留：哲学王
五、命中注定的生活
六、斯多亚学派的智慧

第八章　托马斯·阿奎那
一、以上帝为中心的宇宙
二、奥古斯丁：两个世界之间
三、托马斯·阿奎那的生平
四、经院主义者的智慧
五、上帝存在的证明
六、自然目的论的完善

第九章　理性主义者：笛卡儿
一、权威问题
二、笛卡儿：寂寞的知识分子
三、理性主义
四、怀疑的方法
五、笛卡儿思想的生成
六、上帝的天赋观念
七、笛卡儿的桥梁

第十章　怀疑论者：大卫·休谟
一、约翰·阿奎那
二、乔治·贝克莱
三、大卫·休谟：苏格兰怀疑论者
四、休谟的怀疑主义经验论

第十一章　普遍主义者：康德
一、康德的生平
二、康德的哥白尼式革命
三、道德的形而上学
四、道德责任
五、康德的正义观

第十二章　功利主义者：约翰·斯图亚特·穆勒
一、社会享乐主义
二、哲学和社会改造
三、功用原则
四、约翰·斯图亚特·穆勒

第十三章　唯物主义者：卡尔·马克思
一、预言家
二、辩证唯物主义
三、对资本主义的批判

第十四章　存在主义者：克尔恺郭尔
一、生平和著作
二、作为主体性的真理
三、成为一个主体
四、生活方式的阶段

第十五章　实用主义者：威廉·詹姆士
一、生　平
二、实用主义
三、实用主义的宗教
四、真理总是个人性的

第十六章　反哲学家：尼采
一、生　平
二、真理是视角的问题
三、对客观性的攻击

四、现代性的病态

五、上帝死了

六、超　人

七、主人的道德性

第十七章　20世纪：路德维希·维特根斯坦

一、生　平

二、维特根斯坦的早期思想

三、维特根斯坦的转变

四、马丁·海德格尔

五、现象学：存在的科学

第十八章　作为生活方式的哲学

一、其他声音的出现

二、彼得·辛格尔："危险的哲学家"

三、玛莎·C·努斯鲍姆："为人性服务的律师"

四、哲学和人类的发展

五、作为生活方式的哲学

哲学主题导引

[英]格雷林　江　怡　编译

牛津大学出版社 1995 年出版

序　言：西方哲学的主题及其领域[*]

一、作为探究和反思的哲学

　　哲学探究的目的旨在获得对知识、真理、理性、实在、意义、心灵、价值等问题的洞见。其他人类活动探索（不仅是指文学艺术），是针对这些相同问题的不同方面，但只有哲学才是直接拷问它们，希望能够澄清这些问题，并尽可能地回答这些问题。

　　"哲学"一词来自希腊文，字面意思是指"爱智慧"。但更为准确的定义则应当是"探究"或"探究与反思"，这些词表达了最为宽

---

[*] 本章选自《哲学主题导引》导论，并略作删节。文中标题由编者所加。

广的范围，是指关于世界以及其中的人类经验的最一般特征的思想。在最初的年代，我们今天所说的"自然科学"、"社会科学"、"人文科学"和"艺术"等学问当时还没有区分开来，哲学就是对万事万物的研究。在这种意义上可以确信，古希腊人开创了西方哲学，因为他们自由地探索世界和人类的一切方面，这并非始于宗教或迷信原则，而是始于相信人类理性有能力对有兴趣的一切事物或对人性有意义的事情，自己提出正确的问题，并寻求对这些问题的答案。

希腊人思索着物理宇宙的起源、构成和功能。他们讨论着人类的伦理和政治环境，提出关于最佳配置的观点。他们研究人类理性自身以及真理和知识的性质。他们由此就触及到了几乎所有主要的哲学问题，并由此带来了巨大的思想遗产。

在漫长的历史时期里（大致是从 14 世纪到 17 世纪），西方思想受到了基督教的支配。这并非是说当时没有哲学，完全不是那样；但当时的大部分哲学都是服务于神学的，或至少是（除了在逻辑学的情形之外）受到了神学思想的限制。17 世纪涌现出的许多复杂事件，出于便利而被标记为"文艺复兴"和"宗教改革"，这些事件持续了两个世纪，这时出现了哲学探究的强有力的复兴。这与近代科学的兴起相关，开始询问关于知识性质的根本重要的问题。这种思想自由也推进了道德和政治问题之争的复兴。

根据近代思想史的某些观点，我们可以把哲学看作是诞生了 17 世纪的自然科学、18 世纪的心理学、19 世纪的社会学和语言学；而到了 20 世纪，哲学则在计算机科学、认知科学和人工智能研究等发展中发挥了巨大作用。毫无疑问，这过分简单化了哲学反思的作用，但却也并非夸张之辞，因为哲学最后的确构成了对一切事物的探究，虽然并非完全被理解为构成了自足的知识分支。一旦确定了正确的问题以及回答这些问题的正确方法，这种探究的领域就成为独立的追求。例如，在所描述的迷信史中，只要对宇宙的物理性质和属性的哲学反思确定以恰当的方式询问和回答问题（在这里主要是以经验的和数学的手段），那么哲学就会停止，这种探究就变成了科学。

哲学由此就保持了这样一种探究，这看上去似乎是一个悖论，这个探究试图通过解决自身的问题而使得自己终结，或者是找到能够使自己转变为具体探究的科学如物理学、心理学或历史的方式而使得自己终结。根据"区分和征服"的原则，对哲学的系统研究最终就使得自身成为哲学探究的领域："伦理学"、"政治哲学"和"逻辑学"多少都是对自身主题的自我解释，而"认识论"（对知识性质的探究）和"形而上学"（对实在终极性质的探究）则需要根据第一层次的更多解释（还有其他对具体主题的哲学探究，比如科学哲学、法律哲学、历史哲学等，哲学家们在其中讨论的都是对这些具体追求的假定、方法、宗旨和主张的反思）。

二、认识论探究知识的性质和获得知识的方式

认识论或知识论是哲学的分支，考察的是关于知识的性质和我们如何获得知识的问题。它试图回答这样一些问题："什么是知识？""什么是获得知识的最为有效的方法？"正如下面的讨论所表明的，这些问题是相互关联的，但要回答这些问题却可以采用不同的方式。

回答第一个问题的有效方法是要考虑公认的知识定义。在关于这个问题的以往争论中，知识标准地被定义为经过证明的真信念（justified true belief），因为至少看上去最为可能的是，知道某个东西就一定相信它，关于它的信念就一定是真的，而人们相信它的理由从某个标准看来一定是令人满意的，因为人们不会去说知道某个东西，是由于他随意地或偶然地决定去相信它。所以，这个定义三个部分的每一个都明显地表达了知识的必要条件。这种主张就是，它们共同满足了知识。但这个观念存在一些难题，特别是需要把真信念说成是知识的证成（justification）。为了处理这个难题，形成了各种对立的理论。

伴随着如何定义"知识"的争论，另一个涌现出的争论是关于我们如何获得知识。在认识论的历史中，一直存在两种主要的思想流派（这是为了简便而大致地说）："理性主义"和"经验主义"；前者认为，获取知识的主要路径是训练理性；而后者认为，获取知识的主要路径是知觉（使用观、听、闻、味、触五官，以及借助于工具对它们的扩展，比如望远镜、显微镜等）。理性主义者的模型是数学和逻辑，通过理性的推理就可以得到必然真理。经验主义者的模型则是一切自然科学，观察和实验是其中的主要探究动力。过去几个世纪的科学史强化了经验主义者的观点；但就真正的理性而言，关于知觉的问题却变得更为重要了。

不过，对认识论的这两个传统来说，核心的问题是要研究我们获得知识的手段是否值得信赖。要确定在这种联系中需要强调的问题的明显方式，是要考察怀疑论提出的挑战。

因此，关于知识的性质、获取知识的方式以及面对怀疑论的挑

战,这三个讨论共同构成了认识论的主要内容。当然,认识论中还有其他一些争论,比如记忆、判断、沉思、推理、"先天－后天"区分、科学方法等,但掌握了这里的三个核心讨论就构成了理解其他各种争端的基础。

三、哲学逻辑帮助人们有效地表达思想

如果我们知道所有的富人都很快乐而且约翰是富人,我们就可以推出约翰是快乐的。如果我们知道土豆已经煮了二十分钟,我们就可以推出它们快要煮熟了。

这些例子显然属于不同种类的推论。我们把第一个称作演绎上有效的推论,其标志是,如果我们由此推论的东西是真的,我们所要推出的东西为假,就是不可能的。我们把第二个称作归纳上的强推论,其标志是,尽管我们由此推出的东西对所要推出的东西提供了很好的理由,但这并不是最终的理由。在高原地带,水会在较低的温度上沸腾,烹调的时间会更长一些;即使是在通常的高度,某些土豆也会非常坚硬。

第一种推理要求的是演绎的有效性。有一组问题是与逻辑学家们使用的概念性质相关:真理,逻辑真理,有效性,蕴涵。另一组关心的是分析在推理中很重要的习惯用法的性质,比如条件句。推理的一个特别重要的特征就是推论。逻辑学家们研究的是使得推理有价值的推理特征:这就是保真性或有效性。典型地说,一段推理就是从一个或更多的(至少是暂时有根据的)陈述推出某个其他的陈述。起点叫做前提,终点叫做结论。由某个前提和结论构成的一套陈述就叫做论证。关于论证的有效性的标准定义是:一个论证是有效的,当且仅当,前提为真而结论为假对所有的陈述都是不可能的。

对有效性的研究涉及研究推论。这里有一个例子可以说明这一点。从"拿破仑是有活力的"这个前提到"某个人是有活力的"的论证是有效的吗?就是说,前提为真而结论为假,这是不可能的吗?我们倾向于回答"是的"。在这种情况中,当我们被问到从前提"最大的素数不存在"到结论"某个东西不存在"这个论证,我们难道不应当给出相同的回答吗?我们对在第二种情况中回答"是的"应当会感到一些不安:因为这个前提为真,有效性也保证为真,所以这个回答就会使我们认为某个东西不存在;这看上去轻点说是很奇

怪的，重些说则是发疯了。

研究哲学最为重要的一个理由在于，要去了解如何表达和捍卫你自己的观点。你的观点并非一定要成为前人从未提出的观点。在逻辑上，新的观点很难被接受。只要你相信一个观点并愿意去捍卫它，这个观点就可以算作是你的。

有时，特别是在最初的学习中，人们并不会感到能够决定两种对立的理论中哪个是对的。不过，人们应当能够作出这样一个决定：这个论证决定性地确立了或反驳了这个理论吗？一个反驳是可以为这个理论的变形避免的吗？人们至少无法区分这个那个理论的两种形式吗？只要研究哲学是值得的，询问和回答这些问题就是至关重要的。

方法论的主题最好定义为逻辑主题的对立面。逻辑是对有效演绎推理的研究：在一个有效演绎论证中，前提为结论提供了结论性理由；前提为真而结论为假，是完全不可能的。然而，我们实际上从事的大多数推理都没有满足这个理想。无论是在日常生活中还是在科学中，我们使用的论证并没有为结论提供结论性的理由。在一定意义上，它们可能给了我们去相信这些结论的很好的理由，但并不以如同演绎论证那样的绝对方式强迫我们。

对方法论的讨论主要考虑的是这种非结论性推理以及在试图理解这种推理中提出的各种哲学问题。这些问题包括了：(1) 归纳及其问题；(2) 自然法则；(3) 实在论、工具主义和未确定性；(4) 确证和概率；(5) 解释。

四、形而上学是对实在的终极性质的研究

形而上学是一门哲学分支，讨论的是实在的终极性质。它的首要问题是："何物存在？"也就是说，什么存在着？以及"它像是什么？""何物存在"这个问题并非要引入回答宇宙间的万物，比如，我的左脚，我的右脚，我的笔，这张纸等等，而是要对实在的基本特征给出一种一般性的描述。用亚里士多德的话说，这个事业就是"对存在作为存在的研究"(the study of being qua being)。这些主要问题可以很快地引起其他问题。能够谈论何物存在，也就能够谈论存在的性质。某物存在究竟是什么？我们如何去理解对存在的断定和否定，比如"夸克存在"或"独角兽不存在"。一旦这些都被看作是对"何物存在"这个问题的回答，例如占据空间和时间的物质

对象，上帝或诸神，比如数字、属性和意义这样的抽象实体，那么马上就会提出进一步的问题，比如，是否只有一个或某个或某些种类的事物真的是终极的？真正终极的是什么意思？如果这些事物中的某个事物只是出于概念的便捷而存在，那么它是哪一个？如果存在着不止一个事物，特别是如果存在着不止一种事物的时候，那些存在着的事物之间有什么联系？如此等等。

形而上学问题的确数量繁多，意义重大，对这些问题的讨论构成了哲学自身的分支，例如，心灵哲学和哲学神学。但是关于事物种类的存在和性质的形而上学问题则出现在几乎所有的哲学争论之中。它们出现在伦理学中，与价值的性质相关；它们出现在数学哲学中，与数学实体（数字和集合）的性质相关；它们出现在认识论中，是因为关于知识性质的问题无法独立于关于知识对象的问题而得到解答。

伴随着更为专门问题的压力，也逐渐形成了典型的形而上学问题域。什么是时间？殊相比事件更为基本吗？人类是否有意志自由？表象与实在之间有区别吗？如果有的话，它们之间是什么关系？什么是因果性？在什么意义上共相是存在的？世界独立于我们关于它的知识而存在吗？什么是实体？等等。我们会不断地看到，对核心和重要的形而上学话题的讨论将成为其他研究的首要基础。这里要关注的主要问题是：因果关系，时间，共相，实体。正是在对这些问题的讨论中，大部分的哲学及其历史就变得更为突显了。

五、心灵哲学是对常识心理学性质的辩护

大致地说，心灵哲学是处理心灵问题的哲学领域，其中的许多问题是形而上学问题和认识论问题。关于心灵的形而上学问题包括了，心灵是否是非物质的实体，心理现象如何适合因果顺序。或许，心灵哲学中最为根本的形而上学问题是关于心理现象与物理现象之间的关系问题，也就是心身问题。关于心灵的认识论问题包括了我们如何能够得到关于不同于我们自身的心灵的知识，我们是否拥有对我们自身心灵的特别的获取知识的专有方式。

把心灵哲学简单地归结为是关于心灵的哲学问题，这并不非常准确，因为对心理学哲学也可以这样说。不同的哲学家对这两个部分在观点上各有不同。但我们可以做出这样的一个区别：如果我们说心灵哲学关心的是我们关于心理现象的日常生活观念，那么，心

理学哲学关心的问题则是出自对心理现象的科学研究（这种现象就出现在大学的实验心理学系）。当然，这个区分是人为的，因为科学心理学也大量地运用了我们思考心灵的日常方式，反过来，日常的观念也毫无疑问地受到了心理学发现的影响。不过，这个区分还是足够的。

我们日常的心理问题观念使用的是思想的概念，更为专门地说就是指欲望、意向、推论和计划等，以及出于理性而行动的概念。日常的框架也包括了经验观念，更为专门的是知觉、感觉、情绪和意识。这些概念框架是以"常识心理学"为著名。心灵哲学则是要分析，阐明和联结常识心理学的概念，帮助我们更好地理解我们日常用来描述和解释思想、经验以及他人的和我们自己行动的方式。

如前所述，心灵哲学涵盖了认识论和形而上学，又与心理学哲学有所交叉。它还与哲学的许多其他领域有着密切联系，包括了语言哲学、伦理学、美学等。在当代哲学中，它与语言哲学的联系更为凸显。在20世纪六七十年代，语言哲学占据了核心地位，被看作是处理最为广泛的传统哲学问题的方式。但对语言哲学中核心概念的研究（语言意义概念），不可避免地会导致关于语言所表达的思想的问题，在最近几十年里，心灵哲学逐渐取代了哲学研究中的主导地位。

大多数哲学系学生会发现，心灵哲学比语言哲学更容易接受，与语言哲学不同的是，心灵哲学可以得到很好的入门教材。最近几年各种文集的出版物一直不断增加，很容易搞到很便宜的大量关键文章。心灵哲学的教科书通常以心身问题为开端，讨论的是心灵与身体的关系，特别是心灵与大脑的关系。这里要强调的主要是形而上学问题。近代关于心灵的形而上学主要是唯物主义的，而正是出于这个原因，这也给我们提出了一个挑战。因为难以理解的是，心理状态在整个物质世界中如何能够具有自身明显的特征。

心理状态的典型例子是信念和感觉。每一种心理状态都提出了一个问题。在信念的情况中，我们的问题是要理解信念如何能够是关于事物的信念。在感觉的情况中，难处在于触及了它们的现象学。

笛卡儿的世界观包含了两种不同的实体：占据了空间的实体（物质）和思想的实体（心灵）。当笛卡儿坐在火炉旁冥思苦想，他的身体占据了火炉前的空间，他的心灵则享受着思想（"我在这里，依火炉而坐，身着冬天的外套……"）。根据这种世界观，心灵如何拥有关于思想的信念这个问题,可以被看作是毫无意义的,就像是身体如何能够在空间中延展这个问题一样毫无意义。关于事物的思想正是心灵之功能,如同在空间中延展正是身体之功能。但是,一旦我们认为心灵是物质世界组织中的一部分,我们就会疑问,占据空间的实体如何也能够成为思想的居所。如何能够产生这样的想法,某些(并非全部)物质事物中的某个(并非全部)物质行为是关于世界中的其他事物的,比如火炉,或外套?物质事物的某个行为(比如感觉)如何能够具有主观的现象特征,这个问题更为严重。我们可以承认,物质的大脑在某种意义上对意识的产生负有责任。但神经末段的活动如何能够产生现象学,这个问题对我们来说却是完全神秘的。

某些神经活动是(至少构成或组合了)信念和感觉。因此,我们大脑中发生的一切就有了这样的一些属性,比如作为关于火炉的信念,或者是作为温暖的感觉,以及拥有了神经生理学的、化学的,并最终是物理学的属性。我们都很熟悉这样的观念,后面这些属性(物理学和生物学研究的物质属性)在因果序列中发挥着作用。它们使得事物的表现方式产生了差异。我们日常生活的常识心理学框架也使得心理属性产生了差异。正是因为我拥有关于某物的具体信念,或者拥有某个特殊的感觉,我才以某种方式行动,才以某种方式移动我的身体,由此就影响到了事件的进程。但是有一些哲学论证似乎在危害着这样的看法,即物质世界的某些心理方面在决定历史进程中如何继续发挥着一种因果作用。这是一个极为棘手的领域,需要更多的研究。

以上可以说代表了心灵哲学中的标准内容和核心内容。但仍然有一些东西被遗漏了,完全没有提及。要把这些遗漏的东西全部开列出来就太长了,这里可以提到的是三个重要的话题。

这里很少谈及的是关于心灵的认识论问题。这分作两个部分。一方面,有些问题是关于心理过程(如知觉、记忆和学习)能够使我们获得知识的方式。另一方面,有些问题是关于我们的心理状态和心理过程本身的知识。第二组又分为关于我们对其他人心灵知识的问题和关于我们知道自己心灵(显然是专门的)方式的问题。

这里对常识心理学的性质也谈论得不多。我们有能力去描述、解释和预测人们的经验、思考和行为等。我们从事的实践活动依赖于我们的常识心理学观念。但是,当我们反思我们的常识心理学实践时，这种能力的基础究竟是什么东西却并不是立即显现出来的。许多哲学家认为，我们的能力是基于关于经验、信念和行为的常识经验理论，关于它们是如何产生的，其典型的结果是什么，但这个问题是有争议的，有许多理由会支持另一种观点，即认为说我们理解他人基本上取决于在想象中认同于他们的能力。

关于常识心理学性质的哲学争论是与发展心理学中关于儿童学会理解他人心理活动的方式的争论并驾齐驱的。无论是在哲学中还是在心理学中，大多数工作都是开始于对情绪的研究。当我们把心灵哲学与伦理学和美学中的问题联系起来，这个话题就至关重要了。

六、古希腊哲学是西方哲学的源头

以古代哲学著称的西方思想阶段大致经历了一千年的历史，从大约公元前600年一直到中世纪早期。我们这里主要关注的是两个伟大人物：柏拉图和亚里士多德，以及以前如苏格拉底等著名的前辈们。所有这些思想家都是在公元前600年到公元前300年用希腊语写作。

我们为什么要研究这种古代文化的哲学呢？因为正是在希腊世界中，西方传统所理解的整个哲学才获得了自己的形式。伯纳德·威廉姆斯写道："希腊对西方哲学的遗产就是西方哲学。……希腊人创造了哲学的几乎所有领域——形而上学、逻辑学、语言哲学、知识论、伦理学、政治哲学，以及……艺术哲学。他们不仅开始了这些领域的探究，而且不断区分了应当被看作是这些领域中许多最为基本的问题。此外，带来这些发展的人只有两个，就是柏拉图和亚里士多德，他们被看作是最大的哲学天才和最高的哲学成就，正是这些使得哲学得以闻名于世，并在西方世界得以研究。"

于是，在研究这些早期思想家时，我们发现了哲学从何而来；但我们也发现了哲学以一种更为全面的方式对我们意味着什么。希腊思想家们发明了我们的主题，首次提出了最为深远的问题。他们的著述具有一种方向性和新鲜感，后来的哲学从来没有完全重新感受过。令人兴奋的是要重新追溯这些步履，发现我们可以与古代的哲学家们进行交流——我们仍然在做相同的事情。

不过，古希腊的某些思维方式可以表现为一种遥远的时代。在我们看来很是明显的东西，在他们的那个年代可能从来就没有被思考过，而在他们看来明显的东西，在我们看来可能晦涩不明。在我们可以研究他们的哲学之前，我们必须试图形成一幅关于他们的概念和论证对他们究竟意味着什么的图像。验证柏拉图的某个论证的说服力与试图解释他为什么要这样说，在这两者之间要达成一个平衡：我们是要从哲学上去思考，但我们也要采用历史的观点。学习古代哲学的学生有时会发现很难达到这种平衡。正是在古代思想家那里看到的对历史久远性和哲学深刻性之间的混合，才使得他们成为独一无二的永久研究对象。

七、近代哲学是理性主义者与经验主义者的较量

哲学史上的"近代"时期通常被看作开始于 17 世纪，以培根的《新工具》（1620）和笛卡儿的《论方法》（1637）为代表。培根和笛卡儿都不是孤立的思想家，他们的著作处处都受到了他们的前辈和同代人的影响。不过，把他们看作是开启了近代哲学的人却不是随意的，因为正是他们摧毁了中世纪早期以来在哲学中一直被视为常识的那些假定、方法和语言。

人们通常按照康德的做法，把 17 世纪的哲学家和 18 世纪的哲学家分作"理性主义者"和"经验主义者"，笛卡儿是第一类的代表，而培根则是第二类的代表。这种区分经常受到质疑，有些作者完全放弃了这种区分。然而，它在描绘这个领域的最初版图的时候还是很有用处的，它也被毁誉参半地纳入到对这个主题的研究和教学过程之中。因此，通常的方式是把近代哲学的历史区分为三个部分：经验主义者（培根、洛克、巴克莱、休谟）、理性主义者（笛卡儿、斯宾诺莎、莱布尼茨）和康德，由于康德有意识地反对这两种对立的传统，所以应当把他单独地考虑。大致地说，经验主义者相信，一切知识都来源于感觉经验，并由感觉经验加以证明；理性主义者则认为，只有通过理性的思想才能获得知识；而康德认为，知识包含了一种综合，感觉和思想的能力都在综合中得到了统一。

哲学史就是哲学的一个分支。它构成了对论证的探索和批评，从这些论证的历史背景中得到了提升，并对这些论证的有效性进行断定。观念能够得到研究，正是由于它们提出了我们至今仍然关心的问题。哲学史因此不同于观念史，后者属于历史的一个分支。观念史学家关心的是观念的起源和影响；但他可能对观念的真或有效性并不关心。大多数人都无法清晰地或连贯地思考；因而荒谬的想法通常会比严肃的论证产生更大的历史作用，很少有历史学家会考

虑观念历史的前景。但生命是短暂的,哲学则是险峻的;因此哲学史上研究的只有主要的思想家。这就是为什么我们只是考虑笛卡儿、斯宾诺莎、莱布尼茨和康德,而忽略了他们的许多耀眼的同代人,包括马勒布朗士、帕斯卡、沃尔夫和鲍嘉通,这里只提这四个人。

哲学史与观念史的区别并非我这里所说的那样清晰明了。许多作者质疑你可以从一个观念的历史背景中获取一个观念,而不把它变为其他的东西。例如,他们认为,你可以理解一个论证,只是通过研究形成了这个论证的争论以及用于表达这个论证的语词的当代意义。这样的作者更多地注意的是历史的细节,追溯影响的踪迹。相反,其他人则抓住了伟大的先哲,赋予他们生命,不留情面地拷问他们,仿佛他们就是同代人一样。后面这种人对学生来说更为有用;但第一种人也不能轻视,因为他们是这个学科具有相当影响力的开端。

在近代早期的经验主义哲学家中,有三个特别突出,即洛克、贝克莱和休谟。他们提出了广泛的哲学问题,但这里主要关注他们对知识论的贡献。他们虽然都共同声称接受经验主义,但其中的差别还是非常明显的,因此用一个统一的标签"英国经验主义者"就应当不会带来模糊。他们的重要性是巨大的,当代关于知识论的争论以及相关的探索都来源于他们的工作。

一般地说,经验主义认为,偶然知识的来源和验证是经验。"经验"主要是指感觉经验,就是说运用五官,以及必要时使用类似显微镜和望远镜这样的工具。但这也包括经验者的心灵内容和活动的内省意识。以通常用于哲学史导论中的一种多少有些简单的方式来说,经验主义是与理性主义对立的。理性主义的认识论主张认为,知识的主要路径是理智而不是感觉。理性主义典型地被刻画为这样一种观点:知识的专门对象是内在永恒的真理,但凡不属于这种真理的东西都无法成为知识的恰当目标,而不过是一些意见或信念的目标。经验无法使我们得到这种真理,因为经验所能给我们提供的大多是关于事物在历史的某一点上如何偶然发生于我们这个宇宙中的多少或然的信念。要掌握这种无条件的真理,我们就必须超越经验的限度,或者我们可以拥有在经验之外的来源。所以,只有理性的运作或者是先天的禀赋或者是两者才能使我们拥有知识。

理性主义的知识范式据称是形式演绎系统,比如几何学或逻辑学,而出自第一原理、自明真理或定义的设计,则导致了全部确定的知识。相反,经验主义者认为,知识无法来自扶手椅上的沉思,而只能来自于行动和观察。运用我们的感官(以及扩展其范围的工具),就可以告知我们偶然的事实。他们认为,把形式演绎系统看作是知识的范式完全是个错误,因为它们完全不是相同意义上的知识,而仅仅是"分析的",就是说,它们只有因为用于表达它们的那些语词的定义才是真的。一个例子就是同义反复陈述。同义语是分析陈述的一个特例,它们与其他分析陈述的不同就因为它们非常明显。"单身汉是没有结婚的男人"就是一个分析陈述,而"一个没有结婚的男人是一个男人"则在同义反复的意义上是一个分析陈述。在这两种情况中,分析性就在于(大致地表达传统的观点是),对主词所要断定的东西已经包含在了主词之中。重要的是要看到,是否真的存在分析性这样的特征,还存在争议。

经验主义的知识范式是自然科学。因此观察和实验就构成了知识的两个来源,也是使知识合法化的方式。经验主义者把成功的科学实践看作是对自己观点的证明。

对这两个思想流派的刻画忽略了一些重要问题,比如,理性主义者是如何论述知觉的,经验主义者又是如何谈论先天知识的。以下考虑的三个哲学家并非完全符合经验主义者的特定图像。但他们都同意这个图像,因此都相互承认了经验的根本作用。

人们会以为,经验主义的观点会导致一些有问题的后果。一个是,只有在经验以这种或那种方式把自身赋予概念时,概念才会有内容,或者说,语言表达式才会有意义。经验主义者声称,背离了经验所能合法化的东西,就会导致自身是空虚的或无意义的(这提出了两种经验主义:一个是说经验是概念的来源,另一个则说经验是概念合法性的根据。但这两者之间存在着密切的联系,所以这个区分在这里并不需要)。人们可以立即看到一个难题:如果人们在物理世界方面接受了"实在论",这在哲学上就是认为(再次概括地说一下),世界的存在不依赖于经验,那么人们似乎就会与经验主义相冲突,这就无法有意义地谈论超越经验的东西。这并非是第一位英国经验主义者洛克所能解决的张力,而他的两个后继者则试图以截然不同的方式处理这个问题。

八、伦理与道德的区分在于个人与社会之间的不同利益关系

道德哲学是对关乎人类的某些价值的哲学反思性研究。伦理价

值的一个意义在于告知人们的生活,直接决定应当做什么,以及他们对人们和行动的评论和判断,包括对他们自己的。人们试图以各种不同的方式按照这样的价值塑造自己的生活:他们认为(虽然并不是十分清楚地),某种生活比其他的生活更值得过,试图培养自己的孩子共有自己的观点,或者提出一种他们同样希望能够得到尊重的观点。除非生活令人绝望,大多数人还是会对他们的行为接受道德的限制,比如,为了实现自己的愿望,(大多数时间里)拒绝撒谎或骗人,(几乎在所有的时间里)拒绝杀人或伤人。由此,道德哲学试图理解某些行动的理由。对于行动的决定(我应当做什么?)并不是道德哲学的唯一考虑,但却是道德哲学兴趣的重要焦点,其他的考虑还有,我们以道德的或伦理的方式对自身和他人所作的各种承诺、断定或判断。

"道德哲学"或"伦理学"这两个名称并没有什么不同,但"道德的"和"伦理的"这两个词却多少有些不同的共鸣。"伦理的"(来自希腊文,意谓"个性特征")承载更为宽泛的观念,包括了关心各种不同种类生活和行动的价值;"道德的"(来自拉丁文,意谓"社会习俗")则把其兴趣限制于规则和义务,以及与它们更为密切相关的经验和考虑。"道德的"通常是被用于(虽然并非必须如此)这样的方式,即要对某个考虑或感情是否符合某个道德这样的情况作出一个重要的区分:譬如,悔恨可以被严格地对比于其他形式的遗憾,作为一种恰当的道德反应;而与机智或性感这种属性相比,个性特征是否严格地具有道德价值,这可以成为一种焦虑。日常经验中存在这种区分的一定基础,但不能把它们看得太重:理智、敏感性、移情想象、一定的韧性,这些都可以与道德生活相关,但没有作为专门的"道德"属性。对这种区分的过分夸张似乎是道德价值理论的产物,特别是过分强调了意志的道德理论。

"伦理的"和"道德的"是与其他种类的考虑相对立的,虽然这些界限常常是(也很重要)模糊的。一个重要的对立面就是自私的考虑,当然,虽然这个对立可以是在不同的地方,这取决于"自我"的意义。我的家庭要求可以说代表了对我的伦理要求,由此反对我纯粹的私人利益;但面对更为广泛的社会要求或集团要求,我的家庭利益本身则可能被看作是我们的私人利益问题。在不同的程度上,伦理的考虑可以比对审美的、经济的、政治的或宗教的考虑。这并不意味着这些各种考虑必然都会相互冲突或牵扯向不同的方向,但只有涉及的各种理性、情感或利益才是典型地不同的。

在更为广泛的程度上，道德哲学与哲学的其他领域相比，更难以严格地区分于其他的哲学研究，或哲学之外的学科。道德体验涉及了许多关于个人生活及其与他人关系的更为深层的思想和情感，而同时，道德规则和期望则构成了一种非常重要的方式，它控制着社会并构成了每个公民之间的关系。对道德哲学的兴趣更好地维系着与其他学科的密切联系，比如，政治哲学、法律哲学、哲学心理学，以及与其他各部分的社会科学之间的联系。而且，持续地使道德哲学变成抽象的和非实在的倾向，则是需要由想象的文学和历史相互抵消的，这不断地提醒人们，现实生活在道德上既是复杂的，（可以注意到的是，有时还是富有成效的），也是对道德的抵制。目前的研究是以最强的理论形式展现了这个主题，但对这个研究的阅读则应当认识到，道德哲学必须从其与现实经验的关系中最终获得自身的利益，这些经验并非全都是哲学的或道德的。

九、美学是对审美体验和判断性质的统一性追求

美学可以区分为审美哲学和艺术哲学。审美哲学关心的是一般的审美体验和审美判断，以往关注的是"美"这个概念。当代分析哲学中的美学主要关注的是艺术哲学，涵盖了与形而上学、伦理学、心灵哲学和语言哲学等话题相互交叉的广泛的问题领域。

哲学美学正如传统上一直被认为的那样，被看作是基于两个主要假定。阐明了这两个假定也就得到了它的主要目的。

第一个假定是认为，对艺术和自然之美的鉴赏存在一种共同的明显体验形式，这典型地具有一种令人愉悦而又产生沉思的特征，关涉到从现实生活关注的解脱感，并使得我们以一种完全是语词的方式，比如优雅的、美丽的、令人启发的等等，去描述美的对象，包括艺术作品、自然的景致和对象。哲学就是指这种体验，以及导致我们作出的"审美"判断。

第二个假定是认为，艺术具有一种本质，或者是某种内在统一的东西。这似乎是一种常识性的观点。虽然各种艺术形式（音乐、文学、绘画等）在一定程度上几乎毫不相似，但我们把它们都应用于艺术概念，我们并没有把这看作是一种随意的分类。因而，哲学美学的传统目标一直被看作是对审美体验和审美判断性质以及艺术统一的论述。

虽然正如大多数人认同的那样，艺术提供了最为复杂和矛盾的审美体验形式，日常生活实践在其中被还原为背景，同时赋予了完全想象的成分，但审美意识在一定程度上仍然充满了我们对世界的日常知觉。建筑对我们的情感产生了平静而持久的影响。我们日常在设计我们环境时作出的选择，就表明了我们的审美偏好。我们对日常生活中所使用的工具和材料提出的要求，从服装到餐具等一切事物，都不仅仅是功能性的，而是以我们感到愉快的方式设计出来的。有理由说，对世界做出审美上的反应，对整个或通常的个人发展都是必要的，而鉴赏艺术的机遇则是人类幸福生活的必要组成部分。一个没有共同审美标准的社会，以及（可以想象出）完全用功利去评判一切事物价值的社会，就是缺少文化的。我们大多都会同意，所有这些都表明，我们为艺术和审美体验确定了价值，而这种价值不是实用上的。

尽管对人类生活的审美问题随处可见，审美体验和审美判断在反思上最终可能是神秘的，在某些方面甚至是自相矛盾的。什么可以解释审美体验的具体特征？判断一个对象是美的，如同表现出来的那样，这个判断如何能够报道一个关于对象的事实以及表达主体的感情？如果似乎没有解决争端的方法，我们为什么还要费心争论对象的审美价值呢？艺术的概念在反思中体现出同样缺乏哲学的清晰性。是什么使得一个对象成为艺术作品？正如通常认为的那样，艺术如何能够使我们接触到艺术家的心灵？音乐如何能够拥有意义，表达人类的情感？当评论家对艺术作品的意义有分歧的时候我们又会怎样想？我们为什么要对艺术赋予一种意义，而我们却不会对体育和美食赋予这种意义？如此等等。

围绕一般的审美体验和审美判断性质的问题，需要集中关注的是两位历史人物的著作，即休谟和康德。他们对艺术的哲学理解涉及至关重要的概念，诸如表征和表现。这些概念在逻辑上正是关系到艺术作品的基本方面，如今的分析哲学也密切关注这些概念。而美学历史中一个非常重要的努力，是要描述艺术的性质和价值，关注到美学在伟大的哲学体系中的位置。

总体框架

第一部分

导 论
第一章 认识论
　　第一节 知 识
　　　　一、引 论
　　　　二、任务安排
　　　　三、解构知识
　　　　四、辨明的力量
　　　　五、辨明的性质
　　　　六、内在主义的辨明理论
　　　　七、内在主义辨明理论的问题
　　　　八、可靠主义
　　　　九、结 论
　　第二节 知 觉
　　　　一、引 论
　　　　二、知觉的诸对象
　　　　三、知觉体验
　　　　四、知觉知识
　　第三节 怀疑论
　　　　一、引 言
　　　　二、历史的描述
　　　　三、怀疑论证的性质
　　　　四、怀疑论证：错误、错觉、梦想
　　　　五、怀疑论证：知觉与知觉相对主义
　　　　六、方法论的怀疑论和有问题的怀疑论
　　　　七、对怀疑论的一些回应："鸿沟"
　　　　八、康德和先验论证
　　　　九、唯心论和现象学
　　　　十、怀疑论的认识论和反笛卡儿主义
　　　　十一、结 语

第二章　哲学逻辑
第一节　名　称
一、穆　勒
二、弗雷格
三、罗　素
四、克里普克
第二节　摹状词
一、罗素的理论
二、名称与摹状词的对立
三、罗素的"悖论"
四、反对意见
五、诉诸实体的用法
第三节　存　在
一、罗素的观点
二、"存在"真的是个体的谓词吗
三、埃文斯的观点
第四节　必然性
一、必然算子与概率算子
二、量词（1）：额外主词位
三、量词（2）："在 w"
四、量词（3）：配对理论
五、一些形而上学
第五节　真
一、塔尔斯基方案和说谎者悖论
二、充实塔尔斯基方案

第三章　方法论：科学哲学原理
第一节　归纳及其问题
一、归纳问题
二、对这个问题的最初反应
三、波普对归纳的选择
四、证伪主义的失败
五、归纳因定义而是理性的
六、可靠论对归纳的捍卫
七、古德曼对归纳的新问题

第二节　自然规律
一、休谟，规律和偶然
二、反事实条件句
三、规律是普遍范围的概括
四、规律在演绎上得到其例证的支持
五、规律与体系化
六、非休谟的选择

第三节　实在论，工具主义和未确定
一、工具主义与实在论的对立
二、实在论的最初论证
三、工具主义的最初反应
四、数据对理论的未确定
五、简单性和消除
六、悲观的对过去错误的元归纳

第四节　确证和概率
一、确证概念
二、黑乌鸦悖论
三、定位悖论
四、对概率的解释
五、主观概率
六、客观概率
七、贝耶斯确证论
八、已解决的悖论
九、贝耶斯主义的问题

第五节　说　明
一、覆盖律模式
二、理论说明
三、所有的说明都适合覆盖率模式吗，或者相反
四、概率性说明
五、因果关系和说明

第四章　形而上学
第一节　因果关系
一、引　论
二、因果关系和规律性

三、因果关系和条件句
　　四、因果关系项
第二节　时　间
　　一、引　论
　　二、时间通道
　　三、绝对和相对的时间概念
　　四、时间的方向
第三节　共　相
　　一、引　论
　　二、共相问题
　　三、唯名论
　　四、关于共相的唯实论
第四节　实　体
　　一、引　论
　　二、一个反对意见和基本捍卫
　　三、亚里士多德最初论实体
　　四、种类和活动
　　五、亚里士多德观点的进一步发展
　　六、亚里士多德观念的遗产
　　七、理性主义和经验主义主张的冲突
　　八、主词和谓词
　　九、清晰的观念和无知
　　十、新近对实体和属性的进一步误解
　　十一、亚里士多德的进一步思想
　　十二、对亚里士多德进一步思想的抱怨
　　十三、当我们询问某物是不是实体时究竟在问什么

第五章　心灵哲学
　第一节　心灵与大脑
　　一、二元论
　　二、行为主义
　　三、核心状态唯物主义
　　四、功能主义
　　五、还原论的和非还原论的唯物主义
　　六、变异一元论

七、意向性和意识
第二节　意向性
一、关于的种类
二、意向性态度
三、相关变异和目的论
四、功能作用和整体论
五、概念和占有条件
六、意向性的各种理论
第三节　意　识
一、对捉摸不定的论证
二、对神秘性的宣布
三、高阶的思想
四、插曲：说明意识
五、意识与意向性
第四节　心理因果关系
一、因果相关性
二、因果关系和随附性
三、说明性和效果

第二部分

第六章　古希腊哲学Ⅰ：前苏格拉底和柏拉图
第一节　前苏格拉底的哲学家
一、引　论
二、爱奥尼亚的宇宙论
三、赫拉克利特
四、巴门尼德和埃利亚学派
五、埃利亚学派后的宇宙论
六、毕达哥拉斯学派
第二节　柏拉图和苏格拉底
一、柏拉图引论
二、柏拉图，苏格拉底和智者
三、早期对话中的苏格拉底哲学
四、柏拉图中期的哲学
五、柏拉图认识论和形而上学中的问题

第七章 古希腊哲学Ⅱ：亚里士多德

第一节 亚里士多德的早期形而上学
一、引 论
二、《范畴篇》

第二节 《物理学》
一、捍卫变化
二、科学说明

第三节 《形而上学》
一、对第一卷的解决：作为相的种
二、对柏拉图主义的反驳和对殊相的复归

第八章 近代哲学Ⅰ：理性主义者和康德

第一节 笛卡儿
一、怀疑的方法
二、我思故我在
三、观念理论
四、"实在的区别"
五、笛卡儿的心灵理论
六、上 帝
七、笛卡儿循环
八、绝对的视角
九、其他事项

第二节 斯宾诺莎
一、笛卡尔的理性主义和几何学的方法
二、实体，属性和样式
三、上 帝
四、心灵及其在自然中的位置
五、尽 力（conatus）
六、斯宾诺莎的知识论
七、自 由
八、情感理论
九、对上帝的理智之爱

第三节 莱布尼兹
一、实体与个体
二、单 子

三、原　初
四、完整概念
五、上　帝
六、偶然性
七、自由与必然
八、活动和活力
九、单子的聚集
十、单子的表象

第四节　康　德
一、《纯粹理性批判》的结构
二、审美判断
三、分析判断
四、表象和自在之物
五、辩证法

第九章　近代哲学Ⅱ：经验主义者
第一节　约翰·洛克
一、生平和著作
二、洛克的目标
三、先天观念
四、先天性的两个概念
五、记号理论
六、观念的起源
七、表征和属性
八、某些困难：观念
九、进一步的困难：知觉和属性
十、语　词
十一、关于语词的困难
十二、知　识
十三、实体和本质
十四、个人同一性
十五、结　语

第二节　乔治·贝克莱
一、生平与著作
二、目　标

三、新的原理

四、观念，知觉和心灵

五、反对意见

六、物质和"非唯物主义"

七、心灵与观念的关系

八、作为实体的精神

九、结　语

第三节　大卫·休谟

一、生平与著作

二、目标和方法

三、休谟和怀疑论

四、心灵的装置

五、联想和信念

六、因果性和归纳

七、一般的反对意见

八、关于印象和观念的困难

九、关于信念的困难

十、关于因果关系的困难

十一、个人同一性

十二、结　语

第三部分

第十章　伦理学

第一节　伦理学与元伦理学

第二节　伦理学理论

一、方法论

二、后果主义

三、权利和契约论

第三节　元伦理学

一、真理和客观性

二、实在论和认知主义

三、相对主义

第四节　道德心理学

一、内在理由和外在理由

二、德　性
三、自由意志

第十一章　美　学

第一节　审美体验和审美判断
一、审美判断和趣味
二、美学的客观主义和主观主义
三、趣味问题
四、休　谟
五、康　德
六、当代的美学论述
七、审美理性和批评
八、审美态度
九、美

第二节　艺术哲学的基本概念
一、艺术与美学
二、本体论
三、表　征
四、表　达
五、解释和意图
六、虚　构
七、对虚构的情感反应
八、隐　喻
九、具体的艺术形式

第三节　艺术理论
一、艺术的定义
二、作为模仿的艺术
三、作为形式的艺术
四、作为表达的艺术
五、作为语言的艺术
六、后康德的美学
七、艺术的价值
八、艺术，文化和政治

后 记

呈放在读者面前的这部著作——《马克思主义哲学教学体系：历史与现状》是中央实施马克思主义理论研究和建设工程课题——"马克思主义哲学教材研究编写"、国家社会科学基金重大课题——"马克思主义哲学基础理论研究"、国家出版基金资助项目——"马克思主义哲学基础理论研究"、国家重点图书出版规划项目——"马克思主义哲学基础理论研究"、教育部哲学社会科学研究重大课题攻关项目——"马克思主义哲学体系创新研究"、教育部人文社会科学研究项目——"马克思主义哲学教科书的形成与演变"的阶段性成果。

除导论外，全书共分三篇：上篇选取了苏联具有代表性的马克思主义哲学教科书，中篇选取了南斯拉夫、民主德国具有代表性的马克思主义哲学教科书，下篇选取了中国具有代表性的马克思主义哲学教科书。选取的标准是：这些教科书能够代表不同国家、不同时期马克思主义哲学教学体系的水平和特点，这些教科书结合在一起能够以浓缩的形式从总体上再现马克思主义哲学教学体系形成与演变的历史，体现马克思主义哲学教学体系发展的趋势，从而为我们编写新的马克思主义哲学教科书，建构具有时代精神、"中国元素"、民族形式的马克思主义哲学教学体系提供历史经验和理论教训。

为了进一步深化对马克思主义哲学性质、内容和职能的理解，扩展编写马克思主义哲学教科书的视野，我们还选取了张世英的《哲学导论》，孙正聿的《哲学导论》，唐君毅的《哲学概论》，俄罗斯布奇罗、丘马科夫的《哲学》，美国索西奥的《哲学导论》，英国格雷林的《哲学主题导引》的有关内容作为本书的附录。这些哲学

"导论"、"概论"或"导引"，代表了当前不同国家的哲学家对哲学的性质、内容和职能的看法。

无论是在国际出版史上，还是在国内出版史上，马克思主义哲学教科书的出版都是一大景观，林林总总、汗牛充栋，从中选出具有代表性、权威性的马克思主义哲学教科书，以反映马克思主义哲学教学体系的形成与演变，并非易事。因此，对于我们来说，编写这部《马克思主义哲学教学体系：历史与现状》是一次难得的学习机会，扩展了我们编写马克思主义哲学教科书的视野，深化了我们对马克思主义哲学史的认识。同时，我们也深深地体会到，"浮光只图炫耀一时，真品才能传诸后世"（歌德语）。

这部著作是集体合作的产物。祁思妍副研究馆员，朱琳、黄杰、万晓飞博士为搜集材料付出了艰辛的劳动；责任编辑饶涛、祁传华为本书的出版付出了辛勤的劳动；李景源、吴元梁、张世英、孙正聿、安启念、江怡、王成兵教授提供了宝贵的资料；邢自兴、马晓薇编辑为录入、校对书稿，崔丽华、沈江平博士为校对引文不辞辛劳。在此，一并表达我们深深的谢意。全书由袁贵仁拟定总体框架，袁贵仁、杨耕撰写导论，杨耕、吴向东拟出上、中、下篇的初稿，杨耕拟出附录的初稿，袁贵仁对书稿进行统改、定稿，杨耕协助袁贵仁统稿。

由于我们理论水平和客观条件的限制，这部著作肯定存在着这样或那样的缺点和不足，如由于条件所限，没有搜集到德波林的《辩证唯物主义纲要》、斯托伊科维奇的《马克思主义哲学原理》、柯辛的《马克思主义哲学·教科书》的原始文本。我们衷心欢迎来自各方面的批评，以期这部著作得到改进和完善。要求完善，这是对学者的刻薄；追求完善，这是学者应有的品格。

袁贵仁　杨　耕　吴向东

2011年7月于北京师范大学